Justicia para los animales

Martha C. Nussbaum

Justicia para los animales

Una responsabilidad colectiva

Traducción de Albino Santos Mosquera

PAIDÓS Estado y Sociedad

Obra editada en colaboración con Editorial Planeta – España

Título original: *Justice for animals: Our Collective Responsibility,* de Martha C. Nussbaum

Bajo el sello editorial PAIDÓS M.R.
Avenida Presidente Masaryk núm. 111,
Piso 2, Polanco V Sección, Miguel Hidalgo
C.P. 11560, Ciudad de México
www.planetadelibros.com.mx
www.paidos.com.mx

Primera edición impresa en España: octubre de 2023
ISBN: 978-84-493-4108-3

Primera edición impresa en México: mayo de 2026
Primera reimpresión en México: mayo de 2026
ISBN: 978-607-639-195-2

Impreso en los talleres de Corporación en Servicios Integrales de Asesoría Profesional S.A. de C.V. Calle E No. 6, Parque Industrial Puebla 2000, C.P. 72225, Puebla, México.
Impreso en México – *Printed in Mexico*

En memoria de Rachel y dedicado a todas las ballenas

SUMARIO

INTRODUCCIÓN

Los animales sufren serias dificultades en todo el planeta.[1] Los humanos dominamos nuestro mundo por doquier: por tierra, por mar y por aire. Ningún animal no humano escapa al dominio impuesto por nuestra especie. La mayor parte del tiempo, ese dominio inflige a los animales daños indebidos, ya sea mediante la bárbara crueldad de la industria cárnica, ya sea mediante la caza furtiva y la deportiva, la destrucción de hábitats, la contaminación del aire y los mares, o mediante la desatención a los animales de compañía a los que la gente tanto cariño asegura profesar.

En cierto sentido, este es un problema ancestral. La crueldad humana con los animales ha sido repetido objeto de condena tanto en la tradición filosófica occidental como en la oriental desde hace, por lo menos, un par de milenios. Ya el emperador hindú Ashoka (*c.* 304-232 a. C.), convertido al budismo, escribió sobre sus esfuerzos por renunciar a comer carne y abstenerse de cualquier práctica que dañara a los animales. En Grecia, los filósofos platónicos Plutarco (46-119 d. C.) y Porfirio (*c.* 234-305 d. C.) elaboraron detallados tratados en los que deploraban la crueldad humana con los animales, describían la aguda inteligencia de estos y su capacidad para la vida social, e instaban a las personas a cambiar de dieta y de estilo de vida. Pero, por lo general, esos llamamientos han tendido a caer en saco roto, incluso en el ámbito —presuntamente moral— de los filósofos, y la mayoría de los seres humanos han continuado tratando a la mayoría de los animales como objetos cuyo sufrimiento carece de importancia, con la sola excepción (ocasional) de los de compañía. Mientras tanto, innumerables animales han sufrido por ello crueldades, privaciones y abandono.

Hace tiempo que tenemos contraída, pues, una deuda ética por la que deberíamos empezar a prestar atención a argumentos que nos hemos negado a escuchar hasta ahora; a interesarnos por (y cuidar de) aquello que hemos ignorado con la mayor indiferencia, y a actuar en consonancia con la nueva conciencia que ahora tenemos (y que, por otra parte, es bastante fácil de adquirir) de nuestras malas prácticas. Pero hoy tenemos motivos como nunca antes para que los humanos hagamos algo a propósito de los agravios que causamos a los animales. En primer lugar, el dominio humano se ha incrementado exponencialmente en los dos últimos siglos. En el mundo de Porfirio, los animales sufrían cuando se los sacrificaba para aprovechar su carne, pero, hasta ese momento, llevaban unas vidas razonablemente buenas. No existía una industria cárnica como la que hoy los cría como si ya fueran carne en vida, confinándolos bajo unas condiciones terribles, encogidos y aislados hasta que mueren sin haber llegado a vivir aceptablemente en ningún momento. A los animales se los ha cazado desde siempre en la naturaleza, pero antes, por lo general, los humanos no invadían sus hábitats para construir en ellos complejos residenciales ni para cazar furtivamente con el propósito de ganar dinero asesinando a un ser inteligente, como un elefante o un rinoceronte. En los mares, los humanos siempre hemos pescado para comer, y hace mucho que se cazan ballenas por su valor comercial. Pero los océanos no estaban llenos de basura de residuos plásticos que matan a los animales por atragantamiento tras ingerirlos por error. Tampoco había compañías que perforan el fondo oceánico en busca de petróleo y generan una contaminación acústica generalizada (con la perforación en sí, pero también con las descargas explosivas de aire comprimido que se usan para cartografiar el suelo marino) que hace cada vez más difícil la vida para criaturas marinas sociales cuyo sentido auditivo constituye su modo principal de comunicación. Se saeteaba o disparaba a las aves para comérselas también, pero las que escapaban a esa suerte no se asfixiaban luego con la polución ambiental ni se morían estrelladas contra los rascacielos urbanos, atraídas por sus luces. En definitiva, el alcance de la crueldad y la negligencia humanas era relativamente limitado. En la actualidad, nunca cesan de surgir nuevas formas de crueldad hacia los animales, muchas veces sin que ni siquiera se reconozcan como tales porque apenas se valora la repercusión que están teniendo sobre la vida de otros seres inteligentes. Así que no solo tenemos ya el saldo deudor que acumulábamos del pasado, sino que hemos contraído una nueva deuda moral que lo ha multiplicado por mil... y no deja de aumentar.

La expansión del alcance de la crueldad humana ha hecho que hoy prácticamente todas las personas seamos partícipes de ella. Es probable que incluso las que no consumen carne producida por la industria cárnica utilicen artículos de plástico de un solo uso, o consuman combustibles fósiles que se extraen del subsuelo oceánico y contaminan el aire, o vivan en áreas por las que antaño vagaban libres osos o elefantes, o residan en edificios altos que entrañan muerte para las aves migratorias. Nuestra propia implicación en una o más de esas prácticas lesivas para los animales debería inducir a toda persona con un mínimo de conciencia a reflexionar sobre qué podemos hacer para cambiar esta situación. Aquí la atribución de culpas no es tan importante como la aceptación del hecho de que la humanidad en su conjunto tiene el deber colectivo de afrontar y resolver estos problemas.

No he hablado aún de la extinción de especies animales, porque este es un libro sobre la pérdida y la privación que sufren criaturas concretas e individuales, importantes todas y cada una de ellas. Las especies como tales no sufren esa pérdida. Ahora bien, no hay extinción que no implique un gran sufrimiento para las criaturas individuales: el hambre de un oso polar, agonizando de inanición sobre un témpano de hielo, incapaz de atravesar el mar que le rodea para cazar; la tristeza de un elefante huérfano, más privado de atención y de comunidad cuanto más rápidamente mengua su especie; las extinciones en masa de especies de pájaros cantores como consecuencia de lo irrespirable que se vuelve el aire para ellos (una muerte horrible, por cierto)... Cuando las prácticas humanas hostigan a las especies y las empujan a la extinción, los animales miembros de ellas siempre sufren mucho y se ven abocados a unas vidas aprisionadas y anquilosadas. Por otro lado, las especies en sí importan porque contribuyen a crear ecosistemas diversos en los que los animales puedan vivir bien (véase más sobre este aspecto en el capítulo 5).

Siempre ha habido y seguirá habiendo extinciones, aun sin participación humana. Incluso en esos casos podríamos tener motivos para intervenir y frenarlas en vista de la importancia de la biodiversidad. Ahora bien, los científicos coinciden en señalar que el número de extinciones actuales es entre mil y diez mil veces superior al que cabría esperar con una tasa natural.[2] (Nuestra incertidumbre en cuanto a las cifras es enorme, porque nuestra ignorancia a propósito de cuántas especies existen realmente es elevada, sobre todo en lo que a especies marinas e insectos se refiere.) A nivel mundial, aproximadamente una cuarta parte de los mamíferos del planeta y más del 40% de los anfibios se encuentran amenazados de extinción en estos momentos.[3] Entre ellos, se cuentan varias especies de oso, el elefante asiático (en peligro), el elefante africano (amenazado), el tigre, seis especies de ballena y el lobo común, entre otros muchos. En total, más de 370 especies animales están en peligro o amenazadas de extinción según los criterios de la Ley (estadounidense) de Especies en Peligro de Extinción, y eso sin incluir las aves, para las que podríamos elaborar una lista propia de similar longitud. Las aves canoras asiáticas están ya prácticamente extinguidas en estado natural debido al lucrativo comercio que se hace con ellas, convertidas en artículos de lujo.[4] Y otras muchas especies aviares se han extinguido en tiempos recientes.[5] Mientras tanto, el tratado internacional que se supone que debe proteger a las aves (y a otras muchas criaturas), el CITES, carece de respaldo sancionador efectivo y no se está aplicando en la práctica.[6] De todos modos, reitero que el tema de este libro no son las extinciones en masa, sino los sufrimientos de criaturas individuales que se producen con ese telón de fondo de la indiferencia humana ante la biodiversidad.

Hay una razón más por la que debemos poner fin ya a nuestra tradicional elusión ética en este terreno. Hoy conocemos mucho más acerca de las vidas de los animales de lo que sabíamos siquiera cincuenta años atrás. De hecho, sabemos demasiado para seguir poniendo las fáciles excusas de épocas anteriores sin que se nos caiga la cara de vergüenza. Porfirio y Plutarco (y Aristóteles, antes de ellos) sabían mucho sobre inteligencia y sensibilidad animales. Pero, por la razón que sea, los seres humanos siempre hemos hallado formas de «olvidar» lo que la ciencia del pasado ya nos había revelado con claridad, y, durante muchos siglos, la mayoría de las personas —y también la mayoría de los filósofos— consideraron a los animales «bestias brutas», autómatas desprovistos de un sentido subjetivo del mundo, de emociones, de sociedad, y puede que incluso de la capacidad de sentir dolor.

En décadas recientes, sin embargo, hemos sido testigos de una explosión de investigaciones de alto nivel sobre todos los ámbitos del mundo animal. Uno de los mayores placeres de escribir este libro ha sido la oportunidad que me ha brindado de sumergirme en esos estudios. Hoy conocemos más no solo sobre aquellos animales sobre los que más se había investigado en el pasado —como los primates y los animales de compañía—, sino también sobre otros que son difíciles de estudiar, como los mamíferos marinos, las ballenas, los peces, las aves, los reptiles o los cefalópodos.

¿Y qué sabemos? Sabemos —no solo por observación, sino también por experimentos muy bien diseñados— que todos los vertebrados y muchos invertebrados sienten subjetivamente dolor y poseen, en general, una visión también subjetiva de las cosas: el mundo tiene para ellos un determinado aspecto. Sabemos que todos esos animales experimentan, al menos, algunas emociones (siendo la del miedo la más generalizada), y muchos sienten otras como la compasión o la pena, que implican «enfoques» más sofisticados de una situación. Sabemos que animales tan distintos como los delfines y los cuervos pueden resolver problemas complejos y aprender a usar herramientas para solucionarlos. Sabemos que los animales cuentan con formas de organización y comportamiento sociales no tan simples como muchos creían. En fecha más reciente, hemos aprendido que esos grupos sociales no son únicamente espacios en los que se ejecuta un repertorio conductual rutinario heredado, sino que funcionan también como ámbitos de aprendizaje social complejo. Tenemos pruebas evidentes de que especies tan diferentes como las ballenas, los perros y múltiples tipos de aves transmiten por vía social a sus individuos más jóvenes partes clave del repertorio de sus taxones respectivos, y no solo por genética.

En este libro, me referiré con frecuencia a esas investigaciones. ¿Tienen implicaciones en el plano de la ética? Sí, desde luego, inmensas. Ya no podemos trazar la habitual línea divisoria entre nuestra propia especie y «las bestias», una frontera que pretendía distinguir nuestra inteligencia, nuestras emociones y nuestra sintiencia de la vida obtusa de las «bestias brutas». Tampoco podemos siquiera trazarla entre ese grupo de animales a los que ya les reconocemos el hecho de guardar un «fuerte parecido con nosotros» —simios, elefantes, ballenas, perros— de otros a los que tradicionalmente les hemos supuesto ausencia de inteligencia. Precisamente la inteligencia adopta múltiples y fascinantes formas en el mundo real, y las aves, que han evolucionado por una vía muy diferente de la de los seres humanos, han convergido con nosotros en numerosas habilidades similares. Incluso un invertebrado como el pulpo posee unas sorprendentes capacidades para la percepción inteligente, pues puede reconocer a los individuos humanos por separado y puede solucionar problemas complejos, por ejemplo, guiando uno de sus tentáculos a través de un laberinto para obtener comida solo con la información que le proporcionan sus ojos.[7] Difícilmente puede mantenerse inalterado nuestro pensamiento ético cuando sabemos todo eso. Meter una «bestia bruta» en una jaula puede no parecer más injusto que meter una piedra en un terrario, pero ahora sabemos que lo que hacemos en realidad cuando actuamos de ese modo es deformar la existencia de unas formas de vida inteligentes y complejamente sintientes. Cada uno de esos animales se esfuerza por (y aspira a) tener una vida floreciente, y cada uno tiene aptitudes sociales e individuales que lo facultan para tratar de llevar una vida aceptable en un mundo que presenta desafíos difíciles a cualquier animal. Lo que hacemos los humanos es frustrar ese esfuerzo y esa aspiración (ese «conato»), lo cual no parece justo. (En el capítulo 1, desarrollaré esta intuición ética para presentar un concepto rudimentario de justicia.)

Pero, aunque ha llegado la hora de que admitamos nuestra responsabilidad ética para con los demás animales, todavía disponemos de pocas herramientas intelectuales con las que llevar a cabo un cambio significativo en ese sentido. Así que el tercer motivo por el que debemos afrontar lo que aún hoy les estamos haciendo a los animales es la necesidad de aumentar la poca (o nula) ayuda que dos de las mejores herramientas para el progreso de la humanidad con las que hemos construido nuestro mundo, la ley y la teoría política, nos han aportado en el terreno de la ética animal. Como mostraré en este libro, el derecho —tanto el nacional como el internacional— tiene ya mucho que decir acerca de las vidas de los animales de compañía, pero muy poco todavía a propósito de las de los otros animales. Además, en la mayoría de los países, los animales carecen de lo que los abogados llaman «legitimación procesal», es decir, del estatus que los faculta para presentar una demanda ante los tribunales si son agraviados. Obviamente, no se trata de que los animales puedan interponer por sí mismos tal acción judicial, pero tampoco pueden hacerlo la mayor parte de los seres humanos: ni los niños, ni las personas con discapacidades cognitivas, ni, a decir verdad, una inmensa mayoría de nosotros, pues la gente, por lo general, carece de conocimientos jurídicos suficientes para ello. Todos necesitamos a un profesional del derecho para hacer valer nuestros intereses en un juzgado. Y, aun así, a todos los humanos que he mencionado —incluidas las personas con discapacidades cognitivas de por vida— se les supone la citada «personalidad» y pueden presentar una demanda asistidos por un abogado habilitado para ello. Sucede, simplemente, que, tal y como hemos diseñado los sistemas jurídicos nacionales e internacionales, los animales no tienen reconocida esa facultad. No cuentan.

El derecho es algo que construimos los humanos valiéndonos de las teorías de las que disponemos. Cuando esas teorías eran racistas, las leyes también lo eran. Cuando las teorías del sexo y el género excluían a las mujeres, también lo hacían la legislación y la jurisprudencia. Y es innegable que la mayor parte del pensamiento político de los seres humanos de todo el mundo ha sido antropocéntrico y ha excluido a los animales. Incluso las teorías pensadas para ayudar en la lucha contra los abusos presentan deficiencias profundas en ese terreno, pues se han edificado sobre una idea inadecuada de la vida y el conato animales. Como filósofa y teórica de la política que está también muy inmersa en el mundo del derecho y de la docencia jurídica, con este libro espero cambiar algunas cosas en este sentido al ofrecer una teoría filosófica basada en una visión más precisa de las vidas de los animales y que aporta, además, buenas recomendaciones y consejos útiles para el ámbito jurídico.

Ya he mencionado lo crucial que resulta que trabajemos con un conocimiento certero de las cosas y que basemos la teoría en una interpretación correcta —apoyada en la mejor evidencia científica disponible— de la más amplia variedad de vidas animales posible a la hora de entender cómo estas criaturas se esfuerzan por florecer y cómo ven frustrada esa aspiración por prácticas humanas varias. Permítanme que empiece, pues, invitándolos a considerar los casos de cinco animales concretos que he elegido para representar sendos ámbitos del mundo en los que se inflige daño a los animales: la tierra, el mar, la cría doméstica para carne, el aire y la compañía en el hogar.

Mis ejemplos son solo un reducidísimo repertorio de lo que le puede acaecer a un animal, y no representan más que una pequeña muestra entre todo el universo de especies. En cada uno de ellos, comienzo describiendo cómo el animal trata de vivir su vida, de florecer, y luego cuento cómo todo eso se va al traste por culpa de un trato humano indebido.

Dado lo a menudo que se trata a los animales como cosas y no como seres sintientes individuales, y dado que uno de los aspectos de ese trato cosificador ha sido la negativa a ponerles nombres propios, los científicos subrayan actualmente la importancia de poner nombre a los animales individuales que estudian. También yo sigo esa práctica aquí, aunque con nombres tanto reales como ficticios.

En todos los casos que describo, salvo el de Lupa (que ha vivido tiempos malos antes y buenos ahora), los animales estaban viviendo una situación de florecimiento individual en el momento en que yo (u otros) los observamos y describimos. La segunda situación que refiero en cada uno de los ejemplos es hipotética, aunque basada en las calamidades que los animales de estas especies tienen que soportar con demasiada frecuencia.

LA MADRE ELEFANTA: LA HISTORIA DE VIRGINIA

Virginia es una sensible elefanta de Kenia a la que la etóloga especializada Joyce Poole describió (y puso nombre) en sus memorias *Coming of Age with Elephants* («Creciendo entre elefantes»).[8] Virginia tiene unos grandes ojos ámbar. Cuando oye música que le gusta, se queda muy quieta y entrecierra los párpados. Joyce Poole convive con todo el grupo matriarcal y ha descubierto que Virginia —más pequeña en tamaño y en edad que la matriarca, Victoria— siente una particular afición por las canciones que canta Joyce, siendo «Amazing Grace» su favorita. Virginia también se mueve a menudo y recorre extensiones inmensas de pastizal, pisando con sus enormes pies el suelo del parque nacional de Amboseli, en Kenia, sin apenas hacer ruido. Su nuevo bebé elefante camina bajo su vientre, protegido por la gigantesca complexión de su madre. (Las elefantas son unas madres maravillosas, muy protectoras de sus pequeños; se sabe que incluso sacrifican sus vidas para defender a los elefantes jóvenes ante un peligro.)

Ahora consideremos algo que podría pasar y que, de hecho, ocurre a menudo. Virginia yace sobre su costado, muerta, sin colmillos ni trompa (cercenados con machete o sierra) y con un gran hueco rojo sanguinolento por rostro. (El comercio de marfil es muy pujante, pese a las múltiples iniciativas dirigidas a frenarlo. Y el mercado de trofeos animales como colas o trompas florece sin apenas obstáculos: ni siquiera es ilegal importarlos desde Estados Unidos.) Las otras hembras se juntan en torno a ella y tratan en vano de levantar su cuerpo con las trompas. Al final, rindiéndose a la evidencia, rocían el cadáver con tierra y hierba.[9] El bebé elefante ha desaparecido: probablemente lo hayan cogido para vendérselo a algún zoo estadounidense poco escrupuloso en cuanto al origen de sus ejemplares.[10]

LA BALLENA JOROBADA: LA HISTORIA DE HAL

Hal Whitehead es un gran biólogo especializado en ballenas y, sobre todo, en su canto,[11] y por eso le he puesto su nombre de pila a una ballena jorobada a la que se le da muy bien cantar y que forma parte de una manada que yo misma observé desde un barco en las proximidades de la Gran Barrera de Coral, en Australia. Nuestra pequeña embarcación atraviesa el agitado oleaje. Allí, en la distancia, aparecen varios grupos de ballenas jorobadas, saliendo a la superficie y batiendo sus colas y sus aletas caudales contra el agua. Sus enormes lomos relucen al sol. Una de ellas es Hal. Oímos por encima del ruido del motor del barco el canto de esas ballenas, con esos patrones de sonidos tan complejos que nuestros oídos no atinan a representárnoslos, pese a que sabemos que el canto de la ballena jorobada presenta una estructura melódica compleja y una ingente variedad, además de ser continuamente cambiante (a veces, según parece, por pura moda y afición a la novedad). Una variante que se origine aquí en este momento puede extenderse y llegar a Hawái en cuestión de un año, pues las ballenas se imitan unas a otras. El sonido nos resulta hermoso y profundamente misterioso.

Ahora imaginémonos a Hal varada, muerta en una playa de Filipinas.[12] Su cuerpo, otrora saludable, se ve ahora macilento. En su interior, los investigadores encuentran cuarenta kilos de basura de plásticos, entre ellos, bolsas, vasos y otros artículos de un solo uso. (Del interior de otra ballena que también se atragantó con plástico de manera muy similar, llegaron a extraer un par de chanclas entre otros muchos desechos.) Hal murió de hambre. Los plásticos les proporcionan a las ballenas una sensación de hartazgo, pero nada de alimento. Al final, ya no les queda espacio para ingerir comida de verdad. Parte de los plásticos hallados en el estómago de Hal llevaban ahí tanto tiempo que ya se habían calcificado y se habían transformado en un ladrillo plástico. Ya no volverá a cantar.

LA CERDA: LA HISTORIA DE LA EMPERATRIZ DE BLANDINGS

Como no conozco ningún caso real de cerdo al que se le trate bien, he optado por tomarlo de una ficción inspirada en hechos históricos. No hay puerco ficcional más arrogante y llamativo que la Emperatriz de Blandings, que aparece en las novelas de P. G. Wodehouse: una cerda negra de Berkshire de noble estirpe y magnífica estampa que gana numerosas medallas en ferias y concursos. Wodehouse era famoso por su amor y su defensa de los animales, y sabemos que su descripción en la ficción se basaba en su observación afectuosa de ese tipo de ejemplares. La Emperatriz de Blandings es enorme. Cuidada como animal de compañía favorito en la hacienda del castillo de Blandings, está enamorada de su comedero, en el que su cuidador humano, Cyril Wellbeloved, siempre pone alimentos apetitosos para ella. Sin embargo, durante una breve estancia de Wellbeloved en la cárcel por embriaguez y alteración del orden público, la pobre puerca comienza a sentir añoranza y a perder el apetito. Su familia humana, y, muy especialmente, lord Emsworth, siempre preocupado por sus cerdos, se desvive por el bienestar del animal y trata de tentar a la Emperatriz con delicias varias, pero sin ningún resultado. Sin embargo, por aquellos azares del destino, un tal James Belford se presenta un día en Blandings y, con su habilidad para llamar a los cerdos, aprendida durante el tiempo que trabajó en una granja en Nebraska, consigue que la Emperatriz recupere su buen ánimo de antes. Vuelve a comer con fruición y a producir esa «especie de sonido deglutiente, gorgoteante, pastoso, chirriante y voraz» que hace las delicias de lord Emsworth. Poco después, obtiene su primera medalla de plata en la 87.ª Exposición Agrícola (anual) de Shropshire, en la categoría de «Cerdos Gordos».[13]

Ahora figúrense una vida diferente para la Emperatriz: en vez de florecer entre las amables personas y el acogedor entorno del castillo de Blandings, y en el dulce mundo de P. G. Wodehouse, donde todos los seres son tratados con amor y humor, la Emperatriz tiene la mala fortuna de vivir en una granja porcina de Iowa a principios del siglo XXI.[14] Nada más quedarse preñada, la han metido en una «jaula de gestación», un angosto cercado de metal, de tamaño ajustado al de su cuerpo, que tiene por suelo unos listones de madera o metálicos para que los excrementos y otros desechos del animal puedan caer directamente sobre las «lagunas» de aguas negras que se acumulan por debajo. No puede andar ni girarse, y ni siquiera puede echarse. No hay ningún habilidoso cuidador que la llame ni hable con ella; ni humanos amantes de los puercos que la admiren o la quieran; ni otros cerdos o animales de granja que la saluden. Solo es una cosa, una máquina de gestar. La mayoría de los aproximadamente 6 millones de cerdas que hay hoy en Estados Unidos están en granjas industriales, y esas jaulas se usan en la mayoría de los estados de la Unión, aunque nueve de ellos (y varios países) ya las han prohibido.[15] Las jaulas de gestación provocan pérdida de masa muscular y ósea por falta de ejercicio. Fuerzan a los cerdos a defecar en el mismo espacio en que viven, algo que estos animales —muy limpios, por cierto— detestan. Y privan de toda posibilidad de socialización a estas muy sociales criaturas.[16]

EL PINZÓN: LA HISTORIA DE JEAN-PIERRE

El gran flautista Jean-Pierre Rampal (1922-2000) grabó muchas obras con partituras para flauta que imitaban el trino de los pájaros. Por eso, le he puesto su nombre de pila al virtuoso pinzón cuyo canto escucho al visitar el sitio web del Laboratorio de Ornitología de Cornell. Jean-Pierre es un macho de pinzón mexicano.[17] Tiene plumas de un color rojo vivo justo por encima del pico que van cambiando gradualmente de tonalidad —hacia el gris rojizo— en la parte posterior de la cabeza. Por debajo del pico, el rojo va haciéndose progresivamente rosa y blanco, con franjas grises en la zona del vientre. También las alas son a franjas grises y blancas. Canta con un trino rápido, de notas muy breves que terminan en un murmullo ascendente o descendente.[18] Jean-Pierre tiene un aspecto cautivador, con esas delicadas gradaciones cromáticas en su plumaje, y se le ve muy activo e inteligente mientras socializa con otros pájaros. Pero, sobre todo, resulta encantador oírle enlazar sus complejas composiciones gorjeadas. No se cansa nunca de cantar.

Veamos ahora esta otra imagen de Jean-Pierre: tras llevar un tiempo respirando con dificultad por problemas en su sistema pulmonar, yace muerto en el suelo, al pie del árbol en el que antes trinaba con angelical fluidez. Se cree que miles de pequeñas aves migratorias (como los pinzones, los gorriones, los parúlidos y otras que conforman el 86 % de todas las especies aviares no marinas de América del Norte) fallecen cada año por los efectos de la polución atmosférica. El ozono daña los sistemas respiratorios de los pájaros y también perjudica a las plantas que atraen a los insectos que esos pájaros comen. En este caso, no todo son malas noticias: los programas previstos en la Ley (federal) del Aire Limpio para reducir la contaminación por ozono han ayudado también a las aves. Se calcula que han evitado la pérdida de 1.500 millones de estos animales en los últimos cuarenta años, casi un 20% del total de la vida aviar en el Estados Unidos actual. Para Jean-Pierre, sin embargo, la medida fue insuficiente y tardía. Como Hal, él tampoco volverá a cantar.

LA PERRA: LA HISTORIA DE LUPA

Lupa es una perra que padeció abusos y vivió asilvestrada durante un tiempo. Luego encontró un hogar feliz con los profesores de Princeton George Pitcher y Ed Cone, tal como explica el primero de ellos en su libro *The Dogs Who Came to Stay*.[19] Lupa corre a toda velocidad por el campo de golf de Princeton, sin correa, superando a su compañero, el filósofo George Pitcher, y a la huésped que este tiene alojada estos días en su casa (es decir, yo), pero no al otro can que viene con nosotros: el joven hijo de Lupa, Remus, que se adelanta a ella siguiendo el rastro de algún olor y luego da media vuelta para reunirse con su madre. Lupa es una perra rechoncha de tamaño medio, mezcla de pastor alemán y otra raza indeterminada; Remus es esbelto y pequeño, de pelaje más corto y rasgos de pastor alemán menos pronunciados. Ambos perros tienen pelajes lustrosos y juegan contentos. Aunque Lupa es muy retraída conmigo, muestra un gran afecto hacia George; Remus, por su parte, es afectuoso y juguetón tanto con él como conmigo. Son dos canes a todas luces florecientes en esa vida simbiótica que llevan y que les incluye a ambos, pero también a George, a Ed (su compañero), y a los diversos animales y humanos que pasamos por allí de visita.

En este caso, la historia negativa corresponde al pasado. Lupa fue una perra callejera durante un tiempo, antes de que George y Ed la encontraran en la parte inferior de un cobertizo de su finca, donde ella había escogido dar a luz a una camada. Lupa no se encontraba en buen estado: la vida silvestre es dura para los perros. Y la dureza de su vida anterior podía inferirse de su miedosa forma de reaccionar. Había ciertas cosas que siempre la asustaban —y que siguieron asustándola incluso mucho tiempo después—, como una mano levantada o una llamada telefónica hecha desde un aparato concreto de la planta baja de la casa. Todos los humanos nuevos a los que conocía tenían que pasar un largo periodo de prueba hasta que Lupa los aceptaba... y pocos lo superaban. Ella prefería retirarse a un rincón, bajo el piano de cola. Tanto la crueldad como el abandono estaban firmemente grabados en su memoria. Remus, sin embargo, solo había conocido la buena vida.

Podría haber contado historias de otros muchos tipos de animales: gatos, caballos, vacas lecheras, pollos, delfines o todas las clases de grandes mamíferos terrestres. Aquí hablaremos también del pulpo, de aves de toda índole, de peces... Y también podría haber imaginado otros impedimentos vitales distintos en los «perfiles» de los animales cuyas situaciones acabo de describir: para los elefantes, por ejemplo, el hambre que sufren por la merma progresiva de su hábitat a medida que los humanos ocupan cada vez más territorios naturales de esa especie; para las ballenas, la perturbación de su vida diaria que provocan los ruidos en el mar, incluido el programa de sonar de la Armada estadounidense, que trastoca sus pautas migratorias y reproductivas; para los animales de explotaciones agrarias, el conjunto de instituciones y prácticas que conforman el sector de las granjas industriales; para las aves, los disparos de la caza recreativa; para los perros, el nacimiento y la cría inicial en las llamadas «fábricas de cachorros», con todas las enfermedades que ello les acarrea, o la cría de canes para peleas clandestinas, o el aburrimiento que les provoca la falta de ejercicio o de atención. Los relatos de brutalidad y negligencia no se acabarían nunca.

El contraste entre unas vidas florecientes y otras anquilosadas es una de las ideas centrales de este libro. Se encuentra en la esencia misma del concepto de justicia, según argumento en el capítulo 1. Y para desarrollar una buena teoría de la justicia para los animales, es clave reflexionar a fondo sobre ese contraste. El problema de las tres teorías principales sobre el tema, tal como aquí expongo, es que no prestan atención a ese contraste ni a las formas diversas en que este se manifiesta en las variadas vidas de los animales. De ahí que lo que desarrollo aquí sea una nueva fundamentación teórica para reflexionar sobre la justicia y la injusticia relativas a los animales: concretamente, una base fundada sobre la capacidad del animal para llevar su propio modo característico de vida. Y también defiendo que esa base, por la centralidad que atribuye al contraste entre vidas prósperas y florecientes y vidas anquilosadas, permite superar escollos en los que otras teorías encallan. Las teorías orientan la acción, por lo que las malas teorías la orientan mal. Creo que las dominantes ahora mismo en este campo son defectuosas y que la mía ayudará a guiarnos mejor en nuestro modo de obrar.

Pero, para mí, este libro, además de un trabajo hecho por gusto, es también el resultado de lo que podríamos llamar un proceso de duelo constructivo, pues me ha servido para tratar de impulsar una serie de temas con los que estaba muy comprometida una persona cuya muerte ha supuesto una trágica pérdida para el mundo. Mi hija, Rachel Nussbaum, fue mi mentora y mi inspiración cuando comencé a interesarme de verdad —a una edad relativamente tardía— por la grave situación de los animales no humanos. Tras un doctorado y una trayectoria relativamente breve como docente en historia intelectual alemana, Rachel decidió llevar su pasión por los animales al ámbito del derecho y tuvo la fortuna de matricularse en una facultad de leyes como la de la Universidad de Washington, que tiene un currículo bien surtido de asignaturas de derecho animal y otros temas relacionados. Además, ella y su marido vivían en Seattle, una ciudad próxima a hábitats idóneos para la observación de las ballenas y las orcas, su mayor pasión. Fue aún más afortunada al poder trabajar en un puesto ideal para ella: abogada para la organización de defensa jurídica y legal de los animales Friends of Animals, concretamente en su división de fauna salvaje en Denver, dirigida por el magnífico experto en derecho animal Michael Harris. Trabajó durante cinco años en problemas jurídicos diversos relacionados con los animales salvajes, como el tráfico de elefantes hacia los zoos estadounidenses, la amenaza de eliminación de las poblaciones de caballos salvajes por conflictos con los rancheros, el peligro de extinción de los bisontes, etcétera. Elaboraba informes de situación. Testificó ante varios tribunales legislativos estatales donde se estaban debatiendo leyes animalistas.

Y hablaba con su madre. Y consiguió que esta compartiera su pasión por, y su compromiso con, los animales salvajes. Su dedicación a mejorar las vidas de criaturas maltratadas que sufren era tan intensa como hermosa. Continúa siendo una fuente de inspiración para mí. Comenzamos a escribir una serie de artículos al alimón sobre el estatus jurídico y legal de los mamíferos marinos y sobre otras cuestiones más generales ligadas a las relaciones entre animales salvajes y seres humanos. (Yo aportaba la teoría filosófica, tratando de imprimir un nuevo rumbo a mi «enfoque de las capacidades». Ella aportaba los datos y el conocimiento jurídico.)[20]

Rachel falleció en diciembre de 2019, a los cuarenta y siete años de edad, por culpa de una infección fúngica resistente a los fármacos tras haberse sometido a una exitosa operación de trasplante. Al parecer, el órgano del donante tenía un defecto estructural que hizo que «sembrara» la infección y la bombeara a todo el organismo. Fue un defecto que no se le pudo detectar hasta que se le practicó la autopsia. Como ya antes de eso se hacía evidente que, por el motivo que fuera, el órgano implantado no estaba funcionando como debía, a Rachel le programaron un nuevo trasplante. Habían llegado incluso a hallar un nuevo órgano para ella y estaba ya a punto de ser conducida en camilla hasta el quirófano cuando le detectaron la infección fúngica que demostraría ser resistente a los tratamientos. El tiempo transcurrido entre el trasplante inicial y su muerte fue de solo cinco meses. Durante ese periodo, su esposo, Gerd Wichert, y yo la fuimos a visitar en el hospital prácticamente todos los días, salvo cuando me animó a ir a Londres a presentar nuestro último artículo conjunto ante la Asociación de Desarrollo Humano y Capacidades, en un momento en que ella se encontraba mucho mejor e incluso estuvo a punto de recibir el alta médica. De hecho, llegó a hablar con sus amigos de la HDCA por teleconferencia transatlántica y estaba muy ilusionada ante la perspectiva de estar físicamente con ellos al año siguiente. Durante todo ese tiempo en el hospital, tuvimos muchas conversaciones sobre los animales que nos encantaban. Por suerte, fue todo antes de la COVID, por lo que su padre y su jefe en Friends of Animals pudieron acompañarnos a Gerd y a mí en muchas de aquellas visitas. Y todos estábamos allí con ella en su último día.

Seguiré viendo mientras viva aquella chispa en sus ojos verdes y su subversiva sonrisa. Éramos puro contraste: yo con mi pelo rubio rizado, ella con su pelo negro y casi rapado; yo con mis coloridos vestidos femeninos, ella con sus trajes de chaqueta y pantalón negros de arriba abajo. Pero la alianza de nuestros corazones era muy profunda.

Este no es un libro sobre aquella tragedia. Es otra cosa: es una obra que mira hacia delante tratando de promover las causas que ella amaba, y que intenta hacerlo por medio de una teoría que ella conocía y apoyaba. Esta teoría, una versión de mi enfoque de las capacidades, mide la justicia preguntándose si las personas (o, en este caso, los animales sintientes) están siendo facultadas por las leyes y las instituciones para vivir una vida adecuadamente floreciente según las oportunidades de elegir y de actuar (definidas en una lista concreta) de las que el individuo en cuestión dispone (o no) en su contexto político y jurídico. Rachel había llegado incluso a dar clases sobre el enfoque de las capacidades en la Universidad de Denver, cerca de su lugar de trabajo. También había leído la breve incursión en la cuestión de los animales desde el enfoque de las capacidades que yo había incluido en mi libro de 2006 *Las fronteras de la justicia*. Ella y yo comentamos a menudo el proyecto de escribir este libro e incluso llegué a mostrarle algunos borradores, sobre todo, del capítulo sobre los animales salvajes. Y nuestra obra como coautoras figura profusamente en él, en especial, en el capítulo sobre el derecho y las leyes, y en el dedicado a la amistad entre humanos y animales. Así que no puedo evitar tener la sensación de que es ella la que habla también por mi boca (y pluma) y de que yo estoy siendo el canal transmisor de esa voz que tanto amé.

El filósofo y estadista romano Cicerón, cuya hija Tulia falleció a una edad solo un poco menor que Rachel, lidió con el profundo duelo y pesar que sentía planificando —durante los que resultarían ser los años finales de su vida— la construcción de un santuario en su memoria. Yo espero que un libro que mantenga los compromisos de Rachel vivos entre nosotros y que anime a otros a asumirlos como propios sea una expresión de amor y duelo mejor aún que un santuario, al servir como ejemplo de los valores que la guiaron en vida y como mecanismo para comunicarlos al mundo entero.

¿Qué es el enfoque de las capacidades (EC) y por qué les puede interesar tanto a los abogados apasionados por la justicia animal?[21] De entrada, es fácil explicar lo que no es. El EC no ordena a los animales por su similitud con los seres humanos ni busca conquistar privilegios especiales para aquellos considerados más «parecidos a nosotros», como sí hacen algunos enfoques teóricos hoy bastante populares. El EC se interesa tanto por el pinzón y el cerdo como por la ballena y el elefante. Y sostiene que la forma de vida humana es sencillamente irrelevante a la hora de valorar lo que cada tipo de animal necesita y merece. Lo relevante son «sus propias» formas de vida. Del mismo modo que las personas aspiran a ser capaces de disfrutar de los bienes característicos de una vida humana, también un pinzón busca poder vivir los bienes propios de una vida de pinzón, o una ballena quiere poder disfrutar los de una vida de ballena. (Y, en todos esos casos, contar con el margen necesario para una diferenciación individual es un elemento integral de esa vida a la que esos animales aspiran.) Deberíamos abrirnos y aprender, en vez de limitarnos perezosamente a concebir los animales como una especie de humanos inferiores que se esfuerzan por llevar una vida más o menos similar a la nuestra. Según el EC, cada criatura sintiente (o sea, capaz de tener un punto de vista subjetivo del mundo y de sentir dolor y placer) debería disponer de la oportunidad de florecer en la forma de vida característica de esa criatura.

El EC tampoco se ciñe al dolor y el placer como sí hace el enfoque más prominente en el ámbito de la justicia animal en la actualidad, basado en el utilitarismo clásico del filósofo británico del siglo XVIII Jeremy Bentham y actualizado por el filósofo australiano contemporáneo Peter Singer. El dolor es muy importante y es también una de las grandes fuentes de injusticia y de daño en las vidas de los animales. Pero no es lo único relevante. Los animales también necesitan interacciones sociales y, en muchos casos, necesitan que estas sean con un gran grupo de congéneres suyos. Precisan igualmente de espacio suficiente para moverse. Y necesitan juego y estimulación. Está claro que debemos abstenernos de causarles un dolor que no los beneficie, pero deberíamos pensar también en los demás aspectos de una vida animal floreciente. Nosotros no escogeríamos una vida sin dolor si eso implicara renunciar al amor, la amistad, la actividad y las demás cosas que justificadamente nos importan. Pues bien, los animales no son menos plurales en sus intereses. Las teorías deficientes nos proporcionan consejos deficientes.

Las dos preguntas que guían el argumento general de este libro son la de por qué necesitamos una teoría que oriente la política y el derecho a la hora de cumplir con nuestras responsabilidades éticas para con los cinco animales que he descrito y para con otros muchos, pero también, derivada de la anterior, la de por qué el EC es el mejor modelo para la intervención ética y política en las prácticas que arruinan y anquilosan esas vidas.

Comienzo hablando, en el capítulo 1, de lo que significa la justicia, así como de ciertas facultades que poseemos los humanos y que nos permiten percibir, y reaccionar a, la injusticia. Los tres capítulos siguientes indagan en tres teorías deficientes que se emplean actualmente en derecho y en filosofía en este terreno: una teoría antropocéntrica a la que llamo el enfoque del «fuerte parecido con nosotros», que trata de ayudar a aquellas criaturas que juzgamos muy similares a los seres humanos, pero solo a ellas; la teoría utilitarista de Jeremy Bentham, J. S. Mill, Henry Sidgwick y Peter Singer, que reduce los demás aspectos de la vida de un animal a meras cantidades de placer y dolor (aunque Mill diverge un tanto de los demás en este apartado), y el enfoque kantiano de la filósofa Christine Korsgaard, que representa un gran avance en cuanto al respeto a la dignidad de las vidas animales, pero que, según argumento aquí, se queda corto en ciertos aspectos clave.

Justo después, el 5 y el 6 son dos capítulos centrales en los que expongo mi propia teoría y defiendo que los animales poseen derechos: concretamente, unos derechos (*entitlements*) fundados en la justicia a tener vidas aceptablemente dignas y florecientes. Muestro también lo que eso significa en los términos de mi propia teoría. Hablo a continuación del concepto (clave) de sintiencia y aporto mis razones para afirmar que la idea de justicia solo es aplicable a aquellos animales que poseen un punto de vista subjetivo del mundo, pero no a aquellos otros que no lo poseen, ni tampoco a las plantas.

En el capítulo 7, me pregunto si la muerte representa siempre un perjuicio para un animal y, para responder a esa pregunta, vuelvo sobre el eterno interrogante filosófico de si la muerte nos daña realmente o no. En el capítulo 8, examino los «dilemas trágicos» a los que nos abocan dos deberes importantes desde el punto de vista ético —un problema, este de los dilemas morales, con el que solemos encontrarnos al tratar de promover el bien de los animales—, así como la pregunta de cómo podríamos abordarlos de cara a atenuar el daño que podemos tener que infligir temporalmente para solucionar ciertos problemas especialmente complicados, como los que se plantean en torno a la experimentación con animales.

Los capítulos 9 y 10 centran la atención en los dos principales tipos de animales que hay en nuestro mundo: los que viven con nosotros (o junto a nosotros), y los «animales salvajes», que, en mi opinión, no son realmente salvajes —pues todos los animales viven en espacios dominados por los seres humanos—, pero que, en cualquier caso, no evolucionaron para mantener una relación simbiótica con la especie humana. Para cada uno de esos dos grandes grupos, abordaré la cuestión de qué propone el EC sobre cómo deberían tratarse esas vidas animales en nuestras leyes y políticas.

Por su parte, el capítulo 11 aborda un objetivo clave, como es la amistad entre los seres humanos y otros animales, y muestra que sí pueden producirse tales amistades (incluso con animales «salvajes»). Allí postulo también que el ideal de la amistad nos ayudará a reflexionar adecuadamente sobre las tareas que tenemos por delante en este terreno. Y, por último, en el capítulo 12 me centro en la cuestión de las leyes —de la legislación vigente, tanto nacional como internacional, con sus múltiples defectos— y me planteo la pregunta de cuáles son los recursos del ámbito del derecho que se podrían aprovechar para crear una mejor vía de avance.

Los humanos podemos (y debemos) hacerlo mejor. El derecho puede (y debe) hacerlo mejor. Creo que ha llegado la hora de un gran despertar. Es imprescindible una toma de conciencia tanto de nuestro parentesco con un mundo de asombrosas criaturas inteligentes como de hasta qué punto debemos responsabilizarnos del modo en que las tratamos. Ha llegado la hora, en definitiva, de avanzar hacia una justicia que sea de verdad global porque incluya a todos los seres sintientes. Espero que este libro ayude a orientar ese despertar, lo dote de perentoriedad moral y de estructura teórica, y sirva de inspiración para que nuevas personas hagan suya la causa de la justicia para los animales, del mismo modo en que la pasión de Rachel por los mamíferos marinos despertó mi curiosidad e hizo que me quisiera embarcar en un difícil viaje que ha terminado resultando más gratificante que ningún otro en mi vida, con la sola excepción del viaje de la maternidad.

Capítulo 1
BRUTALIDAD Y NEGLIGENCIA
La injusticia en la vida de los animales

Los animales sufren injusticias de las que nosotros somos los responsables. El objetivo de este libro en su conjunto es reparar ese mal y recomendar una versión de mi enfoque de las capacidades como potente estrategia teórica para diagnosticar esas injusticias y sugerir remedios apropiados para ponerles fin.

En este capítulo, comenzaré analizando nuestra concepción prefilosófica cotidiana de la injusticia, que implica, según yo la entiendo, la idea de conato —de alguien o algo que aspira a lograr algo bastante significativo para sí mismo y que se esfuerza por conseguirlo— y, más concretamente, de bloqueo de ese conato por la intervención indebida de otro u otros, ya sea con mala intención o por negligencia.

Esa idea en sí ya nos pone sobre la pista de mi enfoque de las capacidades, porque se centra en las actividades significativas y en las condiciones que posibilitan que una criatura las lleve a cabo sin perjuicios ni dificultades que se lo impidan. Se trata, por decirlo de otro modo, de las condiciones que le permiten vivir una vida floreciente. A diferencia de otros enfoques que se circunscriben al dolor como mal primario, este enfoque se centra en muchos tipos distintos de actividades significativas (entre las que se incluyen el movimiento, la comunicación, el establecimiento de vínculos sociales o el juego, bloqueables todas ellas por la injerencia de otros), así como en múltiples clases de actividad bloqueadora indebida, ya sea por malevolencia o por negligencia.

En este capítulo, y como base para elaborar una definición rudimentaria de la justicia y la injusticia, compararé primero la situación de los animales que gozan de una vida próspera con la de aquellos que ven frustrado su conato. Luego, examinaré nuestra propia idea común (prefilosófica) de injusticia, lo que me permitirá mostrar que los animales de mis casos de ejemplo han sufrido un trato injusto. Posteriormente, y tras haber desarrollado la idea de la obstrucción indebida de una actividad significativa, indagaré en tres aptitudes emocionales que todos los lectores de este libro poseen y que contribuyen a que los animales sean objeto de nuestra atención y preocupación: la admiración, la compasión y la indignación. Estas tres emociones son también recursos, porque desarrolladas y cultivadas del modo apropiado, nos ayudan a entender mejor el marco ético y filosófico general de los derechos de los animales.

Quienes duden de que los animales merezcan que los tratemos con justicia —y de que tengan derecho a exigir ese trato de nuestra parte— tendrán que esperar a ver la formulación de mi teoría en el capítulo 5 para poder hacerse una idea más precisa de cuál es mi argumento completo sobre esta crucial cuestión, ya que cada teoría da una respuesta distinta a esa pregunta. Pero sirva el resto de este párrafo para enunciar mi tesis fundamental de forma muy breve. Todos los animales —humanos y no humanos— vivimos en este frágil planeta, del que dependemos para todo lo importante. Ninguno ha elegido estar aquí; simplemente, nos hallamos aquí ya desde el momento de nacer. Los humanos pensamos que el hecho de encontrarnos aquí nos da derecho a usar el planeta para sustentarnos y para repartírnoslo como nuestra propiedad. Pero negamos a otros animales ese mismo derecho, aun cuando su situación en ese sentido es exactamente la misma que la nuestra. También ellos se encuentran aquí sin haberlo pedido y tienen que tratar de vivir del mejor modo que puedan. ¿Qué derecho tenemos a negarles «su derecho» a usar el planeta para vivir en él cuando bien que nosotros reclamamos el nuestro? Normalmente, no se ofrece argumento alguno que justifique tal negativa. Y yo creo que toda razón que se alegue en favor de nuestro propio derecho a usar el planeta para sobrevivir y florecer es también una razón válida para que los animales disfruten de ese mismo derecho.[1]

Primero, sin embargo, debemos tener una concepción operativa de la justicia y de la injusticia. Ese es el objetivo del presente capítulo.

De todos modos, antes de empezar, necesitamos algunos ejemplos: casos que nos animen a admirar la complejidad de un animal y las impresionantes actividades de que es capaz, pero también a sentir una dolida compasión —entremezclada con una indignación que nos mueva a actuar— ante la suerte que ha terminado corriendo ese animal en este mundo de brutalidad y negligencia humanas.

ANIMALES FLORECIENTES, ANIMALES ANQUILOSADOS

En mi introducción, he presentado los casos de cinco animales concretos que intentan vivir sus vidas, pero que se encuentran con bloqueos e impedimentos varios. Para cada uno de los ejemplos, he descrito primero la actividad floreciente del animal en cuestión mientras vivía su vida característica para, a continuación, mostrarles el infortunio sufrido por ese mismo espécimen por culpa del maltrato humano.

Virginia, la mamá elefanta, disfrutaba de libertad de movimiento y de vida social con su manada de hembras y de crías de elefante que ese grupo cría en comunidad. Luego, unos cazadores furtivos la atacaban, la mataban y le mutilaban el rostro para extraerle el marfil, y arrebataban su bebé al grupo para vendérselo a un zoo que no le iba a dar una vida próspera y completa como la que tenía su madre.

Hal, la ballena jorobada, también se movía libre, interactuaba socialmente con su grupo de ballenas y cantaba con ellas. Y, más tarde, tras haber ingerido residuos de plástico en el mar, se moría de inanición por bloqueo del tracto digestivo y terminaba varada en la costa.

La Emperatriz de Blandings llevaba una vida feliz en el castillo homónimo, bien alimentada y bien cuidada por personas amantes de los cerdos que comprendían las personalidades y necesidades diferenciadas de esos animales. Luego, se encontraba con una vida muy distinta en una granja porcina de Iowa, confinada en una jaula de gestación, forzada a comer junto a sus heces, privada de toda vida social y de libertad de movimiento.

Jean-Pierre solía volar libre, cantar con sus bellísimos gorjeos y disfrutar de la interacción social con otros pinzones, pero la contaminación atmosférica terminaba por aniquilarlo.

La de Lupa es la única de esas historias que evoluciona desde el dolor hacia la felicidad, y de la injusticia al florecimiento. Anteriormente, sufrió las palizas de un humano cruel; luego fue una perra callejera, forzada a buscarse el alimento y, finalmente, ha encontrado a una familia estable y feliz con unas personas que la tratan con bondad, cariño y respeto, que le proporcionan mucho ejercicio y excelente atención médica, y que también han adoptado a su cachorro Remus (además de buscarles buenos hogares a sus hermanitos de camada), para que madre e hijo dispongan de compañía canina, además de humana.

Estos no son más que cinco relatos entre los millones que se podrían contar tomados de la vida real. La relación de historias de brutalidad y negligencia sería interminable. En todas las que aquí he contado vemos una vida floreciente, y en todas ellas también (y esto es muy significativo) vemos que ese florecimiento implica cosas como libertad de movimiento, vida social y la expresión de habilidades típicas de cada especie. Y en todas ellas constatamos cómo se pueden llegar a anquilosar o imposibilitar esas aptitudes, esos movimientos y esos contactos sociales.

El contraste entre vidas prósperas, florecientes, y vidas obstruidas es la idea intuitiva central de este libro. Ahora bien, no todas las obstrucciones entran en la categoría de injusticia tal como la entenderemos aquí. Pasemos, pues, antes de nada, a esa cuestión.

JUSTICIA: LA IDEA INTUITIVA BÁSICA

¿Qué es sufrir una injusticia? ¿Cuándo son los daños de la vida algo más que perjuicios y se convierten en agravios ilícitos de los que hemos de responsabilizar a alguien, y que debemos remediar si es posible o, de no tener remedio ya, impedir que vuelvan a ocurrir en el futuro?

Aquí estoy descendiendo hasta el nivel de las intuiciones fundamentales sobre las que se sustenta mi teoría, una base por debajo de la cual resulta muy difícil ya aportar mayores razones. No obstante, permítanme que articule las ideas elementales, pues serán estas las que nos guíen en las páginas siguientes. ¿Qué significa que una criatura sufra injusticias y tenga unos derechos derivados de la idea de justicia?

Imaginémonos a un animal. Como incluso un hipotético animal genérico como este debe tener un nombre, llamémosle Susan. Susan realiza las actividades propias de su vida: planifica, actúa, se relaciona, se ocupa de todas esas cosas que importan a un animal de su especie. Susan usa sus sentidos y su cerebro. Identifica unos objetivos, los desea. Se mueve en pos de ellos, trata de alcanzarlos. Por el camino, Susan encuentra obstáculos a sus intentos y esfuerzos. Algunos son triviales: solo bloquean proyectos que son accesorios y no fundamentales para su vida. Entre los otros escollos, más serios, los hay derivados de ciertas limitaciones físicas que no parecen culpa de nadie: puede que Susan enferme o que una gran tormenta destroce su morada. Hasta ahí, no parece que Susan haya sufrido ninguna injusticia, pese a que sí ha padecido daños, unos mayores que otros.

Supongamos, sin embargo, que lo que bloquea el desempeño vital de Susan es otra criatura, o una situación creada por otra criatura. En ese caso, seguirá siendo posible que Susan no haya sufrido injusticia alguna si esa otra criatura no ha hecho nada indebido: solo se estaba ocupando de lo suyo y, casualmente, ha chocado (o entrado en competencia) con Susan. Tal vez se ha llevado un alimento que Susan estaba tratando de conseguir, o puede que la defensa de su propia vida y la de su familia la llevara a luchar contra Susan y lesionarla.

Ahora supongamos que la morada de Susan fue destruida deliberadamente por otra criatura capaz de saber que podía haber actuado de otro modo mejor. Supongamos también que a Susan la recluyeron y la mataron de forma deliberada, junto con miles de sus congéneres. (Esa es la suerte que corren la mayoría de los pollos del mundo y muchos de los cerdos y los terneros.) Supongamos que, como a la Emperatriz de Blandings de mi ejemplo, a Susan también la aprisionaron en una jaula de metal y la obligaron a defecar a través de unas rendijas sobre una laguna hedionda, y que, mientras tanto, enfermó por falta de ejercicio. Supongamos que, como a Virginia, le tajaron la cara a machetazos para satisfacer la demanda del mercado de marfil, un verdadero sindicato global del crimen. Supongamos que, como a Lupa, la apaleó alguien que decía ser su dueño. En todos esos casos, habremos entrado ya en el terreno de las injusticias, porque los esfuerzos de Susan por llevar una vida adecuada para ella han sido bloqueados por algún tipo de injerencia que tiene todos los visos de ser ilícita. Si Susan fuese humana, enseguida concluiríamos que ha sido víctima de una injusticia.

Los casos de Hal y de Jean-Pierre parecen diferentes, porque no hay en ellos un acto deliberado que les haya infligido el daño que han sufrido. Si a Hal la hubieran arponeado (una práctica espantosa que ya no está permitida por la Comisión Ballenera Internacional, pero que Japón sigue manteniendo porque se escindió de dicha organización por no estar conforme con tal prohibición), rápidamente coincidiríamos en señalar que el maltrato fue ilícito. Incluso aunque el anquilosamiento de Hal se hubiese debido al programa de sonar desarrollado de buena fe por la Armada estadounidense, un tribunal federal podría haber intervenido y haber ordenado la interrupción de dicho programa por intromisión indebida en las actividades de las ballenas (lo que, como veremos en el capítulo 5, ya ha ocurrido).[2] En ese caso, si la Armada hubiese seguido adelante desafiando el fallo del tribunal, habría cometido un agravio ilícito deliberado. Pero el caso de Hal, la ballena varada muerta por congestionarse con basura humana, es más complicado. Sin duda, los humanos hemos podido actuar con cierta inconsciencia al no preocuparnos de saber adónde irían a parar todos esos plásticos que tiramos a la basura, pero ¿aumenta eso el nivel de nuestra negligencia? ¿Y a quién habría que responsabilizar de ello? Y aun si no tuviéramos culpa propiamente dicha ahora, ¿la tendríamos en el futuro, a partir de este momento? Ahora que hemos visto lo que le ha ocurrido a esta ballena varada, ¿estamos ya avisados de que la próxima vez la culpa será nuestra, aun cuando la basura estuviera ahí de antes y los mares sean muy difíciles de limpiar?[3]

Jean-Pierre y su asfixia por culpa de la contaminación atmosférica plantean un caso de similar dificultad: los efectos secundarios de nuestra vida industrial dañan a muchas especies, incluida la nuestra, pero ¿hasta qué punto supera eso el umbral del perjuicio indebido o injusto? ¿Y de quién es la culpa? Nuestro sistema legal (y, en especial, la Ley del Aire Limpio) ha intentado lidiar con ese problema para el caso de los seres humanos, pero las protecciones jurídicas contra la contaminación previstas en la Ley del Tratado de Aves Migratorias continúan suscitando una fuerte controversia política (véase el capítulo 12).

No obstante, si Susan fuese Hal, sus amigos humanos señalarían que ya existen leyes en vigor que prohíben causar daño a los mamíferos marinos; y que el daño del que aquí hablábamos, aun no siendo malicioso, sí era claramente previsible y negligente, aunque no se pueda atribuir a un único infractor concreto. Los mares están muy poco regulados, pero, en principio, sería posible legislar sobre ese tipo de vertidos de residuos si las naciones quisiesen cooperar al respecto. De hecho, las leyes también han conseguido restringir bastante la polución atmosférica, y quienes las infringen —aunque sea más por negligencia que por intención deliberada— están actuando de forma ilícita y contraria a la ética. ¿Acaso las aves son diferentes? El tiempo y la política darán la respuesta, pero yo tengo claro lo que opino al respecto.

Habrá injusticia, pues, si Susan se está esforzando por (o aspira a) conseguir algo que sea, al menos, bastante significativo para su vida, y si se lo impide no ya un daño, sino la intervención indebida (contraria a la ética) de otro agente de manera deliberada o negligente.

Por lo dicho hasta aquí, nada parece indicar que la víctima de la injusticia tenga que ser necesariamente humana: bien puede tratarse de un animal no humano. El hecho de que se produzca una injusticia depende de cómo sea la acción emprendida contra un ser sintiente, pero no de qué tipo de ser es. Susan podría ser una persona, una cerda o una elefanta. (En el capítulo 6, plantearé la pregunta de si todos los animales pueden sufrir injusticias o solo algunos de ellos, y definiré más detalladamente esa frontera conceptual.) En la mayoría de los casos de acciones ilícitas deliberadas, el perpetrador es humano, porque los seres humanos somos capaces como pocos otros animales de actuar con intención malevolente. No obstante, más adelante veremos que las personas no somos en realidad las únicas criaturas éticas, ni tampoco las únicas a las que es posible asignar unos deberes u obligaciones. Esto será importante después para construir una teoría más o menos convincente sobre la existencia de una comunidad multiespecies.

A veces, hay cosas que parecen casualidades, pero que, analizadas con mayor detenimiento, pueden implicar una injusticia por negligencia culposa. Son situaciones con las que estamos muy familiarizados en el mundo humano. Alguien se infecta con una enfermedad para la que existe una conocida vacuna, pero su médico le dice que las vacunas son nocivas. O alguien sufre un terrible accidente con su coche por culpa de un error del fabricante. O alguien se envenena con un producto contaminado que no se sometió a las correspondientes inspecciones. Son todos casos tomados del dilatado ámbito de la responsabilidad civil por daños y perjuicios. La maraña de conexiones entre los padecimientos y sus causas culposas se ha vuelto más compleja y nebulosa aún durante la pandemia de COVID-19. ¿Cuántas personas habrían salvado la vida si las pruebas diagnósticas se hubiesen organizado de forma más eficiente y los confinamientos hubiesen sido más exhaustivos? (Muchas, según nos muestra el caso de Nueva Zelanda.) ¿Cuántas no habrían muerto (aun tal como fueron las cosas) si no hubieran estado afectadas previamente por enfermedades y discapacidades asociadas a la pobreza, como la diabetes y la malnutrición? ¿Hay culpa ahí? Y si es así, ¿de quién? ¿Y de quién es la culpa de que las personas no reciban vacunas salvadoras de vidas por pura desinformación? ¿De la persona (por su credulidad y su desinterés por la ciencia)? ¿Del proveedor de esa desinformación? ¿De ambos? Y como estos, otros muchos casos. Allí donde hay (o se supone que hay) personas al mando, y allí donde existen unos medios de comunicación que deben aspirar a la verdad y la fiabilidad, los daños enseguida se tornan en algo muy parecido a agravios ilícitos: unos y otros deberían haber previsto los perjuicios y podrían haberlos evitado si disponían del poder para ello. El caso de Hal se parece a ese escenario, y el de Jean-Pierre también.

Asimismo, en ocasiones, da la impresión de que se ha producido negligencia en algún punto que no es fácil de precisar. Por ejemplo, ¿qué podemos decir de esos daños que las criaturas sufren en la «naturaleza» cuando hay humanos presentes que podrían intervenir para ayudarlas? También es posible que los elefantes pasen hambre por culpa de una sequía que mata la vegetación de la que se alimentan (y que el uso humano de las tierras circundantes sea probablemente una de las causas principales de dicha sequía). O puede que los animales se vean gravemente afectados por una enfermedad que sabemos cómo curar. (Un tigre del zoo Brookfield de Chicago, por ejemplo, fue sometido a una exitosa cirugía de reemplazo de cadera. Un tigre en una reserva natural de fauna «salvaje», aunque bajo supervisión y vigilancia humana, podría recibir esa misma intervención quirúrgica... ¿o no?) ¿Y qué podemos decir sobre la depredación? ¿Deberíamos tratar de impedir que una manada de lobos salvajes maten y se coman un ciervo si podemos hacerlo, cuando sabemos que, casi sin lugar a dudas, impediríamos que un perro o un gato de compañía llevaran a cabo una agresión similar?

En definitiva, es muy difícil determinar cuándo se comete una injusticia y quién la comete. Pero creo que podemos ir apreciando ya un poco mejor la idea intuitiva general que subyace a esos ejemplos: un elemento central en toda injusticia es el bloqueo de un «conato significativo» no solo por un «daño» o un perjuicio, sino también por un «malogramiento indebido», tanto si este es fruto de la negligencia como si es deliberado. A menudo, ese malogramiento o frustración incluye la causación de un dolor, que es el que impide a su vez la realización de casi cualquiera de las actividades corrientes de un organismo (percibir, comer, moverse, amar).

Supongamos, por el momento, que ya nos hemos convencido de que, además de daños, los animales pueden sufrir injusticias, entendidas estas como malogramientos indebidos. (En adelante, continuaré dando motivos para convencernos de ello, aunque espero que los ejemplos que acabo de exponer hayan tocado ya una fibra sensible en nuestras conciencias.)

Pues bien, las personas y las formas humanas de vida están por todas partes: en tierra, estrechando cada vez más los hábitats de los grandes mamíferos y consumiendo el agua que los otros animales necesitan; en el aire, cambiando los patrones de vuelo de las aves, así como la atmósfera que estas respiran; en el mar, alterando de incontables maneras los hábitats de los mamíferos marinos y los peces. La omnipresencia del poder humano hace que la responsabilidad de las personas se extienda a ámbitos que antes creíamos ajenos a nosotros y propios de la vida «salvaje» o de la «naturaleza». Así pues, ¿dónde comienza y dónde termina la justicia?

En este libro no trataré de dirimir todos los casos dudosos o que están al límite, pero sí que intentaré mostrar una manera de entender el florecimiento o prosperidad animal (y lo que lo obstaculiza) que nos ayude a abordar esos casos difíciles mejor de lo que podemos hacerlo con otras teorías rivales. Argumentaré que todos los humanos tenemos la responsabilidad colectiva de ayudar a que sean posibles las actividades vitales más esenciales de las criaturas con las que compartimos este planeta, ya sea deteniendo nuestra interferencia indebida en muchas de esas actividades, ya sea protegiendo hábitats para que todas las criaturas sintientes (todas aquellas que tienen un punto de vista subjetivo del mundo, que es lo mismo que decir aquellas para las que hay cosas que tienen importancia, y que forman un grupo que incluye a todos los vertebrados y a muchos invertebrados) tengan una oportunidad adecuada de vivir una vida floreciente. Estas oportunidades de elegir actividades significativas son aquello a lo que yo me refiero cuando en mi enfoque hablo de «capacidades». En definitiva, todos deberíamos apoyar las «capacidades centrales» de nuestros compañeros de animalidad.

ADMIRACIÓN, COMPASIÓN, INDIGNACIÓN: ABRIR LOS OJOS DEL ALMA

Al describir estos casos he pretendido despertar la conciencia de que se ha cometido un agravio contrario a la ética. Insisto: ese es el objetivo de este libro en su conjunto, porque lo que estoy intentando con él es persuadirlos de que muchas acciones humanas hacia los animales son formas de malogramiento indebido del conato de estos. Todo el mundo sabe que las acciones de los humanos causan mucho sufrimiento a los animales y otros muchos impedimentos, pero lo que muchas personas no quieren admitir es que eso está mal. Vienen a decir que tenemos derecho a seguir comportándonos como lo veníamos haciendo, y que, a lo sumo, estaría bien que nos mostráramos un poco más compasivos. Incluso John Rawls, el más grande filósofo del siglo XX sobre la justicia, alababa la virtud de tratar a los animales con compasión, pero sostenía al mismo tiempo que no podían ser objeto de un trato justo ni injusto.

Más adelante, cuando exponga mi propia teoría, argumentaré que los animales poseen derechos. Pero para que las personas se interesen por un argumento filosófico, han de tener un motivo para ello. ¿Qué aptitudes nuestras como humanos pueden ayudarnos a encontrar esa motivación? Algunas personas mantienen ya una relación de cariño con algunos animales, y ese cariño puede ser el punto de partida para un interés más inclusivo. Pero, por sí solos, los cariños existentes pueden quedarse cortos, porque las personas aman aquello que conocen, pero normalmente no sienten ese amor por los millones de animales con los que no están familiarizadas (igual que unos padres amantísimos de unos niños humanos no siempre encuentran en ese afecto la motivación suficiente para tratar de poner fin al hambre o el abuso sexual infantiles en el mundo). ¿Qué más puede ayudarnos, entonces? ¿Qué emociones poseen el potencial de hacer que trascendamos nuestro contexto cotidiano?

Mis descripciones han intentado despertar un sentimiento de «admiración» en sintonía con las implicaciones éticas de la cuestión, un maravillado asombro que bien puede llamar a la «compasión» (guiada por un sentido ético también) ante el hecho de que el esfuerzo del animal se vea frustrado indebidamente, y a la «indignación» (orientada hacia el futuro) de quien, ante algo así, se dice: «Esto es inaceptable y no debe volver a suceder». Como se verá, estas tres emociones morales están estrechamente relacionadas con mi enfoque de las capacidades, porque todas ellas nos ayudan a ver el mundo tal como mi enfoque lo caracteriza en última instancia; es decir, como un lugar lleno de formas admirablemente diversas de conato animal que parecen significativas y merecedoras de apoyo. La admiración cautiva nuestra atención y nos advierte de la importancia y el valor de lo que vemos y oímos. La compasión nos alerta del sufrimiento de otros y de la significación que este tiene. Y la indignación —a la que posteriormente llamaré «ira-transición»— hace que vayamos desde de la simple reacción hasta el esfuerzo por reconstruir el futuro, pues nos orienta hacia la toma de medidas correctoras. Examinemos, pues, estas emociones un poco más a fondo.

Cuando contemplamos a Hal saltando al sol y escuchamos su misterioso canto; o cuando vemos a Virginia desplazándose con sus silenciosas pisadas por los herbazales, con su bebé bajo su vientre, y escuchamos su estridente barrito; o cuando observamos a la Emperatriz de Blandings comer feliz y escuchamos el sonido «deglutiente, gorgoteante» que hace (los propios adjetivos semiinventados por Wodehouse expresan la afectuosa atención del autor); o cuando vemos a Jean-Pierre en una rama, con su brillante plumaje multicolor, y escuchamos su complejo trino; o cuando vemos a Lupa brincando por el campo de golf y escuchamos su jadeo al regresar de un enérgico galope, en todos esos casos, somos propensos a sentir una emoción que llamaré admiración. Es muy semejante al asombro y ambas son emociones intensas de respuesta a algo que nos parece impresionante y misterioso, pero la admiración es más activa que el asombro, porque está más vinculada a la curiosidad.[4]

Como ya dijera Aristóteles mucho tiempo atrás, la admiración implica que algo nos impresiona, que nos sorprende, y que, acto seguido, nos mueve a tratar de entender qué hay detrás de esas imágenes y sonidos que nos asombran. Él mismo estableció un fuerte nexo entre la admiración y el reconocimiento de la vida sintiente. En una ocasión en la que, según parece, sus pupilos se mostraron renuentes a aprender más sobre los animales y sus facultades, pues pensaban que estos eran seres demasiado humildes y no divinos como las estrellas celestiales, Aristóteles les dijo que en la naturaleza se pueden encontrar formas admirables de funcionamiento organizado. Y luego les contó una historia: unos sabios llegaron de tierras lejanas para visitar al filósofo Heráclito. Probablemente esperaban encontrarse al erudito acomodado en algún noble asiento y rodeado de reverenciales discípulos. Pero, en vez de eso, se lo encontraron «frente al hogar». (Los estudiosos de la obra aristotélica creen que esta frase muy probablemente significaba que estaba en la letrina.) Y él les dijo: «Entrad confiados, que aquí también están los dioses».[5]

La mayoría de las emociones están estrechamente conectadas con nuestro bienestar personal. El miedo, la tristeza, la ira, los celos, la envidia o el orgullo hacen todas referencia al yo y a cómo les está yendo a aquellas cosas o personas por las que ese yo siente algún apego en este mundo. He usado alguna vez la palabra «eudemónicas» para describir esta característica de las emociones: relacionan a su objeto con el yo, y con la concepción de bienestar de ese yo.[6] Pues bien, la admiración es distinta: nos saca de nosotros mismos y nos orienta hacia el otro. Parece «no eudemónica», pues no tiene nada que ver con nuestra propia búsqueda personal de bienestar. Está conectada con nuestro gozo original de vivir en sí. Es la más alejada del narcisismo o de la soberbia, y la más cercana al juego. La admiración es infantil: es nuestra humanidad recreándose en un mundo de seres llamativos.

Así pues, la admiración no siempre es solemne. De hecho, yo diría que la intención misma de palabras como «deglutiente» o «gorgoteante» es despertar cierta forma de admiración cómica; una especie de juego infantil con el lenguaje para expresar lo divertido que resulta ver comer a una cerda de tan noble pedigrí como aquella. (Como ya he dicho, el amor de Wodehose por los animales era notorio.)

Sentimos admiración ante muchas cosas. (Cuesta saber qué preposición le va mejor al verbo: ¿admirarse «por»?, ¿admirarse «de»? El filósofo Jeremy Bendik-Keymer sugiere precisamente que es mejor «ante», porque indica mayor detenimiento e intencionalidad.) Pero en su concepción aristotélica, que será la que yo tome y amplíe aquí, la admiración está muy estrechamente conectada con nuestra conciencia del movimiento y de la sintiencia. Vemos y oímos a esas criaturas moverse y hacer todas esas cosas, y nos imaginamos que algo sucede en su interior; no es un mero movimiento aleatorio, sino que está dirigido de algún modo por alguna consciencia interna, por alguien. La admiración está ligada, pues, a nuestra percepción de un conato, ya que vemos que esas criaturas tienen un propósito, que el mundo significa algo para ellas en algún sentido que no acabamos de comprender del todo, y eso nos produce curiosidad (¿qué es el mundo para ellas?, ¿por qué se mueven?, ¿qué están tratando de conseguir?). Interpretamos ese movimiento como algo significativo y eso nos induce a imaginar una vida sintiente en el fuero interno de esos seres.

En el fondo, es lo mismo que ocurre cuando nos encontramos con otros seres humanos. Nuestros sentidos solo nos proporcionan una forma externa, pero luego es nuestra curiosidad, nuestra imaginación, la que da el salto que nos permite figurarnos cómo ve el mundo esa forma, que es otro ser sintiente y no un autómata.[7] En el capítulo 6, sostendré que, en realidad, nuestro motivo para atribuir sintiencia a toda una serie de animales es el mismo que el que tenemos para plantearnos la existencia de «otras mentes» cuando nos encontramos con formas humanoides. A veces, podemos equivocarnos: pensamos que esa «forma» tiene algo especial en su interior cuando, en realidad, no es más que una máquina muy inteligente; otras veces, atribuimos una significación a los movimientos de algunos animales y luego, al examinarlos más a fondo, descubrimos que no hay base empírica para atribuirles sintiencia (de hecho, esa es mi tesis a propósito de la mayoría de los insectos, por ejemplo). Pero son muchos los casos en los que ese examen detallado corrobora la atribución inicial de sintiencia, de posesión de un punto de vista subjetivo sobre el mundo.

¿Cuál es el vínculo entre la admiración y la preocupación o el interés ético? Aristóteles no lo estableció. A diferencia de otros muchos pensadores griegos antiguos, no parece que él llevara sus reflexiones sobre la admiración hasta el terreno de la ética. Nada tenía que decir, por ejemplo (o, al menos, nada que haya sobrevivido hasta nuestros días), sobre la defensa moral del vegetarianismo, ni sobre otras cuestiones relacionadas con el trato humano compasivo a los animales. Aun así, cabe suponer que, si nos admiramos de la actividad compleja y el conato de un animal, esa admiración sugerirá al menos la idea de que vale la pena que ese ser perviva y se desarrolle como el tipo de cosa que es.[8] Y esta es una idea de la que, como mínimo, podemos decir que está estrechamente relacionada con el juicio ético según el cual está mal que la acción dañina de una criatura bloquee el florecimiento de otra. Es una idea más compleja y es central para el enfoque de las capacidades. La admiración —como el amor— es epistémica: nos saca de nosotros mismos y despierta un interés ético en nuestro interior.

¿Cómo desarrollamos la admiración? Yo creo que los niños pequeños sienten por lo general una gran curiosidad por las vidas de los animales, y que esta va ligada a un fuerte interés (o preocupación) por ellas. Suelen desarrollar su imaginación viendo a los animales de cerca. Pero también pueden hacerlo leyendo libros con imágenes, o viendo películas o documentales en televisión, o (aunque esto sea más problemático) visitando un zoo o un parque temático. (En el capítulo 10, hablaré de los «problemas» que representan estos espacios.) En nuestro mundo, existen ya muchas y excelentes formas de despertar y nutrir la admiración en los niños, si bien los padres siempre tienen que preguntarse si lo que se muestra en la película que están viendo es correcto, o si contiene estereotipos incorrectos sobre la conducta animal (como harían con cualquier otro film que vieran sus hijos). Creo que la admiración comienza de un modo muy natural. Nuestro principal problema no radica en los inicios, sino en que la vida cotidiana, la competencia y la desordenada acumulación de cosas aturullan la mirada de la mente y nos hacen olvidar lo que veíamos de niños.

La admiración no es la única emoción que evocan las contrastadas situaciones que he expuesto para cada uno de los animales de mis ejemplos. Si la situación buena ha captado su atención, es probable que la situación mala haya inducido en ustedes una reacción de indignación —«esas cosas no deberían ocurrir nunca»— y de dolida compasión. Volveré sobre la indignación más adelante. Reflexionemos ahora sobre la compasión. El dolor que sentimos por el sufrimiento significativo de otra criatura es una emoción que presenta, según Aristóteles, tres elementos, a los que yo he añadido un cuarto.[9] En primer lugar, sentimos que ese sufrimiento es importante y no banal, por eso es un elemento que he incorporado en todos los relatos al mostrar hasta qué punto la vida de cada animal queda arrasada por lo que le ocurre. En segundo lugar, pensamos que el animal en sí no tiene la culpa del aprieto en el que se encuentra. También esto resulta evidente en las historias que he contado y contrasta con otros casos en los que podemos negar esa compasión si consideramos que el comportamiento del animal fue malicioso (así como podemos negar la compasión en casos en que la agresión de un animal pone en peligro nuestra vida, como sostendré más adelante al referirme a un principio de defensa propia que, en ocasiones, puede justificar que se le haga daño a un animal). Aun así, en muchos de esos casos es un error culpar al animal: las ratas solo están viviendo sus vidas de rata, por ejemplo; de todos modos, el carácter potencialmente peligroso de la conducta en cuestión puede justificar que les neguemos nuestra compasión. En tercer lugar, Aristóteles dice que establecemos una especie de sentimiento de empatía con la criatura que sufre, puesto que pensamos que nuestras propias posibilidades son similares a las suyas. En un trabajo anterior, rechacé ese punto y expliqué que no siempre tenemos que creer en una similitud de posibilidades para sentir compasión; de hecho, para ilustrar esa idea puse el ejemplo de los animales no humanos. Ahora pienso que estaba equivocada y estaba en lo cierto al mismo tiempo. Estaba en lo cierto porque, cuando se nos saca fuera de nosotros mismos para sentir interés o preocupación por una ballena o un cerdo, resulta crucial que veamos el carácter extraño o ajeno de esa forma de vida. No nos importa (o, al menos, no debería importarnos) porque nos imaginemos a la ballena como algo muy parecido a nosotros, como explicaré más adelante. Pero ahora pienso que, como contrapeso a esa sensación de extrañeza, debe actuar también cierta sensación de similitud genérica más amplia: todos somos animales, todos hemos sido «arrojados» a este mundo, todos nos esforzamos por (y aspiramos a) conseguir las cosas que necesitamos, y todos vemos frustrados a menudo esos esfuerzos. Vivimos todos en Animalia, el Reino Animal, y ese parecido de familia es importante para dar sentido a nuestra experiencia.

Es crucial para ello que nuestro sentido de la similitud no sea como el que se refleja en la tradicional *scala naturae* (la «escala de la naturaleza» o cadena de los seres): la idea de que las especies animales se distribuyen en una jerarquía lineal que tiene a los seres humanos en su cúspide, en el escalón más cercano a lo divino. Esa es una idea que rebatiré en el capítulo 2 y que, sencillamente, no es una buena guía para entender el mundo tal como lo descubrimos cuando estudiamos en serio a los animales. Las habilidades animales son extraordinarias y complejas; de hecho, muchos animales son más hábiles que los seres humanos con arreglo a numerosos parámetros. Al final, la idea misma de una ordenación única es muy poco útil. Así pues, bajo ningún concepto estoy diciendo en este libro que debamos dar a la ballena más puntos porque se parece más a los humanos que un perro o un cerdo. En lo que sí deberíamos poner todo el énfasis, sin embargo, es en algo que resulta genéricamente similar en todas estas criaturas, como es el hecho de que tienen una imagen subjetiva del mundo y de que, reaccionando a lo que perciben, tratan de avanzar en pos de conseguir aquello que quieren. Precisamente sobre esta base, Aristóteles se atrevió a proponer en su *Movimiento de los animales* lo que él denominó una «explicación común» para el movimiento animal.[10]

La idea de la similitud es atractiva, pero induce potencialmente a error. Puede movernos a pasar por alto (o incluso a no ver) la asombrosa diversidad y alteridad de la vida animal. También puede llevarnos a poner en suspenso nuestras facultades críticas y a atribuir sintiencia a algunas criaturas sin pruebas que sostengan tal atribución. Pero el sentido de un destino común en este mundo que nos conecta con los animales en una relación de parentesco sí que está más que justificado y resulta valioso desde el punto de vista epistémico. Si combinamos la sensación de similitud con la admiración, que motiva nuestra curiosidad y nos ayuda a advertir sorprendidos la diferencia y la otredad, será más difícil que nos lleve a engaño.

Y existe un cuarto elemento: para sentir compasión tenemos que creer que el ser que sufre importa, que forma parte de nuestro círculo de preocupación o interés. En mis libros sobre las emociones, lo he llamado el elemento «eudemónico», pero quizá esa sea una forma demasiado restringida de entenderlo: una criatura puede entrar en nuestro círculo de interés sin que creamos que su bienestar forma parte de nuestro propio florecimiento. La admiración hace que muchas criaturas entren en ese círculo de interés nuestro sin que haya intervenido ningún criterio autorreferencial para ello: nuestro interés se dirige a ese otro como tal otro, y no como una parte intrínsecamente valiosa de nuestra propia vida (como tal vez haríamos con un pariente o un amigo).

La justificación para incluir este cuarto elemento es que conocemos la existencia de múltiples catástrofes en el mundo y de muchas injusticias también, pero solo algunas nos conmueven. Tienen que captar nuestra atención y modificar nuestra forma de entender los fines y los objetivos. A veces, esa modificación es efímera; nos enteramos de que han muerto personas en unas inundaciones y nos sentimos conmovidos, pero enseguida lo olvidamos y seguimos con nuestra vida como si nada. Así que, para que arraigue una compasión perdurable, la imaginación debe acercarnos a la otra criatura de un modo duradero y convertirla en parte de nuestro mundo de objetivos y proyectos.

La compasión por sí sola ya suscita en nosotros reacciones conductuales de ayuda, tal como han demostrado los experimentos del gran psicólogo C. Daniel Batson.[11] Pero, con frecuencia, puede no pasar de ser un motivador bastante débil o, cuando menos, incompleto. El mensaje que nos envía es: estas cosas son malas y sería bueno mejorarlas. Motiva una conducta de ayuda a la víctima, pero, al estar centrada en el sufrimiento de esa víctima, no reacciona del todo a la injusticia de las acciones del perpetrador, que son las causas de ese sufrimiento. (Para simplificarse conceptualmente el trabajo, Batson centró la mayoría de sus experimentos en situaciones de sufrimiento no originado por una acción ilícita o dolosa previa; un ejemplo: una estudiante que se ha roto la pierna y necesita ayuda para asistir a clase.) Así pues, la compasión por sí sola no nos conduce a impedir que el dañador inflija más daño. Para eso necesitamos otra emoción que, de momento, he llamado «indignación». Ahora debo explicarme un poco más.

La indignación es una forma de ira. Pero la ira, tal como los filósofos la han definido a lo largo de los siglos, es, en parte, una emoción vengativa. Reacciona ante la percepción de un daño injusto, pero también proyecta un gratificante «ojo por ojo» a modo de desquite. Para Aristóteles y todos los filósofos de la tradición occidental que le han seguido (y también para los filósofos indios budistas e hinduistas), el deseo de venganza forma parte conceptual de la ira.

Ya he defendido en otros trabajos que esta idea de la revancha no es útil para nadie: vacua fantasía es pensar que el dolor presente puede expiar o arreglar el pasado.[12] Por ejemplo, matar a un asesino no devuelve a la persona asesinada a la vida, por mucho que tantas y tantas familias de víctimas busquen la pena capital para los culpables como si esta sirviera para expiar o compensar los daños causados por su crimen. La ira vengativa suele movernos a realizar acciones que no solo son agresivas, sino también contraproducentes. Las personas que abordan la negociación de un divorcio con una actitud de «desquite» revanchista, buscando dejar en la miseria al cónyuge «malo», suelen terminar empeorando el mundo no ya para sus hijos y amigos, sino también para sí mismas.

Existe, no obstante, una clase excepcional de ira que está despojada de deseos de revancha vengativa y que ha sido ignorada en esas definiciones filosóficas. Esta especie de ira empuja a quien la siente a mirar hacia delante; su meta es crear un futuro mejor. Por esa razón, yo la llamo ira-transición y, a partir de aquí, usaré este término inventado, porque ningún vocablo de nuestro lenguaje corriente —como «indignación» o «enojo»— patentiza que esta es una ira desprovista del deseo de venganza. Una buena manera de imaginarnos este tipo de ira es pensar en lo que ocurre entre padres e hijos. Los niños hacen cosas malas y los padres se enfadan. Pero, normalmente, no buscan venganza ni, desde luego, un castigo que obedezca a la ley del talión, la del «ojo por ojo». Se centran, más bien, en cómo mejorar la situación para el futuro; esto es, cómo hacer que pare la mala conducta y cómo conseguir que su hijo o hija se comporte de forma diferente a partir de entonces. El contenido de esa ira-transición se resume en el pensamiento siguiente: «Esto es inaceptable, indignante. A partir de ahora, no debe repetirse».

La ira-transición busca a veces castigo para una conducta indebida, pero no un castigo entendido como una forma de venganza o represalia, pues, a fin de cuentas, también podemos castigar para disuadir a alguien de reincidir en un mal comportamiento en el futuro: bien haciendo que esa misma persona desista de cometer otro delito similar («disuasión específica»), bien desalentando que otras personas imiten esa mala acción («disuasión general»). Y podemos castigar igualmente con el propósito de reformar al perpetrador y de educar a la generación siguiente, dando a entender con ello de forma clara que esa no es la clase de conducta que se debe emular. Hablamos de un castigo que sirve, de paso, para dar pública y clara expresión a nuestros valores como sociedad. Todo esto es lo que defienden las personas partidarias de la ira-transición.

La ira-transición es la tercera emoción que necesitamos. En mi opinión, lamentarnos de nuestro pasado culpable o arrojar a la hoguera a quienes obran mal (que, en el caso que nos ocupa en este libro, somos todos nosotros) suele ser tan inútil como, incluso, autocomplaciente. Lo que de veras se necesita es una actitud nueva ante el futuro: «esto no se puede repetir»; «hay mucho trabajo que hacer al respecto»; «hagamos las cosas de forma diferente». La indignación nos encamina hacia un proyecto que es oposicionista —de enfrentamiento con quienes actúan mal, de compromiso para frenarlos (a veces, mediante castigos, penales o civiles)—, pero también constructivo: hallemos un modo mejor de hacer las cosas; no podemos seguir así.

Este libro trata sobre una gran injusticia humana, pero de nada serviría si simplemente inspirara a los lectores a estudiar lo injustas que podemos ser las personas y a enfurruñarnos con nosotros mismos ante el espejo. Al final, el pensamiento ético tiene que encontrar una salida práctica, porque si no, resulta vacío e improductivo. Aquí abordaremos problemas ciertamente arduos, pero es mucho lo que podemos hacer para avanzar hacia la justicia, y cada lector hallará alguna posición que defender, alguna labor que realizar para arrimar el hombro y soportar su pequeña parte de nuestra inmensa responsabilidad colectiva.

La admiración capta nuestra atención y nos saca fuera de nosotros mismos al suscitar nuestra curiosidad por un mundo ajeno. La compasión nos conecta a través de una potente experiencia emocional con el animal que sufre. La ira-transición nos dispone a actuar.

Pero aún hay una cosa más que necesitamos: una teoría adecuada que oriente nuestros esfuerzos. Yo mostraré ahora, en los tres capítulos siguientes, que tres destacadas teorías de la justicia animal (o, mejor dicho, de la ética animal, porque en ellas no se usa para nada la palabra «justicia») presentan serias deficiencias que las hacen inapropiadas como guías para nuestros futuros esfuerzos constructivos, aunque también identificaré en ellas ciertos puntos de convergencia con mi propia teoría y, de ese modo, mostraré que cualquier persona benevolente del «otro bando» puede sumarse a un mismo esfuerzo común, y cómo puede hacerlo.

En los cuatro capítulos siguientes, analizaré las principales opciones teóricas alternativas. En el capítulo 2, examinaré un enfoque muy influyente que se centra en la conquista de protecciones para una limitada gama de animales definida por su similitud con los seres humanos; es el enfoque del «fuerte parecido con nosotros», como aquí lo llamo. Argumentaré que esta teoría es demasiado limitada y que, como tal teoría, no está a la altura de la ajenidad y la diversidad absoluta que caracterizan a las vidas de los animales; es, además, contraproducente como estrategia para ayudar a los animales que reciben un trato injusto. En el capítulo 3, entraré más a fondo en el enfoque de los utilitaristas británicos, que se centraron en el placer y el dolor como normas universales que guían la vida de todos los seres sintientes. Este enfoque posee muchas ventajas, pero sus defectos son demasiado grandes y numerosos para que pueda servirnos de guía adecuada. En el capítulo 4, pasaré a analizar la mejor teoría filosófica de las vidas animales que se ha presentado en la literatura especializada reciente, y que, por ello, he considerado merecedora de un capítulo propio. Me refiero al enfoque expuesto por Christine Korsgaard en su reciente libro *Fellow Creatures*. Korsgaard basa su teoría filosófica en materiales tomados de Immanuel Kant, pero es muy sensible a los defectos de la visión que el pensador alemán tenía sobre los animales. De hecho, las tesis de Korsgaard son mucho más interesantes, y su compleja visión de la cuestión, que incluye una forma de evaluar las oportunidades que cada criatura tiene de vivir su propia vida, converge en muchos puntos con el enfoque que yo recomiendo aquí. Aun así, como argumentaré, su deuda intelectual con una perspectiva como la kantiana, que prima la razón y la libertad de elección moral por encima de todas las demás aptitudes y facultades a la hora de reflexionar sobre la ley y la ciudadanía, demuestra ser un hándicap de cara a desarrollar un enfoque plenamente adecuado de nuestras posibles actuaciones por la justicia animal en el plano del derecho y de las políticas públicas.

Por último, en el capítulo 5, llegaremos a la perspectiva intelectual que yo misma recomiendo: mi versión del enfoque de las capacidades (EC), que, aunque desarrollado en principio para guiar a las organizaciones internacionales de ayuda al desarrollo que trabajan con poblaciones humanas, también resulta muy apropiado como base de la que extraer un conjunto de derechos o garantías para los animales. El análisis de esta teoría nos hará volver sobre los temas abordados en este capítulo. Y es que el EC tiene conexiones con la admiración, pues está construido sobre el reconocimiento de una amplísima diversidad de formas de vida animal, una diversidad que es más «horizontal» que «vertical», pues no determina ninguna escala o jerarquía y sí reconoce ciertos rasgos genéricos comunes. También tiene lazos con la compasión, pues se centra en la necesidad de que cada animal tenga unas condiciones en las que pueda vivir, moverse, percibir y actuar a su propio y característico modo. Cuando se le bloquea el acceso a esas condiciones, nuestra compasión está justificada. Como también lo está a menudo (si el bloqueo es injusto) la ira-transición. Cuando somos testigos de un malogramiento indebido de una vida animal, no es el momento de prorrumpir en sollozos y rasgarnos las vestiduras, sino de decir: «¡Nunca más!».

Capítulo 2

LA *SCALA NATURAE* Y EL ENFOQUE DEL «FUERTE PARECIDO CON NOSOTROS»

Pasemos ahora a la cuestión central de este libro: ¿qué enfoque teórico de la injusticia en las vidas de los animales es el mejor para guiar una reflexión seria sobre esas vidas tanto en general como, sobre todo, en los ámbitos del derecho y las políticas públicas? No cabe duda de que, a estas alturas de la historia, los seres humanos controlamos el mundo y también elaboramos las leyes. Pero, aunque seamos nosotros quienes legislamos, la ley no solo es para (ni referida a) nosotros. Las leyes y las políticas regulan también en qué medida otras criaturas pueden perseguir sus propios fines, y las leyes abren o cierran oportunidades para el florecimiento o pleno desarrollo de esos otros seres. Hasta la fecha, los humanos hemos sido unos legisladores y decisores políticos bastante desordenados en lo que a los otros animales respecta. Es necesario que lo hagamos mejor. Y para eso es preciso que pensemos desde la teoría, que elijamos enfoques que cuadren con lo que conocemos acerca del mundo de la naturaleza y también con lo que los argumentos éticos digan que deben ser nuestras responsabilidades.

En este capítulo, examinaré un influyente enfoque que se centra en la consecución de protecciones solo para un limitado grupo de animales definido por su similitud con los seres humanos: el enfoque del «fuerte parecido con nosotros», que ha adquirido una gran influencia en el derecho y las políticas estadounidenses gracias a la labor del jurisconsulto y activista Steven Wise. Se trata de una teoría demasiado estrecha, que no está a la altura de la ajenidad de las vidas animales ni de la inmensa diversidad que las caracteriza, y que, además, es contraproducente como estrategia para la expansión de los derechos de los animales.

Wise opta pragmáticamente por este enfoque porque con él espera apelar mejor a jueces formados en un entorno educativo occidental medio. Por eso me parece importante comenzar por resumir —brevemente— adónde nos han conducido las inadecuaciones varias de la filosofía (y la religión) de

Occidente. Hablamos de una historia que ha alumbrado algunos enfoques excelentes sobre las vidas de los animales —aunque estos sean los que, por lo general, menos influencia han tenido—, pero también otros, los predominantes en el mundo occidental, que niegan la significación moral de las aptitudes y las vidas de los animales.

LA HISTORIA DE LA FILOSOFÍA OCCIDENTAL Y LA *SCALA NATURAE*

A lo largo de muchos siglos, la mayoría de las personas en las culturas euroamericanas han asimilado una imagen muy particular del mundo natural: la naturaleza es una escala que se ordena en gradación ascendente (con unos peldaños más bajos y otros más altos) hacia la divinidad. En su escalón cimero se sitúa el ser humano, más próximo a lo divino que cualquier otro ser vivo en virtud de sus capacidades de raciocinio y de lenguaje, a las que se suma la facultad de comprender —que no necesariamente de acatar— las distinciones morales entre el bien y el mal.

Pero eso no significa que las criaturas ni sus especies puedan ascender por esa escala: la imagen medieval de la *scala naturae* precede en varios siglos a la teoría de la evolución, y ni siquiera el evolucionismo contempla que las criaturas puedan guiar su propia evolución por vía de la aspiración intencional. El contexto de la *scala naturae* es el de un mundo de especies que se consideran fijas e inmutables. Es una escalera, pues, que nadie *escala* realmente y cuya única finalidad es señalar la superioridad o inferioridad permanentes de unas especies respecto a otras.

No todas las religiones y cosmovisiones han defendido esa superioridad de la especie humana. El budismo y el hinduismo tienen sendas visiones más generosas del mundo natural.[1] Influido por las tradiciones hindúes, un tribunal indio ha llegado incluso a sentenciar que los animales circenses son «personas» amparadas por el sentido de esa palabra en la Constitución india (véase el capítulo 12).[2] Muchos hindúes son vegetarianos estrictos, y todas las aerolíneas indias ofrecen actualmente por sistema dos opciones en los menús que sirven a bordo: la «*veg*» y la «*no veg*». El budismo es más estricto todavía en su prohibición de los abusos a todos los animales: centra su foco en el parentesco que comparten todas las formas de vida y en la importancia primordial del sufrimiento, que es la propiedad común a todos los seres sintientes. La ética budista está muy cercana en muchos aspectos a las tesis del utilitarismo británico, que conoceremos mejor en el capítulo siguiente y que fue el que le dio un gran empuje al moderno movimiento occidental de defensa de los derechos de los animales. Así pues, la aplicación de la sensibilidad ética al trato a los animales no es ningún invento reciente, y que muchos en Occidente crean que sí lo es no deja de ser un síntoma de lo mucho que ignoramos sobre las tradiciones de pensamiento de otras partes del mundo.

Como bien ha mostrado el filósofo británico Richard Sorabji, ni siquiera en la tradición occidental esa imagen de los seres humanos situados en la cima de la creación fue compartida por todas las escuelas grecorromanas de filosofía de la Antigüedad, pues la mayoría de ellas se negaban a establecer una línea divisoria clara entre los humanos y las otras criaturas sintientes, y en algunas incluso se prohibía terminantemente comer carne o infligir daño alguno a un animal.[3] (El propio Sorabji, destacado historiador del pensamiento grecorromano antiguo, ha aclarado a sus lectores que la motivación para centrarse en ese proyecto intelectual le viene de los orígenes indios de su familia, que le inculcó unas actitudes hacia los animales más generosas que aquellas con las que se educó en Inglaterra.) Algunos pensadores presocráticos griegos ponían especial énfasis en el vegetarianismo; así lo hicieron, por ejemplo, Pitágoras (y su escuela), en el siglo VI a. C., y Empédocles, en el V. Alegaban como razón para ello el parentesco común de todo lo natural y sostenían que tanto los animales como, incluso, las plantas poseen almas vivas y sintientes. Platón (que falleció en el 347 a. C.) creía en la transmigración de las almas entre especies. Aunque en los diálogos que han sobrevivido hasta nuestros días no abordó la cuestión de la ética animal con detalle, sus obras sirvieron de base para otros escritos posteriores en los que sí se hizo una defensa convincente del vegetarianismo. Y Aristóteles, a quien más a menudo se atribuye el concepto mismo de la *scala naturae*, no se cansó de reiterar en todos sus escritos sobre filosofía natural y biología que todas las criaturas aspiran a florecer a su propio y característico modo, y que se esfuerzan para conseguirlo. El objetivo o fin de cada una es su propia vida y florecimiento, y ninguna criatura existe en pro de otra especie «superior» a ella. Cierto es que algunos de sus textos sugieren un panorama diferente, pero no lo es menos que Aristóteles tuvo una vida relativamente larga (del 384 o 383 al 322 a. C.) y que no descubrió el placer de estudiar a los animales hasta después de haber estado un tiempo fuera de Atenas, exiliado tras la muerte de Platón. Hay muchas formas de interpretar la disonancia de los textos aristotélicos sin necesidad de imputarle una teoría general de la naturaleza que se contradiga con muchas de las afirmaciones que vertió en sus obras más propiamente dedicadas a la biología (y que, por desgracia, pocos filósofos leían hasta hace bien poco).[4] Como he mencionado en la introducción, su obra tardía sobre el *Movimiento de los animales* ofrece una «explicación común» de los movimientos de animales de muy diferentes especies y tipos, que atribuye al impulso que los empuja hacia los objetos de su deseo, y con ello nos anima a preferir esta explicación común (a todas las criaturas) a cualquier otra que trate a los seres humanos como una especie separada de las demás.[5] Es asimismo de suma importancia distinguir los verdaderos escritos de Aristóteles del uso que de ellos se hizo durante la Edad Media para crear la variante cristiana del aristotelismo conocida como escolasticismo, que fue la creadora de la *scala naturae* tal como la conocemos hoy en día.

Sin embargo, durante la era helenística (iniciada en torno a la fecha de la muerte de Aristóteles), se produjo un giro. Los epicúreos parecían seguir teniendo una visión generosa e inclusiva de los animales y, de hecho, sus textos suelen incidir en las similitudes entre los humanos y otras criaturas sintientes. (El poeta epicúreo romano Lucrecio escribió en el siglo I a. C. una maravillosa descripción de los sueños de los animales con la que pretendía mostrar el parecido de estos con los seres humanos en cuanto a capacidades perceptivas y desiderativas.) A partir de la tesis de que el placer y el dolor son lo único que es bueno o malo en sí, los epicúreos trazaron una fuerte conexión entre los seres humanos y otras criaturas sintientes, y sentaron así las bases para una ética utilitarista muy posterior, surgida a partir del siglo XVIII. (De hecho, los pensadores británicos de clase alta de finales de la Edad Moderna y principios de la Contemporánea se educaron leyendo a los clásicos griegos y romanos, y eso les permitió tener a mano un buen repositorio de ideas alternativas a los principios normativos de la religión convencional en cuanto estos comenzaron a ser cuestionados.)

Por el contrario, los estoicos de la Grecia y la Roma antiguas discreparon radicalmente de los epicúreos. Para el estoicismo clásico, que tuvo una enorme influencia tanto en la Antigüedad como en el desarrollo de la ética cristiana, los animales no humanos eran meras bestias carentes de pensamiento o de emociones, mientras que los seres humanos eran casi divinos y, por ello, podían servirse de los animales como quisieran. La estoica fue la escuela culturalmente dominante desde finales del siglo IV a. C. hasta la primera parte del Imperio romano (los dos primeros siglos d. C.) y, por ello, influyó profundamente en el pensamiento corriente y cotidiano. También fue muy influyente en el cristianismo, así como en el judaísmo, que sostenía de manera muy similar que el ser humano es especial. Según la interpretación popular de ambas religiones, estas predicaban que el ser humano, hecho a imagen y semejanza de Dios, es el único ser verdaderamente inteligente y espiritual, y el único también para el que están abiertas las puertas de la salvación.

Todavía en la Antigüedad tardía, siguió habiendo un vigoroso debate al respecto en el seno del mundo grecorromano. Los platónicos tardo-antiguos Plutarco y Porfirio (véase la introducción) escribieron elocuentes obras que hemos podido estudiar porque han sobrevivido hasta nuestros días. En ellas defendían la inteligencia y la sintiencia de los animales y abogaban por una dieta sin carne. El tratado *Sobre la abstinencia* de Porfirio es una obra maravillosa repleta de argumentos detallados y muy convincentes que debería figurar en lugar destacado en los currículos de filosofía, aunque pocos filósofos la conocen. Esas ideas, no obstante, fueron quedando cada vez más marginadas bajo el dominio del cristianismo.

Al igual que los estoicos, la mayoría de los pensadores cristianos y judíos establecieron una distinción radical entre los seres humanos y los demás animales, y en ambas religiones, se tendió a interpretar esa diferenciación como una justificación para que nos sirviéramos de los animales para nuestros propios fines humanos.[6] La codificación medieval de esta división en forma de la metáfora de la *scala naturae* parece, eso sí, ligeramente más generosa con los otros seres que la concepción estoica, pues formula una serie gradual de escalones, con unos animales situados más arriba que otros. En la práctica, no obstante, la metáfora de la escala se suele interpretar a la manera estoica, como imagen indicativa de un abismo de separación entre el animal humano y todos los demás. Y esa visión abismal continúa ejerciendo una gran influencia en las ideas de muchos filósofos formados en la tradición judeocristiana.[7]

La idea de la escala de la naturaleza es, en esencia, un concepto religioso, tanto en su forma estoica (en la que solo las personas comparten el plan racional de Zeus para el universo) como en su forma judeocristiana. Más que en argumentos y observaciones, descansa en un sistema de creencias que se nos pide que aceptemos como marco de vida sin un fundamento empírico fehaciente. Los estoicos eran racionalistas y promovían el pensamiento crítico; pero en este crucial asunto, no sometieron sus creencias a la prueba de la razón. Sus oponentes sí ofrecieron, en cambio, devastadoras refutaciones de sus tesis sobre la bestialidad de los animales. Un ejemplo representativo (y bastante divertido, por cierto) de los usados por los escépticos antiguos para criticar a sus rivales estoicos tenía como protagonista a un can ficticio que, en la versión más extendida, era el perro del mismísimo Crisipo, el más importante de los filósofos estoicos. Este perro está persiguiendo a un conejo y llega a una encrucijada con tres caminos posibles por donde seguir. Olfatea primero el camino A, luego hace lo propio con el B y, como no le convence lo que percibe en ninguno de los dos, no se para siquiera a olisquear el C y sigue por él a toda velocidad, convencido de que el conejo debe de haber tomado esa senda. Los oponentes de los estoicos querían demostrar con ese ejemplo que hasta el propio perro de Crisipo desmentía la afirmación de que los animales son unas bestias brutas, pues el animal había manejado a la perfección el silogismo disyuntivo: es A o B o C; si no es A y no es B, ¡tiene que ser C![8] Y esto no solo es un chiste entre intelectuales, como los amantes de los perros bien habrán podido comprobar.

Aunque el estoicismo tuvo mucho peso en Roma, varios romanos muy influidos por las doctrinas estoicas en otros aspectos no aceptaban en la misma medida aquella visión sobre la brutalidad de los animales y, aunque fuera a partir de observaciones poco sistemáticas y bastante selectivas, apreciaban ciertos indicios sorprendentes de la sintiencia y la complejidad animales. En el 55 a. C., el dirigente romano Pompeyo organizó un combate entre humanos y elefantes.[9] Rodeados en la arena, los animales se dieron cuenta de que no tenían esperanza alguna de escapar.[10] Entonces, según Plinio, los elefantes, «buscando la compasión del público, comenzaron a suplicar con una actitud indescriptible, llorando por ellos mismos entre lamentaciones».[11] El público, movido a la lástima y al enfado por aquel sufrimiento, se levantó para insultar a Pompeyo, sintiendo, según escribió el filósofo y estadista Cicerón, allí presente, que los elefantes tenían una relación de comunidad (*societas*) con la raza humana.[12]

La creencia estoica y judeocristiana en la bestialidad de los animales no solo no estaba contrastada y era imposible de demostrar, sino que deriva de una concepción religiosa antropocéntrica y antropomórfica, según la cual, Dios —imaginado como una figura muy parecida a nosotros (aunque más perfecta), pues también usa el habla, la razón y el lenguaje— nos ha hecho especiales, parecidos a Él, y eso nos otorga un valor superior por nuestra similitud con la divinidad.

Aunque tanto la *scala* como el abismo separador se convirtieron en postulados centrales de la práctica convencional mayoritaria de la religión judeocristiana, deberíamos detenernos un momento en este punto para señalar ciertos aspectos de tales principios que entran en tensión con otros elementos (más profundos) de dichas religiones. En primer lugar, imaginarse a Dios (Dios Padre, en el caso del cristianismo) como un ser de forma humana está considerado por los judíos (y por muchos cristianos) como un pecado de idolatría. Más aún: ambas religiones predican que Dios creó todas las especies y se complació ante el conjunto de su creación, que consideró «bueno». El relato del Génesis promueve la admiración ante la belleza y la diversidad de la creación viva.[13] Más adelante, cuando Noé y su familia entran en el arca antes del diluvio, Dios les pide que lleven consigo a parejas (de macho y hembra) de todas las especies animales, incluidas las aves, dando así a entender que todas ellas merecen ser preservadas y respetadas.[14] La alianza que se sella tras el diluvio es de Dios «con vosotros y con todo lo que vive con vosotros, para todas las generaciones».[15] No hallamos en toda la Torá (los cinco libros de Moisés) ninguna señal de que los animales fuesen creados para ser presa y alimento de los seres humanos. Si una idea predomina en ambos relatos, es la de admiración, acompañada de cierto respeto (por limitado que sea).

También es cierto que en Génesis 1, 26-28, Dios otorga a los humanos el «dominio» sobre las demás criaturas vivas. Y esa palabra traducida como «dominio», *radá*, sí connota un cierto tipo de gobierno o control, muy fuerte incluso, según el erudito y traductor Robert Alter. Ahora bien, normalmente, entendemos que los buenos gobernantes son aquellos que cuidan de sus gobernados, y no los que los tratan como si fueran de su propiedad y les infligen tormentos. Y puesto que, en el relato bíblico, los humanos son una especie de regentes del rey Dios en la Tierra, y se hacen cargo de una creación que Dios amó y juzgó buena, cabe suponer que, si de algún modo debemos «gobernar», es ejerciendo una gestión (una «mayordomía») inteligente y sensible. Además, la concesión de ese «dominio» contrasta con el regalo divino de las plantas como «alimento» *tanto* para las personas *como* para otros animales. En los versículos 29 y 30, Dios dice: «Mirad, os entrego todas las hierbas que engendran semilla sobre la superficie de la tierra y todos los árboles frutales que engendran semilla: os servirán de alimento. Y la hierba verde servirá de alimento a todas las fieras de la tierra, a todas las aves del cielo, a todos los reptiles de la tierra y a todo ser que respira».[16] Este pasaje sugiere con bastante nitidez que el vegetarianismo fue la norma antes de la expulsión de Adán y Eva del paraíso terrenal, y que el consumo de carne podría ser, pues, una manifestación de nuestra naturaleza pecaminosa desde ese momento. Todo parece indicar que, en el jardín del edén, ni siquiera los animales eran carnívoros. Lo que sí resulta del todo claro es que la mejor forma de interpretar ese «dominio» no es como una carta blanca para saquear y abusar de la creación animal. En definitiva, la tradición judeocristiana es más respetuosa con los animales de lo que la creencia y la práctica populares suelen indicar.

Un libro maravilloso donde se deducen las implicaciones de esa idea, y donde se yuxtapone esta a la realidad de nuestras brutales prácticas actuales, es *Dominion*, de Matthew Scully.[17] Scully es conservador y ha trabajado como redactor de discursos para el Partido Republicano (sobre todo, para el expresidente George W. Bush). En su elocuente libro, se marcó el objetivo de defender una mayordomía compasiva. En su gráfica descripción de algunas de las prácticas más crueles que los estadounidenses realizan actualmente con animales, no ahorra horribles detalles sobre el sector de las granjas industriales, ni una mordaz sátira de las hipócritas justificaciones (invocando razones espirituales, incluso) que da el Safari Club para su actividad de promoción de las cacerías de animales salvajes, ni una inteligente parodia de los filósofos que pontifican sobre la «sagrada» tradición de la caza del zorro. (El ya desaparecido Roger Scruton recibe ahí su merecida ración de sarcasmo.)[18] De paso, Scully analiza tanto textos bíblicos como los escritos de pensadores cristianos posteriores que denunciaron el trato cruel e inhumano a los animales, algunos de ellos contrarios incluso a toda muerte. El principal objetivo de Scully es mostrar que la crueldad espantosa y gratuita de las prácticas actuales es un producto de la codicia humana y que no encuentra justificación alguna en el auténtico cristianismo. La suya es una muy buena aportación a esta causa, pues hace añicos nuestra autocomplacencia, seamos o no religiosos en el sentido judeocristiano.

Las escuelas filosóficas de la Antigüedad grecorromana y los textos canónicos del judaísmo y del cristianismo surgieron en un mundo en el que todos asumían que las especies estaban ya fijadas. En ese contexto, la teoría de la evolución de Darwin causó una enorme conmoción en muchos sectores estadounidenses —y continúa causándola—, porque vino a decirnos que los seres humanos no habían sido creados como tales por un acto especial de Dios, sino que nuestra especie había adquirido sus características a partir de una transformación progresiva de nuestros ancestros primates, acaecida a lo largo de millones de años. Muchos han sido los que, desde los tiempos de Darwin, han considerado repugnante ese estrecho parentesco histórico que su teoría establece entre las personas y los animales no humanos, en parte porque toda asociación próxima de nuestra especie con los simios provoca asco en gran número de congéneres nuestros. La enseñanza de la teoría de la evolución ha sido ilegalizada en épocas y lugares diversos de Estados Unidos por esos motivos; el caso más famoso fue la norma estatal de Tennessee conocida como Ley Butler que dio pie al Proceso de Scopes en 1925.[19] En la actualidad, si bien la enseñanza de la teoría de la evolución no es ilegal en ningún lugar de Estados Unidos, catorce estados obligan a que se impartan clases simultáneas sobre la «ciencia de la creación» como visión alternativa, y eso pese a que el creacionismo y su principio relacionado, el «diseño inteligente», chocan con el rechazo radical de la comunidad científica; desde luego, sea cual sea la aportación intelectual que puedan representar, lo que está claro es que no son ciencia. Además, si la teoría de Darwin —plenamente confirmada a estas alturas en sus líneas generales— no es compatible con una interpretación literal del libro del Génesis, tampoco puede considerarse que lo sea todo el saber científico ya asentado acerca de la edad de la Tierra, como Clarence Darrow bien supo mostrar cuando interrogó a William Jennings Bryan como testigo durante la vista del Proceso Scopes. Bryan creía en un cálculo bíblico literal del momento del nacimiento de nuestro planeta basado en las edades de los profetas recogidas en el Génesis, lo que situaba la fecha de la creación en el año 4004 a. C., una datación ridícula desde el punto de vista de la arqueología. Pero pocos estadounidenses (por no decir ninguno) acompañarían hoy en día a Bryan en esa creencia. Así pues, las interpretaciones metafóricas siempre terminan entrando en juego en algún punto. Es evidente que la teoría de Darwin no es incompatible con la idea de que los humanos tengan un lugar especial y reciban una atención privilegiada de Dios. Pero, para un darwinista que sea, además, una persona religiosa, ese estatus de excepcionalidad debe analizarse con la debida humildad: ¿qué características concretas son esas que nos separan a los humanos de otras criaturas relacionadas evolutivamente con nosotros? ¿Y acaso no entraña eso que tengamos deberes especiales, además de privilegios?

La tradición occidental es más compleja de lo que a veces nos imaginamos. Llegados a este punto, resultaría natural que un darwinista sensible, atraído todavía por la idea de la *scala naturae*, se preguntase si los simios y otras criaturas que ocupan puestos «altos» en esa escala comparten de algún modo nuestro carácter especial. Si nosotros hemos escalado más alto que nadie para llegar a la cima de esa escala natural, ¿no querría decir eso también que ellos escalaron hasta casi la misma altura que nosotros, y que, por lo tanto, merecen recibir al menos cierto trato especial en virtud de esa semejanza con nuestra especie?

Es aquí donde entra en escena el enfoque del «fuerte parecido con nosotros».

EL ENFOQUE DEL «FUERTE PARECIDO CON NOSOTROS»: AVANZAR EN LOS DERECHOS DE LOS ANIMALES INVOCANDO LA *SCALA NATURAE*

¿Por qué no partimos de allí donde la mayoría de los estadounidenses parecen estar situados actualmente y vamos haciendo que, con unos empujoncitos, se vayan moviendo hacia posiciones de reconocimiento de unos derechos

—por limitados que sean— para un grupo (limitado también) de criaturas? Un destacado e influyente enfoque de la ética y el derecho relativos a los animales, el enfoque que yo llamo del «fuerte parecido con nosotros», trata de actuar precisamente de ese modo: busca el reconocimiento de una personalidad jurídica y de ciertos derechos de autonomía para un conjunto específico de especies animales sobre la base de lo similares que son sus capacidades a las humanas. Es un enfoque que asociamos, sobre todo, con el activista y escritor Steven Wise.[20]

Wise es uno de los más significados pioneros en el estudio del derecho animal. Su libro *Sacudiendo la jaula* (2000) incorporó el campo de la ética animal a la ciencia jurídica con sorprendentes resultados.[21] Su asignatura sobre derecho animal en Harvard fue una de las primeras (o puede que la primera de todas) de ese tipo en una escuela de leyes. Y como figura protagonista del exitoso documental de 2016 *Unlocking the Cage*, presentado en el festival de Sundance, es a él a quien vemos describir con enorme elocuencia los fines del Proyecto Derechos No Humanos, que él mismo dirige; la cinta hace un seguimiento de sus batallas jurídicas para conquistar unos derechos limitados de personalidad legal para varios chimpancés que viven en cautividad.[22] Wise es un pionero heroico y se decanta por ese enfoque conceptual no porque le parezca que sea el mejor de todos, sino porque cree que es el que le puede ayudar a avanzar aquí y ahora en la defensa de los animales que sufren graves injusticias. Mis críticas al enfoque que defiende no restan un ápice de la admiración que les profeso a él y a su labor jurídica.

Wise no basa su enfoque en nuestro parentesco evolutivo histórico con los simios, sino en la similitud pura y dura que estos tienen con nosotros; de ahí que sea compatible tanto con la *scala naturae* fija original como con una forma darwiniana modificada de esta. Él no se centra, como digo, en el parentesco por vía evolutiva, como tampoco su interés o preocupación se circunscribe a aquellas criaturas que tienen una relación evolutiva estrecha con la especie humana.

El foco de atención de Wise en su libro de 2000 estaba puesto en los chimpancés y los bonobos,[23] pero, a estas alturas, también incluye explícitamente en él a las cuatro especies de los grandes simios, además de a los elefantes (se supone que las tres especies que existen) y las ballenas y los delfines (cabe suponer que en todas sus variantes también).[24] Su argumento descansa muy especialmente sobre la pretendida semejanza de estos animales con los seres humanos. Son, según él mismo dice, seres dotados de autoconciencia, independencia, teoría de la mente y cultura, no están «confinados por el instinto» y son capaces de contemplar su propio futuro. Por lo general, son «muy muy inteligentes».[25] Como característica central de los mismos, defiende que se trata de «criaturas autónomas» que, por dicha razón, también deberían tener «vidas autónomas».[26]

Wise no es filósofo y no explica cuál de los conceptos de autonomía empleados en filosofía es el que tiene en mente. Como también afirma que se imagina a los chimpancés como si estuvieran al nivel de un niño humano de cinco años, no está del todo claro hasta qué punto les atribuye realmente autonomía, suponiendo que esta signifique (como suele ser el caso) la capacidad de un individuo para ser crítico con sus propios deseos en aras de algún principio (o principios) de orden superior, o bien, según la famosa definición de Kant, la aptitud del individuo para librarse de la influencia de la religión y la cultura.[27] Probablemente se refiera a una forma no tan exigente de independencia, como, por ejemplo, la capacidad de elegir entre opciones alternativas. (Aunque otras muchas especies de animales también son capaces de elegir entre alternativas.) En cualquier caso, y como tanto el libro como el documental recalcan de forma reiterada, Wise piensa que estas especies de animales se parecen mucho a los seres humanos y convierte esa similitud en la base de su cruzada por la conquista de unos derechos legales limitados para ellos.[28]

Lo que Wise espera demostrar al enseñarnos cómo son esos animales —según afirma en el documental— es que la frontera que típicamente se traza en derecho entre los humanos y los animales es irracional y debe replantearse.[29] Si estamos de acuerdo en que los niños y las personas con discapacidades cognitivas graves tienen ciertos derechos (aunque estos vengan con restricciones y limitaciones, y requieran de tutela), deberíamos conceder derechos también a esas especies de animales. Resulta irracional e incongruente tratar a todos los humanos como personas portadoras de derechos al tiempo que tratamos a todos los animales como cosas. En ese punto de su argumento, Wise introduce una analogía con la esclavitud: del mismo modo que la ley trataba a los esclavos como propiedades y hoy vemos que aquello era una atrocidad moral, deberíamos darnos cuenta también de que el trato que dispensamos actualmente a los animales no es menos atroz desde el punto de vista de la moralidad.[30] En el documental, la analogía de la esclavitud choca con la fuerte oposición de algunos de los interlocutores de Wise, presumiblemente porque podría interpretarse que Wise estaría sugiriendo con ella la muy inapropiada idea de asemejar a los afroamericanos y a los chimpancés, que no es en absoluto lo que él quiere dar a entender.[31] Así que él mismo se desdice de ella, pero no de la idea fundamental de que, en el ámbito del derecho y las leyes, debemos proceder a una transición para dejar de concebir a los animales como cosas y propiedades, y para comenzar a verlos como sujetos con personalidad legal.[32] En reiteradas ocasiones, Wise señala (muy acertadamente) que a las corporaciones sí se les reconoce personalidad jurídica, por lo que no debería costar tanto el hacer extensivos ciertos derechos a los animales dotados de autonomía.[33]

Como se evidencia en esta última analogía, Wise es, ante todo, un abogado. Su propósito no es tanto crear la mejor teoría filosófica del derecho animal posible como defender con argumentos una mejor posición para los animales valiéndose de los materiales (jurídicos y teóricos) a su disposición. Muchas personas piensan que dotar a las empresas y corporaciones de personalidad jurídica fue un gran error, y todo parece indicar que así opina también el propio Wise. Pero él está construyendo sus argumentos a partir de los precedentes, como todo abogado astuto sabe hacer: esto ya está más que asentado, ¿no?, pues ahora vamos a ver sus implicaciones para el caso de los animales. Su énfasis en la similitud es más estratégico que filosófico: simplemente trata de inclinar la balanza a su favor ante los jueces, partiendo del punto en que estamos en estos momentos. Así que criticar su teoría como tal teoría puede ser un tanto mezquino. De todos modos, él también la plantea como una buena base para el debate público y, como tal, convence (cuando lo hace) solo en la medida en que la gente se la crea. Por lo tanto, y con todo el respeto debido al inteligente uso que Wise hace de las estrategias típicas en el terreno de la práctica jurídica, voy a examinar sus tesis desde su condición como base teórica para la justificación del reconocimiento de derechos a (algunos) animales.

A lo largo tanto del libro como del documental, Wise aporta multitud de pruebas de que las especies de animales por él seleccionadas poseen muchos tipos de habilidades similares a las humanas.[34] La estrategia retórica central en el film consiste en mostrarnos a chimpancés y otros simios haciendo cosas que el espectador enseguida reconoce como parecidas a las que hacemos las personas: usando el lenguaje de signos, empatizando con las emociones manifestadas por los personajes humanos que ven en una película, etcétera.[35]

Wise supone (con mucha astucia) que, si quiere lograr avances en la causa de los derechos de los animales, tendrá que tomar como referencia inicial el punto en el que su público se encuentra en este momento. Ese punto de partida será, según él, «la primera salva en una guerra estratégica»; también habla de la necesidad «de abrir una primera puerta de una patada».[36] Está claro, pues, que el proyecto general de conquistar derechos de algún tipo para todos los animales no le es indiferente. Y, de hecho, es encomiable la detenida y resuelta atención que presta a las capacidades y las privaciones que tienen o padecen algunas especies. Aun así, su proyecto encierra también ciertos aspectos preocupantes. La elección del marco de referencia influye mucho en cuál será el punto hasta el que se podrá llegar. Es importante acertar con la teoría por razones de veracidad y conocimiento, pero también importa mucho utilizar una estrategia que nos encamine en la dirección correcta y no nos lleve hacia un callejón sin salida.

¿A qué problemas podría estar abocándonos la estrategia de Wise desde el punto de vista filosófico? El más obvio de todos es el relacionado con la validación y utilización que él hace de la antropocéntrica y poco científica idea de la *scala naturae*, que sitúa a la especie humana en la cima. Algunos animales reciben un trato favorable, sí, pero solo porque son (casi) como nosotros. La patada abre una primera puerta, desde luego, pero esta se cierra de golpe en cuanto la cruzamos: nadie más está invitado a pasar. En vez de la antigua línea de separación, la que hemos trazado ahora es ligeramente diferente, pero no tanto, pues la mayor parte del mundo animal continúa quedándose fuera, relegada al oscuro reino de las cosas.

La imagen de la *scala naturae* no es algo que se obtenga literal ni metafóricamente a partir de nuestra observación y estudio del mundo natural (siempre y cuando dejemos a un lado nuestra arrogancia). Lo que vemos en la naturaleza, en realidad, son miles de formas de vida animal diferentes, todas ilustrativas de un tipo de conato ordenado, de una búsqueda de la supervivencia, el florecimiento y la reproducción. No son formas de vida que podamos graduar de forma lineal conforme a una única escala: son maravillosamente diferentes. Si queremos jugar al juego de las clasificaciones, seamos justos. Los humanos nos llevamos el premio si atendemos a parámetros lingüísticos y de CI. (Aunque, claro, ¿adivinan quiénes inventaron esos test?) Ahora bien, muchos animales son mucho más fuertes y veloces que nosotros. A las aves se les da mucho mejor la percepción especial y la facultad de recordar destinos lejanos. La mayoría de los animales tienen un sentido del olfato más agudo que el nuestro. Nuestro oído es muy limitado: algunos animales (los perros, sin ir más lejos) pueden oír frecuencias más altas y otros muchos (elefantes, ballenas) pueden oírlas más bajas.[37] Nosotros cantamos ópera, pero los pájaros emiten también sus propios y asombrosos cantos, como las ballenas los suyos. ¿Es «mejor» una forma de cantar que las otras? Para una amante de la música como yo, eso es como preguntar si deberíamos preferir a Mozart o a Wagner: son tan diferentes que compararlos con arreglo a una simple escala única supone una estúpida pérdida de tiempo.

En cuanto a las habilidades para la supervivencia, las ratas son unas reproductoras (y unas supervivientes) mucho más eficaces que nosotros; además, numerosos animales —desde los gusanos de tubo hasta las ballenas francas— tienen mayor longevidad individual. ¿Y en cuanto a las aptitudes morales? Tendemos a sentirnos muy orgullosos de las nuestras, pero lo cierto es que los seres humanos alcanzamos cotas de crueldad deliberada y de tortura desconocidas en cualquier otra especie animal, y ya veremos más adelante que numerosas especies animales evidencian buenas capacidades para la amistad y el amor. ¿Nos creemos los más hermosos? Jonathan Swift suena muy convincente cuando describe a Gulliver, tras haber pasado años entre los adorables y muy equinos *houyhnhnms*, y nos muestra la repugnancia de estos ante la forma y el olor humanos.[38] Ningún otro animal muestra tamaña arrogancia acerca de su propia belleza, pero, a la vez, ningún otro animal se odia a sí mismo y huye de sí mismo como el humano.

En definitiva, si ordenamos las habilidades de manera imparcial y sin prejuzgar a favor de aquello que resulta que se nos da bien a nosotros, otros muchos animales salen «vencedores» en muchos de esos juegos clasificatorios. Pero creo que ya va quedando claro que la idea misma de jugar a elaborar tablas de clasificación probablemente resulta un tanto vana y superficial. Lo que sí parece interesante, sin embargo, es analizar la diferenciación y el carácter distintivo de cada una de las formas de vida. Cuando lo hacemos, el antropocentrismo se nos revela como una forma espuria de arrogancia. ¡Qué grandes somos! Pobres criaturas, pensamos: ¡si fueran como nosotros...! Pues bien, algunas lo son, al menos un poco. Sin embargo, en lugar de trastocar nuestras ideas establecidas para inducir en nosotros una revolucionaria aceptación de las vidas animales, Wise se limita a conservar nuestro antiguo modo de pensar y la vieja línea divisoria de siempre, aunque desplazando a varias especies hacia este lado de la raya. Repito: esta puede ser una estrategia muy astuta cuando de defender su causa ante jueces de limitada imaginación se trata, pero, al final, las teorías defectuosas tienden a producir resultados deficientes a largo plazo.

La *scala naturae* es potencialmente peligrosa también en otros sentidos. Nos disuade de practicar una saludable autocrítica. Termina conduciéndonos a repulsivos proyectos en los que los humanos se imaginan trascendiendo sus cuerpos animales mediante la denigración calumniosa de los olores y los fluidos corporales.[39] Esos proyectos se han acompañado a menudo de intentos de subordinación de otro grupo de seres humanos bajo la acusación de que ellos son los verdaderos animales.[40] Cuando eso ocurre, a los miembros de un subgrupo relativamente desamparado se les imputan características como el mal olor, la corporeidad contaminante o la hipersexualidad como excusa para someterlos a formas violentas de subordinación. Son ideas que podemos encontrar en los orígenes del racismo en Estados Unidos, o de la jerarquía de castas en la India, o de la misoginia en todas partes, o de la homofobia, o del prejuicio contra las personas mayores.[41] La estrategia de Wise nada hace por socavar los fundamentos de esas perniciosas prácticas humanas, y, de hecho, corre el riesgo de reforzarlas al ratificar la línea de separación. Cuando lo que necesitamos es una forma radicalmente nueva de ver nuestros cuerpos, su propuesta nos trae de nuevo la misma de siempre, con apenas unos pocos ajustes menores.

Al mismo tiempo, el enfoque de Wise hace que cortemos amarres con la mayor parte del reino animal, una parte que deja así a la deriva, desconectada de la ayuda en forma de intervenciones que él propone para unas pocas especies. Obviamente, no es lo que él quería, pero cuesta imaginarse qué puede aportar su teoría para paliar el terrible sufrimiento de los cerdos y los pollos, o la pérdida del hábitat de los osos polares y de decenas de animales salvajes más. O, mejor dicho, no es difícil imaginar qué ofrece; al contrario, es demasiado fácil: no ofrece nada. Fuera del reducido ámbito especial de especies muy parecidas a nosotros, habría que inventarse un enfoque completamente nuevo. De hecho, parece evidente que lo que Wise desearía a largo plazo es dar con algún enfoque que permita tratar debidamente todos esos otros casos, pero en su libro no nos da ninguna idea de cuál sería, ni de cómo podría conciliarlo *a posteriori* con el antropocentrismo a ultranza de su punto de partida. Lo que se echa en falta es la admiración ante la diversidad de la naturaleza, el amor a sus múltiples y diferenciadas formas de vida.

Hay una preocupante consecuencia más de este enfoque del «fuerte parecido con nosotros», y es que hace que nos centremos en ciertos comportamientos artificiales de los animales que, en realidad, no son conductas características de los ejemplares de estas especies cuando viven en la naturaleza. Por ejemplo, *Unlocking the Cage* dedica mucho minutaje al lenguaje de signos, y ciertamente impresiona ver la capacidad de los chimpancés, los bonobos y los gorilas para aprender ese tipo de comunicación,[42] pero la realidad es que, cuando no viven entre humanos, no lo utilizan. Aunque los delfines se llevan a veces consigo, a sus entornos naturales, algunas conductas aprendidas con los humanos y se las enseñan a otros congéneres suyos,[43] no tengo constancia de que se conozca caso alguno en que los simios hayan hecho una cosa así. Sencillamente, no les resulta útil. Y aunque Wise podría haber tratado de mostrarnos la empatía y la emocionalidad de los simios y los elefantes en múltiples tipos de comportamientos con otros miembros de su misma especie —como Frans de Waal lleva haciendo desde hace décadas—,[44] en su documental opta por detenerse más bien en un ejemplo de empatía transmitida mediante el uso del lenguaje de signos.[45] Un gorila está viendo una película en la que un niño humano se despide de su familia, y entonces, hace los signos correspondientes para indicar que está triste y otras emociones similares. Pero, insisto, el uso del lenguaje de signos para indicar su emotividad es algo que los simios solo hacen con (y para) los humanos, pero no entre ellos, pese a que poseen formas sobradas de comunicarse mutuamente emociones, como De Waal nos ha mostrado en repetidas ocasiones.[46] ¿Y por qué tenía que ser una película sobre humanos? Es de suponer que a Wise le gusta el ejemplo de la empatía mediante lenguaje de signos porque le sirve para establecer la similitud del animal con nosotros. Pero no deja de ser un artificio circense. Cuesta entender, de hecho, por qué Wise censura el hecho de que algunos enseñen trucos a los simios (concretamente, se menciona el ejemplo de uno que lanza patadas de kárate) cuando él mismo muestra devoción por esas arterías con lenguaje de signos y las destaca en primer plano. Ambas cosas son similares, diría yo (siempre y cuando al animal le ensañaran kárate por la vía del refuerzo positivo, sin crueldad): son trucos de salón que muestran algo acerca del animal, pero que no son representativos de nada que resulte central en su propia forma de vida. Podemos debatir sobre la ética de enseñar tales ardides, pero estoy convencida de que Wise defendería el uso del truco del lenguaje de signos por su poder didáctico entre el público humano al que dirige su mensaje. Ahora bien, no es más que eso: algo para que «nosotros» aprendamos, pero nada que se haga por (ni en) la vida animal en sí.

Wise sostiene que tenemos que empezar por centrarnos en solo unos cuantos derechos para unas pocas especies, porque la gente se asustaría si abriéramos la puerta a toda clase de derechos para toda clase de criaturas. Más adelante veremos, sin embargo, que se puede dar cierta voz política a los animales de una manera que se considere razonable y aceptable como objetivo a largo plazo. La gente agradece la coherencia y la integridad teóricas. Tarde o temprano, termina dándose cuenta de que Wise nos está dando gato por liebre, si se me permite la metáfora: nos quiere vender la similitud de algunos animales con los seres humanos, a la vez que reserva una lógica distinta (todavía por anunciar) para el resto de las criaturas.

Wise es un abogado muy hábil. En un caso que ya se ha hecho muy conocido, en el que trataba de conseguir que se les reconociera personalidad legal a dos chimpancés para así conseguir que se les transfiriera a un refugio para animales, él y su Proyecto Derechos No Humanos se anotaron un relativo tanto. Aunque el Tribunal Supremo del estado de Nueva York rechazó los argumentos de Wise por cinco votos a cero, uno de los jueces se sintió claramente conmovido por los alegatos del letrado. Así, en un llamativo voto particular concurrente, el magistrado Eugene Fahey escribió: «¿Tiene derecho un animal no humano inteligente, que piensa, planifica y aprecia la vida como lo hacen los seres humanos, a la protección de la ley frente a las crueldades arbitrarias o los apresamientos por la fuerza? Esta no es una pregunta hecha a efectos meramente definitorios, sino un profundo dilema ético y político que exige nuestra atención».[47] Por lo tanto, Wise tiene razón cuando piensa que su enfoque puede ayudar a inclinar la balanza. Pero también puede hacerlo el enfoque de las capacidades y, además, de una forma más coherente y pertinente desde el punto de vista de la teoría.

UNA *SCALA NATURAE* MODIFICADA: LA «INTELIGENCIA EXTRAÑA» DE WHITE

Antes de abandonar el tema de la *scala naturae*, merece la pena dedicar un poco de tiempo a una espléndida obra filosófica que no solo describe con cariñoso detalle la forma de vida de un tipo particular de animal, sino que también propugna un enfoque ético y político sensiblemente más matizado y cuidado que el de Wise, y que logra salvar también, cuando menos, algunos de los escollos contra los que choca el antropocentrismo del conocido abogado. El libro al que me refiero es *In Defense of Dolphins: The New Moral Frontier*, de Thomas I. White.[48] White es filósofo y esta obra suya está escrita con una impresionante pulcritud conceptual y argumentativa. Sabe, además, muchísimo de delfines, tanto por su propia observación personal como por su exhaustiva lectura de la literatura especializada en el tema. Escribe con un estilo claro y vivaz que conecta bien con un público amplio. Su objetivo último es similar al de Wise, aunque limitado a una sola especie, y no es otro que convencer a los lectores de que los delfines tienen unas vidas cognitivas y emocionales sofisticadas, y de que, además, el concepto filosófico y legal convencional de «persona» les encaja igual de bien a esos cetáceos que a los seres humanos, por lo que es importante tratar a los delfines no como cosas ni como propiedades, sino como sujetos, como seres que son cada uno de ellos un fin individual en sí mismo, justos merecedores, pues, del estatus kantiano de seres a los que cabe reconocer una «dignidad», además de un «precio». Los objetivos específicos que él se propone con su libro son poner fin a las prácticas de la pesca atunera que lesionan y matan a los delfines, y hacer que la gente se replantee radicalmente la práctica de mantenerlos en cautiverio. Precisamente, trataré este segundo (y complejo) tema en el capítulo 10, así que aquí me centraré en el enfoque general aplicado por White.

White —como Wise— usa el familiar concepto filosófico de «persona», que incluye la autoconciencia, un sentido del yo (evidenciado por la capacidad de superar la llamada «prueba del espejo»),[49] unas capacidades cognitivas y emocionales «avanzadas»,[50] y las facultades de controlar la conducta para conseguir objetivos propios, de elegir «libremente» entre opciones alternativas de acción, y de reconocer a otras «personas» y tratarlas de manera apropiada.[51] Buena parte del libro está dedicada a convencer a los lectores de que los delfines poseen todas esas capacidades, y está claro que White quiere que su público trate a los delfines de un modo distinto precisamente porque poseen esas facultades «avanzadas». Así que su enfoque es susceptible de muchas de las críticas que ya he dedicado al de Wise. En concreto, White da un salto demasiado brusco desde la tesis (correcta) de que la forma de vida de una criatura determina qué es un daño para esa criatura (y qué no) hasta la conclusión aparente de que las no personas son cosas y propiedades a las que no se puede dañar realmente en ningún sentido significativo de la expresión.[52] White es un kantiano y dota a esos atributos característicos de la condición de persona de una importancia normativa central a la hora de otorgar «estatus moral» a una criatura.

Al final, pues, la perspectiva de White solo es sutilmente diferente de la de Wise. Este no hace más que apelar a la similitud: estos animales se parecen a nosotros; la condición de persona y la autonomía son importantes por la sola razón de que nosotros las poseemos también, y no por ningún otro motivo independiente. White va más lejos y sí atribuye un valor independiente a ciertas capacidades particulares que los humanos tienen, para, luego, defender que los delfines también las poseen. Su punto de vista, pues, no es tan directamente narcisista como el de Wise, pero adolece de limitaciones parecidas. Nos obliga, eso sí, a dar una argumentación más completa para refutar su afirmación de que estas capacidades son más importantes que otras: nos obliga a demostrar que la forma correcta de evaluar capacidades es examinando su papel en la forma de vida total de una criatura. Algunas capacidades humanas no se ajustarían a las vidas de las aves, del mismo modo que algunas admirables capacidades aviares no tendrían utilidad en una vida humana. Este es un argumento que desarrollo más en profundidad en el capítulo 5. En cualquier caso, de momento ya podemos ver que el foco de White es limitado no solo por su evaluación de las vidas de los animales, sino también por su manera de entender cómo deberíamos evaluarnos a nosotros mismos; lo que viene a decir es que deberíamos estar orgullosos de poseer unos rasgos tan notables. Es una perspectiva que, en última instancia, parece prejuiciada y arrogante en los mismos sentidos en que lo es la de Wise.

Aun así, el libro de White introduce tres mejoras significativas con respecto al paradigma de Wise, al que dedica algunas de las mismas críticas que le dedico yo, concretamente, por centrarse demasiado en el lenguaje y en acciones o comportamientos artificiales.[53] La primera es que, aunque White piensa que su enfoque —centrado en la similitud y la condición de persona— es útil para conectar con las opiniones y las actitudes mayoritarias entre el público actual, y que eso bastará para justificar grandes cambios en nuestro trato a los delfines (una justificación que «hasta el más antropocéntrico de los seres humanos» aceptaría, asegura), también niega reiteradamente que sea la única base sobre la que cimentar una preocupación o un interés ético por los animales no humanos.[54] Por ejemplo: «Quiero dejar claro desde un principio que no estoy afirmando que la condición de persona sea el único, ni tampoco necesariamente el más importante, de los fundamentos para que a los no humanos se les reconozca un estatus moral».[55] Hay pasajes en su libro en los que él no es del todo fiel a esa idea, y en los que, llevado de su entusiasmo kantiano por la autoconciencia y la libre elección, insinúa que, sin las características propias de la condición de persona, un ser puede ser considerado una cosa desprovista de dignidad. Pero su posición oficial es que él no se ha pronunciado sobre las condiciones suficientes del estatus moral.

En segundo lugar, entrelazada con el argumento que White utiliza para defender la condición del delfín como «persona», encontramos una fascinante descripción de la «inteligencia extraña» de esas criaturas. Si Wise se centra en acciones de simios que se parecen a las humanas, aunque estas no tengan ninguna función significativa en la vida normal de esos animales, White se muestra sensible a las múltiples maneras en que los delfines son completamente diferentes de nosotros sin dejar de ser inteligentes, y en que expresan una inteligencia que resulta «extraña» a la nuestra. Al describir las facultades y las formas de vida de los delfines con gran detalle, White hace que veamos hasta qué punto la percepción y la consciencia se materializan de forma muy distinta en las vidas de los humanos y en las de los delfines, lo que, en el fondo, no es de extrañar, dado que ellos se adaptaron a vivir en el agua y nosotros, a vivir en tierra. Los delfines son animales mucho más auditivos que visuales, por ejemplo. Poseen una admirable capacidad para «ecolocalizar», es decir, para «leer» un objeto mediante chasquidos parecidos a los de un sonar. La ecolocalización permite a los delfines no solo representarse gráficamente el exterior de las cosas, sino también percibir su interior. (En un caso especialmente llamativo, un delfín supo que su entrenadora estaba embarazada antes de que ella misma lo averiguara.) En una sección particularmente bella del libro, el autor se imagina qué apariencia tenemos probablemente los humanos desde la perspectiva de un delfín: seguramente, nos perciben parecidos a ellos, pero también faltos de algunas facultades esenciales. Esta admiración ante la complejidad y la extrañeza de otras formas de vida es lo que tanto se echa en falta en el enfoque de Wise.

En ocasiones, el énfasis de White en la rareza de los delfines llega demasiado lejos. Por ejemplo, no deja de decir que estos cetáceos son criaturas muy sociales y que los humanos (o, al menos, muchos de ellos o la mayoría incluso) son individuos solitarios. Cita para ello estudios en los que se ha pedido a las personas participantes que se caracterizaran a sí mismas: algunas mencionaron las relaciones con otras como parte de esa caracterización, pero muchas no.[56] Sin embargo, lo que las personas digan en una encuesta no es de mucha ayuda a la hora de entender qué es lo que guía realmente sus acciones. En estos tiempos del coronavirus, todos nos hemos acordado de lo muy sociales que somos los humanos en realidad, pues incluso cuando se nos ha privado de mantener una proximidad física con otros, hemos seguido comunicándonos por correo electrónico, por chats de Zoom o, incluso, como ocurrió aquí, en Chicago, celebrando una boda pública en un parque mientras los asistentes mantenían la «distancia social» adecuada de dos metros entre sí. Habrá personas que piensen que ser capaces de no depender de nadie es una demostración de hombría o de fuerza, pero eso no es lo mismo que decir que, cuando se las obliga realmente a estar solas, no detesten estarlo.[57]

Sea como fuere, hay un tercer (y, según cómo, más importante) sentido en el que White matiza sus tesis sobre la condición de persona: me refiero a su franca admisión de que toda esa categoría misma de las «personas» —incluso cuando se concibe de un modo que permite incluir los instintos sociales y la inteligencia extraña de los delfines— tal vez sea inapropiadamente antropocéntrica.[58]

En última instancia, sin embargo, la capacidad de admiración de White tiene sus límites. Él puede sentir curiosidad e impresionarse con otros modos, extraños, de hacer cosas que los humanos también hacemos, pero donde ya no se aventura es en los mundos —absolutamente distintos— de las criaturas cuyas sendas evolutivas separadas las han conducido a tener habilidades y formas de inteligencia más extrañas aún para nosotros (y estoy pensando en las aves y los peces, sobre todo). Los delfines poseen una neuroanatomía muy equiparable a la nuestra, y su inteligencia, aunque ajena a la humana, no lo es tanto. Las aves, por «evolución convergente», han desarrollado capacidades admirables (véase el capítulo 6), pero de un modo que parece mucho más sustancialmente ajeno al nuestro y, en muchos aspectos, misterioso también. Al preferir la similitud a la extrañeza, White continúa dejando indemne una concepción jerárquica lineal de la naturaleza —en la que ciertas «personas» semejantes a los seres humanos se sitúan en la cima de una escala—, en vez de sacrificar y hacer añicos toda esa idea de la linealidad para recoger y potenciar la asombrosa riqueza del mundo en el que realmente vivimos.

De todos modos, me complace mucho comunicarles que White ha cambiado recientemente su punto de vista a este respecto y que ahora recomienda el enfoque de las capacidades (véase la «Conclusión»).

MÁS ALLÁ DE LA *SCALA NATURAE*: VIDAS MARAVILLOSAS Y EXTRAÑAS

El libro de White nos pide que veamos el mundo a través de los ojos de una criatura muy diferente de nosotros, y lo hace con genuina curiosidad y admiración ante su sorprendente forma de vida. La suya es, pues, una extraordinaria aportación a la ética y es también lo que yo creo que deberíamos hacer aquí, aunque extendido al conjunto del mundo animal. Él remata su comparación instándonos a que nos preguntemos, cuando pensemos en cómo tratar a una criatura, cuáles son las necesidades básicas de esta y cómo se satisfacen en su forma de vida característica. Solo entonces podremos decidir, nos dice, si el tipo de trato que estamos contemplando (la cautividad en un zoo en el caso de los delfines, por ejemplo) es apropiado o no.[59] Esas exactamente son las preguntas que mi propio enfoque nos insta a hacernos a propósito de todos los animales sintientes. La versión de White es fascinante y conmovedora, pero demasiado estrecha. Bien mirado, no creo que White nos haya dado ninguna buena razón para que nos hagamos esa pregunta solamente a propósito de criaturas muy parecidas a nosotros. La condición de «persona», por mucho que la ampliemos, resulta inaceptablemente antropocéntrica.

Cierto es que resulta mucho más fácil formularse (y responderse) preguntas de ese tipo a propósito de criaturas que se asemejan bastante a nosotros, aunque sean extrañas en ciertos aspectos. Pero la dificultad de hacer extensivos esos interrogantes más allá de esas pocas especies no debería disuadirnos de intentarlo con esa humildad, curiosidad y dedicación de las que

White hace gala. El problema epistémico no resuelve nuestra otra pregunta normativa acerca de cuál es el mejor procedimiento y marco de referencia. Si es posible imaginar lo extraña que la percepción humana le parece a un delfín, también deberíamos poner el esfuerzo y el ingenio adicionales necesarios para poder pensar en qué aspecto tiene el mundo para las aves, o para todos los mamíferos, o incluso para los peces.

Ni que decir tiene que cualquier descripción o explicación que tome como referencia los aspectos lingüísticos supondrá una distorsión. Pero no es que no lo supiéramos ya: conocemos bien ese problema por nuestros estudios sobre la cognición infantil, o incluso por nuestros intentos de expresar verbalmente las experiencias pictóricas o musicales. Pero, para bien o para mal, el lenguaje es el medio por el que se expresa la investigación filosófica y científica, así que no podremos eludir cierta «traducción balbuceante» (según la expresión literal que empleó el compositor Gustav Mahler para referirse a sus propios intentos de describir su música con palabras). Y no veo por qué no íbamos a poder hacer algo así para el conjunto del mundo animal si nos aplicamos a ello con esmero, con humildad y con ingenio.

Hemos analizado una concepción teórica de los derechos y la justicia animales que no solo es muy influyente, sino que también se corresponde mejor que las otras con los pensamientos no examinados que la mayoría de las personas criadas en culturas occidentales probablemente tienen al respecto. Es una concepción miope. Ordena y clasifica seres, y lo hace sin curiosidad y con un considerable e injustificado narcisismo. Pasemos ahora a un enfoque que representó un fuerte cuestionamiento de este que acabamos de examinar al poner el énfasis en algo que compartimos todos los animales, como es nuestra vulnerabilidad al dolor.

Capítulo 3

LOS UTILITARISTAS

Placer y dolor

A finales del siglo XVIII, el gran filósofo utilitarista británico Jeremy Bentham (1748-1832) lanzó una llamada de alerta. Comparando nuestro trato a los animales con la esclavitud, dijo que la pregunta correcta que debíamos formularnos a propósito del primero no es si los animales pueden «razonar», sino si pueden «sufrir». Para Bentham, placer y dolor son los hechos éticos clave a los que pueden reducirse todos los demás. Y, según él, el placer es unitario: solo varía en cantidad (intensidad y duración), no en calidad. El propósito de una política racional debería ser maximizar el superávit de placer sobre el de dolor en el conjunto del universo.

Bentham no fue el único utilitarista que enfocó su atención en el sufrimiento de los animales. Su pupilo y sucesor John Stuart Mill (1806-1873) realizó también un trabajo significativo sobre esta cuestión, si bien su visión de conjunto divergió de la de Bentham en ciertos aspectos cruciales; al morir, legó su fortuna a la Sociedad para la Prevención de la Crueldad contra los Animales. El distinguido filósofo victoriano Henry Sidgwick (1838-1900), que recuperó las tesis de Bentham y rechazó la crítica que de estas había hecho Mill, desarrolló los aspectos filosóficos de las mismas con mucho mayor rigor que el fundador de la escuela, aunque sin poner un foco particular sobre los animales. Y, ya en nuestros días, el utilitarista Peter Singer (nacido en 1946), seguidor cercano de las ideas de Bentham y Sidgwick, ha sido uno de los principales pensadores que han abordado el tema de la crueldad con los animales, concretamente, en su famoso libro *Liberación animal*[1] y en numerosos escritos académicos.

En este capítulo, examino el potente enfoque utilitarista del bienestar animal, y lo hago desde la admiración y desde la apreciación de no pocas y empáticas concordancias con el mío, aunque también con importantes críticas.

El enfoque utilitarista me merece un enorme respeto por su notable sensibilidad ante el sufrimiento animal. Parece precisamente lo opuesto al enfoque que prima el «fuerte parecido con nosotros» y que critiqué en el capítulo previo, y, en cierto sentido, lo es, pues representa un ataque a la arrogancia de los humanos como especie. Ahora bien, ambos enfoques comparten un mismo defecto: no terminan de captar la variedad y la diversidad sorprendentes que caracterizan a las vidas animales, cuyo examen a fondo nos revela la gran complejidad de las actividades interrelacionadas que conforman el modo de vida de cada animal, y nos proporciona una imagen de conjunto muy alejada de cualquier «escala» lineal o naturaleza unitaria homogénea. Ambos enfoques suspenden, por así decirlo, en el apartado de la «admiración» o de la mirada curiosa con los ojos bien abiertos. El primero de ellos solo quiere ver un modelo —el humano— como referencia de todo lo demás; el segundo, que también podríamos llamar la «perspectiva del mínimo común denominador», solo reconoce un único aspecto de las vidas de los animales.

LA NOTA AL PIE DE BENTHAM

Es sabido que Bentham defendió que los únicos hechos éticos relevantes son el placer y el dolor. Recalcó con insistencia que los placeres y los dolores no varían en el plano cualitativo, sino solamente en cuanto a ciertas dimensiones cuantitativas (de las que la duración y la intensidad son las más importantes). Según él, el objetivo de cada ser sintiente individual es, y debería ser,[2] la maximización del placer neto. Y el fin de una sociedad racional debería ser la maximización del placer neto de todos sus miembros. En eso, y en nada más que eso, consiste la felicidad.

¿Qué miembros son «todos» esos? Solo hacia el final de sus *Principios de la moral y la legislación*, Bentham toca esa importantísima cuestión.[3] Allí insta a que la ética y el derecho se interesen por todos los seres vivos «susceptibles de felicidad», entendida esta en los términos ya susodichos. Hay «dos clases» de seres vivientes: en primer lugar, están los «seres humanos, las llamadas personas»;[4] en segundo lugar, «los otros animales, que, debido a la desatención de sus intereses por la insensibilidad de los juristas antiguos, permanecen degradados a la clase de las cosas».[5] Bentham, pues, rechaza la distinción convencional entre personas (humanas) y cosas: se opone a la relegación de los animales a esa segunda categoría y, con ello, diríase también que a la idea de que sean propiedades. No llega a afirmar que los otros animales sean personas, pero el pasaje da claramente a entender que, sea cual sea la denominación correcta para referirnos a todos ellos, debe ser una que englobe a humanos y a animales por igual. A continuación, adjunta una famosa nota al pie de ese argumento. Aunque suele aparecer citada solo parcialmente, vale la pena reproducirla íntegra:

> Parece que, en las religiones hinduista y musulmana, se ha prestado cierta atención a los intereses del resto de la creación animal. ¿Por qué no se han tenido estos universalmente en cuenta —aun reconociendo sus diferentes puntos de sensibilidad— como sí se han tenido los de las criaturas humanas? Porque las leyes existentes han sido obra del miedo mutuo, un sentimiento del que los animales menos racionales no se han beneficiado tanto como el hombre. Pero ¿por qué no se debería tener en cuenta [la sensibilidad de los animales]? No hay ninguna buena razón para no hacerlo. Si fuera simplemente por el hecho de que nos alimentamos de ellos, seguiríamos teniendo motivos de sobra para comerlos cuanto queramos: es algo que hacemos en nuestro provecho y nunca en perjuicio de ellos. Ellos no se hacen ninguna de esas eternas anticipaciones de padecimientos futuros que tanto nos hacemos nosotros. La muerte que sufren a manos nuestras suele (y siempre puede) ser más rápida y, por ello, menos dolorosa que la que les aguardaría en el inevitable curso de la naturaleza. Si todo fuera por el hecho de que los matamos, también seguiría habiendo muy buenos motivos para que pongamos fin a su vida cuando nos atacan o nos dañan: en ese caso, sería peor para nosotros que ellos siguieran viviendo, pero no lo es para ellos que estén muertos. Ahora bien, ¿existe alguna razón para que los atormentemos? Ninguna que se me ocurra. ¿Y existe algún motivo para que no los atormentemos? Sí, varios. [Bentham indica aquí una referencia a otro manuscrito suyo.] Aunque lamentablemente no sea aún así en muchos lugares, por fin la mayor parte de [nuestra] especie, los denominados esclavos, está dejando de ser tratada por la ley con el mismo rasero que, en Inglaterra, por ejemplo, todavía se trata a las razas de animales inferiores. Puede que llegue un día en que el resto de la creación animal adquiera esos derechos que jamás se les podría haber retirado por otra vía más que la de nuestra tiranía. Los franceses ya han descubierto que la negritud de la piel no es razón para abandonar a un ser humano al capricho de un atormentador sin derecho a desagravio. Puede que llegue el día en que se reconozca que el número de patas, la vellosidad de la piel o la terminación del hueso sacro sean motivos igualmente insuficientes para abandonar a un ser sensible a esa misma suerte. ¿Qué otra cosa hay que justifique trazar esa línea intraspasable? ¿Es la facultad del raciocinio, o quizá la de discurso? Pues un caballo o un perro adultos son animales infinitamente más racionales y más abiertos a conversar con nosotros de lo que pueda ser un bebé de un día, o de una semana, o incluso de un mes de edad. Pero supongamos que no lo fueran: ¿qué justificaría eso? La pregunta no es si pueden razonar ni si pueden hablar, sino: ¿pueden sufrir?[6]

Sorprende ver el énfasis con el que Bentham recalca la idea de que los animales deberían recibir el mismo trato «legal» que los humanos (ya sea reconociéndolos a todos como «personas», ya sea —como sería más probable— englobándolos bajo un concepto nuevo que subraye su vulnerabilidad compartida). No se los debe tratar como cosas ni como propiedad, insiste, y sus intereses merecen tanta atención como los de los seres humanos, «aun reconociendo sus diferentes puntos de sensibilidad».[7] Para que esta última salvedad no invalide la mayor parte de sus afirmaciones, nos aclara nítidamente lo que significa: los intereses similares deberían tratarse de forma similar, pero si algo resulta irrelevante para los intereses de una criatura, no debería importar tampoco a la hora de valorar sus necesidades. En otras partes de su obra, Bentham enuncia así este precepto: cada uno vale por uno y solo por uno.

Tanto en este como en otros textos, Bentham admite que existe una diferencia en cuanto a la permisibilidad de matar. Otros animales, por la distinta naturaleza de sus mentes, no poseen parecidos intereses (o eso creía él) en cuanto a no ser matados, porque no pueden prever ni anticipar su propia muerte. Viven en el momento presente, por lo que una muerte indolora no les causa un mal moral. Yo estoy de acuerdo con una parte de ese principio, pero niego que sea aplicable a la mayoría de los animales. Bentham también insiste —con razón, creo— en que los otros animales deben atenerse igualmente al mismo principio de defensa propia que nosotros: de ahí que podamos emplear la fuerza letal contra ellos si amenazan con causarnos un daño grave. Volveremos sobre estos argumentos en el capítulo 7, pero lo principal aquí es que, allí donde los intereses sean similares, la atención de la ley también debe serlo, y eso significa que no debemos infligir daño a los animales de manera deliberada o negligente en mayor medida que en lo que nos esté permitido infligírselo a los seres humanos. Así, y pese a que Bentham desdeña en otras partes de su obra la idea de los derechos, en este pasaje no hace más que afirmarla: los animales tienen derechos contra el trato cruel, tanto si la ley se los ha reconocido ya como si no.

Bentham se encara a continuación con un interlocutor imaginario que aboga por una versión de la *scala naturae* y que estaría señalando las desemejanzas físicas como signos de una diferencia en el estatus moral entre unas y otras criaturas. Ante ello, Bentham pone, para empezar, el ejemplo de la esclavitud y señala cómo hoy rechazamos ya la idea de que una diferencia física establezca «línea» de separación natural alguna entre unas personas y otras. Por ello, pronostica, terminaremos rechazando la idea de que los rasgos físicos de los animales no humanos también determinen una «línea» parecida. Justo después de eso, Bentham imagina a su interlocutor alegando el «raciocinio» y el «discurso» como las verdaderas razones para trazar esa separación entre nosotros y ellos, una «línea» divisoria que supuestamente volvería permisible el trato cruel a los animales. Bentham niega primero la existencia de una barrera de separación tan clara: algunos animales razonan mejor que algunos humanos. Pero luego da su verdadera respuesta a ese reparo: no importa. El hecho moral relevante no es la capacidad de razonar, sino la capacidad de sufrir.

El interés de Bentham por los animales era genuino, de lo que dan buena fe los numerosos comentarios recopilados por su dedicado editor John Bowring (1792-1872). Expresó su afecto por una amplia variedad de ellos, como los gatos, los burros, los cerdos y los ratones. Se hizo amigo de un cerdo que solía seguirlo cuando salía a pasear. Un gato al que puso el nombre de Reverendo John Langborn comía muchas veces macarrones en la mesa con él. Le encantaba tener ratones jugueteando por su estudio y comiendo migas de su regazo. «Me encanta todo lo que tiene cuatro patas», escribió. Solía recordar muy apenado las crueldades que, de niño, él mismo había infligido a varios animales, y el saludable efecto que tuvieron en él los reproches que por ello le hacía su tío.[8] Bentham no pertenecía, desde luego, a la rama más extrema de los defensores victorianos de los derechos de los animales: otros pensadores propugnaban una prohibición total del uso de animales para la alimentación o el vestir.[9] Pero sí defendió tenaz su argumento dentro de los límites en que lo circunscribió (véase el capítulo 7) y no se cansó de afirmar que, ante intereses parecidos, el tratamiento legal también debería ser similar. Para la mayor parte del público contemporáneo de Bentham, aquellas tesis sonaban ciertamente radicales. El prelado cristiano William Whewell fue uno de los críticos acérrimos de ese radicalismo, una crítica que Mill se encargaría de refutar con gran elegancia, como veremos.

EL RADICALISMO ANTIVICTORIANO DE BENTHAM

Hoy sabemos que Bentham era más radical aún de lo que creían sus coetáneos, como se ha puesto de manifiesto en fecha reciente con la publicación de varias obras que no le editaron en vida. En ellas cuestionó con gran osadía el odio puritano británico al placer físico y a nuestra animalidad humana, actitudes que contribuían a generar ese desprecio victoriano por los animales al que Bentham tanto se oponía. Puesto que también nosotros deberíamos poner en cuestión nuestras frecuentes actitudes negativas ante nuestra propia animalidad, las denuncias benthamitas de su propio contexto histórico adquieren gran importancia hoy en día.

Bentham —sobre todo en su libro *No Pablo, sino Jesús*, una radical relectura de la ética cristiana que no se publicó hasta 2013—[10] proclamó la igual valía de todos los placeres y dolores con independencia de su origen y atacó la idea de que haya placeres «elevados» y «bajos». Insistió en que Jesús no tenía aversión al placer sexual y que ha sido posteriormente la hipocresía del grupo dominante la que ha decretado que solo el sexo dentro del matrimonio sea bueno, y los demás tipos de sexo, malos y merecedores de castigo penal. Desarrolló un admirable y potente conjunto de argumentos a favor de la despenalización de las conductas homosexuales y a favor también de conceder a las mujeres una mayor autonomía sexual. Pero, por encima de todo, Bentham animó al lector a abandonar ese odio a los cuerpos en el que se inspiró gran parte de la cultura victoriana.

Su perspectiva abre nuestra visión a una gran verdad: gran parte de la denigración humana de los otros animales está inspirada por el autoodio y el miedo. Como nuestra propia naturaleza animal nos molesta, nos repugna y nos asusta, llamamos baja y vil a esa parte de nosotros mismos y proyectamos un desprecio y un odio similares hacia el resto del reino animal, así como hacia otros grupos subordinados de personas a quienes irracionalmente juzgamos más animales que nosotros. El puritanismo y el desprecio a los otros animales se refuerzan mutuamente, y el especismo y otros males como el racismo, el sexismo y la homofobia podrían tener una fuente común.

Bentham, pues, hizo algo más que pedir un mejor trato para los animales: buscó el origen de ese maltrato y nos instó a autocuestionarnos con valentía.

DIFICULTADES: CALIDAD, ACTIVIDAD, IDENTIDAD

El utilitarismo es vigorizantemente radical y sus ideas han sido cruciales para buena parte de los avances recientes en la limitación de la crueldad humana con los animales. El sufrimiento es un hecho muy importante en las vidas de estos. Los utilitaristas tienen razón en resaltarlo y han tenido la valentía de hacer hincapié en él, aunque Bentham probablemente pensaba sobre todo en el sufrimiento físico y no en la angustia mental, y por ello no insistió todo lo que debería en que los animales son seres psicológicamente complejos y capaces de padecer tormento y frustración mentales. Pero la profundidad de la ofensiva de Bentham contra las actitudes victorianas dota a sus argumentos de una gran relevancia para el defensor actual de los derechos de los animales, aunque no estemos necesariamente de acuerdo con sus propuestas concretas.

Aun así, son varios los puntos en que su enfoque se nos antoja demasiado simple.

Para empezar, Bentham no ofrece ninguna teoría o explicación del placer y del dolor; ni siquiera reconoce que representen una cuestión filosófica, como sí hace Mill, y desde luego no demuestra que todos los placeres y dolores sean cualitativamente homogéneos, como defiende. Los filósofos de la Grecia y la Roma antiguas mantuvieron vivos debates sobre qué era el placer en realidad: ¿es una sensación?, ¿es una manera de estar activo (sin estrés ni impedimentos)?, ¿o (como parece más plausible) es una sensación que está muy íntimamente ligada a la actividad, tanto que no podemos separarla de esta (de la actividad) para medirla por separado? El placer de comerse un bocado delicioso parece muy distinto del de abrazar a una hija o a un hijo amados, y ambos difieren del placer de aprender y estudiar, y así sucesivamente. Aristóteles fue muy convincente cuando afirmó que el placer «sobreviene» a la actividad, «como el rubor en las mejillas» de una persona joven y sana. Dicho de otro modo, está muy estrechamente conectado con la actividad: no se puede obtener sin realizarla. Pero si esto es cierto, todo ese proyecto de maximización del placer neto es cuestionable desde su base.

Por otro lado, todo parece indicar que, desde el momento en que reconocemos la existencia de esas diferencias cualitativas, estamos obligados a determinar qué placeres merece la pena fomentar y cuáles no: la idea de que todos valgan lo mismo se vuelve dudosa. A muchas personas les produce placer la crueldad; a otras, el amasar riquezas sin cuento. Y tal vez no sean estos los placeres que debamos promover si el objetivo que nos mueve es el de crear una sociedad aceptablemente buena. Esta cuestión tiene una relevancia enorme para la cuestión de las relaciones entre humanos y animales. Durante toda la historia de la que tenemos registro, muchos seres humanos —por no decir la mayoría de ellos— se han complacido en esa dominación sobre los demás animales y en las múltiples prácticas (desde las de la industria cárnica hasta las de la industria peletera, por ejemplo) que condenan a esas criaturas a unas vidas miserables. Si todos esos placeres cuentan en positivo en el cálculo social, a los utilitaristas les resultará muy difícil defender de un modo mínimamente convincente que tales prácticas deban cesar de inmediato. Pero, además, ¿a qué viene contarlos en positivo? Y no es que no entendamos los motivos de Bentham para ignorar estas preguntas; a fin de cuentas, lo guiaba el afán de socavar la muy específica jerarquía victoriana de los placeres. Pero, aun así, no podemos dejar de señalar que ignoró una cuestión ciertamente fundamental.

Sin embargo, aun en el caso de que pudiéramos aparcar esa cuestión por un momento, el cálculo benthamita presenta otros problemas adicionales. El objetivo social, según Bentham, es un agregado, ya sea en forma de total o de promedio. No se tiene en cuenta la «distribución» del placer y del dolor. Pero son muchas las vías por las que se pueden obtener unos buenos resultados agregados y algunas de ellas implican gran sufrimiento para quienes ocupan las posiciones inferiores de la escala social. La teoría de Bentham no contempla método alguno que dedique una atención especial a los menos favorecidos, es decir, a los individuos o grupos cuya situación siempre tendrá inmensa importancia para cualquiera que se preocupe por que haya iguales (o, siquiera, adecuadas) oportunidades de florecimiento y desarrollo para todos. El problema de la agregación es más preocupante todavía si se entiende que el objetivo es el placer total, más que su promedio, pues eso podría justificar traer al mundo a criaturas (de la especie que fueran) para vivir unas vidas sumamente miserables siempre y cuando su existencia contribuyera a crear un superávit (por ajustado que fuera) de placer sobre dolor en el mundo. (¿Acaso no sería eso lo que está ocurriendo ahora mismo con muchas de las vidas de animales creadas por la industria alimentaria?)

Otro modo de ver el problema de la agregación utilitarista es el que ha planteado con gran sutileza Christine Korsgaard, quien sostiene (de forma bastante convincente) que, al agregar, los utilitaristas anulan la relevancia de las vidas individuales.[11] Bentham parece sugerirnos que lo que en realidad importa es la cantidad de placer en la sociedad. Las criaturas individuales solo importan por su condición de recipientes de placeres o satisfacciones. Según ese enfoque, si podemos reemplazar un individuo por otro que pueda contener en sí un poco más de placer, estaremos moralmente obligados a hacerlo. La sociedad, en definitiva, no se hace en absoluto responsable de lo que les ocurre a los seres sintientes individuales. Este enfoque no los respeta como tales, porque los convierte en recipientes en los que se puede verter una cantidad mayor o menor de placer, pero el hecho es que ellos (individualmente hablando, y pese a que cada uno es una criatura que solo tiene una vida por delante) no importan ni lo más mínimo. Quizá se pueda formular un enfoque utilitarista que venza el obstáculo planteado por esa objeción y, de hecho, creo que Mill lo consigue. Pero está claro, en cualquier caso, que Bentham ni siquiera contempló la posibilidad de esa crítica ni, menos aún, trató de darle respuesta.

Cuestión distinta es la que surge cuando consideramos la capacidad de todos los animales para adaptarse a condiciones poco satisfactorias, inferiores a las normales. A veces, las personas aprenden a insensibilizarse ante la indignidad o la humillación, y lo hacen mediante el proceso conocido como «adaptación» y también mediante la creación de «preferencias adaptativas».[12] Hay una adaptación que es positiva: al crecer, deja de molestarnos que no podamos volar y nos ajustamos a nuestra normal condición de bípedos. Pero hay otras adaptaciones que reflejan la perniciosa tiranía de las costumbres sociales. En las sociedades sexistas, las mujeres suelen aprender a no querer cosas que la sociedad les niega, como una carrera universitaria, o autonomía sexual, o participación política plena. También los animales sufren ese problema: posiblemente, los criados en zoos desde que nacen, por ejemplo, ya no sienten dolor ni insatisfacción por la ausencia de libertad de movimiento o de compañía social, pues nunca han experimentado tenerlas, y porque, como en el caso de las mujeres, sus cuidadores los premian si son dóciles y los castigan si protestan o agreden.

Aparte de esto, la teoría de Bentham nos proporciona una versión muy limitada de lo que es importante en las vidas de los animales (incluidas las de los animales humanos), pues lo circunscribe al placer (entendido como una sensación cualitativamente homogénea) y a la ausencia de dolor. No les encuentra cabida ni valor especial a la libertad de movimiento, ni a la compañía de (y las relaciones con) otros miembros de la propia especie, ni a la estimulación sensorial, ni a la vida en un hábitat agradable y adecuado. Esa es una deficiencia en la que el enfoque benthamita converge con el del «fuerte parecido con nosotros»: ambos se niegan a considerar en su totalidad (y a valorar en un sentido positivo) las múltiples formas complejas de vida que los animales llevan realmente. El placer y el dolor no son las únicas cuestiones relevantes a la hora de evaluar las oportunidades de desarrollo y prosperidad de un animal.

También tiene un problema con la actividad. Como ya hemos dicho aquí, Bentham concibe el placer como una sensación separada. Pero lo cierto es que es una sensación que normalmente viene producida por una actividad: el placer de comer se produce comiendo, los placeres de la amistad se producen socializando con amigos. Obviamente, también podrían producirse de otras formas y, de hecho, como digo, en la concepción de Bentham (y a diferencia de la de Aristóteles), el placer y la actividad no están íntimamente ligados entre sí. No obstante, la actividad es importante para las criaturas vivas. El filósofo Robert Nozick se imaginó una «máquina de experiencias»: si estuviéramos conectados a esa máquina, escribió, tendríamos la impresión de que estamos comiendo, hablando con nuestros amigos, etcétera, y obtendríamos también el disfrute relacionado con esas acciones... pero sin hacer nada en absoluto.[13] Nozick puso ese ejemplo imaginario porque estaba convencido de que la mayoría de las personas rechazarían la máquina de experiencias, dado que no son solo las experiencias en sí mismas lo que importa, sino también el ser autor de las mismas. Lo mismo ocurre con los animales. A la mayoría les gusta hacer cosas; ser los autores de sus acciones es importante para ellos, pero difícilmente puede encajar nada de esto en el marco teórico del enfoque utilitarista.[14]

Del utilitarismo deberíamos conservar el valiente foco que pone en el sufrimiento, así como su no menos valeroso reconocimiento de una comunidad extensa formada por los humanos y los otros animales. También deberíamos quedarnos, en cierto modo, con el ataque radical de Bentham al elitismo y la mojigatería victoriana en lo relativo a los placeres físicos. Pero el utilitarista que quiera reformular el enfoque para superar esta larga lista de objeciones tiene mucho trabajo por delante.

LOS SEGUIDORES DE BENTHAM: SIDGWICK Y SINGER

El filósofo victoriano Henry Sidgwick fue un pensador de una perspicacia y un rigor extraordinarios cuya monumental obra *The Methods of Ethics*[15] bien merece la pena que estudie a fondo cualquiera que esté interesado en la cuestión del bienestar en general, tanto si está de acuerdo con las ideas utilitaristas como si no. Su concienzuda defensa del utilitarismo frente a las múltiples críticas que había ido recibiendo durante el siglo XIX (incluidas las de J. S. Mill, de las que me ocuparé en la sección siguiente) hizo mucho más que Bentham por mostrar la fortaleza filosófica de ese enfoque. Y Sidgwick fue también —como Bentham— un activista, un pionero en la defensa de la educación superior femenina que, junto con su esposa Eleanor, fundó el Newnham College de Cambridge, uno de los primeros centros de Gran Bretaña en los que se ofrecieron estudios de grados universitarios para mujeres.[16] No me detendré a analizar aquí sus ideas por tres motivos. En primer lugar, Sidgwick no tiene una respuesta adecuada para las críticas que acabo de formular a la teoría de Bentham, y ni siquiera llegó nunca a considerar la mayoría de ellas. En segundo lugar, Sidgwick nunca escribió sobre los animales y sus derechos, si bien algunos comentarios sueltos suyos sí parecen sugerir que creía que su propia teoría les sería aplicable también a ellos. En tercer lugar, el más distinguido de los herederos directos de Bentham, Peter Singer, es un gran teórico de los derechos de los animales, mientras que Sidgwick nunca lo fue. Y dado que también es un experto en la filosofía de Sidgwick, la cual considera la base de sus propias ideas, resulta perfectamente posible estudiar el benthamismo sidgwickiano a través de Singer.[17]

Peter Singer es, sin lugar a dudas, una de las figuras más importantes de toda la historia del movimiento animalista. *Liberación animal*, con su vivacidad estilística y su claridad expositiva, fue una verdadera llamada de alerta para el mundo en general. A diferencia de lo que hiciera Bentham en su día —que escondió sus observaciones clave en una nota al pie de un libro sobre el castigo penal— y a diferencia también de Mill —que limitó sus comentarios sobre el tema a una réplica en una revista—, Singer enfrenta abiertamente al público general con todos los horrores del trato humano a los animales. Singer es también un filósofo sofisticado que sabe lidiar hábilmente con las objeciones que otros pensadores dedican a sus tesis.[18] Y, aunque lo que dice no deja satisfecho a todo el mundo, al menos dice algo; Bentham no dijo prácticamente nada sobre el tema concreto que aquí nos ocupa.

Singer, como Bentham, se opone firmemente a clasificar unas vidas como más valiosas que otras. Formula detallados argumentos contra el especismo, pero como ya he dado los míos propios a este respecto, no veo necesario exponer aquí los suyos. También al igual que Bentham, pone especial énfasis en que todos los intereses deben tratarse con un criterio igualitario. Este principio del igual respeto no dice que todas las criaturas deban ser tratadas del mismo modo, pues los intereses de las diversas criaturas pueden diferir tanto unos de otros como ellas mismas difieren entre sí. Lo que sí dicta es que los intereses similares sean tratados de forma parecida. Y ese es un importante punto de convergencia entre el benthamismo de Singer y mi propio enfoque.

Singer es un activista que busca puntos de confluencia intelectual para promover con más fuerza la causa animalista. Recuerda que, en sus libros de divulgación popular, como *Liberación animal*, él no presupone que sus lectores van a estar de acuerdo con su versión del utilitarismo, sino que presenta sus argumentos de tal modo que incluso otras personas que parten de enfoques relacionados pero distintos puedan estar de acuerdo con lo que dice.[19] Coincido en que la convergencia es importante y volveré a hablar de ello en el capítulo 5 y en la conclusión de este libro. No obstante, hay algo en lo que él y yo también estamos de acuerdo, y es en ¡la importancia de precisar bien la teoría filosófica correcta!

Existen también otros dos puntos de convergencia entre la perspectiva de Singer y la mía. Uno es su énfasis en que la sintiencia —o experiencia consciente de uno mismo— señala una importante línea divisoria en el mundo natural, y en que los animales carentes de ella (y él analiza unos casos con los que no estoy del todo de acuerdo y sobre los que me detendré más a fondo en el capítulo 6), además de las plantas, no son realmente objetos de interés ético para una teoría de la justicia, aunque sí pueden ser objetos de otros tipos de interés.

La otra convergencia (parcial) tiene que ver con la inmoralidad de matar. Singer —como Bentham— cree que es permisible matar a una criatura que vive única y exclusivamente el momento presente. No obstante, elabora una clasificación poco verosímil de las que componen ese grupo, en el que, según él, estarían incluidos la mayor parte de los animales.[20] Yo coincido con algo muy parecido a ese principio en el capítulo 7, pero mi categorización de las criaturas (muy pocas) que realmente viven solo el momento presente es muy distinta de la suya.

Y hasta ahí, las coincidencias de Singer con Bentham. Cuando entramos en los detalles del enfoque de Singer, comienzan a surgir las (significativas) discrepancias entre ambos.

Bentham parece concebir el placer y el dolor como si fueran hechos objetivos presentes en el mundo y medibles por los científicos. Así lo interpretó Sidgwick, que es a quien, a su vez, emula Singer. Pero en los momentos iniciales de su trayectoria intelectual, Singer no se enfocó solamente en el placer y el dolor como hechos, sino también en las preferencias subjetivas de las personas; de ahí que la versión singeriana del objetivo utilitarista fuese la maximización de la satisfacción neta de las preferencias.

Aunque ese enfoque parece (y, de hecho, es) distinto del de Bentham, no deja de ser susceptible de las mismas críticas que he planteado al benthamita original. Para empezar, la distribución no es una magnitud relevante en el cálculo de Singer, pues, según dicho cálculo, todo depende de que la disminución de la crueldad contra los animales contribuya realmente a maximizar la satisfacción neta de las preferencias. Pero eso puede tener trampa, porque para Bentham (y cabe suponer que para Singer también), la intensidad es una dimensión importante en la medición de la experiencia, y no se puede descartar que los seres humanos obtengan satisfacciones muy intensas comiendo carne y que, en el global, eso compense con creces los dolores infligidos a muchos animales para poder comérselos. El cálculo es del todo incierto en ese punto, y no muy útil. Singer (y esta es mi segunda objeción) tampoco reconoce diferencias cualitativas entre satisfacciones. Su determinación por manejar un cálculo unitario es muy parecida a la de Bentham y Sidgwick (y diferente de la de Mill).

En cuanto a las preferencias adaptativas, no conozco ningún escrito en el que Singer las haya tratado, pero cabe suponer que él se mostraría convencido de que una satisfacción es una satisfacción, con independencia del proceso que la haya producido. Tampoco comenta nada acerca del valor especial de la agencia o capacidad de acción (no ha dado réplica a ese aspecto del experimento mental de Nozick, por ejemplo),[21] pero se supone que diría que la máquina de experiencias ya estaría bien en sí misma si de verdad sirve para satisfacer preferencias. Como ya he mencionado, Singer sí ha hecho comentarios sobre el argumento de los recipientes y la reemplazabilidad, pero no a la satisfacción de Korsgaard, que es la formuladora original de esas críticas.

En cualquier caso, Singer ya ha dejado de insistir en el carácter subjetivo del placer, y su posición ahora se parece mucho más a la de Sidgwick y Bentham: el placer es un hecho medible del mundo real.[22]

En general, pues, los argumentos de Singer presentan una mayor sofisticación filosófica que los de Bentham, pero no dejan de plantear problemas similares. Suponen un gigantesco paso adelante con respecto al tradicional enfoque del «fuerte parecido con nosotros», pero podemos (y, de hecho, deberíamos) avanzar más si seguimos el camino abierto por Mill.

¿PUEDE MILL RESOLVER ESTOS PROBLEMAS?

John Stuart Mill, insigne heredero de Bentham, realizó grandes progresos en la mayoría de estas cuestiones. Debido a que, al igual que Bentham, no podía ocupar un puesto académico, ni siquiera sacarse un título por culpa de su ateísmo,[23] y a que, a diferencia de Bentham, no disponía de medios propios que le procuraran independencia económica, Mill tuvo que ganarse la vida, en parte trabajando de día en la Compañía Británica de las Indias Orientales, y en parte colaborando como articulista en medios impresos. De ahí que, a veces, las obras que publicó fuesen breves y crípticas. Ojalá hubiese podido desarrollar muchos de esos argumentos con mayor profundidad. Aun así, nos legó un buen número de prometedores materiales con los que empezar, por mucho que fueran rechazados explícitamente en su día por Sidgwick, y que, a menudo, los utilitaristas contemporáneos los ignoren sin más.[24]

En primer lugar, Mill recalca que los placeres difieren en calidad, además de en cantidad. También puso énfasis en el valor de la agencia, y lo conectó con la dignidad de una criatura. Hizo igualmente hincapié en la importancia de cuestiones específicas, como la salud, la dignidad, la amistad y el autodesarrollo. Al parecer, pensaba que hacer realidad cosas valiosas como estas es algo que suele acompañarse de placer, pero lo explica como si el placer derivara su valor de la actividad a la que está ligado, y no al revés. De hecho, deja muy claro que la satisfacción por sí sola es insuficiente para una vida floreciente: la actividad (y, en concreto, la cualidad específica de una actividad) importa muchísimo. En definitiva, Mill dibuja una imagen del bienestar similar a la idea aristotélica del florecimiento multidimensional o eudemonía. Y también es consciente de que, en una sociedad corrompida, los placeres de las personas podrían no ser indicadores fiables de valor. En sus importantes escritos sobre la igualdad de los sexos, y, en especial, en *El sometimiento de las mujeres*, deja claro que los deseos y las preferencias de estas han sido deformados y retorcidos por la dominación masculina: las mujeres aprenden a ser temerosas y dóciles, y a creer que ser así las hace sexualmente atractivas. De ahí que afirme que los «amos de las mujeres» han «esclavizado» las mentes de estas. Se adelanta así a los críticos recientes del utilitarismo que han escrito sobre el fenómeno de las «preferencias adaptativas».

Por otra parte, es evidente que para Mill es muy importante la distribución de la utilidad en la sociedad. En su ensayo *El utilitarismo*, insiste en que las ideas de la justicia y los derechos deben procurar un suelo por debajo del cual la ley no permita que se rebaje a los ciudadanos, ni siquiera en aras del presunto bienestar total de la sociedad. En sus escritos políticos, se nos revela como un socialdemócrata que aboga por un papel fuerte del Estado como garante de una educación adecuada para todos, protector de unas buenas condiciones laborales y ampliador del derecho de sufragio. (Como diputado en el Parlamento, fue el ponente de la primera propuesta legislativa presentada en Gran Bretaña —en 1872— para extender el derecho de voto a las mujeres.) También recomendó leyes contra la violencia doméstica y contra la violación dentro del matrimonio. Reiteró que, en el «imperfecto estado actual de la sociedad», existe una gran distancia entre lo que la gente cree que generará florecimiento y lo que realmente producirá unas vidas prósperas para todos. Él esperaba que este problema se solucionase con el tiempo gracias a una mayor formación educativa de la población en general, pero también pensaba que, mientras tanto, la ley debía tomar la iniciativa.

Mill abordó asimismo la crucial cuestión del problema de los «recipientes», aunque solo lo hiciera en su correspondencia. Cuando un amigo le preguntó cómo se debería agregar la felicidad de tantas vidas diferentes, su respuesta fue que sumáramos simplemente el número de personas que tuvieran una vida feliz (se supone que a partir de un umbral razonable de «felicidad»): «Lo único que he querido decir con esta frase en particular es que, si la felicidad de A es un bien, la de B es un bien, la de C es un bien, etcétera, entonces la suma de todos esos bienes debe ser un bien».[25] Aunque hubiera sido mejor contar con un análisis teórico más extenso de su parte, todo parece indicar que él, en su enfoque, estaba decidido a tratar la vida de cada criatura como una fuente de valor propia y separada.

En muchos de sus escritos, Mill solo hace referencia a los seres y la sociedad humanos, pero está muy claro que él pretendía que sus ideas se hicieran extensivas a los otros animales y a su prosperidad. Aunque nunca expuso en detalle sus propias ideas acerca de la base filosófica de los derechos de los animales, sí dejó meridianamente clara su posición básica al respecto en un artículo conocido con el título de «Réplica a Whewell».

William Whewell fue un clérigo e intelectual cristiano que defendía una versión particular de la escala de la naturaleza por la que sostenía que los seres humanos ocupan una posición única en la cima de la creación. Publicó una muy hostil crítica de las ideas de Bentham, a las que calificó de reducción al absurdo del cálculo utilitarista que nos obligaría a considerar los placeres y dolores de los animales como si estuvieran a la par de los de los seres humanos. Whewell dijo que lo que debíamos hacer, en realidad, era juzgar la valía de los placeres de cualquier ser en función de su similitud con nosotros, y que, ligados por nuestros lazos de «fraternidad humana», deberíamos anteponer los placeres humanos hasta el punto de ni siquiera sopesar en el mismo cálculo los placeres de otros animales. En un largo artículo publicado en una revista, Mill replicó con mordaz ingenio y devastadora lógica, y rebatió sus argumentos uno por uno, incluido el antes mencionado.

Mill recalcó en esa respuesta que las percepciones de similitud son contingentes y sumamente manipulables. Puso como ejemplo el caso del Sur estadounidense, donde los placeres y los dolores de los hombres negros se consideran totalmente distintos de los de los hombres blancos. Cinco siglos atrás, los placeres y los dolores de la aristocracia feudal se juzgaban absolutamente incomparables con los de los siervos. Según Whewell, estaría bien que el grupo dominante en cada uno de esos casos se negase a tener en cuenta en el mismo cálculo los placeres y los dolores del grupo subordinado. Pero esas ideas son «supersticiones del egoísmo».[26] Mill entendía, sin embargo, que siempre debíamos preguntarnos lo siguiente: «Cuando una práctica causa más dolor en los animales que placer en el hombre, ¿esa práctica es moral o inmoral? Si los seres humanos que logran levantar la cabeza para mirar más allá del cenagal del egoísmo no responden al unísono que "inmoral", eterna sea la condena que caiga sobre la moralidad del principio de utilidad».[27]

El principio de Mill es bastante vago y, en este pasaje, no nos dice cómo reformularía el cálculo de Bentham para que incorporase sus propias ideas sobre la cuestión de las diferencias cualitativas, o sobre el umbral crucial de los derechos y la justicia, o sobre las preferencias adaptativas, o sobre el espinoso tema de cómo agregar placeres. Nos corresponde a nosotros hacerlo por él, pero puede hacerse. Mi propuesta en positivo del capítulo 5 tiene mucho de ese espíritu de Mill.

No obstante, hay una cuestión clave en la que debemos apartarnos de él. En lugar de la democratización radical del placer que defendía Bentham, Mill recupera la conocida distinción victoriana entre «placeres elevados» y «placeres bajos». Peor aún, pues ilustra estos últimos con un ejemplo animal: el del «cerdo satisfecho». Ciertamente, ese puritanismo residual de Mill en lo referente al placer físico no nos va a resultar de ayuda para hacernos una idea correcta de nuestro parentesco con el resto de los animales ni para una no menos correcta aceptación incondicional de esa relación de familia. Podría haber mantenido las distinciones cualitativas sin necesidad de recurrir a la jerarquía convencional; podría haber dicho simplemente, como Aristóteles, que cada actividad comporta su propio placer característico asociado.

En cierto sentido, mi enfoque de las capacidades viene a expresar de un modo más o menos ordenado lo que Mill habría dicho sobre los animales si no hubiera estado tan afectado por la gazmoñería y la vergüenza puritanas.

MÁS ALLÁ DEL CÁLCULO DE BENTHAM

Los utilitaristas fueron (y son) verdaderos héroes éticos. Vieron y oyeron lo que otros se negaban a ver y a oír, y demostraron no solo compasión —un tanto desigual—, sino también una determinación basada en fuertes principios a la hora de tratar a todas las criaturas sintientes por igual. Las deficiencias del utilitarismo deberían llamarnos a buscar un enfoque que comparta el valiente énfasis de Bentham en el sufrimiento como vínculo común a todos los animales (y en la sintiencia como línea divisoria relevante en la naturaleza), pero que vaya más allá en cuanto a la atención al conjunto de la forma de vida de cada tipo de animal, y a los muchos aspectos diferentes del florecimiento y de la privación animales. En esa misión, la crítica de Mill a Bentham será un referente muy importante, y yo coincido con buena parte de ella: la importancia de la dignidad de cada ser; la relevancia de las actividades y no solo de los estados, y la necesidad de reconocer una irreductible pluralidad de valores importantes. Mill, sin embargo, carecía del fervor radical de Bentham por rehabilitar culturalmente el cuerpo y sus placeres. Por ese motivo, es necesario que, en nuestro empeño por avanzar, tengamos en mente tanto a Bentham como a Mill.

Mi enfoque se parecerá al utilitarismo en cuanto a tener en igual cuenta los intereses de todos los seres sintientes y en cuanto a tomar la sintiencia como punto de referencia de una frontera importante. Pero por crucial que sea el dolor, y por urgente que sea el objetivo de poner fin al padecimiento físico gratuito, no podemos olvidar que los animales son agentes y que sus vidas contienen otros aspectos relevantes, como la dignidad, la capacidad social, la curiosidad, el juego, la planificación y la libertad de movimiento, entre otros. La mejor manera de entender su florecimiento es en función de sus oportunidades para elegir actividades, y no solo estados de satisfacción. Así pues, aprendamos de los utilitaristas, pero sigamos avanzando.

Capítulo 4

EL ENFOQUE KANTIANO DE CHRISTINE KORSGAARD

KANT, LA DIGNIDAD Y LOS FINES

Ya he rechazado aquí los enfoques que sitúan a los seres humanos en un pedestal y que consideran que solo vale la pena preocuparse por aquellas especies de animales que se asemejan a nosotros. También he rechazado la variante benthamita del utilitarismo, dada la necesidad de encontrar una perspectiva que respete la dignidad de cada criatura sintiente y que valore a los animales en su condición de agentes, y no solo como recipientes de satisfacción. Pasemos ahora a un tercer enfoque teórico que es mucho más próximo al mío y que se solapa con él en numerosos sentidos: me refiero al enfoque de Christine Korsgaard, basado en el pensamiento de Immanuel Kant y, en particular, en la idea kantiana de que siempre debemos tratar a las criaturas (para Kant, solo las humanas; para Korsgaard, todos los animales sintientes) como fines en sí mismas, y no solo como medios para nuestros propios fines. El suyo es el libro filosófico sobre derechos de los animales más relevante de los últimos años, y solo por su calidad, ya merecería la pena tratarlo aquí. Pero se trata además de una obra importante para entender por qué ese impresionante enfoque se queda corto en ciertos aspectos fundamentales y no hace totalmente justicia a la agencia animal y a la complejidad de las vidas de los animales.

Immanuel Kant (1724-1804) fue contemporáneo de Bentham, amén de otro de los grandes arquitectos de la Ilustración liberal. Ambos ansiaban mayor libertad de elección humana y menor autoritarismo arbitrario en la sociedad. Ambos, desde la oposición a la dominación de la religión y la costumbre autoritarias, abogaban por unas políticas públicas que no descansaran más que sobre la razón humana. Ambos eran osados internacionalistas que defendían la cooperación entre naciones y criticaban el colonialismo. Ambos se oponían a la esclavitud y al comercio de esclavos.[1]

Pese a ello, también diferían en aspectos fundamentales. Bentham opinaba que el placer y el dolor eran los únicos hechos normativamente relevantes; Kant no atribuía valor moral alguno al placer como tal y se centraba más bien en la dignidad de la capacidad humana para la libre elección ética.[2] También fueron distintas las conclusiones prácticas —relacionadas con esa diferencia fundamental— a las que llegaron uno y otro. Mientras que Bentham entendió que las normas sexuales eran, en muchos casos, una forma de subyugar a grupos sin poder, como las mujeres y las personas que deseaban tener relaciones homosexuales, y abogó por el derecho de todos a buscar el placer como más les pluguiere, no parece que Kant tuviera interés alguno (o apenas ninguno) por la igualdad de las mujeres y sostenía ideas convencionales bastante severas sobre las conductas sexuales inapropiadas (llegó incluso a escribir que la masturbación le parecía peor que la violación). Mostró un absoluto desdén por el placer y el deseo. Mientras que Bentham estaba muy concienciado del sufrimiento que padecían los animales a manos de las personas e incluso lo consideraba como un tipo inaceptable de «tiranía», Kant creía que los animales, al carecer de esa capacidad de elección ética, están desprovistos de toda dignidad y que, por lo tanto, los humanos podemos disponer de ellos «como nos plazca».[3]

Con su generoso interés por el sufrimiento y su descreído desenmascaramiento de todas las formas de dominación, Bentham corrige (por así decirlo, pues probablemente nunca leyó nada de él) algunos de los más graves fallos de Kant. Pero la cosa no es tan simple, porque también podemos afirmar lo mismo a la inversa. Mientras que, en Bentham, obsesivamente centrado en la agregación, se echa en falta cierto sentido de la inviolabilidad y la dignidad de la criatura individual, Kant sitúa dicha dignidad en el centro mismo de su filosofía moral (concebida para los humanos en exclusiva) y sostiene que la manera más básica de atentar contra la ética es tratar a un ser humano como si solo fuera un medio, y no como un fin en sí mismo. Cada uno de estos dos pensadores tiene cosas que enseñarnos y que podemos aplicar a las vidas y los padecimientos de los animales siempre y cuando tengamos la prudencia de evitar los errores tanto del uno como del otro.[4]

En este capítulo, sostendré que el amante de los animales tiene mucho que aprender de una buena reflexión sobre Kant, pero eso no significa que no debamos valorar críticamente lo que un enfoque kantiano puede ofrecernos. Yo lo haré centrándome en el trabajo de Christine Korsgaard, una de las más distinguidas intérpretes y herederas de Kant, y también una de nuestras más persuasivas filósofas contemporáneas. Korsgaard es, además, una amante de los animales y una de nuestras mejores pensadoras sobre ellos como sujetos y sobre sus derechos. Pese a que es muy consciente del poco respeto que el propio Kant sentía por los animales, Korsgaard siempre ha creído que el punto de vista ético kantiano contiene materiales que podemos utilizar para construir un enfoque sobre los derechos de los animales, y, de hecho, ha desarrollado sus ideas en dos notables publicaciones: sus «Conferencias Tanner», que tituló «Fellow Creatures: Kantian Ethics and Our Duties to Animals»,[5] y su libro *Fellow Creatures: Our Obligations to the Other Animals*, de 2018.[6] Como se puede inferir de la similitud de sus títulos, ambos trabajos son muy próximos en cuanto a su argumento; el libro, mucho más largo, desarrolla lo expuesto en las conferencias. No obstante, hay también diferencias significativas entre estas y aquel que justifican que las tratemos de forma sucesiva y por separado.

Aunque no estoy de acuerdo con todo lo que Korsgaard argumenta en su libro de 2018, lo considero un gran logro filosófico y animo a todos los lectores a leerlo, pues aquí solo comentaré algunos de sus ricos y relevantes análisis.

Korsgaard es kantiana, pero también ha aprendido mucho de Aristóteles. (Su tesis doctoral en la Universidad de Harvard trataba tanto de Kant como del pensador griego.)[7] Aristóteles —de quien diré muchas más cosas cuando describa mi propio enfoque— mostró un gran interés por destacar los aspectos comunes a los humanos y a otros animales. Él sostenía que todos los animales tratan de avanzar hacia sus objetivos valiéndose de sus facultades cognitivas (la percepción, la imaginación y el deseo) y de diversas formas de deseo y emoción, y buscan con ello mantener su forma de vida característica. Korsgaard atribuye especial importancia a ese argumento. De hecho, toma de Aristóteles la idea de lo mucho que las criaturas sintientes de todo tipo se esfuerzan por alcanzar sus fines y por vivir en concordancia con el tipo de funcionamiento peculiar de cada especie. Son ideas que se echan en falta en Kant,[8] y por eso Korsgaard usa un concepto aristotélico del conato de los animales (humanos incluidos), de esa aspiración y esfuerzo por lograr sus fines, y con ello abre un hueco en la implacablemente antropocéntrica ética kantiana, un espacio en el que una amante de los animales pueda empezar a hacerles justicia, tanto a ellos como a su conato. Pero, entonces, ¿por qué no abandonar a Kant definitivamente? Pues por la idea kantiana de la dignidad inviolable de la criatura individual, algo que Aristóteles nunca llegó a desarrollar ni a expresar.

Yo coincido con Korsgaard en que todo buen enfoque de la justicia animal requiere tanto de un elemento aristotélico como de uno kantiano. Aristóteles no trató el concepto de la dignidad, ni tampoco la idea de que el individuo sea tratado como un fin en sí mismo. Ambos son principios necesarios para nosotros. Korsgaard y yo combinamos los elementos aristotélico y kantiano de formas significativamente distintas, pero alcanzamos muchas de las mismas conclusiones. Este capítulo es, pues, un examen de un enfoque rival, pero también un preludio de aquel que yo suscribo.

KANT SOBRE EL TRATO A LOS ANIMALES

Para Kant, el hecho clave en los seres humanos es nuestra facultad de razonamiento y elección éticos, que nos habilita para obligarnos a cumplir las leyes que nosotros mismos creamos. Él atribuyó a esta capacidad un valor inestimable que negó a otras capacidades humanas. En la conclusión de su *Crítica de la razón práctica*, escribió esta famosa sentencia: «Dos cosas colman el ánimo con una admiración y una veneración siempre renovadas y crecientes cuanto más frecuente y continuadamente reflexionamos sobre ellas: el cielo estrellado sobre mí y la ley moral dentro de mí».[9] El respeto y el asombro que nos inspira esta capacidad es, para él, el punto de partida fundamental de la ética.

Kant creía que tal vez existieran otros seres moralmente racionales (los ángeles, por ejemplo), pero que, en nuestro mundo terrenal cotidiano, los humanos somos los únicos. Como los estoicos, negaba a los animales la más mínima capacidad de legislación moral: no eran más que criaturas de instinto y deseo, desprovistas de valía moral en sí mismas. Así, por nuestra capacidad sin parangón (en el mundo terrenal) para autolegislarnos, somos «totalmente diferentes en rango y dignidad de las *cosas*, tales como los animales irracionales, de los que podemos disponer como nos plazca».[10]

Kant expuso las consecuencias normativas de la dignidad humana en las cuatro formulaciones que hizo de su famoso «imperativo categórico».[11] Él diferenciaba lo «categórico» de lo «hipotético». Un imperativo hipotético nos diría que hagamos la acción A si queremos obtener B: dependerá, pues, de cuál sea nuestro objetivo previo. Un imperativo categórico es vinculante en todas las situaciones con independencia de qué queramos o cómo nos sintamos. Seguramente, la mejor manera de entender el imperativo categórico es como una prueba o evaluación ética previa del principio subyacente a la acción que la persona se propone realizar: ¿encaja este con el tipo de ley por el que deberíamos guiarnos al disponernos a actuar?

Mucho se ha escrito sobre las diferentes formulaciones que Kant dio del imperativo categórico, y buena parte de todo ello es irrelevante a los efectos que aquí nos ocupan. Estoy muy de acuerdo con Korsgaard en que la idea central kantiana quedó mejor plasmada en la segunda de esas formulaciones, la llamada «fórmula de la humanidad» o «fórmula del fin en sí mismo»:[12] «Obra de tal modo que uses a la humanidad, tanto en tu persona como en la persona de cualquier otro, siempre al mismo tiempo como fin y nunca simplemente como medio».[13] La idea clave, por consiguiente, es que hay que tratar a una criatura no (o no solo) como un instrumento de nuestros propios fines (un objeto de nuestros propósitos), sino siempre como un ser cuyos intereses tienen una importancia intrínseca por el simple hecho de que la criatura que los tiene es intrínsecamente importante. Obviamente, es posible usar a una criatura como medio y como fin; por ejemplo, se puede emplear a un trabajador para que haga cosas para nosotros y, al mismo tiempo, tratarlo con respeto e interesarse por él. El kantiano insiste en que todo uso instrumental de una criatura debería quedar limitado por la idea prioritaria de que valoremos a esa criatura por sí misma y tratemos de respetar su búsqueda de sus propios fines. Esta es una idea que leyes y constituciones de todo el mundo han integrado en el marco referencial de las naciones como una manera de circunscribir lo que las mayorías pueden y no pueden hacer.

Kant ilustra esta fórmula (como las otras tres) aludiendo a cuatro ejemplos. El más claro es el de la promesa engañosa: prometer engañosamente algo para obtener un beneficio personal propio es una manera evidente de tratar a otra persona como un medio, por lo que el imperativo categórico prohíbe semejante conducta. La existencia del engaño evidencia que no estamos respetando suficientemente a la otra persona como sujeto que elige y toma decisiones propias. Podemos deducir de ello que tratar a la humanidad como un fin en sí misma nos obliga a no explotar a otros mediante coacción ni fraude.

Pero Kant piensa que también tenemos unos deberes para con nosotros mismos. De ahí que sostenga —mediante otro ejemplo— que las personas que viven para el placer y no desarrollan sus talentos también están demostrando una ausencia de respeto por sus propias facultades morales y que las están tratando como un medio para su disfrute. No está del todo claro que Kant tenga razón. Tal vez, en algún caso muy extremo, la búsqueda de placer de una persona pueda arrastrarla a destruir por completo su capacidad para elegir, y ese caso extremo sí sería censurable. Pero, con frecuencia, esos argumentos se usan más bien como excusa con la que tapar un puritanismo de fondo, y Kant no es inmune a esa crítica.

Kant utiliza otro ejemplo más para sostener que las personas que gozan de unas circunstancias de vida confortables y no hacen nada en absoluto por ayudar a las necesitadas están, en el fondo, tratándolas como simples medios, pues bien que ellas aceptarían ayuda si fueran las que estuvieran en esa situación de necesidad. Esa es una idea interesante, pero precisaría de mucho mayor desarrollo que el que Kant le dio. Es probable que, en ocasiones, haya personas acomodadas que exploten a otras que no estén en tan buena situación como ellas, y que las tengan como servidoras de sus propios intereses en vez de respetarlas como fines en sí mismas. Pero hay que ser muy cuidadosos a la hora de desarrollar y exponer las condiciones bajo las que tal crítica estaría justificada.[14]

Otra manera de ver lo que está en juego es pensar en cómo sería el mundo si convirtiéramos nuestro principio en una ley universal. Se supone que esta «fórmula de la ley universal» (que es la primera formulación del imperativo categórico según Kant) está estrechamente conectada con la fórmula de la humanidad y nos proporciona otro modo de entender esta última. Kant cree que una forma fundamental de error moral es el hacer una excepción con nosotros mismos, eximirnos de normas que sí imponemos a otros. Universalizar nuestro principio de actuación sirve para revelar el carácter autointeresado de esa conducta y nos ayuda a ver también su aspecto explotador. Quien promete en falso no quiere que todos puedan hacer falsas promesas como él, pues, entonces, la institución misma de la promesa dejaría de existir y él depende de la pervivencia de esa institución para favorecerse a sí mismo a expensas de otros. Kant piensa asimismo que el indolente que solo busca placer tampoco puede querer un mundo en el que todos fuesen perezosos y viviesen solo para el deleite físico, pues nadie haría entonces las cosas que es necesario hacer para que el mundo se mantenga estable y sea un lugar en el que merezca la pena vivir. En definitiva, esa persona es un parásito del esfuerzo de otras. Tampoco el individuo que no ayuda a los demás podría querer que todo el mundo fuese así, pues a él nadie lo ayudaría cuando lo necesitara. Es, pues, un caso más de explotador de las otras personas.

La idea básica que Kant quiso subrayar, en definitiva, fue el respeto a cada ser humano como criatura de valor y autonomía intrínsecos (es decir, como alguien que elige como nosotros) y la no subordinación de sus fines a los nuestros. Veamos ahora cómo podría funcionar ese principio si lo aplicáramos a nuestra relación con los otros animales.

Si los humanos quisiéramos evaluar los principios subyacentes a nuestra manera de actuar con otros animales, concibiéndonos como criaturas que comparten el mundo natural con ellos, muy pocas veces superaríamos el escrutinio del imperativo categórico. Muchos seres humanos consideran que está bien encarcelar a cerdas en jaulas de gestación, pero se horrorizarían si alguien arrancara a sus propias hijas de su lado y las sometieran a alguna forma dolorosa y degradante de confinamiento.[15] Muchos humanos juzgan correcto cometer actos de agresión dolorosa y, a menudo, letal contra otros animales, pero no toleramos que otros animales agredan a personas. Los humanos suelen no considerar importante ayudar a animales que pasan por alguna situación de necesidad, pero sí recurrimos a otros animales para que nos suministren toda clase de cosas que necesitamos sin ni siquiera pedirles consentimiento para ello. Y los seres humanos tampoco reflexionamos sobre el hecho de que uno de los deberes que podríamos tener para con nosotros mismos sería el de desarrollar nuestras capacidades de admiración y asombro ante las vidas de los animales. En resumen, en la mayoría de nuestros comportamientos con otros animales, los usamos como cosas, como medios, y no da la impresión de que queramos comportarnos de otro modo con ellos. Así pues, el imperativo categórico parece depararnos abundantes elementos de crítica al (y de reconsideración del) trato que dispensamos actualmente a los animales, suponiendo, claro está, que, de entrada, incluyamos a los animales no humanos en nuestra deliberación.

Kant, sin embargo, no pensó en nada de eso porque ya había trazado una línea de separación entre criaturas autodotadas de una ley ética y criaturas de instinto, y había sentenciado sumarísimamente a las segundas a no ser merecedoras de consideración ética alguna. En su ensayo titulado «Conjeturas sobre el comienzo de la historia humana», Kant califica de fase crucial en el progreso humano aquella en la que la razón humana elevó «al hombre completamente por encima de la sociedad animal». Los humanos se dieron cuenta entonces de que eran «el verdadero *fin de* la naturaleza». En ese momento, su relación con los animales se transformó: el ser humano «dejó de considerarlos sus compañeros de creación y ellos pasaron a ser medios e instrumentos que usar a voluntad para la consecución de cualesquiera fines que él se propusiera».[16]

No obstante, y de forma un tanto sorprendente, Kant prohíbe el trato cruel a los animales, aunque, eso sí, no porque estos sean fines en sí mismos, sino por una razón muy distinta. Desde un punto de vista muy característico del siglo XVIII, Kant sostiene que la crueldad con los animales vuelve más insensibles a las personas y aumenta la propensión de estas a ser crueles también con sus congéneres humanos. Un famoso ejemplo de ese enfoque es la serie de grabados del artista William Hogarth titulada *Las cuatro etapas de la crueldad* (1751). En ellos vemos que, cuando todavía es un niño, Tom Nero comienza torturando a un perro; luego, de adulto, pasa a apalear a un caballo, y, a partir de ahí, a robar y a asesinar brutalmente a una mujer. Una última ilustración nos enseña cómo unos estudiantes de medicina diseccionan el cuerpo de Nero tras haber sido ajusticiado en la horca. Refiriéndose a esos grabados, Kant escribió en sus *Lecciones de ética* que resultaban «muy instructivos para los niños».[17]

Kant creía que esas leyes psicológicas bastaban para invalidar la crueldad, categoría en la que, a su juicio, entraban muchos de los actos también prohibidos por Bentham, como la caza y la pesca recreativas y otros deportes como el hostigamiento de osos y las peleas de gallos. Kant opinaba que sí podemos matar (y cabe suponer que también comer) animales, pero que debemos hacerlo de forma indolora para ellos. Podemos usar animales como fuerza de trabajo, pero sin fatigarlos de manera desmedida. Y no debemos realizar experimentos médicos con animales por «mera especulación» si existen otras vías de averiguar lo que queremos saber. También criticó la práctica de matar a los animales cuando ya son demasiado viejos para seguir resultándonos útiles.[18] En un sentido más general, defendió que los animales inspiran en nosotros múltiples sentimientos, como la compasión, la gratitud y el cariño, que son útiles y deberían fomentarse... pero solo porque nos ayudan a comportarnos bien con otros seres humanos.[19] Nada de esto, no obstante, es por el bien de los propios animales. En el fondo, lo que viene a defender Kant es su uso como medios para el autodesarrollo moral humano. Son unas obligaciones que tenemos no para con los animales, sino para con nosotros mismos.

Como bien argumenta Korsgaard, la posición de Kant a ese respecto es inestable. Él quería que viéramos a los animales como seres similares a nosotros en muchos sentidos, y que sintiéramos por ellos toda una gama de sentimientos genuinos: abogaba, en definitiva, por que los quisiéramos y no solo por que los tratáramos «como si» les tuviéramos afecto. Pero, en ese caso, si queremos a los animales, ¿no querremos tratarlos bien por ellos mismos y no en interés de nuestra propia mejora como personas? Tal como dice Korsgaard en ese sentido, «hay sin duda cierta tensión mal resuelta entre querer a una criatura por sí misma y ver ese cariño como un modo de "preservar una disposición natural que es muy útil a la moral en nuestras relaciones con otras personas"».[20]

Korsgaard está convencida de que una kantiana como ella puede —y debe— hacerlo mejor.

PRIMERA APROXIMACIÓN KANTIANA DE KORSGAARD A LOS DERECHOS DE LOS ANIMALES

Para Korsgaard (como para Kant), los humanos somos las únicas criaturas que pueden ser «obligadas» a algo y que «tienen» deberes, todo ello en virtud de nuestra posesión de la capacidad para la reflexión y la elección éticas. Ahora bien, Korsgaard entiende que ese hecho no implica que seamos las únicas criaturas que podamos ser «objetos» de esos deberes o, lo que es lo mismo, a las que se deban obligaciones. Kant presupuso que esas dos maneras en las que algo puede ser un fin en sí mismo apuntaban a una misma clase de seres: la totalidad de los seres humanos y nada más que los seres humanos. Korsgaard señala, sin embargo, que un ser puede ser un fin en sí mismo en el primer sentido —un gato, por ejemplo, puede ser una criatura a la que estemos obligados a tratar con respeto—, aun cuando carezca de la facultad de autoimponerse leyes éticas, algo que ella considera crucial para ser un fin en sí mismo en el segundo sentido, el de la capacidad de autolegislación ética.[21]

La concepción de la naturaleza animal que maneja Korsgaard no es kantiana, sino aristotélica (como la que también yo manejo en este libro): ella ve a los animales —incluidos los seres humanos en cuanto a su naturaleza como tales— como unos sistemas autosustentados que persiguen un bien y que tienen importancia para sí mismos. Explica muy bien también por qué podemos considerar inteligentes a los animales en ese sentido, pues, al poseer un sentido del yo y una imagen de su propio bien, tienen también unos intereses cuya satisfacción es importante para ellos. Los seres humanos también somos así, argumenta, y si somos sinceros con nosotros mismos, veremos que nuestras vidas no difieren en ese sentido de las de los otros animales. No obstante, a su entender, continúa existiendo una división: los humanos poseemos una parte adicional separada, la parte que se encarga de la reflexión y la elección éticas. Así pues, en la práctica, su enfoque y el mío no coinciden, como veremos más adelante: yo creo que todas nuestras capacidades forman parte de nuestra naturaleza animal.

Cuando un ser humano elige y «legisla», lo hace —según Kant y Korsgaard— en virtud de una capacidad moral que ningún otro animal posee. Eso no significa, en cualquier caso, que toda legislación humana sea «para» regular la voluntad autónoma ni solamente «referida a» esta. De hecho, buena parte de la ética tiene que ver con los intereses y actividades característicos de las capacidades que Korsgaard piensa que corresponden a nuestra naturaleza animal: pensamos éticamente, sí, pero lo hacemos acerca de cómo satisfacer nuestras necesidades físicas, nuestros deseos y otros proyectos. Según Korsgaard, cuando elaboramos leyes para nosotros mismos con relación a la satisfacción (legítima) de nuestras necesidades y deseos humanos, resulta sencillamente incoherente (y malicioso) no incluir en el ámbito de esas leyes a los otros seres —como los gatos, los perros y toda clase de otros compañeros nuestros del reino animal— que se nos parecen en cuanto a tener tales necesidades y deseos. De igual modo que una máxima no puede superar la prueba de Kant si su aplicación da como consecuencia un trato especial a un grupo de humanos, o a un solo individuo humano, y omite a otros que están en situación similar, tampoco puede superar realmente ese test —según lo reinterpreta Korsgaard— si separa la parte animal de la vida humana de las vidas animales de quienes son compañeros nuestros del mismo reino de la naturaleza. Una mujer está obligada a tomar medidas para proteger su salud física, por ejemplo. Sin embargo, actuará de forma incoherente si no las toma para proteger también la salud de su gato, su perro u otros animales que tengan proyectos animales similares al suyo.

En su concepción de nuestros deberes para con los animales, Korsgaard combina dos elementos que, según parece, todo enfoque adecuado debería conjugar, pues tiene una parte kantiana y otra aristotélica. Viene a decirnos que debemos tratar a los animales como fines en sí mismos (entiéndase como seres cuyos fines importan por sí mismos) y no como meros instrumentos de los fines humanos. Pero también concibe las vidas de los animales —incluidas las nuestras— como unos ricos sistemas autosustentados que implican variedades complejas de inteligencia. Hasta aquí, todo bastante correcto, aun cuando esa división entre naturaleza animal y naturaleza racional pueda ser un tanto preocupante.

De todos modos, me he guardado hasta el final una parte de la concepción de Korsgaard que ocupa un lugar central en su enfoque. Los humanos, insiste ella, somos los creadores del valor. El valor no es una entidad que existe en el mundo y que nosotros descubrimos o vemos, sino que nace como un producto de nuestras voluntades autónomas. Nuestros fines no son buenos en sí; solo lo son en relación con nuestros propios intereses. Entendemos que nuestro interés por algo «le confiere una especie de valor», lo hace merecedor de nuestra elección. Eso significa, a su vez, que estamos atribuyéndonos una especie de valor a nosotros mismos, y en ello se incluye no solo nuestra naturaleza racional, sino también la animal. Los animales importan por su parentesco con (la naturaleza animal de) una criatura que importa, y esa criatura importa porque se ha atribuido un valor a sí misma.

A mí este razonamiento me resulta sencillamente demasiado indirecto. Lo que parece maravilloso de una vida animal —la vida de un gato, por poner un ejemplo— es su propia búsqueda activa de la consecución de unos fines; de ahí que nuestra admiración y asombro ante una vida así sea totalmente diferente de nuestra reacción ante la visión del Gran Cañón o del océano Pacífico: es una respuesta al valor o la dignidad de un ser activo que se está esforzando por conseguir su bien. Y como seres sintientes activos que son y que actúan precisamente en pos de la consecución de un sistema de objetivos, los animales pueden ver obstaculizado ese conato suyo por mor de la intervención humana. Esta cualidad —es decir, su agencia activa y conativa— nos da a entender que los animales no son solo objetos dignos de admiración, sino también de justicia, una idea que desarrollaré más a fondo en los capítulos 5 y 6.

La admiración ya de por sí nos sugiere que los animales tienen una importancia directa, por ellos mismos, y no por lo parecidos que sean a nosotros. La admiración dirige nuestra atención hacia fuera, hacia el gato, y no hacia dentro, hacia nosotros mismos. Korsgaard no llega exactamente al extremo de hacer que el valor de los animales derive del de los seres humanos. Viene a decirnos, más bien, que, cuando nos atribuimos valor a nosotros mismos, lo estamos atribuyendo a los miembros de una especie perteneciente a un género, y que, por lo tanto, es un ejercicio de mala fe que, una vez que hemos llegado hasta ahí, neguemos a los miembros de las demás especies de ese género —en cuanto similares entre sí— la posesión de ese mismo valor orientador de la acción. Sin embargo, no deja de parecer una ruta extrañamente indirecta para la valoración de los animales. Viene a decirnos que solo en la medida en que nosotros mismos poseemos una naturaleza animal similar y conferimos un valor a dicha naturaleza, estamos obligados por coherencia a atribuir valor a las vidas de los animales. De haber tenido una naturaleza muy distinta —la de un androide, por ejemplo—, no tendríamos motivo para valorarlas. Así que, siguiendo este punto de la lógica de Korsgaard tal como yo la entiendo, los seres racionales no animales reconocidos por Kant (los ángeles o Dios) no tendrían razón alguna para valorar las vidas de los animales.

Pero esto parece un error. Los animales importan por lo que son (ellos), no por lo emparentados que estén (con nosotros). Incluso aunque no existiera tal parentesco, seguirían importando por lo que son, y su conato sería merecedor de nuestro apoyo. Por decirlo de otro modo, para Korsgaard, el hecho de que los animales importen no deja de ser, en el fondo, un accidente, un fruto de la casualidad de que ellos y nosotros seamos muy parecidos. Sin embargo, yo creo que el valor de las vidas de los animales debe originarse en esas mismas vidas en sí. En el mundo, hay muchas variedades de valor y cada una de esas clases diferenciadas es valiosa por la clase que es, no por su similitud con la nuestra.[22]

Korsgaard, en definitiva, evita caer en la mayoría de los errores característicos del enfoque del «fuerte parecido con nosotros», pero, al final, se ciñe a una versión de este: el valor de los animales deriva de su similitud con la humanidad.

Esa es mi primera objeción a las tesis de Korsgaard. Pasemos ahora a la escisión entre lo racional y lo animal. Korsgaard presenta un argumento muy convincente para que reconozcamos en los animales toda una gama de tipos de consciencia; defiende que incluso aquellos que no superan la prueba del espejo tienen un punto de vista subjetivo del mundo, así como fines que son importantes para ellos. Todo esto parece más que correcto. De hecho, hasta cierto punto, el enfoque de Korsgaard no traza esa línea de separación radical entre lo humano y lo animal que cabría esperar de una perspectiva kantiana como la suya. Los fines propios del conejo, nos dice ella, son los únicos relevantes para ese animal. Aun así, al final, la autora termina dibujando una línea divisoria demasiado drástica.

Y es que Korsgaard sostiene que los seres humanos somos los únicos animales verdaderamente morales, los únicos que poseemos una capacidad plenamente desarrollada para tomar cierta distancia con nuestros fines, evaluarlos y valorar si los adoptamos o no. Ahora bien, según ella, también los niños y las personas con discapacidades mentales son seres racionales en el sentido ético; su única diferencia es que no pueden razonar todo lo bien que razonamos los demás. El problema es que, en cuanto Korsgaard da ese salto, no veo cómo puede no hacer extensiva (al menos) una parte de esa racionalidad ética a muchos otros animales, cuando no a una mayoría de ellos. Como ese es un problema que persiste a lo largo de su libro, le dedicaré una crítica más completa y desarrollada en mi siguiente sección, en la que sostengo que nuestra naturaleza moral forma parte en realidad de nuestra naturaleza animal, y no es algo separado de ella.

En resumen, Korsgaard ha estirado a Kant hasta el límite para ofrecernos su muy sensible y atractiva versión conciliadora de las visiones kantiana y aristotélica, pero lo cierto es que difícilmente podemos reconocer que nuestras capacidades morales son en sí mismas capacidades animales —es decir, que forman parte integral de una naturaleza animal— sin apartarnos más radicalmente aún de Kant. En el capítulo 2, he señalado que toda concepción que no reconozca ese hecho nos hace correr un grave peligro ético, pues existe el riesgo de caer en la autoexclusión y el autodesprecio (ligado a menudo al menosprecio de las mujeres, de las personas con discapacidades o de cualquier cosa que nos recuerde demasiado vivamente el lado animal que hay en nosotros). Aunque Korsgaard esquiva sagazmente ese peligro allí donde ve que se manifiesta, no acaba de librarse del todo de él, pues este sigue acechando en la idea misma de que, por el hecho de ser morales, estamos de algún modo por encima del mundo de la naturaleza.

FELLOW CREATURES: UN DESARROLLO MÁS COMPLETO DEL ENFOQUE KANTIANO

Fellow Creatures es un libro notable que contiene argumentos elocuentes sobre la mayoría de las cuestiones importantes para los amantes de los animales. Y plantea un emocionante desafío para aquellos que, aun sin serlo, gustan de seguir un argumento razonado hasta sus últimas conclusiones lógicas. Aquí me centraré solamente en su línea argumental principal y plantearé algunas críticas. Sin embargo, en el capítulo 5, donde expongo con detalle mi propio enfoque, tomaré directamente un argumento sobre la ley y la fundamentación de derechos que Korsgaard desarrolla en otros dos artículos separados del libro.

Korsgaard no presupone que sus lectores estén familiarizados con los detalles de sus conferencias previas, así que, simplemente, desarrolla su enfoque sin señalar aquellos aspectos en los que este ha evolucionado desde sus planteamientos anteriores. Depende, pues, del lector desentrañar esos cambios, y dado que muchas de esas diferencias son sutiles, las describiré con la máxima cautela.

Korsgaard desarrolla mucho más a fondo en ese libro lo que yo he llamado la vertiente aristotélica de su enfoque y la convierte en una base mucho más fundamental de sus argumentos. Todos los animales, humanos y no humanos, reitera ella, son sistemas funcionales que se esfuerzan por alcanzar un bien suyo propio, intrínseco a su forma de vida. Todos los animales están hechos de materiales frágiles, pero no dejan de reponerse ni tampoco de tratar de reproducir su especie. Y todos los animales son seres perceptivos dotados de la capacidad de representarse el mundo para sí mismos. Además, su percepción es evaluativa, en el sentido de que, al percibir algunas cosas como buenas para ellos y otras como dañinas, tienden a sentirse atraídos por las unas y a rehuir las otras. Todo esto, afirma, no es solo un detalle descriptivo de los animales, sino que forma parte del concepto mismo de lo que significa ser un animal (en contraste con lo que significa ser una piedra, un dios inmortal o incluso una planta).

Todos los animales, pues, quieren conseguir —y atribuyen valor a— los fines a los que aspiran. Un conejo valora la comida, estar a resguardo del peligro y disponer de las oportunidades reproductivas propias de su forma de vida. Los seres humanos tratamos erróneamente de ordenar los fines de las diferentes criaturas en una escala absoluta, diciendo que algunos fines a los que aspiran son más importantes que otros. (Korsgaard alude, de hecho, a la *scala naturae* y a otros enfoques parecidos.) Pero esa no es una postura coherente, pues todo valor, toda importancia, es importante «para» alguien. No existe un lugar imparcial desde el que podamos preguntarnos congruentemente qué criaturas son más importantes, sino que todo valor está «ligado» a algo. Para un conejo, los objetivos de los seres humanos carecen de toda importancia, pues lo único que importa se resume en su propio conjunto de objetivos y fines. Al morir, el conejo pierde la totalidad del mundo. He ahí algo que es necesariamente verdad: para una criatura que funciona de ese modo, la vida es un bien «para ella misma».

Todos los animales tienen también integradas en su forma de vida la muerte y la senescencia, pero no del mismo modo: no buscan ninguna de esas dos cosas; ninguna de ellas forma parte de su bien.[23]

Y si pensamos que somos las únicas criaturas que poseen consciencia (o un yo), nos equivocamos: todos los animales experimentan los efectos del mundo sobre su condición.[24] Todos los animales se ubican relacionalmente a sí mismos en el mundo. Y evidencian, además, diversas maneras de experimentarse a sí mismos en relación con el mundo, entre las que destacan el dolor y la percepción sensorial. Tener un yo o un «sujeto» animal propio no implica otra cosa más que esa consciencia y ese punto de vista subjetivo sobre el mundo.

Todo esto, señala Korsgaard, lo podemos entender desde la perspectiva de la empatía. El hecho de que rara vez usemos la empatía de ese modo y prefiramos concebir a los animales como bestias brutas carentes de sentimientos es un defecto de nuestra percepción ética, y un caso particular de un error moral más general en la vida humana. «Se trata de la eterna tentación, sobre todo, de quienes llevamos una vida de seguridad y privilegio a pensar que quienes no han tenido tanta fortuna como nosotros son también seres más simples a los que el infortunio seguramente no les importe tanto (o no tan intensamente) como nos importaría a nosotros si nos ocurriera lo mismo que a ellos.»[25]

Cuando perseguimos nuestros fines, nos tratamos a nosotros mismos como fines en sí: nos negamos a que se nos use como herramientas de los fines de otras personas. Pero eso es algo a lo que se niega también cualquier otro animal; de hecho, esa forma de valorar nuestros fines no es más que nuestra particular manera de ser el animal que somos.[26] Todos los animales atribuyen un valor absoluto a sus fines. Para Korsgaard, eso basta para llegar a la conclusión de que los animales son fines en sí mismos en el sentido kantiano de la expresión, de que poseen, cada uno de ellos, una dignidad y no solo un precio como propiedades. Tratar a los animales solamente como medios viola esa dignidad.[27] Tratar a un animal como un fin significa valorar lo que es bueno para él, por el bien de esa criatura, y no por nuestro bien ni por el bien de un supuesto valor absoluto y desvinculado.[28] Basta con que lo intentemos para que entendamos lo que es bueno para un conejo, y para que entendamos también que tratar a un conejo como un fin significa valorar ciertas cosas (la vida, la comida, la seguridad) para ese animal porque son importantes para él. Del mismo modo que el derecho de cada ser humano a perseguir sus propios fines está limitado por los derechos de todos los demás seres humanos, también nuestro derecho a perseguir nuestros fines está limitado (o debería estarlo) por nuestra comprensión empática del bien de otros animales. En definitiva, la condición de fines en sí mismos tiene la misma base justificativa fundamental en el caso de los animales que en el nuestro, pues es el fundamento último de toda moralidad, que no es otro que la naturaleza autoafirmadora de la vida en sí.[29] Y una razón adicional para mantener a los animales conceptualmente cerca de nosotros es que son buenos para nosotros: nos recuerdan «aquello tan esencial que compartimos con ellos, que no es otra cosa que el puro gozo y el puro terror de la existencia consciente».[30]

Todo esto parece irreprochablemente correcto. Además, poniendo el énfasis en esos postulados fácticos (aristotélicos), Korsgaard introduce una significativa mejora sobre el argumento que expuso en sus conferencias Tanner. Allí parecía decir que deberíamos valorar a los animales por nuestra propia percepción de que son como nosotros, algo que yo he cuestionado. Aquí, sin embargo, queda mucho más claro que la percepción de similitud entre nosotros y los otros animales solamente es heurística; nos ayuda a comprender qué clase de criaturas son, pero no es la base de lo que reclaman de nosotros. En realidad, lo que nos reclaman y lo que nosotros nos reclamamos unos a otros tiene exactamente la misma fuente. De esta nueva versión del enfoque de Korsgaard ya no cabe inferir que, si fuéramos diferentes, más parecidos a robots, no tendríamos razón alguna para preocuparnos por los demás animales. Ahora queda claro que nuestras razones morales seguirían siendo exactamente las mismas, pues, dado que los animales persiguen un bien y le atribuyen un valor, esa razón sola basta para que debamos tratarlos como fines en sí mismos. La única diferencia si fuéramos simples autómatas sería que nos costaría más tener una comprensión empática de las vidas de esas otras criaturas. Hasta aquí, pues, Korsgaard y yo coincidimos de pleno.

Donde surge una gran diferencia entre su enfoque y el mío, sin embargo, es en el punto en que ella insiste —tanto aquí como en las conferencias— en que todo valor es una creación humana y no algo que exista «ahí fuera», en el mundo, y que podamos descubrir como tal. Según ella, por lo tanto, cuando valoramos las vidas de los animales, lo hacemos porque «nosotros» conferimos un valor a esas vidas, igual que se lo conferimos a las nuestras. Los motivos de Korsgaard para opinar así son kantianos: nuestra razón tiene un alcance limitado y no nos faculta para hacer afirmaciones que vayan más allá de los confines de nuestra experiencia. Mi respuesta completa a su argumento en este punto se desarrolla en el capítulo 5. Pero, en resumen, viene a decir que esta controvertida posición metafísica no es necesaria para su conclusión sobre la valía de las vidas animales y, de hecho, resulta inapropiada si lo que estamos buscando es la creación de unos buenos principios políticos sobre los que puedan confluir personas con distintos puntos de vista religiosos y metafísicos. Si, como yo creo, ambas queremos deducir unos buenos principios políticos, debemos esforzarnos por construir un enfoque político y legal que pueda resultar aceptable en última instancia para personas con múltiples concepciones metafísicas y laicas diferentes sobre las fuentes últimas de valor. Y eso significa que no debemos tratar de justificar un enfoque ético totalmente comprehensivo con el que dejemos zanjadas todas las cuestiones de metafísica trascendental desde nuestro propio punto de vista. Me extenderé sobre ello más a fondo en el capítulo 5, cuando describa mi propio enfoque. Aunque Korsgaard no llega a aclarar si está creando una base de la que derivar unos principios políticos y unas leyes, podría deducirse que eso es precisamente lo que está haciendo, y que no se está limitando a dar forma a su propio enfoque ético-metafísico preferido, porque lo que quiere, en última instancia, es ayudar a crear buenas leyes. Si eso es así, no debería incluir elementos metafísicos divisivos e innecesarios para la defensa argumental de los derechos de los animales. Ese es uno de los grandes puntos de desacuerdo que mantengo con las tesis de Korsgaard y, para mí, constituye una objeción adicional a su proyecto, incluso bajo esta modificada versión más reciente del mismo.

INSTINTO, CULTURA, ELECCIÓN: CONTRA LA DICOTOMÍA KANTIANA

Yo tenía dos objeciones al primer enfoque presentado por Korsgaard sobre los derechos de los animales. Una de ellas —la de que valorase a los animales solo por la similitud casual de estos con nosotros— ha sido despachada por el sutil análisis que ha desarrollado en su libro *Fellow Creatures*. Sin embargo, la segunda objeción sigue en pie. En *Fellow Creatures*, Korsgaard continúa trazando una línea de separación radical entre los seres humanos y el resto de los animales en lo que se refiere al ámbito de la capacidad moral. Los animales, defiende, llegan a formarse una percepción subjetiva del mundo porque este se les aparece como un conjunto de objetos prácticamente ya interpretados de antemano: al animal, los objetos se le presentan como «cosas de las que huir», «cosas que perseguir», etcétera. Y es su instinto heredado el que establece esos deslindes. Los animales son muy inteligentes, y la inteligencia los faculta para aprender de la experiencia, lo que incrementa el alcance y el éxito de su instinto. Pero siguen estando ligados a este, y todas sus «elecciones» vienen dictadas de manera instintiva: no son realmente elegidas. Por esa razón, concluye ella, nunca pueden ser más que unos «ciudadanos pasivos», una expresión con la que Korsgaard parece dar entender que jamás podrán participar en esa reciprocidad ética que resulta imprescindible para tomar (elegir) buenas decisiones políticas. Nosotros podemos comprender su bien y tenerlo en cuenta, pero ellos no pueden modificar su visión de su propio bien, ni optar por abstenerse de realizar comportamientos inapropiados, ni participar en ningún tipo de diálogo sobre normas, que son justamente la clase de elementos que consideramos una parte esencial de la ciudadanía activa.

La racionalidad (moral) es otra cosa: es la capacidad de analizar los motivos de nuestras acciones, de «preguntarnos si las razones potenciales de nuestras creencias y acciones son buenas, y ajustar esas creencias y acciones a las respuestas que obtengamos».[31] La inteligencia mira hacia fuera, hacia el mundo y sus conexiones. La racionalidad, por el contrario, mira hacia dentro, hacia el funcionamiento de nuestra mente, y se hace preguntas normativas sobre las conexiones que encuentra.[32] Esta capacidad para el autogobierno normativo, insiste Korsgaard, es algo de lo que los otros animales están desprovistos por completo. Su acción instintiva no siempre es mecánica y puede ser flexible, pero está regida por la percepción teleológica. Los humanos, sin embargo, contrastamos y evaluamos nuestras razones. Al ver que nuestros actos tienen su fuente en nosotros mismos, nos autoevaluamos. Nuestra propia concepción de nosotros mismos es normativa o evaluativa.[33]

Korsgaard admite que en las vidas de los animales parecen existir también algunas emociones autoevaluativas, como el orgullo y la vergüenza, pero ella las considera sucedáneos, imitaciones de las emociones reales que no llegan a serlo del todo, y se niega a reconocer que otros animales puedan evaluarse a sí mismos (si bien admite que esta sería una cuestión puramente empírica).[34] También encuentra otras dos diferencias. Los humanos, asegura, conciben su especie y sus vidas como algo encuadrado dentro del marco amplio del género humano.[35] Y las personas podemos preguntarnos cómo ve el mundo otro yo, otro centro de subjetividad, ya sea este de nuestra misma especie o de otra.[36] Ningún otro animal, recalca, puede hacer eso: los animales siempre ven el mundo desde el punto de vista de sus propios intereses.

Una vez más, donde Korsgaard aprecia una drástica división binaria, yo creo que lo que encontramos más bien es un continuo. Cuando un perro salva heroicamente a un niño que se está ahogando, o cuando las madres elefantas arriesgan la vida (y hasta la pierden, a veces) tratando de salvar a una cría que se ha apartado de la manada y camina perdida por una vía férrea,[37] o cuando los licaones (unos perros salvajes sudafricanos) reparten la carne que cazan entre los canes incapacitados que no pueden seguir el ritmo de la manada,[38] están realizando actos de altruismo y tratando a otras criaturas como fines en sí, algo para lo que, normalmente, tienen que inhibir sus propios deseos egoístas.[39] Hoy son ya muy conocidos los múltiples tipos de comportamiento altruista de los chimpancés, los gorilas y los bonobos, gracias, sobre todo, al trabajo pionero de Frans de Waal.[40] Y pocas personas que convivan con algún perro podrán negar la intensidad con la que reaccionan al malestar de sus compañeros humanos, ni su disposición a asumir riesgos personales para acudir en ayuda de una persona o, en ocasiones, de otro animal.

No cabe duda de que esas conductas tienen su base en el instinto, pero creo que deberíamos hacer dos aclaraciones a ese respecto. En primer lugar, nuestro propio comportamiento moral también está fundado sobre instintos acumulados en nuestro acervo evolutivo: la tendencia heredada a ayudar a otros ha contribuido a la supervivencia y el florecimiento humanos. En segundo lugar, tanto los humanos como otros animales necesitan enseñanza (y aprendizaje) para desarrollar sus instintos de un modo apropiado. Este elemento cultural lo vemos claramente en la conducta de los animales cuando convivimos con ellos: los perros que no han sido correctamente entrenados se comportan de forma anárquica, e incluso son animales a los que se puede adiestrar para que se vuelvan peligrosamente agresivos (como ocurre cuando a unos perros potencialmente tan cariñosos y cooperativos como los pitbulls se les enseña a atacar). Los canes que están bien enseñados interiorizan normas pertinentes para su conducta.

Lo mismo ocurre con muchos animales salvajes. Los científicos ya han observado que, cuando las comunidades de elefantes son arrasadas por la caza furtiva, las crías tienden a la anarquía y a desarrollar unos comportamientos que podríamos calificar de patológicos tras quedar desprovistas de un grupo maternal que las eduque, lo que no deja de ser un resultado previsible de la ausencia de cariño y de una enseñanza apropiada. Esto mismo se observa también, por desgracia, en otras especies; por ejemplo, en las orcas a las que arrebatan de su grupo para llevárselas a parques temáticos marinos a actuar ante el público humano (véase el capítulo 10). Y ahora sabemos que los primates que han sufrido abusos de pequeños se convierten en abusadores, igual que ocurre con los humanos. El primatólogo Dario Maestripieri realizó experimentos con macacos rhesus intercambiando las progenitoras de unas crías: por ejemplo, a una mona madre abusadora le dieron el hijo de otra (que lo había cuidado bien hasta entonces) para que lo criara ella, y a la buena madre le dieron el hijo de la abusadora. Pues bien, dichos experimentos mostraron de forma concluyente que esa conducta es consecuencia del entorno, no de los genes: la madre abusadora convierte a su hijo adoptado en un abusador, mientras que la madre no abusadora cría a un hijo que, al final, termina por no serlo tampoco.[41]

La medida en que los comportamientos animales están determinados por la cultura más que por el instinto difiere según las especies y es mucho lo que todavía tenemos que aprender al respecto. Pero la cultura se está demostrando más influyente de lo que antes creíamos y de forma más o menos generalizada. Gracias a un examen especialmente riguroso del dilema «genes-cultura» en un numeroso grupo de mamíferos, los biólogos Hal Whitehead y Luke Rendell han demostrado de forma concluyente que muchos aspectos de la vida de las ballenas y los delfines se establecen a partir de la enseñanza y el aprendizaje en el seno de un grupo, y no han surgido por puro instinto.[42] Otro excelente estudio empírico de ese dilema es el de Carl Safina, *Aprender a ser salvajes: Cómo las culturas animales crían familias, crean belleza y consiguen la paz*.[43] Safina no es un investigador, pero tiene un profundo conocimiento de las investigaciones relevantes y acompaña a los estudiosos del tema durante sus trabajos sobre el terreno. En su libro, analiza los casos de tres especies (los cachalotes, los guacamayos y los chimpancés) y pone de manifiesto el enorme papel que el aprendizaje social tiene en las tres. En todas ellas, se observan mecanismos sociales que inculcan normas apropiadas a los miembros jóvenes y, de ese modo, desarrollan los instintos heredados por genética en una dirección que favorece el bienestar grupal e individual. ¿Y acaso no es eso mismo lo que todos los buenos padres se esfuerzan por conseguir?

¿Quiénes nos creemos que somos?, sería la pregunta que, por lógica, cabría hacerse a continuación. No somos ángeles ni extraterrestres llegados del planeta de la racionalidad especial. Somos, en parte, criaturas de instintos y, como tales, también nosotros necesitamos aprender a inhibir los comportamientos inapropiados y a interiorizar los prosociales. Cuando eso no sucede, vemos excesos y narcisismo de muchas clases. Así que la diferencia —si es que hay alguna— parece ser de grado, más que de tipo. Pocos humanos son kantianos perfectos; de hecho, ahí radicaba el sentido de una ética tan aspiracional como la de Kant. La enseñanza social humana presenta una elevada variabilidad y genera grandes dosis de disfunción en nuestras sociedades. Como la propia Korsgaard reconoce en una réplica a De Waal, cuando las cosas salen mal, pueden salir muy muy mal: los seres humanos somos capaces de distorsiones y perversidades desconocidas en el resto del mundo animal.[44]

A veces, los animales nos dan lecciones de ética, sobre todo al evidenciar una gran capacidad para el amor y la dedicación incondicionales allí donde el amor humano aparece tantas veces corrompido por el egoísmo. Son muchos los casos de ese tipo que podemos encontrar en la vida real, pero el que mencionaré ahora está tomado de la ficción, aunque de una ficción basada en unas muy realistas observaciones de su escritor: me refiero al amor que el perro Rollo sentía por Effi en la trágica novela de Theodor Fontane *Effi Briest* (1895). Effi, casada por sus padres a los dieciséis años con un hombre ya entrado en la cuarentena (un señor respetable, aunque también muy serio y solemne), privada de diversión y amistades, tiene una aventura a la que pone fin enseguida, convencida de que su matrimonio puede mejorar. Y, de hecho, mejora con el nacimiento de un hijo y la decisión de su marido de mudarse con su familia a Berlín para darle a Effi un poco más de esa diversión y de esa amistad que ella ansía. Sin embargo, tras ocho años de vida feliz, el marido encuentra pruebas de la aventura que su esposa había tenido tiempo atrás. Aunque la ama y la ha perdonado en el fondo de su corazón, se siente obligado por los códigos sociales a repudiarla y a batirse en duelo con el antiguo amante (al que mata). Los padres de Effi también se sienten obligados a repudiarla. En los días finales de su vida, mientras nuestra desdichada protagonista se va apagando hasta morir, solo Rollo, un perro terranova, se preocupa por ella e incluso sacrifica comida y placer a tal efecto. Y únicamente él la llora junto a su tumba. El padre de Effi le dice entonces a la madre de la fallecida que tal vez los animales sepan algo importante que los humanos desconocen, y la novela concluye dejando esa pregunta en el aire. Rollo no llegó a aprender nunca todo ese conjunto de convenciones sociales represivas que colgaron a Effi el sambenito de «mujer deshonrada». Lo que sí conocía bien era el amor, algo que Fontane, agudo observador de los animales, menciona explícitamente con frecuencia en su obra.

Sobre si los animales carecen de la capacidad de ver el mundo desde el punto de vista de otro u otros como afirma Korsgaard, la realidad es que esa capacidad de pensamiento perspectivo es propia de múltiples especies, incluidos los perros, muchos primates, los elefantes, los delfines, muchas aves y, muy probablemente, muchas más, como veremos en el capítulo 6. La primatóloga Barbara Smuts describió hace un tiempo cómo su compañera canina, Safi, estaba tan acostumbrada a los estados de ánimo de la propia Barbara que logró percibir la grave depresión en la que esta estaba sumiéndose antes incluso de que ella misma fuera consciente de lo que le ocurría. La preocupación de Safi le mostró a Barbara que tenía un problema al que debía buscar solución. No se trata de un fenómeno inusual cuando las personas tratan a los animales con respeto y cercanía.[45] Además, el hecho de que no entendamos los lenguajes en los que otros animales comunican sus pensamientos (véase el capítulo 6) no debería inducirnos a pensar que no tienen tales pensamientos. Puede que algún día mejore nuestra comprensión de esos sistemas comunicativos, pero, mientras tanto, deberíamos usar la empatía (como la propia Korsgaard sugiere que hagamos) y tratar de imaginar cómo puede estar percibiendo el mundo ese animal al que estamos intentando entender.

Korsgaard afirma también que no hay otros animales capaces de verse a sí mismos como miembros de una especie y que esa es otra seria limitación ética por su parte. Pues bien, la primera pregunta que cabría hacerse al respecto es si una aguda conciencia de pertenencia a la especie humana y la tendencia a definirse a uno mismo en función del destino de la «humanidad» son un defecto o una virtud. Yo me inclino más por pensar que es lo primero, pues es un modo demasiado habitual de cortar lazos de solidaridad con otros seres sintientes. Creo que estaría bien que los seres humanos nos imagináramos a nosotros mismos en un proyecto compartido de convivencia con otras especies basado en la justicia y la generosidad. Pero es que, además, ni siquiera ese sentido de pertenencia a una especie es exclusivo de los seres humanos. Los elefantes se apenan al ver restos óseos de congéneres suyos, incluso aunque esos huesos no estén conectados con su manada. Y lo más probable es que, a medida que aumente nuestro conocimiento sobre el tema, vayamos descubriendo otros muchos ejemplos semejantes.

¿Qué significa todo esto a efectos del tipo de ciudadanía que los animales pueden ejercer? Para empezar, deberíamos reconocer que todos los animales tienen unas demandas que hay que tener en cuenta. Nos dan señales de lo que requieren para su florecimiento si prestamos la atención suficiente para descifrarlas. Para mí, eso por sí solo ya es lo bastante importante para que concibamos a los animales como ciudadanos activos, en vez de «pasivos». Pero, además, la mayoría de los animales hacen gala de cierta capacidad de aprendizaje para conformar su comportamiento a unas normas, y esa aptitud es crucial para crear una sociedad multiespecies compartida. La importancia de esto último para la elaboración de unas leyes y reglas comunes variará de forma considerable según las especies y es algo de lo que hablaré con mayor detalle en los capítulos que dedico a los animales salvajes y a los de compañía. Desde luego, no podemos esperar que los animales participen directamente en procedimientos parlamentarios, ni que redacten leyes, ni que voten, ni que interpongan demandas judiciales, etcétera. Quien crea que estas cosas forman el núcleo central de la ciudadanía obviamente dudará de que los animales puedan ser ciudadanos activos. Pero yo pienso que esa es una concepción demasiado estrecha; a mi entender, el corazón de la ciudadanía es el hecho de participar de algún modo en la configuración de las condiciones que rigen nuestra existencia compartida sobre la faz de este planeta, y los animales son perfectamente capaces de algo así, aunque necesiten de representantes humanos que redacten los textos legales, presenten acciones judiciales, etcétera, en su nombre.

El proyecto filosófico de Kant trata de elevar a la humanidad por encima del reino animal. Nos sitúa a la par con los ángeles o, mejor dicho, nos representa como si fuéramos una especie de ángeles caídos. En modo alguno habría aceptado Kant la idea de que nuestras capacidades morales son parte intrínseca de nuestra naturaleza animal, de que, por buenos y profundos que podamos llegar a ser en ocasiones, no nos cabe gloria mayor ni menor que la de ser un tipo singular de animal. Korsgaard se encuentra en una posición incómoda, pues no puede coincidir con la premisa de Kant de que el resto de las criaturas no son fines en sí, valiosas como tales, pero tampoco puede renunciar a la idea kantiana de que nuestras propias capacidades tienen algo realmente único (y excepcionalmente maravilloso) que las separa del resto de la naturaleza, aunque no se sitúen por encima de esta. Ahora bien, su postura no sería tan incómoda si simplemente dijera: esta es la forma de vida humana, distinta hasta cierto punto de todas las demás, pero todas las vidas son maravillosas a su particular y único modo. Es evidente, sin embargo, que ella quiere atribuir un papel más amplio y especial a la racionalidad moral humana y, en ese aspecto, se mantiene fiel a su kantismo, y ello pese a que no sería necesario que defendiera esas proposiciones para construir su argumento a favor de los derechos de los animales, y también pese a que tales tesis confunden a los lectores y la acercan peligrosamente a los enfoques que rechacé en el capítulo 2.

Yo creo que la manera correcta de avanzar es valorar esas capacidades nuestras por lo que son: un tipo maravilloso y especial de naturaleza animal, uno más entre los múltiples tipos maravillosos de naturalezas animales, todas ellas diferentes en un sinfín de sentidos. Y en vez de ver la moralidad como algo que nos sitúa en un plano aparte del resto de las criaturas con las que compartimos el reino animal, deberíamos entenderla como un hilo que nos conecta con ellas. Ser conscientes de ese aspecto común debería servir para profundizar nuestra curiosidad y activar nuestro conocimiento.

El enfoque de Korsgaard y el mío guardan muchas similitudes, y su perspectiva permite cimentar un amplio interés ético y político por los otros animales. Sus conclusiones prácticas encajan con las mías en la mayoría de los aspectos. Y en el capítulo siguiente, veremos que mi «enfoque de las capacidades» puede asumir perfectamente toda una parte del enfoque kantiano; me refiero, en concreto, a su atractiva argumentación de la base de los derechos de los animales y de la función de la ley.

Este es un enfoque que puede resultar muy atractivo para aquellos lectores que sigan sintiéndose más apegados a la idea del carácter especial (que no «superior», algo que Korsgaard rechaza de plano) del ser humano de lo que yo lo estoy. Representa un gran avance con respecto al enfoque del «fuerte parecido con nosotros» e incluso con respecto al utilitarista (aunque tal vez no sea superior a la versión de este defendida por Mill). Pero el lector que se sienta tentado a adscribirse a la perspectiva de Korsgaard debería recordar su gran inconveniente, que no es otro que las amplias (y diría que innecesarias) proposiciones metafísicas que incorpora su autora. Ese es un punto de discrepancia que mantengo con las tesis de Korsgaard al que ya me he referido y que desarrollaré más a fondo al exponer mi propio enfoque. Si quienes lean el capítulo 5 coinciden conmigo en que tales tesis son inadecuadas para la fundamentación y construcción de unos principios políticos compartidos, encontrarán sin duda un motivo adicional para rechazar el enfoque de Korsgaard.

Los argumentos kantianos de Korsgaard nos han permitido ilustrar el concepto del respeto a la dignidad de las otras criaturas individuales, un postulado que se echaba tristemente en falta en el utilitarismo. Ese es un punto en el que las personas interesadas por los animales podemos aprender mucho de Kant. Ahora bien, yo considero que Korsgaard todavía escinde a los animales humanos del resto del mundo natural y lo hace de un modo ciertamente innecesario para la mayor parte de su proyecto ético-político. Ella y yo podemos converger en la aceptación de la trascendental conclusión de que los animales son fines en sí. Y creo que, para la construcción de unos principios políticos bien fundamentados, Korsgaard podría poner menos énfasis en sus afirmaciones sobre el carácter especial de la moralidad humana. Si así fuera, llegaríamos a coincidir casi por completo. Pero va siendo hora de que presente y analice el enfoque de las capacidades.

Capítulo 5

EL ENFOQUE DE LAS CAPACIDADES

Las formas de vida y el respeto a las criaturas que las viven

¿Qué son realmente capaces de hacer y de ser las personas? Esta pregunta tan básica es el punto de partida de mi propia perspectiva: el enfoque de las capacidades (EC).

El argumento central de este enfoque es que una sociedad solo puede considerarse aceptablemente justa si garantiza a cada ciudadano individual un umbral mínimo de cada una de las «capacidades centrales» de una determinada lista, definidas como «libertades sustantivas», u oportunidades de elección y acción en ámbitos de la vida que las personas en general tienen motivos para valorar especialmente. Las capacidades son elementos esenciales en la vida de los individuos a los que estos tienen derecho (son lo que en inglés se conoce como *entitlements*), y, como tales, conforman algo muy parecido a una lista de derechos (*rights*) fundamentales. Pero el enfoque de las capacidades pone el énfasis en que el objetivo no consiste simplemente en plasmar un conjunto de palabras grandilocuentes en un papel, sino en conseguir que las personas sean verdaderamente capaces de seleccionar la actividad en cuestión si quieren realizarla. Así pues, pone el acento en el «empoderamiento material» en mayor medida de lo que lo hacen muchos enfoques basados en derechos. Ahora bien, como los enfoques basados en derechos en general, deja abiertos espacios para la libertad individual: alguien que pueda disfrutar de todas las oportunidades o derechos básicos especificados en la lista de las capacidades no tiene por qué ejercerlos, aunque la elección de actuar (o no) para hacerlos efectivos seguirá siendo suya.

Aunque el EC es una teoría de la justicia política y emplea un lenguaje teórico, está centrado en aproximarse a los esfuerzos reales de las personas y concibe a los ciudadanos como seres conativos activos que aspiran a tener una vida floreciente diseñada por ellos mismos.

En esencia, pues, el EC consiste en dar a unas criaturas conativas la oportunidad de florecer. Para el teórico de las capacidades, tal oportunidad significa algo más que evitar el dolor: supone tener en cuenta una lista de oportunidades positivas como las que encontraremos más adelante en la «lista de capacidades» del EC, como son la capacidad de gozar de buena salud, la de proteger la integridad física propia, la de desarrollar (y disfrutar de) el uso de los sentidos y la imaginación propios, la de jugar y sentir placer, la de tener relaciones con otras especies y con el mundo de la naturaleza, y la de controlar (en ciertos aspectos clave) el propio entorno. Este énfasis en el florecimiento y en una amplia variedad de oportunidades clave es lo que lo convierte en una base muy adecuada para una teoría de la justicia animal, y no solo de la justicia humana.

En esta teoría —como en la kantiana de Korsgaard—, se considera que cada criatura animal posee una dignidad que la ley y la política deben respetar tratando a ese individuo como un fin en sí, y no solo como un medio. Sin embargo, a diferencia de lo que veíamos que ocurre con la teoría de Korsgaard, el EC no destaca las aptitudes morales humanas como factores más cruciales para la decisión política que otros aspectos de la vida animal, y, de hecho, concibe todas las aptitudes humanas como partes de la provisión física con la que venimos dotados como el animal mortal y vulnerable que somos y que merece un trato justo en la vida... como todos los animales sintientes. (En el capítulo 6, se aborda la cuestión clave de qué es la sintiencia y qué animales la poseen.)

Este capítulo pretende desarrollar ese breve resumen y mostrar cómo puede hacerse extensivo el EC a las cuestiones relacionadas con la justicia en la vida de los animales.[1] Intentaré convencerlos aquí de que es un enfoque que llega más lejos que sus rivales a la hora de abordar la diversidad y la complejidad del mundo animal y que procura una sólida base ética para la política y el derecho en el ámbito de la justicia para los animales. Como se trata de un enfoque que ya se había desarrollado antes referido al mundo de la vida humana —tanto como herramienta teórica para la economía del desarrollo como, sobre todo, como base para una teoría de la justicia y los derechos constitucionales mínimos exigibles—, comenzaré precisamente por esos orígenes humanos antes de mostrar qué puede ofrecernos cuando pensamos en la justicia para todos los animales sintientes y cómo se debería reformular para adecuarlo a ese objetivo.

EL ENFOQUE DE LAS CAPACIDADES EN EL MUNDO HUMANO

Llevo muchos años colaborando con un grupo internacional de economistas y filósofos dedicados a la labor de perfeccionar y promover el EC.[2] Su arquitecto original es el nobel de economía y filósofo Amartya Sen, un ciudadano indio que vive y enseña en Estados Unidos. Yo empecé a colaborar con Sen en 1985 y, desde entonces, el enfoque pasó a tomar un rumbo ligeramente diferente.[3] Una organización internacional, la Asociación de Desarrollo Humano y Capacidades,[4] fundada en 2004, reúne a académicos y responsables políticos de todo el mundo que se dedican a ahondar en las diversas versiones del enfoque a través de encuentros anuales, seminarios y una revista. Mantenemos numerosas diferencias y debates; las ideas de Sen, por ejemplo, son sutilmente distintas de las mías. En esta sección, presentaré el enfoque en sus términos generales para, a continuación, centrarme en mi propia versión.

La economía trata sobre la vida de las personas, y la economía del desarrollo se centra supuestamente en la mejora de esas vidas. Eso es lo que la palabra «desarrollo» significa en este contexto. Pero, durante muchos años, los enfoques dominantes en las políticas derivadas de la economía del desarrollo fueron bastante obtusos en términos propiamente humanos. Medían el éxito de una nación o una región en función de su producto interior bruto per cápita sin analizar más a fondo hasta qué punto ese crecimiento mejoraba o no realmente la vida de las personas individuales en ciertos ámbitos de importancia humana fundamental. En 1990, en el primero de los Informes sobre Desarrollo Humano del Programa de las Naciones Unidas para el Desarrollo (PNUD), el ya desaparecido economista paquistaní Mahbub ul Haq escribió: «La riqueza real de una nación es su gente. Y el propósito del desarrollo es crear un entorno habilitador para que la gente disfrute de unas vidas largas, saludables y creativas. Esta verdad tan simple a la par que poderosa se suele olvidar con demasiada frecuencia en el ardor de la búsqueda de la riqueza material y financiera».[5]

¿Qué tiene de malo medir el progreso de una nación según el promedio resultante de dividir su PIB total por su población? Obviamente, a igualdad de otros factores, es positivo que un país crezca. Pero esa cifra es una media. No nos dice nada acerca de la distribución de la riqueza y puede ocultar grandes desigualdades de oportunidades vitales básicas entre individuos o entre grupos. Cada persona no tiene más vida que la suya propia, y difícilmente va a consolar a nadie que lleve una vida llena de privaciones e impedimentos el saber que a su nación (o región) le está yendo muy bien en promedio. En todo el mundo, los seres humanos —como los demás animales— se esfuerzan por vivir (y por vivir bien) y aspiran a llevar vidas que estén a la altura de su dignidad humana innata. Cada uno es un individuo que debería ser considerado como un fin en sí mismo; a ninguno se le debería tratar solamente como un medio para los fines de otros. (Aquí el EC converge con Kant.)

El enfoque centrado en el PIB también pasa por alto la pluralidad y la heterogeneidad cualitativa de las diferentes partes de una vida humana. Salud, integridad física, educación, acceso a la participación política, tiempo para el ocio, relaciones de respeto y no humillación: todos estos (y otros) elementos de la vida son importantes, y contar con una mayor cantidad de alguno de ellos no compensa la ausencia de otros. Las personas aspiran a llevar una vida que sea plural y diversa, y los gobiernos deben prestar atención a los diferentes fines que esas personas valoran con toda la razón y que no se pueden reducir a un solo indicador numérico. El crecimiento mejora en ocasiones todas esas cosas tan importantes, pero no lo hace siempre ni, menos aún, por igual.

Otro enfoque económico del desarrollo que está un nivel más arriba en cuanto a su adecuación a ese objetivo es el que se basa en el utilitarismo económico. El utilitarismo económico convencional aspira a maximizar la satisfacción de las preferencias de las personas (medidas, por lo general, en forma de satisfacción media, más que total). Pero este enfoque presenta cuatro defectos cuando lo comparamos con las aspiraciones reales de las personas. Son defectos que podemos enunciar aquí de forma breve, pues ya los hemos tratado en el capítulo 3.

En primer lugar, como ocurre con el enfoque del PIB, se trata de un promedio, por lo que ignora las desigualdades distributivas. De ahí que pueda otorgar puntuaciones elevadas a países que toleran distribuciones enormemente desiguales.

En segundo lugar, peca —de nuevo, como el enfoque del PIB— de pasar por alto la pluralidad de actividades que los individuos se afanan por llevar a cabo, pues las trata a todas como meras fuentes de un estado homogéneo de satisfacción.

En tercer lugar, el enfoque utilitarista tiene una forma más de enmascarar la desigualdad. Bajo condiciones de privación, las personas tienden a formarse «preferencias adaptativas», ajustadas a los bajos niveles a los que creen que pueden aspirar (véase el capítulo 3). Esta perniciosa dinámica puede hacer que se sientan satisfechas con su subordinación en cuanto esta se vuelve habitual; de ahí que el enfoque utilitarista pueda ser fiel aliado de un *statu quo* injusto. Este problema resulta particularmente agudo cuando a las mujeres se las cría de tal modo que se les hace creer que la educación superior o la participación política no son «para» ellas. A partir de ahí, aun a pesar de haber sido aisladas de cosas como esas, ellas pueden declararse satisfechas con su situación. A veces, como bien han mostrado las investigaciones de Sen, pueden manifestar su satisfacción incluso con la situación sanitaria y alimentaria deficiente que están sufriendo, convencidas de que ellas son más débiles por naturaleza y de que están haciendo lo que se supone correcto «para una mujer».[6]

Por último, lo que el cálculo utilitario está valorando en última instancia es un «estado» de placer o satisfacción, pero no las actividades que lo producen. Como ya hemos visto, esta devaluación de las actividades (que supo captar Robert Nozick con su experimento mental de la «máquina de experiencias», como ya vimos en el capítulo 3) degrada erróneamente el valor que el hecho mismo de hacer algo tiene para las personas. La máquina de experiencias es segura y suprime el factor suerte; la actividad humana, por el contrario, está llena de giros de la fortuna y de posibilidades de frustración. Pero las personas quieren hacer, esforzarse, aspirar... Su satisfacción —cuando la alcanzan— es el resultado de una actividad propia. Hay políticas del desarrollo cortas de miras que se ponen por objetivo conseguir que la gente se sienta bien en vez de empoderarla. Son políticas que, por lo general, no respetan lo suficiente a las personas pobres, pues las tratan únicamente como recipientes de satisfacción, en vez de como seres humanos plenos que tratan de forma activa de conformar sus vidas.

En el burocratizado mundo de las políticas de desarrollo humano, nunca viene mal centrarse en los casos de personas reales que luchan por florecer y preguntarles qué están intentando ser y hacer, y qué está obstaculizando su florecimiento. En un trabajo anterior, destaqué el caso de una mujer pobre, Vasanti, a quien conocí en 1998 en la sede de la Asociación de Mujeres Autoempleadas (SEWA, por sus siglas en inglés) en Ahmedabad, en el estado noroccidental indio de Guyarat. Vasanti, una víctima de violencia doméstica, había dejado a su marido y había vuelto con su familia de nacimiento, y se ganaba unos pequeños ingresos, que no le daban para mucho, cosiendo. Dormía en el suelo de lo que antes era el taller de su padre. Fue entonces cuando recibió la ayuda de la SEWA, aprendió a leer, se animó a participar en política y, gracias a un préstamo, adquirió una máquina de coser mejor que la que tenía y pudo incrementar sus ingresos.

Los defensores del enfoque actualmente dominante en el ámbito de las políticas del desarrollo dirían que a Vasanti le está yendo muy bien porque Guyarat es un estado rico, con un PIB per cápita relativamente alto. Pero, por muy vistoso que sea, ¿qué significa ese promedio del PIB para alguien como Vasanti? No parece que sea algo que haya alcanzado a su vida ni haya resuelto sus problemas. En algún lugar de Guyarat, ha habido un aumento de la riqueza derivado de la inversión extranjera, pero no en casa de Vasanti. A ella, que le digan que el PIB per cápita ha subido de forma considerable es como si le dijeran que en algún lugar de Guyarat hay una pintura espectacularmente hermosa... que ella nunca podrá contemplar; o una mesa puesta con deliciosos manjares... que ella no podrá comer. Y si le estaba yendo mejor cuando la conocí, no era gracias al Gobierno de Guyarat, sino al trabajo de la SEWA, una organización no gubernamental.

En *Tiempos difíciles*, novela de 1854, Charles Dickens, perspicaz crítico de la economía del desarrollo en su tiempo, nos mostraba el aula de un colegio donde se enseñaba el enfoque dominante del desarrollo económico, basado en el crecimiento, que todavía es el dominante hoy en día. A Sissy Jupe, una alumna que acababa de incorporarse a la clase, pues venía de una familia de artistas circenses, le pidieron que se imaginara que la clase era un país, y que en el país había «cincuenta millones en dinero». Entonces, el maestro le dijo: «Niña número veinte» (ya que, siendo fieles a ese énfasis en la agregación, los alumnos y las alumnas tenían números en vez de nombres), «¿no es este país una nación próspera y no estás tú prosperando entonces?». Sissy rompió a llorar en ese momento y salió corriendo del aula. Luego le contó a su amiga Louisa Gradgrind que no podía responder a aquella pregunta, «sin saber quién tenía el dinero ni si había recibido parte de él. A ella no le habían dicho nada de eso, y esa información no aparecía en las cifras».[7]

Dickens tenía razón: lo que necesitamos en las políticas del desarrollo es un enfoque que se haga la pregunta que se hacía Sissy Jupe, un enfoque que defina el éxito en términos de las oportunidades de cada persona y que considere a cada individuo como un fin en sí mismo. Pero cualquier enfoque que se proponga algo así tendrá que partir desde lo más cerca posible de la realidad sobre el terreno y fijarse en los relatos de las vidas de personas de verdad y en el significado humano que para ellas pueden tener los cambios introducidos en las políticas. Desarrollar políticas que sean verdaderamente relevantes para una amplia gama de situaciones humanas significa estudiar muchas historias como la de Vasanti en paralelo a los datos económicos, legales y científicos, para adquirir así una bien entrenada sensibilidad a los factores diversos que afectan a la calidad de una vida humana, preguntándose, en cada área: «¿Qué son realmente capaces de hacer y de ser las personas (y qué es realmente capaz de hacer y de ser cada persona individual)?».

El enfoque de las capacidades se hace esa misma pregunta tan básica (y tan práctica) y le da respuesta. La palabra «capacidad» no significa en este sentido «habilidad». Significa una libertad real, sustantiva, o una oportunidad para optar por actuar (si así se elige hacerlo) en un ámbito de la vida considerado valioso. Por entrar un poco más en precisiones terminológicas, distinguiré entre tres tipos de capacidades presentes en mi teoría. Las primeras son las «capacidades básicas», esa dotación innata de las personas que las habilita para perseguir sus fines. Las segundas son las «capacidades internas», y estas sí que son como las habilidades: rasgos entrenados y desarrollados (algo para lo que, normalmente, se requiere del concurso de la familia y de la sociedad), y que, cuando se dan las circunstancias propicias, facultan ya para actuar. Saber leer es una capacidad interna.[8] Ahora bien, las circunstancias no son siempre las propicias y, de hecho, muchas personas tienen la aptitud interna para expresar su opinión sobre temas importantes, pero no son capaces de expresarla por miedo a la represión política. La mayoría de las personas son capaces de tener unas creencias y una actividad religiosas, pero en todo el mundo son muchas las que no pueden ejercer su religión. Así que el tercer tipo de capacidades (y el más importante de los tres) es el de las que yo llamo «capacidades combinadas», que no son otra cosa que la suma de las capacidades internas y las circunstancias apropiadas para la libre elección individual real de la actividad asociada a cada una de esas capacidades.

En el EC (humano), cada persona individual es un fin en sí, lo que significa que el objetivo de las políticas debería ser proteger y potenciar las capacidades de todos y cada uno de los individuos, sin tratar a ninguno de ellos solamente como un medio para los fines de otros. El enfoque es una teoría general, pero siempre receptivo a (y dependiente de) historias como la de Vasanti, es decir, a las vidas y las aspiraciones de las personas reales. Cuando se agregan los datos (pues, en cualquier teoría del desarrollo, hay que agregarlos de algún modo, aun cuando esa agregación siempre corra el riesgo de usar a los individuos como medios para algún fin deseado, pero ajeno a ellos), se presta especial atención a la situación de quienes están peor, pues la prioridad es que estos alcancen un nivel mínimo adecuado. Cada capacidad se trata por separado de las demás y no se usa como un medio para materializar ninguna de las otras. (En definitiva, pues, el objetivo no es maximizar el «volumen» total de capacidades de las personas.) A un individuo le puede ir bien en lo relativo a una capacidad, pero mal en lo referente a otras. Pero todas son relevantes por lo que respecta a la justicia. Tampoco es un objetivo de este enfoque maximizar cada una de las capacidades, sino que lo que se propone, más bien, es que las personas superen un umbral (alto, aunque también razonable) para todas y cada una de las capacidades de la lista.

A menudo podemos encontrar algunos puntos particularmente buenos para la intervención en este terreno: capacidades cuyo desarrollo comporta consecuencias fructíferas para el desarrollo de otras capacidades. Un buen responsable político se centrará primero en aquellas si lo que quiere es aumentar el nivel general de capacidad de las personas. En *Disadvantage*,[9] un excelente libro de Jonathan Wolff y Avner de-Shalit, se las llama «funcionamientos fértiles».[10] La educación, por ejemplo, suele ser un potenciador multiusos de la capacidad, pues favorece las oportunidades ocupacionales, la participación política, la buena salud, el amor propio y otras muchas bondades. La situación negativa correlativa a aquella es lo que Wolff y De-Shalit llaman «desventaja corrosiva»: una ausencia de capacidad que extiende sus efectos a otros ámbitos de la vida. En el caso de Vasanti, la violencia doméstica era una desventaja corrosiva. Perjudicaba su integridad física, su salud y su ecuanimidad emocional; estos perjuicios dificultaban a su vez sus opciones laborales, su participación política y sus conexiones con otras personas. Estos conceptos tienen un gran valor también a la hora de pensar en las vidas de los animales, y volveré sobre ellos en breve. De momento, podemos hacernos ya una idea de cuánta información necesitan los usuarios de este enfoque para hacerse las preguntas correctas, así como las recomendaciones pertinentes en el terreno de la legislación y las políticas.

En resumen, el EC es una teoría normativa del desarrollo —es decir, una teoría dirigida a mostrar cómo mejorar las cosas— centrada en la proximidad con las aspiraciones de las personas reales y con los obstáculos que frustran esas aspiraciones, y que concibe a las personas como seres activos que buscan tener una vida floreciente creada por ellos mismos.

DE LOS *RANKINGS* COMPARATIVOS A UN MAPA DE LA JUSTICIA BÁSICA

La finalidad inicial del EC era servir de plantilla con la que comparar un país o región con otros, pero una plantilla que fuese cercana a la realidad de las personas en vez de insensible a sus problemas. Ya cuando se comenzó a usar para los Informes sobre Desarrollo Humano, seleccionaba unas oportunidades determinadas por la relevancia que se les atribuía en las vidas de las personas. Desde un principio, se puso el énfasis en la educación y en la salud, por ejemplo, y los escritos de Sen han recalcado una y otra vez la importancia de las libertades de expresión y prensa. Pero, al principio, no había una verdadera lista de los objetivos más importantes. Y lo cierto es que no hubo realmente necesidad de contar con una mientras el enfoque se usó con un propósito meramente comparativo.

Ahora bien, desde el momento en que comenzamos a preguntarnos qué es lo que una sociedad aceptablemente justa debería procurar a todos sus miembros, necesitamos precisar un contenido, una serie de proposiciones o principios que, aun formulados desde la humildad y la flexibilidad, puedan consagrarse en la Constitución de un país (si tiene un texto constitucional escrito) o puedan expresarse por otras vías legales (si no lo tiene). ¿Qué tiene derecho a exigir cada persona por una cuestión de justicia mínima básica?

Mi formulación de esta plantilla de derechos fundamentales tiene la forma de una lista de capacidades centrales, que, según el lenguaje de la teoría antes comentado, son capacidades combinadas.[11]

Las capacidades centrales

1. *Vida.* Poder vivir hasta el término de una vida humana de una duración normal; no morir de forma prematura o antes de que la propia vida se vea tan mermada que no merezca la pena vivirla.
2. *Salud física.* Poder mantener una buena salud, incluida la salud reproductiva; recibir una alimentación adecuada; disponer de un lugar apropiado para vivir.
3. *Integridad física.* Poder desplazarse libremente de un lugar a otro; estar protegidos de los ataques violentos, incluidas las agresiones sexuales y la violencia doméstica; disponer de oportunidades para la satisfacción sexual y para la elección en cuestiones reproductivas.
4. *Sentidos, imaginación y pensamiento.* Poder utilizar los sentidos, la imaginación, el pensamiento y el razonamiento, y hacerlo de un modo «verdaderamente humano», un modo formado y cultivado por una educación adecuada que incluya (aunque ni mucho menos esté limitada a) la alfabetización y la formación matemática y científica básica. Poder usar la imaginación y el pensamiento para la experimentación y la producción de obras y actos religiosos, literarios, musicales o de índole parecida, según la propia elección. Poder usar la propia mente en condiciones protegidas por las garantías de libertad de expresión política y artística, y por la libertad de práctica religiosa. Poder disfrutar de experiencias placenteras y evitar el dolor no beneficioso.
5. *Emociones.* Poder sentir apego por cosas y personas externas a nosotros mismos; poder amar a quienes nos aman y se preocupan por nosotros, y sentir duelo por su ausencia; en general, poder amar, apenarse, sentir añoranza, gratitud e indignación justificada. Que no se malogre nuestro desarrollo emocional por culpa del miedo y la ansiedad. (Defender esta capacidad significa defender a su vez ciertas

formas de asociación humana que pueden demostrarse cruciales en el desarrollo de aquella.)

6. *Razón práctica.* Poder formarse una concepción del bien y reflexionar críticamente acerca de la planificación de la propia vida. (Esta capacidad entraña la protección de la libertad de conciencia y de observancia religiosa.)
7. *Afiliación.*
   a. Poder vivir con y para los demás, reconocer y mostrar interés por otros seres humanos, participar en formas diversas de interacción social; ser capaces de imaginar la situación del otro. (Proteger esta capacidad implica proteger instituciones que constituyen y nutren tales formas de afiliación, así como proteger la libertad de reunión y de expresión política.)
   b. Disponer de las bases sociales necesarias para que no sintamos humillación y sí respeto por nosotros mismos; que se nos trate como seres dignos de igual valía que los demás. Esto supone introducir disposiciones que combatan la discriminación por razón de raza, sexo, orientación sexual, etnia, casta, religión u origen nacional.
8. *Otras especies.* Poder vivir una relación próxima y respetuosa con los animales, las plantas y el mundo natural.
9. *Juego.* Poder reír, jugar y disfrutar de actividades recreativas.
10. *Control sobre el propio entorno.*
   a. *Político.* Poder participar de forma efectiva en las decisiones políticas que gobiernan nuestra vida; tener derecho a la participación política y a la protección de la libertad de expresión y de asociación.
   b. *Material.* Poder poseer propiedades (tanto muebles como inmuebles) y ostentar derechos de propiedad en igualdad de condiciones con las demás personas; tener derecho a buscar trabajo en un plano de igualdad con los demás; estar protegidos legalmente frente a registros y detenciones que no cuenten con la debida autorización judicial. En el entorno laboral, ser capaces de trabajar como seres humanos, ejerciendo la razón práctica y manteniendo relaciones valiosas y positivas de reconocimiento mutuo con otros trabajadores.

En principio, esta lista puede concretarse con más detalle en función de las necesidades y la situación particular de cada nación, pues sirve más bien de patrón comparativo de ese mínimo de justicia que aspira realmente a fomentar, si no de inmediato, sí en un plazo de tiempo no demasiado dilatado. A tal fin, la Constitución del país debe prever un umbral para cada una de esas capacidades, ya sea en el propio texto escrito, ya sea mediante jurisprudencia de sus más altas instancias judiciales. Si el país en cuestión no proporciona a sus ciudadanos individuales un umbral aceptable de todas y cada una de esas capacidades, podemos afirmar entonces que no cumple con ese mínimo de justicia, por muy generosas que sean sus disposiciones en otros ámbitos. Como ocurre con todas las listas constitucionales de derechos fundamentales, aquí las capacidades se entienden cualitativamente diferenciadas unas de otras y no sustituibles entre sí. Por lo tanto, si alguien se queja de que no se está respetando su libertad de expresión, no vale responderle diciendo: «Sí, pero ¡mira qué buen sistema educativo te proporcionamos!». (Algunos países se defienden con argumentos de esta índole, que no dejan de ser excusas baratas para perpetuar un régimen de tiranía.)

¿Por qué es esta una lista de capacidades y no de funciones reales? Pues porque de lo que se trata es de facultar a las personas para actuar. A partir de ahí, todos somos diferentes en cuanto a nuestras elecciones concretas. Habrá quienes no quieran hacer efectivas para sí mismos todas las oportunidades que figuran en la lista. Algunas personas no tienen interés alguno por la religión y no practican actividades religiosas, e incluso se opondrían frontalmente a una Constitución que obligara a todos a seguir un culto o confesión determinados. Pero a lo que probablemente no plantearán objeción alguna es a la «oportunidad» en sí de practicar la religión, porque es una que otras muchas personas sí desearán aprovechar. Habrá también quienes no quieran disponer de tiempo de ocio y prefieran ser unos adictos al trabajo. No querrán, desde luego, que nadie les obligue a estar de brazos cruzados, sin hacer nada, pero no tendrán reparo alguno en que se reconozca que para la mayoría de las personas el tiempo libre es algo valioso. Hacer que la lista sea de capacidades significa respetar la heterogeneidad de las opciones vitales por las que se inclinan las personas y la libertad de estas de elegir caminos distintos. (En según qué casos, como, por ejemplo, el de la educación obligatoria de los niños, sí podemos convertir la capacidad en un mandato de funcionamiento concreto, dada la inmadurez de las personas directamente concernidas y con vistas a que puedan madurar su futura libertad de elección.)

La capacidad número 8 de la lista reconoce la importancia que pueden tener los animales como participantes que son en múltiples relaciones con los seres humanos, pero eso no los convierte en fines en sí mismos. Este último era un paso que muchos integrantes del movimiento no estaban preparados para emprender en aquel momento, y aún hoy son pocos los dispuestos a dar los pasos que yo he dado ya. Así pues, la número 8 debería considerarse una medida todavía a medio camino que, aun así, suscitó un amplio consenso en el momento en que formulé inicialmente la lista (hace unos treinta años). Tenemos todavía mucho trecho por recorrer y ¡podemos y debemos mejorar!

Ahora bien, ¿cómo pueden medirse las capacidades? La dificultad de tal empresa es una de las razones por las que la economía del desarrollo ha tendido a preferir el inadecuado criterio del PIB per cápita, pues este al menos sí se puede calcular con facilidad. Pero es un error partir de lo que ya podemos medir para convertirlo en lo más importante. Debemos comenzar, más bien, definiendo cuáles son las cosas más importantes y, a partir de ahí, encontrar el modo de calibrarlas. Son muchos los libros y encuentros de la Asociación de Desarrollo Humano y Capacidades que se han dedicado a cuestiones relacionadas con la medición de cada capacidad. Y algunos países han hallado fórmulas para instaurar por ley ciertos indicadores aproximados para muchos de los ámbitos que parecen menos manejables en ese sentido. Pensemos en los casos de la libertad de expresión y la de religión. Hay una forma de evaluar la situación de esas dos libertades en un país que consiste en que nos fijemos en los recursos y cuestiones de inconstitucionalidad planteados sobre ellas y veamos cómo han funcionado las interpretaciones resultantes a lo largo de los años. En Estados Unidos, por ejemplo, la concepción concreta de esas libertades ha ido evolucionando caso a caso siguiendo una línea que ha ido definiendo progresivamente los contornos concretos de los respectivos derechos.

Una manera de entender lo que todas las capacidades que componen la lista tienen en común es que todas ellas parecen inherentes a la idea intuitiva que nos formamos de una vida que esté a la «altura de la dignidad humana». Lo que se presupone en esa lista es que todas las personas poseemos una dignidad inherente y queremos que esa dignidad se respete: la gente debería contar con lo necesario para llevar una vida apropiada a su dignidad. La idea misma de dignidad es ciertamente vaga, aunque guarda bastante similitud con que el ser o individuo en cuestión merezca ser tratado como un fin en sí, y no como un medio. No podemos atribuirle mayor contenido sin vincularla con una red de principios políticos. En cualquier caso, aquí, como en el movimiento internacional de los derechos humanos, es un concepto que resulta intuitivamente útil: cuando nos imaginamos a personas desprovistas de una determinada oportunidad, tenemos la sensación de que su dignidad ha sido vulnerada y de que las han usado como simples medios.[12] Este énfasis en la dignidad es un nexo de unión con el enfoque kantiano.[13] Pero también vincula la teoría con el utilitarismo matizado de Mill.

Para este enfoque, cada persona es un fin en sí misma, y eso lo enlaza con el liberalismo clásico, pero este tipo de liberalismo no es exclusivamente occidental: la dignidad inherente de cada persona individual está en la base de las constituciones india y sudafricana, por mencionar dos ejemplos. Estas dos naciones han incorporado la dignidad del individuo durante un proceso de derrocamiento de sendas tiranías injustas que degradaban a personas y a grupos. Ambas se dijeron: todos y cada uno de nosotros importamos y no queremos estar sometidos a nadie. Se trata de un enfoque antimonárquico y antiimperial que se opone, además, a las jerarquías de género y de raza.

Kant creía que solo los seres humanos poseían dignidad. Mill y yo (y Korsgaard) discrepamos de ese punto de vista: todos los animales sintientes tienen una dignidad propia y merecedora de respeto. No se los debería tratar como medios. Y la pregunta central a la que pretendo dar respuesta en este libro es, precisamente, la de qué es lo que ese principio exige de nuestras sociedades en los ámbitos del derecho y las políticas públicas.

A menudo, las personas pueden ser capaces de superar esos umbrales de capacidad gracias a sus propios esfuerzos, o a los de los grupos informales en los que están integradas, incluso aunque la nación o región en que viven poco o nada haya hecho para solucionar sus problemas en ese sentido. De hecho, los miembros de las élites por lo general pueden procurarse una atención sanitaria adecuada, o una buena educación, por ejemplo, aunque no haya ningún servicio público que proporcione una cosa ni la otra. Incluso a una mujer pobre como Vasanti le fue bastante bien porque tuvo la buena suerte de que una de las mejores ONG de mujeres del mundo estuviera ahí para ella, a la puerta de su casa. Pero, evidentemente, esto no basta para que podamos considerar justo un país o una región. En ambos ejemplos, la nación ha ignorado las necesidades de su población, y los miembros de la élite han podido satisfacer sus objetivos por simple buena suerte, al tiempo que otros miembros de la sociedad siguen sufriendo. Garantizar las capacidades para todos es una labor de los gobiernos, y mi lista —entendida como una especie de Constitución virtual— no deja de ser una enumeración de tareas fundamentales que corresponden a esos gobiernos. Puede que estos se valgan muchas veces de organizaciones privadas para lograr esos fines, pero la responsabilidad última descansa en ellos: si no consiguen que las personas a las que gobiernan superen el umbral, los culpables son ellos (los gobiernos y sus administraciones). Eso no significa que la gente deba siempre depender del Gobierno para resolver sus problemas, pues esto, a veces, resulta sencillamente imposible, porque o bien el Gobierno es corrupto, o bien es rematadamente ineficiente. Pero sí significa que la justicia así entendida depende de la existencia de una estructura política estable que sea capaz de procurar las mencionadas capacidades —durante el tiempo suficiente, al menos— a las personas que eligieron a los miembros de esa estructura y les otorgaron el poder.

EL «LIBERALISMO POLÍTICO»: UN IMPORTANTE CONDICIONANTE

Los principios políticos basados en la «lista de capacidades» forman parte del conjunto de principios políticos fundamentales de una nación. Ahora bien, los principios políticos deben atenerse a ciertas restricciones para ser adecuadamente respetuosos con la diversidad y la libertad humanas. En su trascendental libro *El liberalismo político*, John Rawls presentó un importante argumento con el que yo estoy plenamente de acuerdo y que he incorporado a mi enfoque de la justicia tanto para los animales como para los humanos.[14] Según Rawls, en condiciones de libertad, las personas se adhieren a una amplia variedad de «doctrinas comprehensivas» que les facilitan una serie de instrucciones normativas sobre cómo deben vivir. El catolicismo, el protestantismo, el marxismo, el utilitarismo o el budismo son solo unos pocos ejemplos —presentes en la mayoría de las sociedades— de doctrinas comprehensivas sobre valores. Cualquier doctrina que sea compatible con la idea básica de la justicia —es decir, según Rawls, con la proposición y la aceptación de unos términos equitativos de cooperación— debe ser considerada con respeto. Pero lo que no es respetuoso es imponer políticamente una doctrina general de lo que es la vida buena a personas que tienen sus propias ideas y no renuncian a ellas. Incluso cuando un régimen así no constriñe en su país la libertad de las personas que piensan diferente (por ejemplo, cuando una nación tiene una religión oficial, pero permite una amplia libertad de fe y práctica religiosa dentro de su territorio), ese régimen no deja de estar manifestando abiertamente que su propio punto de vista (en este caso religioso) es el mejor y, con ello, no deja de relegar los demás puntos de vista a una situación de subordinación. De todos modos, no hay conjunto de principios políticos que no tengan un contenido ético determinado. ¿Qué se puede hacer al respecto, entonces?

La solución al problema, según la recomendación de Rawls (que yo misma suscribo desde hace tiempo), consiste en proponer unos principios políticos que sean, en primer lugar, «de alcance limitado» —es decir, que no pretendan abarcar todos los ámbitos de interés humano (que no hagan referencia, por ejemplo, a la posibilidad de la vida después de la muerte)— y, en segundo lugar, «tenues», es decir, que se expresen en un lenguaje ético neutral, y no en el lenguaje metafísico de un grupo en detrimento de los demás. (De ahí, por ejemplo, que sea preferible el lenguaje ético de la dignidad humana a la idea de alma, muy cargada de connotaciones religiosas.)[15] Manejados con contención, los principios políticos pueden formar lo que Rawls denominó un «módulo» que todos los ciudadanos suscriptores de alguna de las diferentes doctrinas comprehensivas «razonables» (es decir, abiertas a la proposición y la aceptación de unos términos equitativos de cooperación) puedan acoplar a su doctrina propia, sea la que sea. El objetivo final sería que esos principios políticos se convirtieran en el objeto de un «consenso entrecruzado» entre los partidarios de todas esas doctrinas.[16] Es un proceso que puede llevar bastante tiempo, pero, en cualquier caso, los proponentes del EC deberían estar en disposición de esbozar un itinerario adecuado para que personas con puntos de vista diferentes puedan llegar finalmente a estar de acuerdo en esos principios fundamentales.

No todos los proponentes del EC aceptan este límite, así que es importante que quede claro que es un elemento central de mi propia perspectiva y no de todas las que se engloban bajo la idea general del EC. Desde mi punto de vista, sin dicha restricción, ningún enfoque político basado en el de las capacidades podría ser lo bastante respetuoso de la diferencia y la libertad humanas.

Llegados a este punto, puede entenderse mejor aquella objeción al enfoque de Korsgaard que dejé pendiente en el capítulo 4. Korsgaard no se posiciona a propósito de los argumentos de Rawls; no lo hace ni en un sentido ni en otro, lo que resulta extraño, pues es una estudiosa de Rawls y buena conocedora de su libro y de la importancia de este. Ella no menciona en ningún momento si aspira a que su propio enfoque sea un enfoque político, pero lo cierto es que tiene que serlo, pues ella quiere que de él se deriven unas consecuencias políticas y, además, defiende con elocuencia la tesis de que los animales poseen derechos que deben defenderse por ley. Y como tampoco refuta los muy convincentes argumentos de Rawls en contra del uso de una metafísica comprehensiva para la formulación de principios políticos, sería legítimo criticarla por fundamentar su enfoque en una doctrina metafísica controvertida (véase el capítulo 4).

Quien defienda una doctrina política basada en el EC está obligado a rechazar ciertos enfoques metafísicos: concretamente, aquellos que degradan a los animales y proclaman que la valía de las especies sigue un orden jerárquico acorde con la *scala naturae*. Ese tipo de tesis no podrían sumarse al «consenso entrecruzado» sin una previa modificación sustancial de sus postulados. (Obviamente, los valedores de tales tesis continuarían teniendo plena libertad para expresarlas, pero, dado que la Constitución de la nación sería contraria a ellas, no podrían impulsar sus propuestas mediante leyes o medidas aprobadas por mayoría simple en un Parlamento, sino que antes tendrían que reformar la Constitución.) De todos modos, no es necesario decidir entre el postulado de Korsgaard según el cual todo valor es endógeno a un punto de vista concreto y la posición en la que se defiende que todos los animales poseen un valor intrínseco (que es la que yo suscribo). Ambos puntos de vista son perfectamente compatibles con unos buenos principios políticos que protejan los derechos de los animales.[17]

Así pues, el EC es una doctrina política parcial (y no comprehensiva, ni comprehensivamente política). Como el de Mill, es un enfoque que aspira a una serie de fines plurales y diferenciados, considerados no solo buenos, sino también obligatorios para una sociedad que desee reclamarse justa (siquiera mínimamente). Y las actividades y las oportunidades para hacerlos efectivos son vistas como partes del objetivo, y no como medios para un estado final (la satisfacción, por ejemplo).

Dado que los fines de la sociedad son plurales, el EC deja margen para el conflicto. Y como esos fines son obligatorios y no solamente opcionales, cualesquiera compensaciones que se tengan que hacer entre unos y otros (sacrificando unos para favorecer otros) ante situaciones complicadas no solo serán infortunadas, sino, en muchos casos, trágicas, pues si obligan a que algunos ciudadanos queden por debajo del umbral mínimo de justicia, implicarán una grave vulneración de su dignidad. La sociedad debe prever esos posibles dilemas trágicos y trabajar de antemano para minimizar la posibilidad de que surjan. En el capítulo 8, trataré esa cuestión en un ámbito más proclive si cabe a que aparezcan tales dilemas: el de la justicia animal.

EL EC COMO BASE PARA LA JUSTICIA PARA LOS ANIMALES

Los seres humanos somos animales sintientes vulnerables; entre peligros y obstáculos varios, cada uno de nosotros se esfuerza por tener una vida buena. La justicia consiste en fomentar —mediante el uso de leyes que habiliten y que restrinjan según convenga— la oportunidad de florecimiento de cada uno de acuerdo con la elección propia de cada persona. Las personas son utilizadas a menudo como instrumentos, pero el EC sostiene que una nación solo puede ser mínimamente justa si cada uno de sus habitantes humanos es tratado como un fin en sí en unas determinadas áreas muy importantes de su vida, y ve así respetada su dignidad. A la hora de pensar en qué se debe incluir en esa lista de áreas, no he podido evitar imaginarme aquellas oportunidades que cabe esperar que valoremos un gran número de personas, y he recomendado que nos centremos en aquellas que parecen intuitivamente inherentes a la idea de una vida apropiada a la dignidad humana. Pero como los fines son las oportunidades, las personas con elecciones minoritarias también están protegidas en ámbitos de importancia central: de ahí que el libre ejercicio religioso proteja tanto a los católicos —una confesión numerosa— como a miembros de religiones más pequeñas, sin olvidar a los ateos y a las personas que sienten indiferencia ante la religión.

¿Acaso no sería apropiado también un enfoque así para las vidas de otros animales y por similares motivos? También ellos son criaturas sintientes vulnerables. También viven entre un abrumador (y cada vez mayor) cúmulo de peligros y obstáculos, muchos de ellos creados por nosotros. También poseen una dignidad inherente que inspira respeto y admiración. El hecho de que la dignidad de un delfín o de un elefante no sea exactamente la misma que la humana —o el hecho de que la dignidad de un elefante sea diferente de la de un delfín— no quiere decir que no sea igualmente dignidad, esa propiedad vagamente definida que, en esencia, significa que la criatura que la posee es merecedora de que se la trate como un fin en sí misma y no como un medio o un instrumento. Korsgaard tenía razón al argumentar que el hecho de que un animal persiga unos fines que él valora —el hecho de que sea un animal conativo, en definitiva— le da derecho a que se le trate como un fin y no como un medio, puesto que posee una dignidad y no solo un precio. Esa dignidad la apreciamos de forma intuitiva cuando vemos a los delfines nadar libres en el agua formando grupos sociales, orientándose por ecolocalización entre los obstáculos o saltando de pura alegría; o cuando vemos a una manada de elefantes cuidar de sus pequeños en comunidad y tratar de criarlos en un entorno protegido, pese a la abundante presencia de amenazas de origen humano. Nuestro sentido de la admiración es una facultad epistémica orientada a la dignidad, y nos dice que «esto es algo más que un bicho inmundo del que puedo servirme como me parezca; es un ser al que debemos tratar como un fin en sí mismo». ¿Por qué, pues, debemos creernos más importantes que ellos, más merecedores de la protección legal básica?

En breve, presentaré un argumento que justifica la idea de que los animales tienen derechos exigibles por ley, pero, de momento, voy a seguir exponiendo las ideas y elementos básicos del EC.

UNA FORMA DE VIDA CARACTERÍSTICA

Cada animal, como cada humano, tiene una forma de vida que entraña un conjunto de objetivos importantes que aspira a conseguir. De momento, imaginémonos esta forma de vida como un modo propio de cada especie; ya introduciré mayor complejidad en el argumento más adelante. Al hablar del EC aplicado a los seres humanos, nos hemos imaginado ciertos elementos que son específicamente importantes para las personas que se esfuerzan por vivir su vida; podemos hacer eso mismo para cada tipo de animal si aprendemos lo bastante sobre ellos y los examinamos con suficiente detalle. Cada animal es un sistema teleológico dirigido a un conjunto de fines buenos relacionados con la supervivencia, la reproducción y, en la mayoría de los casos, la interacción social. Ya hemos visto que lo que se defiende desde el EC en el caso humano es que nada debería frustrar esos esfuerzos y aspiraciones, y que (en coincidencia con Korsgaard) afirmar que nosotros somos más importantes que las demás formas de vida es arrogante, presuntuoso, infundado y sencillamente egoísta. Cada forma de vida es diferente, pero cada una de ellas es la correcta para cada tipo de ser particular. Si una urraca prospera, lo hará según la forma característica de la vida de esa especie de ave. Parecerse más a los humanos no sería bueno ni pertinente para una urraca. Los humanos nos parecemos a las urracas, a los delfines y a los elefantes en que aspiramos a sobrevivir y a florecer en un mundo mayormente hostil; ahora bien, diferimos de ellos en cuanto a la naturaleza específica de los bienes a los que aspiramos.

El EC consiste básicamente en dar a los seres conativos una oportunidad mínimamente aceptable de florecer. Esa es su perspectiva sobre el papel de la ley y el Gobierno. Los seres humanos tendrán que llevar la iniciativa creando leyes e instaurando las instituciones de gobierno, pero no existe razón alguna por la que las personas deban hacer esto solamente «por» y «para» otros humanos. Tampoco la hay para afirmar que solo importan algunas criaturas sintientes y no otras. Cada una es importante a su modo. El grado de parecido con los humanos carece de sentido desde el punto de vista de un caballo o una ballena. Tampoco le resulta útil a un abogado que, en aras de la justicia, esté buscando el modo mejor de ayudar a que las criaturas sintientes tengan una buena oportunidad de vivir unas vidas dignas como la que cada una de ellas busca vivir. (En el capítulo 6, argumentaré que la sintiencia —la aptitud para sentir y para tener una perspectiva subjetiva del mundo— es una base necesaria para ser un sujeto de justicia, y daré mi propia opinión sobre qué criaturas cuentan con esa capacidad.)

Tampoco veo que haya —como expuse en el capítulo 4 como crítica a Korsgaard— ningún buen motivo por el que solo los humanos debamos participar activamente en el proceso legislativo y de construcción de instituciones. Los animales no hablan el lenguaje humano, pero tienen una amplia diversidad de formas más o menos lingüísticas de comunicar su situación (como veremos más a fondo en el capítulo 6), y si las personas somos las que llevamos actualmente el timón político, debería ser responsabilidad nuestra atender a esas voces y averiguar cómo están los animales y qué obstáculos están encontrando. Esto ya lo hacemos con los seres humanos que tienen discapacidades que les impiden participar en la vida política del modo habitual: les asignamos tutores o «colaboradores»[18] a quienes esas personas expresan su situación y que se convierten en hábiles intérpretes de sus necesidades. Nunca deberíamos afirmar que los niños que aún no saben hablar son ciudadanos pasivos o que no participan en la vida política, pues se expresan activamente de múltiples maneras y nosotros tenemos la responsabilidad de traducirlas en las acciones políticas correspondientes. Además, la mayoría de los ciudadanos corrientes no conocen bien sus derechos legales y no podrían representarse a sí mismos en un juzgado ni realizar muchas de las otras tareas propias de la ciudadanía sin alguien que los representara. Y yo digo que eso mismo ocurre con los animales no humanos.

Llegados a este punto, debemos preguntarnos si la participación directa (sin representación) en la política es algo intrínsecamente valioso o si solo lo es en un sentido instrumental. Ese es un punto de debate entre los usuarios del EC. Personalmente, creo que su valor es instrumental: lo importante es la capacidad del individuo para influir, mediante su propia acción, en las condiciones que gobiernan su vida. Pero eso no significa que todos los ciudadanos humanos tengan que actuar personalmente ante los tribunales, u organizar proyectos políticos, o siquiera votar, siempre que haya alguien que represente sus demandas ante la justicia y los parlamentos, y vote en nombre de ellos (como yo misma he instado a que se haga en el caso de las personas con discapacidades cognitivas graves). Con los animales, no creo que la solución pase (ni deba pasar) por un voto por delegación para todos y cada uno de ellos en cada cita electoral. Eso derivaría enseguida en situaciones absurdas. Pienso, más bien, que se debería nombrar a unos «colaboradores» de los animales, debidamente cualificados, a los que se les encargaría la función de elaborar políticas en nombre de estos y de interponer demandas ante los tribunales contra disposiciones injustas. En los capítulos 9 y 10 daré numerosos ejemplos de cómo se puede hacer algo así.

A la hora de atender a las voces animales como cuasitutores e intérpretes, no nos centraremos únicamente en el placer y el dolor. Del mismo modo que, para valorar la situación de Vasanti, el EC no consideraba solamente si ella sentía dolor o placer (o cómo los sentía), sino también los tipos de actividad que tenían valor para ella, tampoco parece que la reductiva concepción benthamita del bien de los seres vivientes sea la correcta para las criaturas no humanas. No se puede negar la fuerza de este enfoque utilitarista en una situación como la actual, en la que los seres humanos causamos tanto dolor innecesario a las criaturas no humanas: la simple eliminación de ese tipo de sufrimiento sería ya un avance inmenso. Pero necesitamos trazar un mapa de nuestro objetivo; uno que se ajuste bien a la complejidad de las vidas de los animales. Evitar el dolor no es lo único que importa para los otros animales, como tampoco lo es para nosotros. Las relaciones sociales, el parentesco, la reproducción, la libertad de movimiento, el juego o el disfrute son todas cosas que nos importan a la mayoría de los animales, y a medida que vayamos adquiriendo un conocimiento más adecuado de cada forma de vida concreta, podremos ir completando mejor esa lista.

Para tener todos los elementos de juicio sobre la mesa, necesitamos escuchar muchos relatos de vidas animales contados por expertos que hayan vivido cerca de cada tipo de criatura concreto y que hayan estudiado a esos ejemplares durante periodos de tiempo prolongados (y que, por lo tanto, hayan observado sus objetivos compartidos, su diversidad interna y los problemas y obstáculos preponderantes en sus vidas). También tendríamos en cuenta las historias de animales de compañía que han sido víctimas de abusos o de desatención (como, por ejemplo, la de Lupa en la introducción de este libro). Estos relatos —que presentan múltiples puntos de similitud con el de Vasanti— nos proporcionan ideas sobre la forma en que la ley tiene que promover el florecimiento de los animales de compañía, tanto impidiendo la crueldad como fomentando su buena nutrición y, en general, plasmando unos modelos de reciprocidad, respeto y amistad. Tendríamos en cuenta las historias que cuentan los científicos que han convivido con animales salvajes acerca de aquellos con los que han trabajado, y acerca de los obstáculos que estos encuentran para su plena prosperidad, pues para nuestras fuentes buscaríamos tanto el conocimiento experto como la diversidad, y prestaríamos atención a cómo los diferentes expertos han puesto el acento en distintos aspectos. Esta labor, tan emocionante como urgente, es potencialmente interminable, pues siempre irán surgiendo nuevos conocimientos y también cambiarán los problemas y las circunstancias. Pero, a fin de cuentas, es lo mismo que podemos decir de nuestro estudio de la situación de los seres humanos en diferentes partes del mundo. Es, pues, una tarea prolongada, pero hace ya tiempo que venimos trabajando de este modo para el caso de los animales de compañía, un ámbito sobre el que se han celebrado múltiples audiencias públicas y en el que se ha tratado de crear una legislación más compasiva. Así que sabemos que se puede hacer.

Una Constitución virtual

En el caso humano, el EC nos proporciona una plantilla para el diseño constitucional. La lista tiene tanto un contenido como unos umbrales provisionales para cada uno de sus elementos. Una nación que aspire a alcanzar unos niveles mínimamente aceptables de justicia puede consultarla, y consultar también su entorno y su historia particulares, y elaborar su propia lista con versiones de cada una de las principales capacidades adaptadas a su especificidad local. Dos son los motivos por los que este enfoque choca actualmente con una barrera que impide su aplicación a los demás animales. En primer lugar, estos suelen moverse sin atender a fronteras nacionales, cuando no ocupan regiones de la atmósfera y del mar que no son propiedad de ningún país concreto; por lo tanto, una Constitución nacional no bastaría para proteger a las especies migratorias, por ejemplo. En segundo lugar, no existe aún una voluntad política suficiente en la mayoría de las naciones del mundo para aprobar tales protecciones en un futuro más o menos cercano.

Lo ideal sería que todas las naciones (tras escuchar atenta e inteligentemente las demandas de los animales y de quienes los representan, por ser estos últimos quienes más saben sobre ellos) acordaran una Constitución legalmente aplicable para las diversas especies animales, en la que constaran todas ellas, cada una con su propia lista de capacidades que proteger y todas garantizadas por encima de un nivel umbral mínimo justo. De ese modo, los animales estarían protegidos con independencia de dónde se encontrasen, igual que las ballenas están hoy amparadas (inadecuadamente todavía) en todo el mundo por la CBI (la Comisión Ballenera Internacional, de la que hablaremos en el capítulo 12). Esta Constitución se completaría a su vez con otras leyes nacionales y locales más específicas para los animales que viven dentro de una determinada jurisdicción de un Estado, y estarían diseñadas precisamente a medida de tales contextos concretos. Sabemos, no obstante, que los titubeantes pasos que ha dado la humanidad hacia un sistema de verdadera rendición de cuentas internacional por las injusticias de origen humano no han sido demasiado exitosos. Incluso en el caso de las víctimas humanas, nuestras mejores bazas continúan siendo las legislaciones de los países concretos. Si esto es así para el caso de las personas, más aún cabe esperar que esa sea también la vía prioritaria para los animales. Más adelante analizaré el papel de los tratados y las convenciones internacionales, pero, de momento (y en el futuro más o menos inmediato), los animales deberán ser protegidos por las legislaciones nacionales, regionales y locales. Eso no significa, en cualquier caso, que no sea útil contar con un mapa que nos marque un destino hacia el que apuntar a nivel internacional y que nos guíe hacia él.

En el momento presente, pues, el EC aspira a proporcionar una «Constitución virtual» en la que las naciones, las regiones y las administraciones locales puedan inspirarse para tratar de mejorar (o elaborar desde cero) sus propias leyes de protección animal. Yo tengo la esperanza de que, con el tiempo, esta Constitución virtual pueda convertirse en el objeto de un «consenso entrecruzado» político como el teorizado por Rawls, tanto dentro de cada país como más allá de las fronteras nacionales. Llevará tiempo y trabajo, pero también lo ha llevado (y lo sigue llevando) la labor de definir y proteger los derechos humanos. Además, esta flexibilidad a la hora de enfocar la tarea permite que los países que lo deseen puedan dar audaces pasos adelante sin tener que aguardar a que exista un consenso mundial. (Más adelante, presentaré un argumento jurídico relativo a la base de estos derechos de los animales.) El objetivo fundamental es que todos los animales tengan la oportunidad de llevar vidas compatibles con su dignidad y su conato dentro de unos umbrales razonables de protección.

Esta Constitución virtual, como la versión humana del EC, es política y no metafísica. Y dado que también tiene como objetivo concitar, con el paso del tiempo, un consenso entrecruzado entre todas las doctrinas comprehensivas valiosas y compatibles con unos términos equitativos de cooperación, no debe plantear postulados metafísicos controvertidos ni abarcar todas las cuestiones posibles. No otorgará un valor intrínseco a las capacidades animales, por ejemplo, pero tampoco prohibirá que se les atribuya tal valor. Yo espero que el apoyo a las capacidades animales pueda llegar desde muchas direcciones distintas: desde posiciones religiosas (como las de quienes creen en la superioridad humana por razones de credo y metafísicas, pero no por ello dejan de estar dispuestos a hacer extensivos unos términos equitativos de cooperación a los animales y a apoyar las capacidades de estos); o desde posiciones ecocéntricas (como las de quienes realmente creen que el principal foco de atención deberían ser los ecosistemas y no los individuos, pero que están dispuestos —políticamente hablando— a apoyar las capacidades animales como elemento crucial con el que ayudar al florecimiento de los propios ecosistemas); o desde posiciones budistas (como las de quienes niegan también una relevancia especial al individuo, pero no por ello dejan de recomendar un trato justo para las vidas animales); o desde posiciones como la de Korsgaard (que es escéptica en lo referente al valor intrínseco); o desde posiciones como la mía propia (que sí que considero —en el plano ético, aunque no en mi teoría política— que las vidas de los animales poseen un valor intrínseco).

Listas y vidas

Lo ideal sería que aprendiéramos lo suficiente para elaborar una lista separada para cada tipo de criatura y que introdujéramos en ella las cosas que más importan en lo relativo a la supervivencia y la prosperidad de esa especie. Quienes harían esas listas serían, en realidad, los propios animales, que no dejan de expresar sus más hondas preocupaciones o inquietudes mientras intentan vivir sus vidas. Las personas a las que podemos encargar la labor de registrar esas voces no oídas de los animales serán aquellas que hayan convivido durante años con un determinado tipo de animal, y que lo hayan hecho desde el cariño y la sensibilidad, como, por ejemplo, Barbara Smuts con los babuinos, Joyce Poole y Cynthia Moss con los elefantes, Luke Rendell y Hal Whitehead con las ballenas, Peter Godfrey-Smith con los pulpos, Frans de Waal con los chimpancés y los bonobos, o Janet Mann y Thomas White con los delfines. Lo ideal sería que hubiera un grupo de personas así para cada especie, porque los individuos somos falibles. Estos «colaboradores» e intérpretes deberían conocer a animales individuales representativos de la máxima variedad posible de su especie de referencia, y deberían ser capaces de relatar muchas historias como las de los animales individuales mencionados en la introducción de este libro: historias en las que figuraran tanto los obstáculos a los que se enfrenta cada criatura como las intervenciones que podrían ser de más ayuda.

Un ejemplo destacable de lo que podría ser una base para una lista de ese tipo es el «etograma de los elefantes» recientemente confeccionado por Joyce Poole y sus colaboradores para el caso del elefante africano de sabana. Esta asombrosa base de datos incorpora todos nuestros conocimientos hasta la fecha sobre la forma de vida de estos paquidermos (o la de esa especie, al menos): su comunicación, su movimiento y todas sus actividades características.[19] Estudiando ese etograma, los amigos de los elefantes pueden sugerir con conocimiento de causa cuáles parecen las capacidades más centrales de la vida de estas criaturas, que serán también las capacidades más importantes y, por lo tanto, las más merecedoras de protección.

Mi idea entraña un número ingente de listas distintas basadas en muchos etogramas diferentes. Sin embargo, creo que, si nos centramos en las grandes categorías de la lista del EC para los humanos, veremos que estas nos ofrecen una buena orientación como punto de partida para proceder en casi todos los demás casos. Y no es de extrañar, ya que la mencionada lista del EC capta en la práctica ese terreno común de animalidad conativa y vulnerable que cada especie habita a su particular modo. Todos nos esforzamos por (y aspiramos a) *vivir*, tener *buena salud*, conservar la *integridad física*, o a contar con la oportunidad de usar los *sentidos*, la *imaginación* y el *pensamiento* que sean característicos de nuestra propia especie. El concepto de la «razón práctica» puede sonar demasiado humano, de entrada, como guía apropiada para otras especies, pero, en realidad, no lo es. Todas las criaturas quieren disponer de la oportunidad de hacer ciertas elecciones clave sobre cómo encaminar sus vidas, y ser así artífices de sus propios planes y decisiones. La afiliación es crucial para todos los animales, aunque pueda ser de tipos muy distintos según las especies. Todos buscan relacionarse bien con el mundo natural que los rodea, y esto suele incluir también a miembros de otras especies. El juego y la diversión no son privativos de los seres humanos, como los investigadores han ido constatando de manera creciente, sino que constituyen aspectos clave de la sociabilidad animal. Y todos los animales buscan algún tipo de control sobre su entorno material y social. Ahora mismo, no se me ocurren otras categorías que puedan ser relevantes para las vidas de los animales y que se hayan omitido en la lista humana, pero esta es perfectamente susceptible de ampliarse si se presentan argumentos convincentes para ello.

A algunos les preocupará que una lista así pueda tender al antropomorfismo y raye en algunos de los errores que ya comentamos al hablar del enfoque del «fuerte parecido con nosotros». Entiendo esa crítica, pero creo que no está justificada. La lista se elaboró pensando no en lo que es característicamente humano, sino en términos de una animalidad mucho más general que permitiría variaciones significativas en el nivel específico de cada especie, aunque sin por ello renunciar a la posibilidad de hallar un patrón genérico común. De todos modos, siempre debemos estar atentos a despistes o percepciones autofavorecedoras.

En ocasiones, las listas que elaboremos incluirán puntos de las categorías más específicas de la lista humana que, de entrada, no parecerán tener importancia para las vidas de los animales. Ese podría ser el caso, por ejemplo, de la «libertad de asociación» o de la «libertad de expresión». Pero ¿qué son la mayoría de los zoos sino instrumentos que niegan a los animales su libertad de asociación? Y no olvidemos que los animales «expresan» por sus propias (y, a menudo, muy sofisticadas) vías lo que necesitan y lo que quieren. Incluso desde la interpretación más formal posible de la legislación estadounidense, se entiende que la libertad de expresión atañe a muchas formas de actividad expresiva, y no solo a la verbal sobre papel. ¿Por qué, entonces, no debería incluirse en esa categoría legal las formas particulares que tienen los animales de expresarse? Está claro que puede hacerse, aunque siempre y cuando los animales tengan reconocida su legitimación procesal ya de entrada.[20] El problema no es tanto que los animales no se expresen, sino que los humanos no solemos escucharlos. Y los animales no gozan de verdadera libertad de expresión si ignoramos sus quejas, o si se le hurta a la opinión pública información sobre las condiciones en las granjas industriales, o si imperan las llamadas normativas *ag-gag* (una especie de leyes mordaza sobre el sector agropecuario), vigentes en diversos estados norteamericanos, que impiden que ni siquiera los aliados humanos de los pobres cerdos y pollos que sufren en esas instalaciones puedan denunciarlo sin el consentimiento de los propietarios de las explotaciones. La libertad de expresión es muy pertinente en el caso de los animales, pues, y es importante por exactamente las mismas razones que dio John Stuart Mill, un adelantado en la defensa de los derechos de los animales, cuando abogó por la libre expresión en su libro *Sobre la libertad*: la libertad expresiva permite que obtengamos la información que necesitamos para mejorar nuestra sociedad; sirve para cuestionar la autocomplacencia y el engreimiento; propicia que se planteen posturas incómodas que merecen (y, de hecho, requieren) nuestra atención.

¿Y qué pasa con la «libertad de prensa» y la «participación política»? Los animales no escriben artículos en los periódicos, pero la libre circulación de información sobre sus problemas y dificultades es una parte crucial de su bien en un mundo como este, en el que los humanos tenemos el dominio sobre todas las vidas animales. En *Poverty and Famines*, Amartya Sen sostenía que una prensa libre es un ingrediente esencial para prevenir las hambrunas (humanas), porque la información incita a la gente a actuar en el plano político.[21] Yo aquí ampliaría y puntualizaría aquel argumento de Sen: la información correcta sobre todas las terribles dificultades y apuros que pasan actualmente los animales (pérdida de hábitats, torturas en la industria cárnica, caza furtiva, saturación de plásticos en el mar), toda esa información, repito, debe salir a la luz para que se tomen medidas que impidan semejante sufrimiento animal. Y está claro que seremos los humanos quienes tendremos que hacer los artículos, los libros y las películas, pero estos serán importantes para (y en) las vidas de los animales de cuyas quejas e insoportables condiciones de vida se hagan eco.

Más o menos lo mismo puede decirse de la participación política. La mayoría de los animales, aun siendo muchos de ellos bastante políticos dentro de los grupos de su propia especie, tienen poco interés por la participación política en el mundo dominado por los humanos, y están al margen de las elecciones, los parlamentos y los cargos. Aun así, lo que ocurre en esas instancias de decisión es de una enorme importancia para ellos. En un mundo dominado por los humanos, la política determina los derechos y los privilegios de todos los habitantes de un lugar determinado, y toma decisiones cruciales en materia de bienestar, hábitats, etcétera. Por lo tanto, es importante que los animales tengan algún tipo de voz política, lo que significa, a mi entender, que se les reconozca legitimación procesal —entendida como el derecho de acudir a los tribunales como demandantes— y algún tipo de representación legal. En estos momentos, ya permitimos la representación vicaria en el caso de los seres humanos con discapacidades cognitivas, por lo que esta no es una propuesta que pueda sorprender tanto. Las criaturas que viven en un lugar deberían tener voz a la hora de determinar su modo de vivir en él.

Alguien podría pensar que, si la libertad de prensa y la participación política tienen alguna importancia para los animales, es solo porque los humanos dominamos el mundo y les hemos causado muchos problemas. Pero eso sería lo que creería alguien que supusiera que, sin la intromisión humana, el mundo de la naturaleza sería un lugar idílico, maravilloso o pacífico, o, en cierto sentido, bueno como tal para los animales. Yo no lo creo así, y en el capítulo 10 desarrollaré esta opinión más a fondo. Aun sin nuestra perjudicial intervención, seguiría habiendo hambrunas, inundaciones y otras formas de desastre climático. Por consiguiente, pienso que, incluso sustrayendo nuestras propias malas conductas de esa ecuación, seguimos teniendo muy buenas razones para procurar tanto que las noticias sobre los problemas y dificultades de las otras criaturas sintientes salgan a la luz como que sus voces cuenten a la hora de decidir cómo van a vivir.

De todos modos, es evidente que habrá mucha divergencia entre las categorías concretas de las listas de las diversas especies, y que siempre deberíamos estar abiertos a sorprendernos y a aprender; a fin de cuentas, cada tipo de animal tiene su propia forma de organización social e, incluso, su propia autopercepción. Solo el estudio realizado desde el rigor y el afecto nos mostrará lo que se debe decir para cada caso.

Funcionamientos fértiles, desventajas corrosivas

Dado que el enfoque que estoy imaginando aquí es específico para cada tipo de vida animal, sus requerimientos serán muchos y heterogéneos. Pero, dentro de cada caso, e incluso para varios de ellos a la vez, es probable que existan determinadas capacidades que resulten particularmente fértiles y favorezcan la vida buena del animal en todos sus aspectos, como también es probable que haya capacidades cuyo bloqueo sea especialmente dañino. Para todos los animales, el sometimiento a la violencia arbitraria de los humanos es una desventaja corrosiva, tanto si hablamos de las ballenas y su vulnerabilidad a la caza con arpón como si nos referimos a los elefantes que sufren la acción de los furtivos, o a los cerdos que sufren confinamiento en «jaulas de gestación», o a los perros que sufren la crueldad y la desatención de un «dueño». Otra desventaja corrosiva generalizada es la contaminación ambiental, que genera unas condiciones letales —tanto en el aire como en el agua— para numerosas especies y diezma sus hábitats. Por lo tanto, cualquier medida que luche eficazmente contra estos males —que es lo mismo que decir todo lo que signifique prohibir prácticas crueles o poner un mayor esfuerzo en las iniciativas de limpieza del medio ambiente, por ejemplo— será fértil en este sentido, pues mejorará las capacidades en general de un elevado número de animales.

Los miembros de las especies son individuos

Hasta aquí, me he referido a una lista para cada especie animal. Pero lo cierto es que cada criatura individual (tanto animal como humana) debe ser tratada como un fin en sí misma. Y los animales son individuos no solo en un sentido numérico (pues cada uno de ellos importa), sino también cualitativo: cada miembro de cada especie es sutilmente diferente de todos los otros. Las personas que conviven con animales de compañía saben que las personalidades y las preferencias de esos compañeros suyos son muy individualizadas, y que lo que vale para un perro o un gato no es necesariamente bueno para todos. Normalmente, nos cuesta advertir esta variedad en el caso de animales con los que no convivimos, pero las personas que sí viven con animales de un determinado tipo han reconocido y han puesto de relieve esas diferencias. Cada babuino o cada elefante es un miembro de la sociedad de los babuinos (o de los elefantes), pero cada individuo tiene su forma única de habitar ese mundo. Lo mismo podemos decir de todos los tipos de animales que hemos tenido la oportunidad de estudiar con detenimiento.[22] Para los biólogos, la noción de especie es una aproximación abstracta; con lo que ellos trabajan realmente es con poblaciones, integradas por criaturas individuales.

Pero si cada individuo es un ser separado de los otros (que tiene su propia vida por vivir y no la de nadie más) y también es cualitativamente diferente de los demás en ciertos aspectos, ¿no es un error elaborar las listas pensando en la forma de vida de una especie? ¿No se niega así la unicidad de cada animal? ¿No sería una torpeza (o algo cosificador, incluso) hablar de «el delfín» y de «la forma de vida de los delfines» en vez de crear una historia (y una lista) separada para cada delfín individual, como, por ejemplo, para Fungie, un delfín que era muy querido en la bahía de Dingle, en Irlanda, y cuya desaparición en octubre de 2020 causó allí una profunda conmoción?[23] Los habitantes de Dingle habían llegado a conocer bien a Fungie tras décadas de contacto y sabían que tenía una personalidad única propia: peculiar, extrañamente solitaria tratándose de un delfín, atípicamente sociable con los humanos. ¿Acaso esa singularidad de Fungie no quedaría aniquilada por un enfoque basado en la especie?

Pensemos de nuevo, sin embargo, en el caso de Vasanti. Gracias al conocimiento de su historia particular y única (y al de muchas otras historias de ese estilo), pudieron los fundadores del EC construir una aproximación general a la calidad de vida y la justicia política en forma de un conjunto de derechos humanos que parecen adecuados a la propia forma humana de vida y que pueden legislarse en cada nación o región atendiendo a sus detalles contextuales. El conocimiento de un gran número de situaciones particulares nos ayuda a construir un marco general: un conjunto de derechos constitucionales.

Pero ¿acaso esta generalidad no es injusta con la particularidad de las vidas reales? ¿No es injusto o irrespetuoso con Vasanti, con esa mujer en concreto, usarla como un dato, un *input*, para la elaboración de una lista de derechos constitucionales? Pues no, no lo es por tres razones. En primer lugar, la lista en cuestión es una lista de capacidades, no de funcionamientos obligatorios. Las oportunidades que crea pueden ser usadas de maneras diferentes por personas distintas (o no ser ni siquiera usadas si el individuo concreto no quiere usarlas). Las capacidades son lo que en inglés se conoce como *entitlements*, un tipo de derechos (*rights*).[24] Normalmente, nadie piensa que los derechos humanos reduzcan a todas las personas encajándolas en un mismo molde limitador, sino que son, más bien, espacios dentro de los que los diferentes individuos tienen la libertad de elegir. En segundo lugar, la interpretación judicial de los derechos (y su correspondiente jurisprudencia) es un proceso continuo en el que los diversos litigantes individuales presentan sus historias particulares ante los tribunales decisores. La historia de la jurisprudencia sobre la Carta de Derechos de la Constitución estadounidense nos revela un continuo ir y venir entre lo individual y lo general, pues los casos particulares ponen a prueba los límites del texto general, y de esa antítesis surge una nueva sentencia que dota de mayor concreción al texto general para todos. Y, en tercer lugar, si realmente hay algo a lo que un individuo aspira muy profundamente y que no ha hallado cabida aún en la mencionada lista de derechos (*entitlements*), siempre es posible cambiarla, incluso en el nivel de las oportunidades más generales.

Creo que la misma historia se repite con cada tipo de animal. Se trata de estudiar las características y los rasgos compartidos por los miembros de una especie dada (y «especie», recordemos, es un término bastante aproximado para designar no un ente metafísico, sino lo que es común a varias poblaciones) y elaborar una lista. A partir de ahí, los miembros cualitativamente diferentes de cada especie podrán usar a su propia manera particular individual los derechos (*entitlements*) genéricos resultantes. Fungie es distinto de todos los demás delfines, pero las capacidades que protegen a esa especie de cetáceos en general también lo protegen a él, y él las usa a su propio modo único y singular. No tiene que socializar con una amplia manada si no quiere, y es perfectamente libre de quedarse por las inmediaciones de la costa. Y si un día decide marcharse en busca de un grupo más grande, tendrá protegido su derecho a hacerlo. (Esa es una de las posibilidades que explicarían lo que le ocurrió, si bien, dada su edad relativamente avanzada, la muerte sería otra de ellas. Aun así, un potencial avistamiento en 2021 ha dado algo de ánimos a quienes se interesan por este animal.) Así es como el enfoque respeta a las criaturas individuales: crea unos ámbitos de protección para que ellas —cada una a su manera— puedan buscar su propio y particular florecimiento. La idea es que cada lista se vaya concretando y perfeccionando a través de posteriores especificaciones judiciales. Y si las personas que conviven con (y se preocupan por) cada tipo de animal entienden que la lista en cuestión es incompleta o errónea y se quejan de ello, esta siempre podrá modificarse.

Parte del bien puede ser interespecies

La «lista de capacidades» humana incluía entre sus categorías la de «las relaciones con otros animales y el mundo natural»; dicho de otro modo, una sociedad mínimamente aceptable debería permitir la buena relación interespecies. Hay animales cuyas vidas habituales giran en torno a las de los demás de su clase casi en exclusiva. Ni los delfines ni los elefantes parecen depender del mantenimiento de unas relaciones sólidas con otras especies como elemento crucial de su vida buena (aunque eso no significa que no puedan tener amistad más allá de los límites de su especie si se dan las condiciones propicias para ello). Pero hay otros animales cuya forma de vida es mucho más relacional con criaturas de allende las fronteras de su especie: los perros, los gatos, muchos caballos y los animales de granja, por ejemplo. Además de entre esas especies, estos animales parecen buscar y necesitar también relacionarse con humanos. En el capítulo 9 analizaremos esta cuestión en su conjunto. Baste decir por el momento que este es otro desiderátum más de los que se incorporarían a la lista que elaboraríamos para cada tipo de criatura. Basarnos en lo que es «normal» para una especie no implica encarcelar a una criatura dentro de los límites de la suya propia. Además, a medida que estas relaciones se desarrollaran más con el paso del tiempo, las listas podrían ir cambiando para reflejar esa evolución.

LOS CUATRO ENFOQUES EN COMPARACIÓN

El EC no ordena las especies en ningún tipo de «escala», ni otorga premios a las que se parecen a nosotros. Sigue, más bien, los criterios de la admiración y la curiosidad, y descubre las variadas y singulares maneras que tienen los animales de esforzarse por (y aspirar a) florecer. Aprecia elementos comunes entre las formas de moverse y vivir de animales varios: todos cuentan con algún tipo de percepción sensorial, todos evidencian facultades para transmitir información sobre el entorno, todos se alimentan, todos se reproducen y todos son sociales, aunque de múltiples maneras distintas. A diferencia del enfoque del «fuerte parecido con nosotros», el EC no pone un especial énfasis en la aptitud de una criatura para comunicarse mediante algún tipo de lenguaje humano (como el de signos, por ejemplo), sino que analiza las muchas formas en que las criaturas se comunican realmente, algunas más «lingüísticas» que otras, pero todas ellas adecuadas al contexto, el cuerpo y la forma de vida específicos de ese animal. La idea misma de que una ballena estaría mejor si empleara un lenguaje humano parece ciertamente descabellada. La fisiología, el entorno y las necesidades de ese animal son completamente diferentes de los nuestros. Es mucho más interesante estudiar qué tipos de comunicación existen realmente ahí fuera.

Ni que decir tiene que el EC atribuye una gran importancia al dolor, pues lo considera un gran mal para todas las criaturas sintientes. Pero hay más cosas malas aparte del dolor. Las criaturas pueden verse privadas de su libertad de movimiento, o de la vida en sociedad normal de su especie, o de la oportunidad de jugar y de usar sus facultades de forma relajada, y todo ello sin que nadie les esté infligiendo un dolor físico. Al fijarnos en las capacidades (en vez de seguir a Bentham), vemos los múltiples ejes de privación que castigan la vida animal, igual que los que penalizan una vida humana como la de Vasanti. Y el EC trata a los animales como agentes, y no como recipientes de placer y de dolor, y eso significa concederles un mayor reconocimiento y respeto.

El EC guarda cierta proximidad con el punto de vista kantiano de Korsgaard en muchos sentidos, pues hace hincapié en que todos los animales merecen que se respete su dignidad, en que no podemos clasificar unos tipos de criatura como más importantes que otros, y en que cada animal merece tener la oportunidad de florecer a su propio modo. Pero el EC considera a los animales como agentes y potenciales ciudadanos activos (y no «pasivos») capaces de comunicar sus necesidades a quienes quieran escucharlas. Y el EC enfatiza también que la naturaleza no nos muestra esa drástica división de Korsgaard entre la obediencia a los instintos y la obediencia a unas elecciones y decisiones moduladas por la ética. Muchos animales —si no la mayoría de ellos— tienen cultura y, si bien obedecen su instinto durante parte del tiempo, también siguen conductas aprendidas y hacen sus propias selecciones durante otra parte de su tiempo. Tampoco las facultades éticas presentan una discontinuidad entre especies en la naturaleza. Muchos tipos de criaturas siguen unas reglas de conducta que, a menudo, toman en consideración a otros individuos, y enseñan esas reglas a sus jóvenes. Puede que las normas humanas sean más elaboradas y más filosóficas, pero no representan una ruptura cualitativa absoluta con las de otras criaturas, sino que simplemente han evolucionado adaptadas al contexto propio de la vida humana (como las reglas de muchos animales lo han hecho adaptadas a sus respectivos contextos particulares). Los perros, los elefantes, los guepardos y otros muchos eligen muchas veces anteponer el bien de otros individuos al suyo propio, y no lo hacen solo por instinto, sino, en parte, también por cultura. A pesar de mi admiración por el libro de Korsgaard, y a pesar de que ella y yo somos aliadas en muchísimos aspectos, yo defiendo que el EC es, en cierto sentido, más fiel a nuestro mundo y a los animales que viven en él, así como a nuestra propia animalidad. Y al postular principios políticos de un modo no metafísico, también evidencia un mayor respeto por la pluralidad y la diferencia.

Pero, aunque creo que el EC se adecua más a nuestro mundo que los otros tres enfoques, es importante entender que los cuatro confluyen en una oposición común a algunas de las peores prácticas actuales en la relación humano-animal. Así, si bien Steven Wise no dice nada sobre granjas industriales, ni sobre la tortura de animales en laboratorios, ni sobre el cruel trato que reciben muchos primates y elefantes en cautividad, sí que deja intencionalmente abierta la puerta a una ampliación de su enfoque a otras especies (llegado el momento) y, entretanto, yo estaré más que encantada de apoyar sus esfuerzos e iniciativas en el terreno judicial práctico.[25] Los utilitaristas sí han formulado potentes críticas contra las granjas industriales, la tortura de animales en laboratorios y todas las humillaciones documentadas por Peter Singer en *Liberación animal*. Singer y yo somos aliados políticos, aunque difiramos en el plano filosófico. Lo mismo ocurre con Korsgaard: su punto de vista y el mío son aliados en la práctica, y discrepamos más en cuanto a los argumentos éticos concretos que en cuanto a los principios políticos. Si algo significa esa convergencia, es que vamos ya camino de alcanzar un «consenso entrecruzado» entre los diferentes enfoques, en lo que a principios políticos respecta. Y aunque yo creo que el EC es la mejor fuente de tales principios políticos de todas estas teorías, las otras siempre podrán acoplarse a él cuando llegue el momento e incluso incorporarlo a sus propios enfoques para crear una versión revisada de estos.

INDIVIDUOS EN PELIGRO Y ESPECIES EN PELIGRO

El EC se centra en cada animal individual y convierte al individuo —humano o no— en el foco de su interés. La idea general que subyace a ello es que ningún individuo ni grupo de individuos debería usarse como propiedad de otros ni como medio para los fines de otros. Cada individuo es un fin en sí mismo.

Pero ¿y la especie? Parte de la legislación para la protección de los animales que está vigente en la actualidad va dirigida a la protección de especies en peligro, y una buena defensa del EC pasa necesariamente por definir cuál es la relación de este enfoque con ese movimiento. La pregunta es: ¿apoya el EC la protección de las especies en peligro? Y mi respuesta no es sencilla.

Para empezar, como ya he comentado antes, el concepto de especie es problemático de por sí.[26] Las fronteras realmente existentes en la naturaleza no son tan claras y definidas como muchos biólogos solían creer, y los científicos actuales (en su mayoría) prefieren trabajar con el concepto, no tan estricto, de «poblaciones». Además, los cruces contribuyen a que se diluyan las líneas divisorias. Aun así, la noción tradicional de especie es una primera aproximación, por así llamarla, que puede resultarnos útil siempre que tengamos presentes sus limitaciones.

Pues bien, si optamos por usar un concepto operativo de especie, habrá que insistir en que una especie como tal no tiene un «bien» propio. Son sus miembros individuales los que poseen una percepción del bien al que aspiran y los que se esfuerzan por conseguirlo, y son ellos los que deben ser tratados como fines en sí. Igual de mal estaría tratar a criaturas individuales como simples medios para el florecimiento de su especie que tratarlas como medios para los fines de otras criaturas. Una especie no tiene un punto de vista subjetivo del mundo. No siente, ni sufre, ni percibe. «La ballena» genérica no muere por la ingestión de plásticos, como tampoco es al «elefante» genérico al que matan los cazadores furtivos. Son ballenas y elefantes individuales los que sufren y mueren. Todo parece indicar que ninguna criatura individual sufriría ni ningún ser sintiente sería víctima de agravio alguno si, de pronto, una especie se extinguiera con el simple toque de una varita mágica, lo cual nos da a entender que, si bien la preservación de especies puede tener un valor científico o estético, no es algo que, por sí mismo, se pueda considerar un fin a efectos de justicia política.

Ahora bien, la conservación de especies tiene un gran valor instrumental para las criaturas individuales (que sí son fines en sí mismas). La biodiversidad es normalmente un bien para esos animales y, aunque la idea de la naturaleza como encantador sistema armónico no deja de ser un mito —que criticaré en el capítulo 10—, sabemos que la desaparición de una especie (incluso de una de criaturas no sintientes) puede infligir un daño en muchas criaturas sintientes que necesiten de esa especie para diversos fines (como alimento, como coadyuvante de la polinización, como parasiticida, como sostén de un hábitat diverso y saludable, etcétera). Además, habitualmente desconocemos demasiadas cosas sobre esas interconexiones para poder afirmar de una especie que «puede desaparecer sin perjudicar a las criaturas individuales que se queden». Y no olvidemos tampoco que las criaturas necesitan diversidad en el acervo génico de su propia especie para que sus crías no padezcan enfermedades derivadas de la endogamia.

Por otra parte, la forma misma en que una especie se extinga puede comportar un gran sufrimiento para muchos de sus miembros. Pensemos, por ejemplo, en el caso de los osos polares incapaces de aparearse o de buscar comida, atrapados sobre témpanos flotantes en pleno deshielo de los polos. O pensemos en los casos de los elefantes y los rinocerontes, miembros de especies en peligro de extinción, individualmente amenazados por los cazadores furtivos y forzados a ver a otros miembros de sus manadas o grupos sacrificados y mutilados para aprovechar sus colmillos. Los supervivientes suelen quedar traumatizados de por vida al mismo tiempo que la pérdida progresiva de su hábitat amenaza con matarlos de hambre. Pensemos también en el caso de las ballenas (muchas de cuyas especies se hallan hoy en peligro de extinción) que agonizan varadas en las playas, boqueando, porque tienen el cuerpo atiborrado de todos esos plásticos de los que cada vez están más llenos los océanos. En general, la pérdida de hábitats (debida en buena medida al calentamiento global) y su deterioro (por ejemplo, por culpa de los vertidos de plásticos a los mares) son los principales mecanismos de la extinción de especies en el mundo, y normalmente ambos infligen un gran sufrimiento a los individuos afectados. Si nos importan las vidas de las criaturas individuales, tenemos poderosas razones para actuar contra esas formas de destrucción de especies.

Por último, ninguna criatura es una isla. Su bien es, en todos los casos, un bien de tipo social que se ejerce junto a otros y para otros.[27] Algunas criaturas necesitan grupos más numerosos que otras para llevar una vida social normal. Los delfines son más sociales que muchas aves. Aun así, incluso las menos sociales (las aves que se vinculan de por vida con una pareja y rara vez interactúan con ningún otro individuo, por ejemplo) dependen para su apareamiento de la existencia de una comunidad que sea lo bastante amplia para que la población no termine sufriendo las consecuencias negativas (en forma de defectos de salud) de la endogamia. Incluso para los loros, el bien de cada individuo requiere de la existencia de una comunidad sana y diversa de su propia especie a su alrededor, y, en algunos casos, también de una comunidad interespecies.

En definitiva, la criatura individual es el fin al que se dirigen nuestros esfuerzos y el objeto de interés central de una teoría de la justicia, pero las especies tienen un papel crucial en la vida de los individuos, lo cual nos ofrece motivos más que sobrados para que nos preocupemos por los peligros que muchas de ellas corren actualmente.

UNA TEORÍA SOBRE LA BASE DE LOS DERECHOS

Al ser requisito obligado de la justicia política la realización efectiva de unas «capacidades centrales», el EC viene a decir que los animales tienen derecho a que se favorezcan las capacidades que resulten centrales para sus diversas formas de vida, o, al menos, un umbral mínimo de ellas y siempre limitadas por los idénticos derechos razonables de otros individuos. (Como aclararé en el capítulo 7, en estos límites se incluye el principio de defensa propia.) Los derechos son demandas inherentes a la dignidad de cada animal individual que, como tales demandas, «requieren» que se hagan efectivos. Del mismo modo que nos reclamamos unos a otros la oportunidad de vivir, de hablar, de tener buena salud, etcétera, todos los animales también lo hacen. Ahora bien, un derecho solo es real si, en principio, se puede aplicar e imponer por ley. Y aunque, en este punto de la historia en el que nos encontramos, los seres humanos somos los legisladores y los encargados de hacer cumplir las leyes, no existe motivo alguno por el que debamos hacer efectivo solamente el cumplimiento de los derechos humanos y no el de los derechos de otros seres sintientes.

Habrá lectores a los que el EC les resulte interesante e incluso relevante de cara a definir objetivos y aspiraciones, pero que no estén aún convencidos de que los animales tienen realmente «derecho» (o «derechos») a las cosas especificadas en la «lista de capacidades», ni de que la ausencia de tales cosas sea una señal de «injusticia» ni de «vulneración de derechos». Así que debemos profundizar sobre esto último.

Una parte de nuestra tarea consiste en pensar bien los deberes y las obligaciones. Es habitual considerar que los derechos se correlacionan con deberes. Desde ese punto de vista, cabe preguntarse: si todos los animales cuentan con un conjunto de derechos, ¿a quién le corresponden los deberes asociados a estos? Las personas que niegan que los animales tengan derechos suelen hacerlo porque no pueden encontrar una respuesta razonable a esta pregunta. Y el problema se vuelve más peliagudo aún, si cabe, si entendemos que los derechos no están correlacionados solamente con unos deberes, sino también con la ley. Los derechos, como Korsgaard ha sabido argumentar de un modo muy convincente (inspirándose en Kant), y como yo misma creo también, están relacionados conceptualmente con las leyes. Así pues, afirmar que una criatura tiene derecho a algo significa también decir que deberían existir unas leyes que protejan ese derecho. Pero ya nos podemos imaginar que habrá personas que piensen que la idea en sí de que las leyes protejan unos derechos animales es insoportablemente utópica, y que se opongan siquiera a concebir que los animales puedan tener derechos. ¿Qué les podemos decir? ¿Quiénes tienen la obligación de hacer valer esos derechos y de usar en última instancia la ley para ello?

En este punto, Kant —ampliado por Korsgaard— tiene la respuesta correcta: los derechos de los animales son «derechos imperfectos», es decir, no planteados ante otras personas o animales concretos y definidos, sino, más bien, ante el conjunto de los seres humanos; esto es, ante la humanidad concebida como sujeto capaz de actuar colectivamente.[28] (En el capítulo 10, valoraré si los animales tienen algún tipo de derecho ante otros animales —como el derecho a no ser comidos, por ejemplo— que sea de obligada imposición y obligado cumplimiento en una sociedad justa.) Los derechos imperfectos son aquellos que tienen los individuos a no ser objeto de un determinado trato injusto, pero sobre los que todavía no hemos sabido organizar una acción efectiva que los garantice. En tales casos, nuestro deber más inmediato como individuos consiste en tratar de organizar el colectivo de tal modo que se protejan todos los derechos.

Ahora bien, ¿por qué deberíamos reconocer que los animales tienen derechos, para empezar? La mayoría de los enfoques éticos del tema tienden a proponer una visión mucho más débil, limitada a nuestra obligación de tratar a los animales de un modo más caritativo, ya sea por generosidad o por compasión. Pero esta perspectiva no es lo bastante fuerte: cada vez que se agravia a una criatura sintiente individual, se comete una injusticia. El EC desarrolla una imagen atractiva de la dignidad y el conato animales como fenómenos que, en sí mismos, reclaman una protección atenta de las leyes y las instituciones. Pero ¿podemos decir algo más acerca de la base de esos derechos? Si no pudiéramos, el EC no pasaría de ser, a ojos de muchos lectores, un simple ideal (atractivo, sí, pero carente de implicaciones directas en cuanto a lo que debemos hacer).

También aquí nos presta ayuda el Kant de Korsgaard. Kant creía que los derechos humanos son baluartes que protegen a las personas frente a la dominación. Todos nos encontramos aquí, en este mundo, y somos sumamente vulnerables a ser dominados por otros. Sin derechos (entendidos como demandas éticas directamente aplicables por ley), no seríamos capaces de usar recursos para satisfacer nuestras necesidades sin vernos continuamente expuestos a sufrir dominación por parte de otros. En la base de nuestros derechos yace una idea muy simple: todo ser humano tiene derecho a estar aquí, donde está. Todos tenemos simplemente el derecho —previo a ser dueños o usuarios de nada— a estar donde estamos. Por consiguiente, si las cosas se dividen y reparten de una forma que imposibilita que algunos sigamos viviendo, se estará cometiendo una injusticia. Con ese argumento, Kant proporciona una fundamentación no solo para los derechos de propiedad, sino también para el derecho a la participación democrática, es decir, a disponer de una parte proporcional de control sobre lo que sucede en el mundo.

Sin embargo, los seres humanos no somos las únicas criaturas sintientes arrojadas al mundo que necesitan no ser dominadas por otras para llevar una vida mínimamente aceptable. Kant, sin ir más lejos, pensaba que los animales eran simples propiedades y defendía la potestad de las personas para usarlos como tales. Pero Korsgaard critica esa parte del pensamiento kantiano: los otros animales tienen una situación que es exactamente como la nuestra, pues han sido arrojados como nosotros al mundo, un lugar en el que se esfuerzan por vivir, pero en el que son vulnerables a sufrir la dominación de otros. En este preciso momento, por ejemplo, todos los demás animales están siendo dominados por los humanos. Y eso parece una injusticia, incluso si aplicamos el argumento del propio Kant, porque también los otros animales deben tener derecho a estar donde están y, como nosotros, a que se les reconozca su cuota de participación en lo que ocurra. Tienen fines propios y no pueden estar sometidos a nuestro dominio sin que ello implique una injusticia.[29]

Esta idea intuitiva de la existencia de un derecho a estar donde se está tiene una gran profundidad y no es de extrañar que ya esté reconocida en algunas de nuestras leyes e instituciones. En su reciente libro titulado *Wildlife as Property Owners: A New Conception of Animal Rights* («Los animales salvajes como propietarios: Una nueva concepción de los derechos de los animales»),[30] la jurisconsulta Karen Bradshaw ha estudiado las múltiples vías por las que las leyes ya han reconocido a los animales derechos a determinados hábitats, así como ciertos tipos de propiedad. Por supuesto, estas normas son desiguales e incompletas, como lo es toda nuestra legislación relativa a los animales, pero ponen de manifiesto que las personas que conviven con animales en la «naturaleza» son sensibles al argumento kantiano sin ni siquiera habérselo planteado nunca a nivel formal. Esos animales están ahí; así pues, ellos tienen derecho a estar ahí y nosotros no tenemos ninguno a echarlos.

Esta es una idea que se puede (y se debe) sustanciar por ley, como argumentaré más a fondo en el capítulo 12. Pero la legislación interespecies no es algo completamente unidireccional que traslade todos los deberes a los humanos y solo derechos a los animales. La convivencia multiespecies implica que sobre estos también puedan recaer obligaciones legales y que sus derechos puedan estar acotados por ley. Es una idea con la que ya estamos familiarizados cuando pensamos en los animales de compañía, que, como veremos más a fondo en el capítulo 9, tienen prohibido causar determinados daños tanto a las personas como a otros animales. Normalmente, es al «dueño» a quien se le atribuyen deberes como el de no dejar que «su» perro muerda a los niños, ni que «su» gato se coma el pájaro de un vecino, pero no sería difícil reformular esas obligaciones y convertirlas en deberes del animal en cuestión, unos deberes que este debería ejercer a partir de la colaboración y la enseñanza humanas. Pensemos que, a fin de cuentas, los deberes legales de los niños pequeños y de las personas con discapacidades cognitivas son «suyos» en realidad, aunque los ejerzan realmente a través de la intervención vigilante de unos «colaboradores».

EL NUEVO ENFOQUE EN ACCIÓN

El EC dibuja un punto de destino, pero no nos indica cómo llegar a él. Ya he dicho que es como una Constitución virtual para los animales del mundo. Pero no hay ninguna nación de la que esos animales sean ciudadanos, pese a que deberían ser considerados como tales y dotados de derechos que no se podrían vulnerar sin cometer una injusticia. Dado que estamos aún al principio de un viaje político hacia la justicia para los animales, toda implementación de las ideas del EC deberá ser necesariamente gradual y fragmentada, y eso atañe a la mejora tanto de los tratados y acuerdos internacionales existentes como de las leyes nacionales de cada país, o de las múltiples leyes regionales y locales, lo que inevitablemente conformará, para el futuro próximo, un mosaico normativo un tanto confuso y descoordinado. En el capítulo 12, se explorará ese mosaico más a fondo.

En el punto en que estamos, no obstante, no estará de más que veamos un anticipo de hacia dónde nos encaminamos en términos prácticos y legales. Un ejemplo nos ayudará a avanzar en nuestro análisis de la cuestión; más concretamente, se trata de un feliz augurio de lo que podría constituir una nueva era en el derecho: la extraordinaria sentencia de 2016 del Tribunal de Apelaciones del Noveno Circuito Federal de Estados Unidos. En el caso *Natural Resources Defense Council, Inc. v. Pritzker,*[31] el mencionado Noveno Circuito dictaminó que la Armada estadounidense había infringido la ley al tratar de dar continuidad a un programa de sonar que repercutía negativamente en el comportamiento de las ballenas.[32] En cierto sentido, los argumentos de la sentencia vienen a ser un ejercicio técnico de interpretación legal de la Ley (federal) de Protección de los Mamíferos Marinos:[33] el tribunal establece que el hecho de que un programa tenga un «impacto insignificante» en los mamíferos marinos no lo exime de cumplir un requisito legal separado como es el de que establezca los medios para «ocasionar la menor repercusión práctica adversa posible en» las especies mamíferas marinas.[34] Lo significativo (y fascinante, al mismo tiempo) es que el argumento descansa en gran medida sobre una reflexión acerca de las capacidades de las ballenas alteradas por ese programa:

> Las exposiciones a menos de 180 decibelios pueden causar trastornos a corto plazo o patrones de abandono de los comportamientos naturales. Estos trastornos conductuales pueden hacer que los mamíferos marinos afectados dejen de comunicarse entre sí, huyan de un área ensonificada, dejen de buscar comida, se separen de sus crías o interrumpan sus apareamientos. El sonar activo de baja frecuencia también puede provocar reacciones de aumento de estrés en los mamíferos marinos. Estos trastornos conductuales pueden forzar efectos compensatorios en los mamíferos marinos tales como retrasar su migración, posponer su reproducción, reducir su crecimiento o migrar con reservas de energía mermadas.[35]

La sentencia no reconoce a las ballenas la legitimación procesal para presentar una demanda ante los tribunales (un concepto sobre el que me extenderé más en el capítulo 12), pero el magistrado ponente no necesita tomar una decisión legal tan radical para llegar a la clara conclusión de que el programa es inaceptable. Como las ballenas no disponían de tal legitimación, tuvieron que depender de la (buena) fortuna de contar con la protección que les dispensaba la Ley de Protección de los Mamíferos Marinos, hecha por legisladores humanos, aunque en atención a los intereses de esos cetáceos.

Las ballenas también han tenido que depender de la admiración (con connotaciones éticas) de unos jueces que han hecho una lectura imaginativa de la ley y se han tomado muy en serio un conjunto de obstrucciones a la forma de vida de los cetáceos que ni siquiera implicaban la causación de dolor físico. El tribunal de tres magistrados emitió su fallo por unanimidad y en los fundamentos de la sentencia, redactados por el juez Ronald Gould en el estado de Washington (donde se ubica una de las sedes del Noveno Distrito federal y que es también lugar de residencia de Gould desde hace años y zona donde el avistamiento de ballenas es un pasatiempo bastante habitual), se concluía que obstruir una actividad característica de una forma de vida, aunque fuera sin causar un dolor, representa una «repercusión adversa».[36] Me imagino que este juez es alguien que se ha fijado realmente en las ballenas desde la curiosidad y la admiración. Pero tanto si él (o sus ayudantes) han salido alguna vez a avistar ballenas como si no, lo cierto es que los argumentos de la sentencia evidencian cierta sintonía ética e imaginativa con una actitud cada vez más presente en las áreas costeras de Estados Unidos (y en la de Seattle seguramente más que en ninguna otra). Me refiero a la actitud de quienes ven en las ballenas a unos seres complejos con una forma activa de vida que incluye el bienestar emocional, la afiliación y la libertad de movimiento; en definitiva, toda una serie de modalidades de agencia específicas de esa especie. La sentencia va mucho más allá de Bentham y también se aparta del enfoque del «fuerte parecido con nosotros». Tampoco considera a las ballenas como meros «ciudadanos pasivos», como se las ve desde la perspectiva kantiana. Es un fallo precursor —esperemos— de toda una nueva era en el campo del derecho del bienestar y la justicia animales.

Capítulo 6
LA SINTIENCIA Y EL CONATO
Una frontera operativa

> De esta manera, pues, los animales se lanzan a moverse y a actuar, siendo el deseo la causa última del movimiento, y originándose este por sensación o por imaginación o por razón.[1]
>
> Aristóteles, *Movimiento de los animales*

Ya hemos visto el EC —un enfoque basado en las formas de vida de los animales sintientes— en acción. Como teoría de la justicia básica, busca sostener los esfuerzos y aspiraciones (el «conato») de esas criaturas en ciertos ámbitos centrales para ellas, sin centrarse exclusivamente en el dolor y atendiendo también a los objetivos diversos que cada tipo de animal aspira a conseguir (y dejando, pues, amplia laxitud en cuanto a la diversidad y la elección individuales dentro de cada especie).

Pero ¿quiénes son esas criaturas sintientes? Son, para empezar, aquellas a las que mi teoría atribuye el derecho a recibir un trato justo. El EC es una teoría mínima de la justicia que puede servir de «Constitución virtual» ideal que guíe nuestros diversos esfuerzos en la elaboración de leyes y normas a nivel local, nacional e internacional. Entender la injusticia como una obstaculización indebida de las actividades características de la vida de un animal sintiente me ha permitido concebir esa justicia mínima como la protección de un umbral razonable de todas y cada una de las consideradas como «capacidades animales centrales».

Pero ¿qué criaturas son esas que deben ser tratadas como fines en sí mismas? Aplicando mi concepción de la justicia y la injusticia, esa pregunta se reduciría a la siguiente: ¿qué criaturas son capaces de tener un conato significativo, es decir, de no sufrir solamente un daño, sino de ver injustamente frustrados sus esfuerzos y aspiraciones? El propio EC, por su énfasis en ese aspecto (el del conato significativo), proporciona buenas respuestas a esta pregunta. Pero ahora concretaremos un poco más qué es lo que nos dice la teoría exactamente.

En principio, las criaturas de las que se habla en el EC, y cuyo conato significativo la teoría nos obliga a proteger, son aquellas capaces de tener algún tipo de percepción y deseo, y de moverse en respuesta a la combinación de ambos. Por percepción me refiero (por difícil que pueda ser detectar esto en términos prácticos) a la capacidad de centrar la atención en objetos presentes en el mundo, y de hacerlo no solo por encuentro fortuito, sino por algún tipo de guía o dirección real, o por aquello que los filósofos llaman intencionalidad. El mundo tiene un «aspecto» para esas criaturas, que notan algún tipo de experiencia subjetiva. Algo similar ocurre con el deseo: las criaturas que nos interesan aquí no se limitan a rehuir mecánicamente el peligro ni a acudir a la comida de forma igualmente automática, sino que sienten una atracción subjetiva hacia aquello que ven como bueno, y una aversión también percibida subjetivamente como tal hacia aquello que ven como malo. Eso es lo que hace que su conato sea significativo: no son simples autómatas.

Dicho de otro modo, poseen esa propiedad tan difícil de concretar que llamamos «sintiencia». El mundo tiene un aspecto para esas criaturas y ellas aspiran al bien tal como lo perciben. Hay quienes reducen la sintiencia a la facultad de sentir dolor, pero, en el fondo, se trata de un concepto mucho más amplio que abarca la noción de tener un punto de vista subjetivo sobre el mundo. Creo que resulta muy útil abrir la idea de la sintiencia por esa vía antes de entrar en los complicados debates científicos sobre cómo mostrar que un animal determinado es sintiente o no, que suelen centrarse de forma bastante limitada en si es capaz de sentir dolor. Lo que quiero decir es que mi concepto central de injusticia solo puede aplicarse a criaturas que sean capaces de tener un conato significativo, y eso abarca mucho más que las simples sensaciones de dolor y placer, pues se extiende también a la consciencia perceptiva y, en la mayoría de los casos, a la facultad de acercarse a (o de alejarse de) los objetivos según lo dicte el propio punto de vista del animal. Muchas veces, esto implicará no solo deseos, sino también emociones, pues estas no dejan de ser formas (resultantes del proceso evolutivo) que tienen las criaturas vivas de asumir la información sobre cómo las diversas cosas que les ocurren se relacionan con sus propios objetivos y proyectos más importantes.

A estas alturas, tras muchos y fascinantes trabajos y no poco debate al respecto, el consenso general entre los científicos es que la mayoría de los animales —en la que estarían incluidos todos los mamíferos, todas las aves y todos los peces teleósteos (es decir, los que tienen un esqueleto osificado)— son criaturas de ese tipo. Otros casos (como los insectos, los crustáceos, los cefalópodos o los peces cartilaginosos) no están tan claros. Y no podemos olvidar los vegetales, que algunos científicos quieren integrar también en el bando de la justicia, por así decirlo. No perderé la ocasión de exponer esos debates, pero la teoría es lo que verdaderamente importa, porque, a fin de cuentas, estamos realizando nuevos descubrimientos continuamente, y siempre que tengamos la teoría como modelo, podremos reagrupar y reclasificar fácilmente a las criaturas de un modo diferente.

Mi conclusión, en cierto sentido, es neoaristotélica: los animales son criaturas complejas que aspiran a sus fines característicos con la ayuda de la percepción, la imaginación o el pensamiento, así como de deseos y emociones de múltiples clases. Todas esas facultades no tienen nada de misteriosas: poseen un valor evolutivo/explicativo.

Todo lo dicho en este capítulo está expuesto desde la humildad y, por supuesto, está abierto a debate en función de la aplicación de la intuición ética; mis tentativas conclusiones podrían, por tanto, modificarse sobre la base de nuevos conocimientos.

LA EVIDENCIA EMPÍRICA Y LOS ESCOLLOS

Uno de los escollos con los que debemos andarnos con cuidado es la autocomplacencia antropocéntrica: para los investigadores humanos, está más claro que el agua que los seres humanos tenemos consciencia (sea como sea que definamos tan impreciso concepto), emociones, imaginación, percepciones subjetivas y cogniciones de múltiples tipos. (Los científicos suelen manejar una definición amplia de la cognición, entendida como cualquiera de los procesos mediante los que una criatura adquiere, procesa, usa o almacena información, por lo que existen considerables solapamientos entre esas diversas categorías: la percepción y la imaginación son formas de cognición, y las emociones poseen normalmente elementos cognitivos o portadores de información.) En pleno apogeo del conductismo, algunos psicólogos llegaron a sugerir que los seres humanos no poseían ninguna de esas características, y que solo éramos mecanismos de estímulo y respuesta. No obstante, esa idea chocaba tan frontalmente con la propia experiencia de la vida que jamás llegó a penetrar demasiado en el mundo de la investigación biológica y actualmente está ya descartada.

Pese a cierto regreso general de la biología a una concepción más humanística de los seres humanos, por la que se les suponen tanto unas formas más ricas de intencionalidad (es decir, de foco interno en los objetos externos) como lo que ya he llamado aquí el conato significativo (el conato imbuido de un sentido personal), esta concepción en sí presenta ciertas dificultades que se han de afrontar, como suelen hacer los filósofos cuando hablan del «problema de las otras mentes», pero no así los científicos que se dedican a investigar la inteligencia animal. La realidad es que los datos de los que disponemos como prueba de la validez de esa imagen humanística de los seres humanos son bastante complejos y poco seguros. Tenemos acceso a nuestra propia experiencia subjetiva, sí, pero incluso ese es un terreno precario. Sabemos que no siempre sabemos lo que estamos haciendo, ni cuáles son realmente nuestras emociones e intenciones. En cuanto a las otras personas, ¿qué nos induce a dar el salto del yo al otro? Pues, en el fondo, las mismas cosas en las que nos basamos (con serias cautelas) cuando hablamos sobre los otros animales: la biología, la conducta, el razonamiento abductivo y la imaginación interpretativa. Sabemos que los otros humanos poseen una neuroanatomía parecida a la nuestra e inferimos de ello que sus manifestaciones serán probablemente similares también: si nosotros tenemos una consciencia subjetiva que resulta del funcionamiento de nuestro mecanismo neural, también otros dotados de una neuroanatomía similar a la nuestra la tendrán con mucha probabilidad. Esa es la explicación más simple (y verosímil, también). Vemos que esos otros se comportan de un modo que es indicativo de los tipos de acción que —cuando somos nosotros los actuantes— se acompañan de una variopinta consciencia subjetiva, y, a partir de ahí, razonamos abductivamente que la mejor explicación posible de esa similitud de comportamientos es la existencia de una semejanza en los fundamentos mismos de las vivencias experienciales. Pero ¿qué justificación real tenemos para dar esos imaginativos saltos del yo al otro? ¿Cómo sabemos realmente que ese presunto amigo que habla y ríe con nosotros no es más que una máquina inteligente?

No estoy diciendo que no tengamos motivos para atribuir una vida mental a los otros seres humanos. Al revés: lo que digo es que precisamente eso es lo que hacemos... pero sin exigir para ello las pruebas empíricas irrefutables que normalmente reclamamos para el caso de los animales no humanos. Y ese no reconocimiento de la dificultad implícita de nuestro propio caso (el humano) lleva a los investigadores de los animales no humanos a fijar para estos un listón inalcanzablemente alto. Pero tanto en el primero como en los segundos, las pruebas disponibles y las dificultades son más o menos parecidas.

La primera fuente de la que los científicos extraen pruebas empíricas sobre la cuestión de la consciencia animal es la neuroanatomía. Si esta es lo bastante similar a la nuestra, se dicen, el propio principio de parsimonia explicativa nos indica que las funciones que aquella realiza también serán probablemente parecidas: desempeñará la misma función evolutiva. Así, si en nosotros produce experiencias perceptivas, sentimientos y emociones, es muy probable que haga lo propio en otras criaturas equipadas con mecanismos similares al nuestro... incluidos los otros seres humanos. Hasta ahí, todo bastante bien. Cualquier hipótesis que apunte en el sentido contrario tenderá a ser innecesariamente barroca al tratar de forma disímil casos que son similares de por sí.

Ahora bien, no se puede afirmar lo mismo a la inversa. Es decir, si vemos una neuroanatomía muy alejada de la nuestra (sin neocórtex o puede que incluso sin un cerebro centralizado), no podemos inferir correctamente de ello que las funciones del sistema en cuestión sean en extremo diferentes de las nuestras. Ese fue un error que cometimos durante mucho tiempo: sin neocórtex —aseguraban los científicos—, no puede haber cogniciones, dolores ni emociones. Pero ya hemos aprendido que la evolución es enrevesada y que, con frecuencia, ha seguido sendas distintas para converger en un objetivo similar. Por ejemplo, los humanos y las aves —que, como veremos, divergieron hace mucho en el árbol evolutivo y que, por ello, presentan múltiples y grandes desemejanzas neuroanatómicas— habitamos el mismo mundo natural y nos enfrentamos a retos y dificultades no demasiado dispares. Y tanto las aves como nosotros nos hemos adaptado para hacer frente a esos retos, aunque sea con estructuras llamativamente diferentes. Así pues, la similitud de estructuras es una prueba bastante buena de que las funciones desempeñadas serán también similares (incluidas sus propiedades subjetivas); pero la diferencia de estructuras no es prueba fehaciente de que las funciones desempeñadas serán diferentes también, sobre todo, cuando sabemos que podemos estudiar el funcionamiento de la criatura en cuestión (con independencia de cuáles sean sus estructuras) para tratar de averiguar cómo es realmente.

Llegados a este punto, debemos tener en cuenta que la experiencia subjetiva no es ninguna banalidad superflua, sino que se le pueden atribuir múltiples papeles explicativos cruciales. Pongamos el ejemplo más simple de todos: la sensación de dolor es útil para mantener a los animales con vida y es, sin duda, una herencia evolutiva que cumple una función vital como señaladora de la presencia de sustancias dañinas. Por lo tanto, el dolor está útilmente ligado al comportamiento animal y la evolución nos lo ha legado por su valor para la supervivencia.

La segunda y, en muchos sentidos, más importante fuente de evidencia empírica la hallamos, pues, en la «conducta», estudiada bajo una variedad de condiciones experimentales y observacionales. El comportamiento es crucial, pero no es sencillo de interpretar. Algunas criaturas móviles pueden no ser más que mecanismos que eluden el dolor, pero no están dotados de consciencia subjetiva. Veremos que los científicos ya han hallado formas de distinguirlos de las criaturas que sí tienen auténtica consciencia. En este terreno, el dolor puede desempeñar un papel muy útil, pues es una experiencia subjetiva aguda que suele tener unas consecuencias conductuales claras, aunque los experimentos que lo toman como referencia principal son controvertidos y han dado pie a múltiples interpretaciones.

Este es un ámbito en el que tanto los científicos como numerosos filósofos aplican el «razonamiento abductivo» e infieren la mejor explicación posible a partir de lo que ven (igual que hacemos nosotros cuando atribuimos estados mentales a otros seres humanos en nuestra vida cotidiana).[2] Las inferencias de este tipo están rodeadas de altas dosis de incertidumbre (¿hemos refutado de verdad todas las posibles explicaciones alternativas?) y resultan imprecisas aun en el mejor de los casos. Ahora bien, usadas en combinación con otras pistas —como suelen hacer los científicos—, nos conducen a conclusiones bastante seguras. El filósofo Michael Tye ha avanzado mucho utilizando esa estrategia. Sobre el dolor, por ejemplo, ha escrito:

> La hipótesis de que existe una cualidad fenoménica en mí que causa gemidos, tensión física, conductas de evitación, etcétera, y otra cualidad fenoménica diferente en ti que tiene esos mismos efectos es más compleja y está construida *ad hoc*. Vendría a postular, pues, una diferencia sin ninguna prueba y sin ninguna razón para suponer que existe tal diferencia. [...] Mi conclusión final, en definitiva, es que para mí «es» racional aceptar que sientes dolor si te veo ensangrentado junto a tu bicicleta rota, porque esa es la hipótesis que me proporciona la mejor explicación posible de tu comportamiento en ese momento. Y lo que vale para el dolor vale también para el miedo o para la consciencia visual del color rojo. En realidad, sirve para las sensaciones y las experiencias en general.[3]

A veces, estas inferencias prometedoras quedan bloqueadas por un exceso de énfasis en una diferencia (o diferencias) entre los humanos y los otros animales. Un bloqueo muy habitual de ese tipo es el que resulta de lo que yo llamo el «falso encanto del lenguaje». Los científicos tienden a menudo a pensar que la consciencia humana tiene una estructura lingüística, y que una criatura desprovista de la facultad del lenguaje debe de poseer un tipo de consciencia completamente diferente, suponiendo que la posea siquiera. Pero, como es evidente, la experiencia perceptiva y emocional humana no siempre adopta una forma lingüística. Nos acostumbramos a informar de nuestra experiencia valiéndonos del lenguaje, pero eso solo es un ejercicio de traducción. No son frases que se nos pasen por la cabeza justo en el momento en que tenemos la experiencia (o, cuando menos, muchas veces no lo son). Estamos habituados a leer novelas en las que se dan detalladas descripciones lingüísticas de las experiencias humanas, pero esa no es más que una habilidosa representación en palabras de algo que tiene lugar en nuestras propias mentes de manera muy comprimida y con muy escasa elaboración verbal. Los novelistas llegan incluso a pormenorizar verbalmente la vida interior de los niños, pero son conscientes de que están intentando representar algo que no ocurre así dentro de la mente de ese pequeño. Tal como Henry James escribió en el prefacio de su novela *Lo que Maisie sabía*, «los niños cuentan con un poder de percepción que abarca mucho más que los términos que poseen para expresarse; su visión es en todo momento más rica [...] que el vocabulario al que pueden recurrir».[4] Pero esto puede decirse no solo de los niños; probablemente, nadie (salvo tal vez los novelistas... aunque tampoco del todo) maneja en el vertiginoso devenir de su vida una riqueza de vocabulario como la que se aprecia en las novelas. De ahí que Proust afirmara con osadía que la única vida plenamente realizada es la literaria, con lo que quiso decir que el rico lenguaje del novelista trasciende lo fragmentaria, lo monótona y lo empobrecida que casi siempre resulta la experiencia cotidiana. Pero no deberíamos creernos a Proust cuando sostiene que el lenguaje del novelista es superior a las experiencias cotidianas de la mayoría de las personas. Lo que sí deberíamos recordar siempre es que es muy diferente de estas.

La experiencia humana, en definitiva, dista mucho de ser novelística y, por lo general, ni siquiera es especialmente verbal, sino que suele valerse de representaciones gráficas (visuales) y sónicas. Tampoco cuando una experiencia se caracteriza por cierta verbalidad es tan nítida y precisa como aspira a serlo la frase que la describe. Y ni aun en las raras ocasiones en que nuestra experiencia se estructura conforme a patrones sofisticados, estos tienen por qué ser todos lingüísticos; algunos serán gráficos o incluso musicales. Todos iniciamos nuestras vidas sin saber usar el lenguaje y sin ni tan solo saber cómo diferenciar nuestros propios cuerpos de los de otros. Aun así, en tan temprana fase, tenemos percepciones y emociones profundas y potentes, muchas de las cuales perviven e influyen en la consciencia adulta.

Cuando los novelistas tratan de escribir desde el punto de vista de un animal no humano, se les acusa de incurrir en un antropomorfismo ilegítimo. Algunas de esas críticas son merecidas si el novelista en cuestión no se ha molestado siquiera en investigar el mundo vital de ese tipo de criatura y se ha limitado perezosamente a imaginarse al animal como si fuera poco menos que un humano disfrazado. Pero los novelistas no siempre pecan de esto.[5] Además, lo que olvidan estos críticos es que una novela que describe el mundo desde los puntos de vista de diversos personajes humanos también peca de antropomorfismo, si lo podemos llamar así, pues se erige sobre la ficción de que nuestros fragmentarios y caóticos fueros internos se articulan a modo de nítidas y elocuentes frases características del «ser humano» como constructo literario.

Es muy difícil escapar a ese falso encanto del lenguaje. No lo es menos —y por razones conectadas con el anterior— apartarse del «falso atractivo de la metacognición». Muchas personas, entre las que se incluyen también científicos y filósofos, están encandiladas por la idea de que lo que separa a los seres humanos de las demás criaturas es su autoconciencia reflexiva, es decir, la conciencia que cada uno de nosotros tiene de sus propios estados mentales. A veces, se llega incluso a definir la consciencia en términos de tales metacogniciones, y se sostiene que, sin estas, no puede haber consciencia como tal. Pero tal y como Tye (y otros autores) ha argumentado de modo muy convincente —y cuesta entender que nadie haya podido sostener alguna vez una posición diferente en este terreno—, la mayor parte de nuestra experiencia está desprovista de esa consciencia reflexiva de lo que hacemos durante nuestra vida cotidiana. Vemos, oímos, sentimos. Tenemos una sensación de las cosas, y las cosas tienen un aspecto para nosotros; aun así, la mayor parte del tiempo no proyectamos sobre esos estados el haz de luz de la reflexión, aunque tampoco cabe duda de que en algunas ocasiones sí lo hacemos. El falso encanto en este caso es doble, pues, por un lado, nos llama a pensar que esa facultad concreta de reflexionar sobre los estados propios individuales es una condición necesaria para sentir dolor y para tener otras muchas experiencias subjetivas. Pero eso es falso, tal como comprobamos a diario. Y, en segundo lugar, nos lleva a engaño al hacernos creer que solo los humanos poseemos ese rasgo, cuando los experimentos han demostrado que no pocos animales lo poseen también. No hace falta que busquemos un rayo de luz eminente en el interior de sus cabezas para descubrirlo; podemos inferir esa facultad simplemente a partir de lo que son capaces de hacer. Una práctica clave en ese sentido es el engaño. Un animal no puede engañar a otro (a propósito de dónde se encuentra uno de sus alimentos preferidos, por ejemplo) si no posee la capacidad de pensar en las apariencias, es decir, en cómo puede verse un determinado conjunto de indicadores desde la perspectiva de otro individuo y en cómo este puede interpretarlos. Como veremos más adelante, animales tan diferentes como los perros y los cuervos practican el engaño y, con ello, demuestran tener metacognición. La metacognición, pues, no es la prueba definitiva de la superioridad humana, ni tampoco es ninguna propiedad especial y excepcional de las personas. Solo es una aptitud corriente y de gran utilidad para muchas criaturas, a las que ayuda a ocultarse y a engañar, entre otras muchas cosas. Más adelante ofreceremos otro ejemplo de ello cuando nos refiramos a que hay aves que probablemente necesitan tener la capacidad de pensar en cómo una hembra verá esa enramada tan elaborada que están fabricando, o cómo percibirá ese canto que están ensayando sin descanso, igual que hacemos nosotros cuando seleccionamos una prenda nueva y nos imaginamos qué impresión causará en los demás (y en algunos en particular).

La metacognición nos resulta útil para demostrar la existencia de la consciencia, aunque solo represente una pequeña parte de esta. Si descubrimos una criatura capaz de engañar a otra de un modo que demuestre que es consciente de que el mundo debe de tener un aspecto subjetivo para esa criatura a la que está engañando, entonces sabremos que, por fuerza, está dotada de una consciencia básica: el mundo tiene un cierto aspecto para ella también.[6] En ocasiones, esto puede ser especialmente útil para los investigadores, sobre todo cuando nos inclinamos con fuerza por dudar de que alguna criatura determinada perciba el mundo con un cierto aspecto o mediante una cierta sensación subjetiva. Desde luego, el análisis del engaño puede abrir muchas mentes en lo relativo a la consciencia de las aves, por ejemplo. Pero, en cualquier caso, la metacognición, aun siendo una condición suficiente de la consciencia corriente, no es una condición necesaria de esta.[7]

¿QUÉ ES LA SINTIENCIA Y CÓMO LA DETECTAMOS?

¿Cómo sabemos qué criaturas poseen aquello que normalmente llamamos sintiencia? En primer lugar, necesitamos definir lo que buscamos.

Para empezar, siempre debemos tener en cuenta que los animales han evolucionado por selección natural. Sus atributos y aptitudes principales los benefician en algún sentido, pues, de otro modo, no habrían sido seleccionados por la evolución. Así pues, la sintiencia no es solo un rasgo llamativo y admirable, sino que también es útil, y eso lo debemos tener muy presente en todo momento para no dejarnos arrastrar por el hechizo de la subjetividad. La sintiencia hace algo bueno por la criatura en cuestión, pues, si no, no estaría ahí. Incluso Aristóteles —que no podía recurrir a la teoría de la selección que hoy conocemos— ponía ya el énfasis en que los animales eran sistemas teleológicos (orientados a fines) que trataban de sobrevivir y reproducirse, y añadía que estaban dotados solamente de aquellos sistemas y atributos que favorecían su sistema integrado de fines. Aristóteles no sabía nada sobre la evolución, pero nosotros, que sí sabemos cómo funciona, tenemos más motivos aún para creer que la mayoría de las estructuras que advertimos en los animales están ahí con alguna finalidad. Obviamente, siempre hay alguna que otra cosa carente de utilidad. (Aristóteles, por ejemplo, mencionaba el apéndice.) Pero, en general, todo está ahí «por algo», y todas esas facultades se integran en una forma de vida que funciona en su conjunto. Así que, ahora que sí conocemos la teoría de la evolución, tenemos más motivos aún para seguir el enfoque de Aristóteles y para preferir aquellas explicaciones que nos muestren de qué modo son funcionales las cosas y aptas para un objetivo.

Pues bien, los científicos dividen la «sintiencia» en tres elementos:

1. La nocicepción, que significa literalmente la «captación de lo dañino».
2. La consciencia sensorial subjetiva: el hecho de que la criatura perciba que el mundo tiene un cierto aspecto para ella o le produce una cierta sensación subjetiva.
3. Un sentido de la significación o la relevancia.

Los científicos tienden a centrarse obsesivamente en el dolor; de ahí que la primera categoría sea la nocicepción, la consciencia de lo que es dañino, una facultad necesaria para sobrevivir y para desencadenar respuestas elusivas. Ahora bien, dado que nuestro enfoque es más integral y abarca la aptitud y el conato, también deberíamos incluir la consciencia de las cosas que son buenas para la criatura, una consciencia que la mueve a buscar o conseguir aquello que le favorece. Aristóteles imaginó el caso de un animal sediento que se decía a sí mismo: «Bebe por mí», y que, luego, afortunado de encontrar agua, se decía: «Aquí tienes bebida».[8] «Aquí tienes bebida» sería como el negativo de la nocicepción: sería la percepción de lo bueno. Los animales necesitan tener la conciencia de dónde podrán encontrar comida y bebida en no menor medida en que necesitan la facultad de evitar el dolor y el peligro. Así que englobémoslo todo bajo el concepto de la «captación de lo que es bueno y de lo que es malo».

Ahora bien, una criatura podría tener esa aptitud sin por ello dejar de ser un autómata que reacciona a los estímulos sin sentir consciencia alguna. Los científicos suelen usar el término «nocicepción» para referirse a una operación refleja del sistema nervioso periférico que, en sí misma, no implica ninguna consciencia subjetiva de dolor.[9] (Al centrarse en el dolor, carecen de un término correspondiente para la consciencia refleja de la comida o de otras cosas buenas.) Y algunas criaturas, según parece, sí son más o menos autómatas. (Aquí argumentaré que no solo las plantas, sino también algunos animales son así.) Por lo tanto, lo segundo que buscamos, además, es la consciencia subjetiva: el hecho de que el mundo tenga un determinado aspecto para la criatura en cuestión, o el hecho de que esta tenga un punto de vista que sienta como tal. De nuevo, olvidémonos de centrarnos obsesivamente en el dolor. Pensemos, por ejemplo, en el hecho de ver colores, o de sentir deseo y placer, además de dolor y sufrimiento. El dolor protagoniza muchas investigaciones de este tipo porque es más fácil de contrastar empíricamente que otros estados subjetivos, pero no deberíamos olvidarnos de las muy diversas necesidades que tiene una criatura. Todo esto es lo que comprende nuestro concepto corriente de la consciencia.

Para poner un ejemplo de consciencia corriente en acción en una criatura inteligente, hemos de traducir sus pensamientos a nuestro lenguaje, y tenemos que hacerlo sin florituras poéticas, ya que la consciencia de la mayoría de los animales inteligentes es sumamente práctica. Permítanme, pues, que vuelva sobre el caso de la Emperatriz de Blandings, ya que Wodehouse supo captar con gran perspicacia y humor la clase de pensamientos que una cerda tan impresionante como aquella podría haber tenido tras haber sido raptada, transportada por todo Shropshire y, finalmente, devuelta a la pocilga que era su hogar:

> Miró a su alrededor, feliz de estar de regreso en el entorno familiar de siempre. Era agradable sentirse instalada de nuevo. Sabía tomarse las cosas con filosofía y podía aceptarlas tal como vinieran, pero le gustaba la vida tranquila como al que más. Todo aquel trasiego en automóviles y el que la abandonaran en cocinas extrañas no le hacía ningún bien a una cerda de costumbres tan regulares como ella.
>
> Parecía que había sustancias comestibles en el comedero que tenía al lado, así que se levantó y lo inspeccionó. Sí, eran sustancias... y claramente comestibles. Era un poco tarde, tal vez, pero un tentempié nunca venía mal. [...] Bajó su noble cabeza y se puso a ello.[10]

Esa descripción de Wodehouse no dista mucho del «silogismo práctico» aristotélico referido a los animales y formado por las premisas «bebe por mí» y «aquí tienes bebida», y cuya conclusión es la acción misma de beber.[11]

Ambos autores saben captar cómo se combinan la percepción y el deseo en una vida inteligente que busca cosas buenas diversas: comida, tranquilidad, estabilidad. Eso es la sintiencia cotidiana, y es evidente que la mayoría de los vertebrados están dotados de ella.

La consciencia subjetiva es útil para las criaturas. El dolor es un gran incentivador del movimiento «elusivo de» algo, igual que el deseo y el placer lo son del movimiento «tendente a» algo. Esto lo sabemos bien tras haber observado a seres humanos que han perdido la capacidad de sentir dolor en alguna parte de su cuerpo (por ejemplo, después de que les hayan extirpado los nervios de un brazo). Esas personas corren un alto riesgo de sufrir daños. Si es un brazo la parte afectada, el individuo en cuestión tendrá que vigilarlo todo el tiempo para que no entre en contacto con algo afilado, caliente o abrasivo en exceso, puesto que el dolor ya no estará ahí para informarle de cuándo tiene que retirar esa extremidad de inmediato. Es parecido a lo que ocurre cuando el dentista le administra anestesia local a un paciente y este se muerde y se hace daño en la lengua por ponerse a comer sin haber dejado pasar el tiempo suficiente para que se le pasara el efecto del fármaco. En definitiva, la consciencia subjetiva es muy útil y podemos entender por qué la naturaleza la seleccionó. No es un simple capricho superfluo, sino que forma parte del sistema de supervivencia de un animal. Es lógico que muchas criaturas la tengan.

Pero hay algo más. He mencionado antes el concepto de conato significativo. Las criaturas persiguen ciertos objetivos porque son cruciales para sus vidas e ignoran otros que son más banales. La experiencia sensorial les informa tanto de lo importante como de lo trivial, pero para elegir bien y poder actuar en el mundo, las criaturas necesitan un sentido de la significación, algo que les permita imprimir un «brío» adicional a ciertas experiencias, ya sea este de carácter elusivo o impulsor. Por lo general, se entiende que ese «brío» es el papel que la evolución ha delegado en las emociones. Hablaremos más adelante de esa función, pero, por el momento, bastará con que nos ciñamos a un caso más simple: el del dolor. Si un dolor es pequeño, puede que la criatura se mueva o no para evitarlo, pero si es grande, lo normal es que se produzca un movimiento elusivo de su parte. Ahora bien, esta supuesta norma tiene truco: a veces, es posible que el individuo en cuestión sienta incluso un dolor sustancial sin que eso le parezca malo. No es lo que ocurre en condiciones vitales normales, pero sabemos que algunos opiáceos (por ejemplo) funcionan exactamente así: la sensación está ahí, pero no nos importa. Lo que sucede en esos casos es un tipo de disociación. Pero eso nos permite ver que, en teoría al menos, la sensación y su significación pueden ir separadas. Es posible, por ejemplo, que un asceta muy creyente piense que el hambre está bien (o muy bien, incluso), porque es una señal de que está avanzando hacia su objetivo. Y son muchas las personas que han tenido en muchas ocasiones experiencias disociativas de ese tipo en lo relativo a sus deseos sexuales: sienten un impulso muy fuerte, pero lo perciben como una señal de pecado o de peligro y, por ello, no intentan satisfacerlo, sino evitarlo. Es probable que estas maneras de disociar la experiencia perceptiva del significado vital de la misma sean poco comunes en animales no humanos a los que no se inyecte algún tipo de droga que induzca tal disociación. Sus culturas no los han «deformado» en la misma forma y medida en que muchas culturas humanas nos deforman a nosotros. (Eso fue lo que Walt Whitman quiso decir cuando escribió: «Creo que podría volverme a vivir con los animales. [...] No permanecen desvelados en la noche ni lloran sus pecados».) Aun así, necesitamos incorporar en nuestra perspectiva la idea de la significación, pues sin ella la selección de movimientos y actividades sería probablemente aleatoria y desencaminada en cuanto a los objetivos de la criatura en cuestión. La Emperatriz de Blandings no solo vio que había sustancias comestibles en el comedero, sino que atribuyó una gran importancia a dichas sustancias.

Dado que la subjetividad y el significado suelen ir de la mano, y puesto que, desde luego, la subjetividad serviría de poco si no comunicara objetivos que tengan una significación para las actividades del animal, la verdadera pregunta es si estamos en disposición de atribuir consciencia subjetiva a los animales. Algunos científicos son escépticos al respecto. Así, Marian Stamp Dawkins ha comentado:

> ¿Son los animales conscientes como nosotros porque poseen muchas estructuras cerebrales comunes con las nuestras, o no son como nosotros porque carecen de cierta vía neural crucial y eso les impide dar el salto que necesitarían dar para llegar a la experiencia consciente? [...] El hecho de que cueste tanto precisar la fuente de nuestra propia consciencia y vincularla a unas estructuras neurales determinadas nos deja, por el momento, en una situación de absoluta incapacidad para distinguir entre esas dos perspectivas totalmente opuestas sobre la consciencia animal.[12]

Si nos fijamos bien, Dawkins habla de la consciencia como si esta fuera un ente misterioso y, hasta cierto punto, oculto. No parece que se esté refiriendo a aquello de lo que he estado hablando aquí, es decir, a la consciencia subjetiva cotidiana corriente de los objetos. Si lo hiciera —como Tye sí que hace de forma reiterada y efectiva—, sería extraño tratarla como algo misterioso y desconocido. Las explicaciones de la conducta que apelan a estructuras psicológicas sin reducirlas indefectiblemente a algún mecanismo neural particular son preferibles, en realidad, a las explicaciones reduccionistas cuando estamos hablando de comportamientos que se pueden llevar a cabo de múltiples formas y activando diferentes estructuras neurales, pues las explicaciones del primer tipo son más simples y poseen un mayor poder predictivo.

Lo mismo ocurre con la geometría. Por ejemplo, para explicar por qué una esfera de bronce de radio *r* puede pasar por un aro de madera de radio ligeramente mayor que *r*, no necesitamos invocar gráficas atómicas que nos proporcionen todas las trayectorias específicas de los átomos del bronce y de la madera, respectivamente, aun en el caso de que las conociéramos realmente. Ese nivel de especificidad es irrelevante y no hace más que saturar nuestra mente de material inservible a efectos de capacidad predictiva. Las leyes de la geometría nos proporcionan una explicación válida para este caso y también para un número indefinido de casos más, ya sea con esferas hechas de oro, de mármol o de cualquier otro material sólido, y lo mismo podemos decir de los aros. Nadie está afirmando que esas esferas estén hechas de materiales concretos diferentes, sino, simplemente, que la especificidad del material no sirve de nada a la hora de explicar lo que queremos explicar.[13]

Existen muy buenos motivos para que casi todos los científicos actuales atribuyan experiencia subjetiva (y un sentido de la significación o la relevancia) a muchos animales. Y es que, para empezar, el dolor es un muy buen enseñante de conductas protectoras de la propia vida, ya que alerta a los animales sobre un peligro que podría provocarles una discapacidad o incluso la muerte, y entrena también la memoria, con lo que mueve a las criaturas a evitar el mismo tipo de suceso que les ha causado dolor en el pasado.[14] (Así es como la Emperatriz de Blandings ha aprendido que prefiere quedarse en su propia pocilga y que siente aversión a los medios de transporte inciertos.) Y lo mismo ocurre —aunque en sentido contrario— con las cosas buenas.

CONFIRMACIÓN EXPERIMENTAL: EL CASO DE LOS PECES

Ahora bien, aunque estemos dispuestos a creer que las conductas similares precisan de explicaciones similares, y que, si la consciencia es un factor crucial en nuestro caso, cabe presuponer que también lo será en el caso de los animales que se orientan a unos objetivos y evitan otros, todavía nos quedará una labor importante por realizar. Y es que, en particular, en aquellos casos en los que las estructuras neurales son profundamente diferentes, es clave contrastar experimentalmente el comportamiento relevante para ver hasta qué punto son válidas nuestras hipótesis de trabajo. Repito: buscamos la presencia de consciencia subjetiva. A nivel experimental, casi siempre vamos a encontrarla en áreas que tengan también importancia o significación para la criatura en cuestión, porque la consciencia de cosas banales no suele modificar las conductas.

La mayoría de los científicos experimentales han llegado a la conclusión de que los peces sienten dolor.[15] Las líderes de ese bando son las biólogas Victoria Braithwaite (de la Universidad Estatal de Pensilvania) y Lynne Sneddon (de la Universidad de Liverpool). Pero también hay escépticos: en 2013, James Rose, catedrático emérito de la Universidad de Wyoming, publicó un artículo con otros seis colegas en la revista *Fish and Fisheries* titulado «¿De verdad pueden sentir dolor los peces?», una pregunta que respondían con una negación.[16] El enfoque del «no» adoptado por estos autores suscita muchas preguntas, pues parten de la premisa de que solo las criaturas con neocórtex pueden sentir dolor; según ese punto de vista, y dado que los peces, como es obvio, carecen de neocórtex, estos no pueden sentir realmente dolor, sugieran lo que sugieran los experimentos. Ahora bien, nunca es buen método enunciar tu propia conclusión como premisa inicial de tu argumento y, por ello, ni siquiera estoy segura de que ese artículo merezca ser rebatido. Uno de sus problemas obvios es que, actualmente, existe ya un aplastante consenso favorable a la idea de que las aves tienen experiencias subjetivas de muchos tipos... ¡a pesar de que no tengan neocórtex! De todos modos, vale la pena que analicemos por qué Braithwaite y Sneddon concluyeron que los peces sienten dolor, pues, a fin de cuentas, ya hemos subrayado aquí que la nocicepción no es condición suficiente de la consciencia subjetiva. (Más adelante, veremos que algunas criaturas poseen nocicepción y muestran conductas de evitación sin tener consciencia subjetiva.)

Lo cierto es que los ingeniosos experimentos de las investigadoras, resumidos en el libro de Braithwaite *Do Fish Feel Pain?* («¿Sienten dolor los peces?»),[17] son bastante convincentes. Lo primero que hicieron fue examinar detenidamente la neuroanatomía de los peces, y hallaron en ella nervios que contienen fibras tanto de tipo A delta como de tipo C, los dos que se asocian con el dolor tanto en humanos como en otros mamíferos. Las fibras A delta señalan el dolor agudo inicial de una lesión (por ejemplo, cuando tocamos un fogón caliente), mientras que las C señalan la sensación subsiguiente del daño sufrido, que normalmente es más sorda y pulsátil. De ahí cabe deducir ya de entrada, pues, que, aunque los peces no tengan neocórtex, sí que cuentan con el equipo fisiológico adecuado. A continuación, Braithwaite y Sneddon sometieron la piel de varias truchas a estímulos dolorosos justo en el área donde habían detectado la presencia de tejido nervioso sensible.[18] Para ello, crearon cuatro grupos de tratamiento: a las truchas del primero les inyectaron veneno de abeja; a las del segundo, vinagre; a las del tercero, una solución salina neutra, y a las del cuarto, las manejaron como a las demás pero sin inyectarles nada (lo hicieron para descartar posibles efectos conductuales resultantes de ese manejo). Los peces de los dos primeros grupos dieron muestras evidentes de sufrimiento (aumento de las pulsaciones de sus agallas, frotamiento de labios contra las paredes del tanque, balanceos de lado a lado), pero no así los del tercero. El paso siguiente de las investigadoras se basó en un supuesto fáctico muy simple: las criaturas a las que se administre una droga con efectos analgésicos —como la morfina— dejarán de sentir dolor, ¿no? (De hecho, ya se sabía que los peces responden físicamente a la morfina.) Y así fue: la administración de morfina suprimió la reacción conductual asociada al sufrimiento.

Todo esto era muy indicativo, pues, de que los peces «sentían» dolor y no se estaban limitando a manifestar conductas nociceptivas reflejas. El paso siguiente confirmó esa conclusión. Los peces suelen mostrar mucha atención a cualquier objeto nuevo que se introduce de repente en su entorno. Las experimentadoras fabricaron una torre de piezas de Lego rojas y la sumergieron en el tanque de las truchas. Los peces a los que no les habían inyectado nada evitaron la torre, pero aquellos a los que sí les habían introducido sustancias dolorosas no modificaron su comportamiento como lo habrían hecho normalmente. Era como si no fueran capaces de funcionar de la forma adecuada: vagaban por la zona donde se encontraba el objeto extraño como si nada, aparentemente distraídos de la presencia de este. Este cambio conductual sugiere que realmente estaban sintiendo una señal lo bastante potente para distraerlos y modificar la consciencia que pudieran tener de otras partes de su entorno. Pero la prueba definitiva llegó cuando las investigadoras administraron morfina a los peces de los grupos uno y dos, y estos volvieron de nuevo a evidenciar su comportamiento atento y vigilante de siempre.[19] Braithwaite nos recuerda que este experimento fue muy diferente de otro que se hizo con caracoles, en el que la morfina sirvió para bloquear una señal nerviosa nociceptiva que estimula una respuesta refleja; en el caso de los peces, sin embargo, «la evitación del objeto novedoso no es una reacción refleja, porque implica consciencia, que es un proceso cognitivo; y es el proceso cognitivo lo que se ve disminuido por la sensación subjetiva provocada por el ácido acético».[20]

A lo largo de los años, se han llevado a cabo diversas variantes de estos mismos experimentos —sobre las que no me extenderé aquí— que no han hecho más que confirmar las conclusiones del mencionado equipo de investigadoras.

Tres son, en definitiva, las vías de confirmación experimental halladas en los experimentos: (1) la neuroanatomía, (2) una conducta cuya mejor explicación posible es la presencia de una sensación subjetiva de dolor, y (3) la significación del dolor para unos objetivos (tanto para perseguirlos como para evitarlos).

LAS EMOCIONES, UN MAPA DE CARRETERAS DE LA SIGNIFICACIÓN

Los animales tienen normalmente muchos estados de sensación subjetiva, pero ahora sabemos que también poseen otro atributo estrechamente relacionado con aquellos: emociones. Esto significa que no solo sienten «dolor», sino también «miedo», entre otras cosas. Y entre esas cosas, dependiendo del animal y de su forma de vida y cognición, se encuentran la «alegría», la «pena» (si la criatura tiene una noción de la muerte y de la pérdida de lo que le es preciado), la «ira» (si la criatura posee una capacidad de razonamiento causal), la «compasión» (si la criatura sabe distinguir con claridad entre sí misma y otras, y tiene además cierta capacidad de «empatía», que yo defino como el ponerse uno mismo imaginativamente en el sitio del otro), y tal vez la «envidia» y los «celos». Como el biólogo —y gran experto en este tema— Frans de Waal ha subrayado en un libro reciente, todos estos son términos que designan categorías genéricas, pero en el mundo real solemos encontrar muchas emociones mixtas y muchas distinciones sutiles entre las especies.[21]

Las emociones suelen ir íntimamente ligadas a las sensaciones, pero no son reducibles a estas porque implican algo más que la percepción de una punzada (por ejemplo): entrañan cierta cognición de algo importante (bueno o malo). Es en las emociones donde traspasamos definitivamente la frontera que separa la subjetividad de la significación, el tercer punto de mi lista. Desde los tiempos en que los conductistas creían que ninguna psicología avanzada del comportamiento animal (o humano) podía remitirse a las emociones, hemos dado un giro de ciento ochenta grados y hoy los biólogos ven en estas un elemento clave para la aptitud evolutiva de animales y humanos.

Los animales necesitan adquirir consciencia de cómo están las cosas en el mundo con respecto a sus propios objetivos y proyectos más importantes. Las emociones cubren esa necesidad: vienen a ser, en la práctica, cogniciones de lo relevante, de aquello que el gran psicólogo Richard Lazarus llamó los «temas relacionales centrales».[22] Tal como nos recuerda Frans de Waal, antes los neurocientíficos —como otros muchos humanos (y, entre ellos, los filósofos en no poca medida)— menospreciaban las emociones, que comparaban desfavorablemente con la «razón». Pero ya no es así: «Como resultado de las observaciones de Damasio y muchos otros estudios posteriores, la neurociencia moderna ya no concibe la emoción y la racionalidad como fuerzas opuestas, como el aceite y el agua, que no se mezclan. Las emociones son una parte esencial de nuestro intelecto».[23]

¿Cuáles fueron esas observaciones de Damasio?[24] El tema de interés prioritario para Antonio Damasio en su libro *El error de Descartes* es convencer al lector de que la distinción entre emoción y razón es incorrecta y engañosa: las emociones son formas de consciencia inteligente. Son «tan cognitivas como otras percepciones»[25] y proporcionan al organismo aspectos esenciales de su razón práctica. Funcionan como «guías internas» sobre la relación entre el sujeto y sus circunstancias.[26] Y la finalidad secundaria del autor en ese libro es mostrarnos que el funcionamiento emocional de los seres humanos está conectado con unos centros particulares en el cerebro.

El caso que Damasio toma como punto de partida es la triste historia de Phineas Gage, un capataz de obras que, en 1848, sufrió un rocambolesco accidente: una explosión le insertó una barra de hierro en el cerebro. Gage no murió, sino que, de hecho, se recuperó de manera asombrosa. Sus conocimientos y sus capacidades perceptivas permanecieron inalterados, pero su vida emocional cambió por completo. Parecía haberse vuelto un niño de nuevo, sin un sentido estable de lo que era importante y lo que no lo era. De pronto, pasó a ser alguien dado a arrebatos, desmedido, obsceno. Era como si ninguna cosa le importara más que otra. Se le veía sorprendentemente desapegado de la realidad de su conducta. Así que no podía tomar buenas decisiones y tampoco podía mantener buenas relaciones con la gente que le rodeaba.

Damasio descubrió casualmente a un Gage moderno en la persona de un paciente llamado Elliot, un antiguo empresario de éxito que había desarrollado un tumor cerebral benigno. Elliot era una persona extrañamente fría, desapegada e irónica, indiferente incluso a que otros hablaran inmiscuyéndose en sus temas personales: era como si la cosa no fuera con él. Antes no era así; antes era un marido y padre afectuoso. Conservaba muchas de sus funciones cognitivas: podía realizar cálculos, tenía buena memoria para las fechas y los nombres, y podía hablar de temas abstractos y de la actualidad mundial general. Tras someterse a una cirugía para extirparle el tumor (por la que le retiraron también parte del lóbulo frontal afectado), perdió más capacidad todavía para preocuparse por las cosas o para ordenar prioridades. Podía ceñirse obsesivamente a una tarea y ejecutarla a la perfección, pero, de pronto, en un impulso, podía centrar su atención en otra cosa y comenzar a hacer algo completamente diferente. «Se podría decir que Elliot se había vuelto irracional respecto al marco general de su conducta, el relativo a su principal prioridad.»[27] En los test de inteligencia, Elliot no mostraba disminución alguna de sus aptitudes. Incluso las tareas cognitivas (como ordenar y clasificar cosas, etcétera), que se suelen usar para comprobar la existencia de daños en el lóbulo frontal, eran pan comido para él. Los test estándar del CI revelaban que el suyo era un intelecto superior. Dos cosas no estaban bien: sus emociones y sus capacidades para establecer prioridades y tomar decisiones. En el plano emocional, carecía de toda conciencia de estarse jugando algo en los acontecimientos de su vida (que él era perfectamente capaz de relatar con absoluta frialdad). «Siempre conservaba el control, siempre describía las escenas como si fuera un espectador desapasionado y distante. No había ni rastro de que tuviera conciencia alguna de su propio sufrimiento, aun cuando él fuera el protagonista. [...] Parecía afrontar la vida con el mismo tono neutro todo el rato.»[28] La hipótesis de Damasio era que ese desprendimiento emocional de Elliot —que parecía claramente ligado al daño cerebral que había sufrido (el propio Elliot recordaba que antes era diferente)— era lo que explicaba su incapacidad para tomar decisiones. ¿Cómo puede alguien fijar bien las prioridades de su vida si nada le parece más importante que lo demás? Por mucho que Elliot pudiera razonar perfectamente ante cualquier problema, carecía de la implicación que necesitaba para tener una idea de qué hacer.[29]

La investigación de Damasio confirma los trabajos de Lazarus y otros psicólogos cognitivos: las emociones proporcionan al animal (en este caso, humano) un mapa de la relación del mundo con su propio conjunto de objetivos y proyectos. La ausencia de ese sentido frustra tanto la toma de decisiones como la acción. Damasio sugiere, además, que estos mecanismos se asientan en una región específica del lóbulo frontal, la que se sabía que había quedado afectada por la operación a la que se había sometido Elliot y que es la misma que, según ha deducido un colega de Damasio, fue la dañada en su día por la lesión cerebral sufrida por Phineas Gage. Estas conclusiones son sumamente interesantes. No apuntan, ni mucho menos, en el sentido de que las emociones sean procesos fisiológicos no intencionales; al contrario: el argumento de Damasio es fuertemente antirreduccionista. Todos los procesos cognitivos tienen su origen en el funcionamiento cerebral, pero eso no significa que debamos concebirlos como sensaciones no cognitivas. Pues lo mismo viene a decirnos Damasio a propósito de las emociones: nos ayudan a poner en orden la relación entre nosotros mismos y el mundo. Pero el hecho de que el funcionamiento sano de un área concreta del cerebro sea necesario para esos procesos resulta relevante y muy interesante, aunque necesitaríamos informarnos a ese respecto sobre cada especie y, en especial, sobre criaturas como las aves, que poseen una neuroanatomía muy diferente.

Esas son las conclusiones a las que se refiere De Waal. Como él bien dice, estos estudios y otros relacionados han reorientado las actitudes de los científicos ante las emociones y la inteligencia animal. De hecho, De Waal llega a la conclusión de que, aunque es evidente que la mayoría de los animales tienen sensaciones de muchos tipos, sabemos mucho menos sobre ellas (sobre sus sensaciones, repito) que sobre sus emociones, ya que estas últimas, al estar firmemente ligadas al mundo y a la acción, y al ser partes del sistema inteligente de un animal para afrontar su vida, son tan accesibles como lo son las creencias como parte de la explicación de la conducta de ese animal, mientras que las sensaciones, aun estando ahí, suelen resultarnos más elusivas: lo que se siente —desde el punto de vista subjetivo— siendo un animal de un tipo u otro siempre permanecerá envuelto en un cierto misterio para nosotros, aun cuando la sensación del dolor sea probablemente una excepción que confirma esa regla. Las emociones normalmente se viven como sensaciones de algún tipo, pero hay poca regularidad en esas sensaciones, ni siquiera dentro de una misma especie. A veces, además, las emociones se interiorizan y no forman parte de la consciencia propiamente dicha, como sucede con el miedo a la muerte que guía nuestras acciones en todo momento, pero que rara vez advertimos, y que, desde luego, no siempre viene acompañado de temblores ni estremecimiento.

SINTIENCIA Y CONATO

Hemos llegado al punto en que podemos ya esbozar cómo es la vida de la clase de criatura que nuestra teoría de la justicia tiene en mente: una vida dotada de un conato significativo. Dos son los ingredientes adicionales requeridos para ello: el deseo y el movimiento de un lugar a otro. (Ambos aparecían ya subrayados en la obra de Aristóteles.) La percepción y las sensaciones subjetivas —incluidas las de placer y las de dolor—, sumadas a la información sobre lo bueno y lo malo que transmiten las emociones, avisan al animal de dónde se encuentran las ventajas y los perjuicios. Esto, a su vez, desencadena un deseo favorable o una aversión, lo que, normalmente, y a igualdad de todos los demás factores, provoca un movimiento de acercamiento o de alejamiento. Algunos aspectos de la sintiencia (y, en particular, el dolor y el placer) suelen ir conceptualmente ligados a deseos y a tendencias a actuar, y las emociones van muy estrechamente ligadas a tales deseos y tendencias. El deseo y la emoción son coincidentes con la percepción siempre que el animal se mueve de un lugar a otro en pos de sus objetivos. Aun así, el miedo no garantiza un movimiento de alejamiento, ya que pueden intervenir otros factores emocionales (como, por ejemplo, el amor a los hijos). Y algunas emociones solo presentan tendencias a actuar poco claras y bastante generales: el amor y la compasión suelen derivar en una conducta de ayuda, pero esa conexión con la acción puede romperse por la distancia o por falta de una vía clara para avanzar. Por eso el «silogismo práctico» de Aristóteles para los animales siempre incluye un paso que él llama «premisa de lo posible» —por ejemplo: «Aquí tienes bebida»—[30] y que consiste en algo que se presenta como una salida hacia delante en las circunstancias que se están dando en ese momento presente. Si un animal es capaz de planificar, ese paso podría ser simplemente el primero de una cadena que conduzca al buen resultado final perseguido. Por ejemplo, los córvidos que ocultan su comida de tal forma que engañan a otros córvidos —valiéndose como guía de su propia experiencia como víctimas previas de robo— esconden ese alimento como un paso intermedio para disfrutar de él más tarde, dado el competitivo mundo en el que viven.

Estas aptitudes van muy unidas entre sí, pero no sin excepciones. Ya he comentado que hay criaturas que tienen nocicepción sin sintiencia. (Enseguida volveremos sobre esos casos.) Son criaturas que se mueven de un sitio a otro, pero que no cuentan con una percepción subjetiva, ni con emociones, ni con deseos (lo que sería una forma de subjetividad). Pero también hay otras criaturas que parecen moverse acercándose a, o alejándose de, cosas positivas (o negativas, respectivamente) para ellas sin poseer el sistema físico propio de la nocicepción (ese sería el caso de los peces cartilaginosos). Y algunas criaturas (aquellas a las que Aristóteles llamó «animales estacionarios», como las esponjas, las anémonas, etcétera) puede que tengan cierta capacidad para evitar lo que las perjudica aun sin estar dotadas de sintiencia ni de la capacidad de moverse de un lugar a otro con todo su cuerpo. Más adelante, nos ocuparemos de estos casos límite. De momento, lo que estoy afirmando es que una condición necesaria y suficiente para que una criatura sea sujeto de una teoría de la justicia es que posea lo que podríamos llamar el «lote estándar completo de los animales»: sintiencia, emociones, consciencia cognitiva de los objetos, y movimiento de aproximación a lo bueno y de alejamiento de lo malo. Para esa criatura, el mundo debe estar dotado de un significado: debe experimentar subjetivamente las cosas como algo relevante para su propio bienestar, y reaccionar favorablemente a lo bueno por bueno y desfavorablemente a lo malo por malo. Retomamos aquí la que podemos considerar como la gran verdad del utilitarismo: la existencia de una línea divisoria en la naturaleza definida por la sintiencia, el gran factor unificador de los animales. Aun así, necesitamos postular esa verdad en un sentido más amplio: la sintiencia no consiste solamente en la facultad de sentir dolor (y placer), sino también en la de tener experiencias perceptivas subjetivas de múltiples tipos, experiencias emocionales, y la consciencia cognitiva de lo bueno y lo malo. Ahí quedaría incluida, pues, la totalidad de lo que he denominado el «lote estándar».

Supongamos que descubriéramos una criatura que tratara de llevar una forma de vida típica de su especie, que se moviera hacia lo bueno y se alejara de lo malo, pero que hubiera perdido (o nunca hubiera tenido) la facultad de sentir dolor y placer (tal vez por culpa de alguna lesión en su sistema nervioso simpático). ¿Estaría esa criatura cubierta por mi teoría de la justicia o no? ¿Cometeríamos una injusticia si le infligiéramos un trato que sería normalmente doloroso para otras? (De hecho, Tye describe un caso real de ese tipo: una niña que nació sin la capacidad de sentir dolor.)[31] En primer lugar, en mi teoría, el dolor es un umbral, pero no es lo único que importa, y esta mermada criatura sigue siendo muy diferente de otra cuyo modo de vida completo implique un movimiento robótico no sintiente. El dolor no es la única forma de sintiencia (es decir, de que el mundo tenga un aspecto subjetivo para la criatura en cuestión), si bien sí es una forma especialmente extendida y, por ese motivo, resulta fácil tomarla como referencia a la hora de realizar experimentos. La sintiencia es consciencia subjetiva y esta puede darse en múltiples variedades, incluida la consciencia subjetiva visual, auditiva y sensorial en general. La criatura imaginaria a la que me estoy refiriendo aquí padece una lesión y, por lo tanto, dado que su forma de vida incluiría normalmente una sintiencia del dolor, lo más probable es que su esperanza de vida sea corta. El dolor es útil (crucial, de hecho) para las criaturas que pueden sentirlo. Esta criatura tendrá que estar en alerta constante para no cortarse, quemarse o lo que sea que pueda perjudicarla gravemente. Pero eso significa que, para poder sobrevivir, siquiera por un día, deberá contar con algún tipo de sintiencia en mi sentido ampliado del término (principalmente, algún tipo de consciencia perceptiva), aunque esta no incluya la capacidad de sentir dolor. Deberá vigilar sus miembros con algún tipo de percepción que registre subjetivamente la información necesaria, y ser constantemente consciente de ellos. Aunque algunos de sus sentidos estén dañados (en este caso, el sentido del tacto), seguirá siendo sintiente. Helen Keller no podía ver ni oír, pero era muy sensible al tacto y usaba ese sentido para mantenerse viva y comunicarse. Por lo tanto, esa otra criatura (una especie de negativo fotográfico de Helen Keller) es un sujeto de justicia, aunque infortunado y muy vulnerable. La teoría concierne a la forma de vida en su conjunto y no al dolor como si este fuera lo único importante (como lo era para Bentham). Si detectamos consciencia conativa y subjetiva de algún tipo, por mermada que esté, entonces la criatura es sintiente. Esos casos atípicos se pueden abordar uno por uno, pero, a la hora de exponer nuestra idea del umbral de la teoría de la justicia, normalmente deberíamos guiarnos por los rasgos normales esperados para cada especie. El objetivo de la teoría es proteger a individuos, pero, desde el punto de vista epistémico, es por la especie por donde estamos mejor preparados para empezar.

Esto nos lleva a otra importante observación. Para que una criatura tenga una vida floreciente, necesita poseer —en la medida de lo posible— aquellas facultades que la capaciten para formar parte de la comunidad de su propia especie. Es en esta donde podrá encontrar amistad y comunidad, así como descendencia y familia (aun cuando para algunas criaturas, como es el caso de los perros, la comunidad relevante pueda incluir también a miembros de otras especies). De ahí que sea tan crucial enseñar a los niños con discapacidades cognitivas a usar algún tipo de lenguaje, como el de signos, por ejemplo, pero no sea en absoluto importante enseñárselo a los chimpancés. (Pueden aprenderlo, está claro, pero no desempeña papel alguno en su forma de convivir con otros chimpancés.) Así pues, cuando detectemos casos de discapacidad en otras especies, será igualmente importante que nos esforcemos todo lo posible por hacer que la criatura discapacitada entre en contacto con las facultades características de la comunidad de su especie, ya sea individualmente o con algún tipo de ayuda extra. Por ejemplo, un pastor alemán con displasia de cadera puede llevar una buena vida si se le acopla una silla de ruedas para sus patas traseras. Y existen innumerables casos similares en los que la vida de una criatura puede estar relativamente completa con un poco de complementación. (En el caso de los perros, en cuya comunidad figuran de manera destacada los seres humanos, esa complementación es importante para su integración en dicha comunidad ampliada, que va más allá de la puramente canina.) Por lo tanto, en el caso de mi criatura hipotética que no es capaz de sentir dolor (y, al parecer, hay aproximadamente un centenar de seres humanos en el mundo que tienen también ese defecto), sería importante que nos preguntáramos qué forma de vida podemos imaginar que remedie esa discapacidad. Si no hay ninguna, entonces las deficiencias de la criatura tendrán que compensarse con la intervención de sustitutos atentos. En definitiva, desde el punto de vista epistémico, primero construimos la teoría de la justicia en torno a la norma de cada especie, y luego tratamos de extender esa justicia a todos y cada uno de los miembros de la especie.

Al hacerlo, siempre deberíamos tener en mente que una amplia variedad de criaturas aprenden sus aptitudes y habilidades porque se las enseñan dentro de la cultura del grupo de su especie al que pertenecen, y no solo por herencia genética (véase el capítulo 4). Puede que sí se herede una tendencia general, pero su materialización específica depende a menudo de un aprendizaje cultural, y ese es un motivo por el que la presencia de un grupo representativo de la especie es tan esencial para el florecimiento animal.

El conato significativo, pues, incluye la percepción subjetiva de lo que es beneficioso y de lo que es perjudicial (el mundo tiene ese aspecto para el animal), pero también diversas actitudes subjetivas, como el dolor y el placer, y, además, numerosos estados subjetivos más que motivan la conducta: concretamente, deseos y emociones. Todos los animales sintientes que estamos describiendo aquí cuentan con todas esas facultades. Ahora debemos preguntarnos qué importancia tiene esto para una teoría de la justicia.

LAS CRIATURAS Y LA FRONTERA OPERATIVA

¿Dónde trazamos la línea, pues, en lo que a la justicia se refiere? ¿Qué criaturas están incluidas y cuáles parecen quedar excluidas a la luz de las pruebas y conocimientos de los que disponemos actualmente? Ante todo, debemos mantener siempre abiertos los ojos y la mente, y marcar la línea con humildad y provisionalidad, conscientes de que nuestros conocimientos son muy incompletos. La teoría sobre cómo debe ser una criatura para ser merecedora de justicia es mucho más segura de lo que lo son las conclusiones específicas sobre qué criaturas entran en ese grupo. Aun así, vale la pena que apliquemos la teoría general para tener un sentido general de adónde nos conduce. Dejaré a los mamíferos a un lado, pues resulta más que obvio, a la vista del consenso científico reinante, que mi teoría de la justicia los incluye a todos.

Peces

Los peces, como hemos visto, son sin duda criaturas sintientes y, no solo eso, sino también criaturas conativas y susceptibles de florecer, criaturas a las que mi teoría es perfectamente aplicable. Esto ha quedado ya demostrado a entera satisfacción de la inmensa mayoría de los científicos (y de mí misma). Aun así, hay mucho más que decir acerca de los peces, y los lectores podrán encontrarlo explicado de forma accesible en el libro de Balcombe. Estos animales son capaces de alcanzar sorprendentes hitos de inteligencia, incluida la inferencia transitiva.[32] Poseen una diversidad de modos sofisticados de «sentir» el mundo, entre los que destacan su aguda vista, su oído y su olfato, y registran esas sensaciones de forma subjetiva, como sabemos por los experimentos que han demostrado que también los peces son inducidos a engaño por las ilusiones ópticas.[33] Poseen incluso un sentido del que nosotros carecemos: la capacidad de sentir los objetos por medio de ondas eléctricas. Son capaces de sentir muchas emociones, miedo y alegría incluidos, y probablemente también cierta forma de amor. Tienen una rica vida social que incluye el vínculo de pareja. Tienen, en definitiva, unas vidas complejas y fascinantes y parecen ser merecedores de nuestro interés y de nuestra contención en la misma medida en que lo son los mamíferos. Tal como ha escrito Braithwaite al respecto, «en vista de todo lo anterior, no veo razón para no hacer extensivas a los peces las mismas consideraciones sobre bienestar que actualmente aplicamos a las aves y los mamíferos».[34] Aprender lo mucho que hay que aprender sobre estos asombrosos miembros de nuestro mundo es una experiencia ciertamente emocionante.

Hasta aquí solo he hablado —como Braithwaite y Balcombe— de los peces óseos o teleósteos, que comprenden aproximadamente el 96% de las especies que conocemos. Sin embargo, la historia de los peces cartilaginosos o elasmobranquios, entre los que se incluyen los tiburones y las rayas, es bien distinta.[35] Estas criaturas son parientes evolutivamente muy lejanos de los teleósteos: ambos grupos divergieron mucho tiempo atrás, durante los periodos Devónico y Cretáceo. Por lo tanto, aunque solemos agruparlos mentalmente y llamarlos «peces» por igual, son muy diferentes en todos los aspectos. Y puesto que no hay pruebas que nos indiquen que los peces elasmobranquios poseen una anatomía suficientemente preparada para la nocicepción —pues evidencian «una ausencia general de receptores nociceptivos»—,[36] tenemos buenos motivos para concluir que no son criaturas sintientes. De ahí su tendencia a alimentarse de especies que son, en realidad, nocivas para ellos: es habitual encontrar en sus bocas decenas de púas de rayas, por ejemplo. Cuando algo se interpone en su movimiento, se retuercen y tratan de huir, pero, como veremos, eso también lo hacen muchas otras criaturas en las que no hemos apreciado indicio alguno de sintiencia. Y siguen alimentándose sin inmutarse incluso después de que algo o alguien los seccione en dos, un comportamiento que no hallamos en ninguna criatura sintiente. Según concluye Tye, pues, «en el caso de los elasmobranquios, hasta donde yo sé, no existe ninguna conducta de la que podamos inferir como mejor explicación posible que son animales que sienten dolor».[37]

Aves

La sintiencia de los peces continúa siendo objeto de debate, aunque cada vez hay un consenso más claro al respecto. Pero de la sintiencia de las aves ya no queda duda alguna. No siempre fue así. Hasta no hace mucho, el pequeño tamaño de los cerebros aviares y la ausencia en ellos de neocórtex inducían a pensar de manera bastante generalizada que las aves eran «autómatas encantadores capaces solo de una actividad estereotipada».[38] Desde los años noventa, nuestro conocimiento de las aves ha ido aumentando rápidamente a medida que «se han podido operacionalizar conceptos cognitivos complejos —como el de planificación para el futuro o el de teoría de la mente— en pruebas cuidadosamente controladas. Los resultados han sido muy reveladores y difíciles de desautorizar dado el rigor de los experimentos».[39] De hecho, como dice De Waal, ha sido ese conocimiento que hemos adquirido sobre la muy sofisticada y flexible inteligencia de las aves lo que, más que el obtenido en ningún otro campo de los estudios animales, ha revolucionado la imagen general que la ciencia tiene hoy en día de la inteligencia:

> Antes pensábamos que la inteligencia era una escala lineal, con la humana en su cima, pero hoy nos hemos dado cuenta de que se parece más bien a un arbusto, con muchas ramas diferentes en las que, en cada especie, han ido evolucionando las capacidades mentales que sus individuos necesitan para sobrevivir.[40]

Durante mucho tiempo, ese avance en el conocimiento se vio obstaculizado por una prejuiciada concepción de la anatomía; se decía que, sin neocórtex, no podía haber (apenas ninguna) inteligencia. Así resumía en 1963 el científico William Thorpe lo que había ocurrido hasta entonces: «No cabe duda de que esta noción preconcebida, basada en una mala comprensión de los mecanismos cerebrales, ha dificultado el desarrollo de los estudios experimentales sobre el aprendizaje de las aves».[41] Desde entonces, un examen más detenido de los presuntamente débiles cerebros de estos animales nos ha mostrado que, en realidad, son ricos en neuronas y que la evolución ha hecho que estas se organicen de manera distinta en los cerebros aviares, donde forman racimos más que capas; pero las células en sí son «básicamente idénticas, capaces del mismo tipo de "disparo" rápido y repetitivo, y su modo de funcionar es igual de sofisticado, flexible y creativo».[42]

No menos revolucionario y desacreditador de viejos estereotipos ha sido el estudio de la conducta aviar. Hoy sabemos que las aves poseen una gran adaptabilidad a su entorno, así como una amplia gama de capacidades muy desarrolladas. Estas averiguaciones han sido fruto del trabajo de un gran número de científicos, constituidos en equipos especializados, cada uno de ellos, en una especie o un grupo de especies. Los córvidos utilizan e incluso fabrican herramientas mejor que la mayoría del resto de los animales no humanos.[43] Los loros —como tan bien demostró Irene Pepperberg en sus experimentos con Alex, un loro gris, tan ridiculizados en un primer momento como ampliamente reconocidos en la actualidad por su carácter pionero— han evidenciado tener mentes polifacéticas y sofisticadas.[44] Los experimentos de Pepperberg fueron objeto del continuado menosprecio de personas que estaban convencidas de que «solo los humanos podemos hacer X», pero, a estas alturas, el rigor del trabajo de esta investigadora, sumado al de otros especialistas en loros y córvidos, ha acallado a los escépticos.

En lo que respecta al lenguaje y la expresión, no solo los loros evidencian habilidades lingüísticas. El canto de los pájaros no solo es bonito y agradable, sino que también constituye un sistema de comunicación altamente inteligente. En muchas especies, el canto se practica sin descanso —incluso cuando los pájaros están solos— y presenta unas diferencias de fluidez individuales que otros individuos de la especie (hembras, sobre todo) saben apreciar. Las aves tienen una anatomía que sería la envidia de un buen número de cantantes humanos; la siringe —equivalente aviar de nuestra laringe— puede hacer sonar dos notas a la vez, por eso el canto de los pájaros posee unas complejas capacidades estéticas, pero también presenta potenciales combinatorios análogos a los del lenguaje (al menos, en algunas especies).

Los reclamos del carbonero, por ejemplo, están considerados como «uno de los sistemas de comunicación más sofisticados y exigentes de todos los animales terrestres», poseedor de una sintaxis que puede generar un sinfín de tipos de reclamo distintos.[45]

El lenguaje forma parte de la interacción en sociedad, y las aves son de los animales sociales más sofisticados, pues llegan a formar vínculos de pareja duraderos (un 80% de las especies son monógamas) y enseñan una amplia variedad de comportamientos a sus crías, lo que representa un sorprendente ejemplo de aprendizaje cultural. Alimentar a las nidadas es una labor muy exigente que requiere de una comunicación y una atención parentales intensas. No menos impresionante es el esmero que algunas especies ponen en los aspectos estéticos de la fabricación de sus habitáculos; ahí está el ejemplo del pergolero, que es un artista extraordinario. Las urracas superan la prueba del espejo, con lo que demuestran tener una consciencia especialmente aguda, tanto de sí mismas como de otros individuos, y los córvidos en general tienen una excelente capacidad para la reciprocidad (que incluye el intercambio de regalos).[46] En todos esos procesos, las aves experimentan claramente un amplio elenco de emociones, como el miedo, pero también el amor y la pena. Y no solo sienten su propio dolor, sino que también son muy sensibles al dolor de otras aves de su especie.[47]

También son impresionantes ciertas habilidades difíciles de comparar con las humanas, como son los maravillosos poderes que muchas aves tienen para cartografiar su ubicación espacial, algo que consiguen en parte mediante la vista (las aves poseen el sistema visual más avanzado de todos los vertebrados, particularmente sensible a las diferencias de color) y en parte también mediante el olfato. Las aves saben orientarse para ir y volver de destinos lejanos, una aptitud en la que superan hasta tal punto a los seres humanos que todavía no hemos sido capaces de descifrar bien el funcionamiento de ese sistema de GPS aviar.[48]

He dedicado más espacio aquí a las aves porque el error relativo a la analogía anatómica es persistente y muchas personas continúan pensando que los animales de las especies aviares son estúpidos y bajo ningún concepto pueden considerarse sintientes. Pero en lo que al conato se refiere, estas criaturas frágiles y relativamente débiles son de las más efectivamente conativas, y están dotadas de unos sentidos tan agudos y una forma de vida tan flexible que les han permitido florecer, cada una a su modo, dentro de su propio entorno.

Reptiles

Los reptiles están emparentados con las aves (las cuales descienden también de los dinosaurios), aunque la evolución hizo que estas sean animales de sangre caliente y los reptiles continúen siendo de sangre fría. Como las aves, los reptiles carecen de neocórtex, y su conducta evidencia mucha menos flexibilidad y sofisticación. Si bien ni su comportamiento ni su neuroanatomía han sido tan estudiados por los científicos, tanto su conducta como su fisiología sugieren que probablemente son seres sintientes que no solo sufren dolor, sino que tienen también otras experiencias sensorias (aunque esas diferentes modalidades sensoriales parecen desvinculadas unas de otras, a diferencia de lo que ocurre con las aves). Como mínimo, podemos afirmar que, en estos animales, la hipótesis de la sintiencia tiene más probabilidades de ser cierta que su contraria como factor explicativo de sus comportamientos.[49]

Cefalópodos

A partir de aquí, entramos en el terreno de los invertebrados, un grupo que es aún objeto de considerable debate e incertidumbre. Dentro de él, es a los cefalópodos (calamares, sepias, pulpos) a quienes más probablemente podemos considerar seres sintientes. Los pulpos pueden aprender a abrir una tapa a prueba de niños humanos, por ejemplo. El detallado estudio que Peter Godfrey-Smith ha hecho de estas criaturas ofrece argumentos poderosos para considerar que poseen una vida interna sintiente, y miembros de las corrientes científicas dominantes hoy en día, como Braithwaite, parecen inclinarse (aunque con dudas) por esa misma conclusión.[50] Godfrey-Smith (un filósofo de la ciencia) concluye que este grupo es «una isla de complejidad mental en el mar de los animales invertebrados [,] [...] un experimento independiente en la evolución de un cerebro grande y de un comportamiento complejo».[51] Los pulpos, que, en fases evolutivas previas, estuvieron dotados de caparazones protectores que perdieron en algún momento posterior, se convirtieron así en unos animales sumamente vulnerables, pero desarrollaron cerebros muy grandes y complejos que les permitieron sobrevivir. Godfrey-Smith señala que un cerebro típico de pulpo contiene un número de neuronas comparable con el que se puede contabilizar en el cerebro de un perro o en el de un niño humano. Sin embargo, las neuronas de los pulpos se encuentran dispersas por todo su cuerpo, lo que hace que sea un animal sintiente en todo su organismo y dota a sus extremidades de un asombroso grado de agencia y de independencia. Y no solo responden a los retos de su entorno, sino que incluso lo manipulan, por ejemplo, lanzando chorros de agua contra las bombillas de los laboratorios para tratar de apagarlas. (No les gusta la luz.) El estudio de los peces permitió que los investigadores comprendieran que podía haber sintiencia aun sin la presencia de un neocórtex; el estudio del pulpo les ha hecho darse cuenta de que puede haber sintiencia en el mundo invertebrado también, aun cuando esta es una cuestión sobre la que el jurado de la comunidad científica no ha emitido aún un veredicto.[52]

Crustáceos

Con los crustáceos (las gambas, los cangrejos, las langostas), las cosas no están nada claras, si bien los conocimientos que comenzamos a tener sobre ellos ya han hecho que reaccionemos y cambiemos la muy extendida práctica de sumergir langostas vivas en agua hirviendo. A raíz, sobre todo, de experimentos realizados con cangrejos ermitaños, hoy se debate (entre científicos, al menos) si estos animales sienten dolor o no. Lo que expongo a continuación es lo que sucedió en los experimentos llevados a cabo por el científico de Belfast Robert Elwood y su equipo.[53] Los experimentadores conectaron los caparazones en los que se refugian los cangrejos ermitaños a una fuente de electricidad para procurarles pequeñas descargas. Al recibirlas, la reacción de estos animales fue abandonar los caparazones, incluso aunque no hubiera otros a mano en los que refugiarse. Este era un comportamiento inusual en ellos que daba a entender que el dolor les debía de resultar desagradable, ya que los cangrejos preferían huir de él, aunque fuera a costa de volverse muy vulnerables a su entorno. (Los cangrejos ermitaños utilizan para su protección caracolas vacías que cambian a menudo.) Los cangrejos electrizados dieron muestras de alteraciones de su conducta incluso después de finalizadas las descargas, lo que evidenciaría, según parece, que tenían un recuerdo de la experiencia desagradable que duraba, al menos, una veintena de segundos. Elwood llegó a la conclusión de que los cangrejos sienten dolor y lo recuerdan, algo que otros científicos e incluso Tye (que tiende a ser un intérprete generoso de la conducta de los animales que estudia) todavía ponen en duda. Desde luego, Elwood ha demostrado que los cangrejos y las gambas tienen más inteligencia que la que se les atribuía hasta ahora. Pero, aun así, este es un terreno en el que —por motivos anatómicos, en parte (pues los crustáceos poseen muchísimas menos neuronas que los cefalópodos e incluso que las abejas melíferas)— todavía no estamos en condiciones de alcanzar una conclusión definitiva. Aun así, seguramente deberíamos pecar de cautos mientras tratamos de aprender más.

Insectos

Los cerebros de los insectos presentan un considerable isomorfismo estructural con los cerebros de los mamíferos, y los individuos de algunas especies insectiles (como las abejas melíferas, por ejemplo) poseen un número elevado de neuronas. El cerebro de la abeja contiene aproximadamente un millón de células nerviosas, y, dado su reducido tamaño, esto implica que presenta una densidad neural diez veces mayor que la que se observa en el córtex cerebral de un mamífero. Su anatomía, pues, no parece imposibilitar la sintiencia.[54] Por otra parte, sin embargo, el comportamiento de los insectos es muy diferente (en ciertos aspectos clave) del de los mamíferos. Los insectos no se protegen las partes de su cuerpo que se dañan. Continúan alimentándose aun cuando han sufrido una lesión física muy grave: las moscas tsetsé, por ejemplo, siguen comiendo aun desmembradas, y también lo hacen las langostas (insectos) incluso cuando están siendo devoradas por una mantis. Los insectos en general no reaccionan a estímulos que serían muy dolorosos para un mamífero. Así pues, existen razones para dudar de que los insectos sientan dolor. Las abejas parecen ser la excepción que confirma esa regla, pues sí dan muestras de tener un aprendizaje evitativo.

Aun así, desde un punto de vista más general, el caso de las abejas nos da a entender que todavía tenemos mucho que aprender. De los experimentos parece inferirse que se les puede inducir un estado muy próximo al miedo o la ansiedad. En uno de ellos, tras ser sujetadas con unos arneses para inmovilizarlas, se les hizo aprender a asociar un olor con un sabor agradable (azúcar) y otro con un sabor desagradable (quinina). Una vez establecida esa asociación, las abejas solían extender la boca al oler el aroma indicativo de cosas buenas para ellas, y retraerla cuando percibían el olor que para ellas era una «mala señal». A continuación, fueron repartidas en dos grupos. Uno de ellos sufrió unas sacudidas violentas (como las que sufre una colmena cuando la ataca un tejón, por ejemplo). El otro no. Partiendo entonces del axioma de que los individuos que están nerviosos o preocupados son más pesimistas, más dados a esperar sucesos negativos, mientras que los que están tranquilos son más optimistas, los experimentadores vieron que, cuando les presentaban olores intermedios, las abejas que habían padecido la sacudida eran mucho menos propensas a extender la boca para probarlos que las que no. Esto parecía indicar que las primeras interpretaban los estímulos ambiguos de manera más negativa. Desde luego, esa reacción invita a pensar que se encontraban en un estadio parecido a la ansiedad que les estaba induciendo un sesgo cognitivo pesimista. Ahora bien, ¿de verdad están sintiendo esto subjetivamente? Los experimentadores sostienen que sí, que sus estudios han demostrado que ese sentimiento está tan asentado en esos animales como en las ratas y en otros mamíferos. No obstante, hay mucho margen todavía para la cautela. Por ejemplo, es posible que la sacudida no contribuyese más que a causar una disminución de las aptitudes de esas abejas para discernir olores en general.[55] Los experimentos, aun siendo muy sugerentes, no parecen tan concluyentes como los de Braithwaite y Sneddon con peces. Sin embargo, dado que, como mínimo, la anatomía de la abeja permite la sintiencia, y dado que el comportamiento de las abejas en general no la descarta, probablemente deberíamos mantener vivo el debate sobre si las abejas son seres sintientes o no.

Los «animales estacionarios» de Aristóteles: los cnidarios (corales, medusas, anémonas de mar) y los poríferos (esponjas)

Desde tiempos de Aristóteles, los científicos han clasificado ciertas criaturas con aspecto de planta no como vegetales, sino como animales. Por «aspecto de planta» me refiero a que están fijas y no se mueven de un lugar a otro. Aristóteles llamó «animales estacionarios» a un grupo de criaturas que hoy denominamos cnidarios (corales, medusas, anémonas de mar) y poríferos (esponjas). Algunas de ellas (las medusas) se mueven en realidad, pero, por lo general, no manifiestan el tipo de movimiento orientado a fines (a objetos de deseo más o menos concretos) que mi modelo nos insta a buscar. Los cnidarios carecen de cerebro y de sistema nervioso central, pero sí tienen redes de tejido neural que parecen desempeñar una función perceptiva. Y viven, se reproducen (sexualmente) y mueren como entidades individuales. De ahí que los científicos actuales coincidan con Aristóteles en considerar que poseen el sentido del tacto y no son entes puramente tropísticos como los vegetales. Los poríferos son seres más simples aún; entroncan directamente con el ancestro común a todos los animales, del que derivaron antes que todos los otros. Las esponjas carecen totalmente de sistema nervioso, pero tienen neuronas y coordinan sus actividades internas, y también se reproducen, viven y mueren como individuos, lo que hace que sean animales y no vegetales. No obstante, no parece probable que ninguna de estas criaturas posea sintiencia.

¿Y LAS PLANTAS?

En lo que respecta a los animales, he expuesto algunos criterios generales para valorar si tienen intereses fundados para estar cubiertos por el concepto de justicia, y he tratado de extraer algunas conclusiones sobre qué tipos de animales los cumplen. El trazado de esta línea delimitadora debe ser siempre provisional: debemos ser más drásticos y definitivos en cuanto a los criterios generales que en cuanto a quiénes los cumplen y quiénes no, dado lo inevitablemente incompletos que son nuestros conocimientos. Pero al referirme en todo momento a los animales, he excluido implícitamente a las plantas del ámbito de la teoría de la justicia. Y muchas personas estarán en desacuerdo con eso, así que esta es una cuestión que debo abordar a continuación.

Los vegetales son claramente lo que podríamos llamar unos sistemas teleonómicos. Lo que quiero decir con ello es que son formas organizadas de funcionamiento que, en general, tratan de mantenerse vivas y de reproducirse. Hablamos de funciones básicas de los seres vivos, y no cabe duda de que las plantas lo son. Los minerales y otras sustancias están sujetos a unas leyes del movimiento muy definidas, mientras que los vegetales son capaces de procurarse sus propios nutrientes y de autopropagarse, algo que los minerales no pueden hacer y que las plantas comparten con los animales. Al mismo tiempo, su conducta sigue determinadas leyes: en una amplia variedad de situaciones, podemos predecir qué harán para mantenerse con vida y florecer, así como para reproducir su especie.

A lo largo de la historia, se ha debatido en reiteradas ocasiones sobre si los vegetales son sintientes o no. Aristóteles negó que lo fueran, y los diferenció en ese sentido de los «animales estacionarios» (esponjas y anémonas), que, según él, parecían evidenciar formas rudimentarias de percepción —de tacto, en particular—, aun cuando carecieran de los llamados sentidos de distancia —oído, vista y olfato—, que resultan cruciales para las funciones vitales de los animales que se mueven de un sitio a otro en busca de lo que necesitan. Pero esa frontera entre plantas y animales estacionarios nunca ha sido fácil de defender: ¿acaso una dionea atrapamoscas no percibe a sus presas? ¿No están acaso dotadas todas las plantas de la capacidad de sentir el calor y el frío, o la luz y la oscuridad?

Algunos botánicos distinguidos han defendido que los vegetales poseen no solo percepción, sino incluso lo que yo he llamado aquí sintiencia. En su gran obra sobre la ética animal, el gran platónico Porfirio (véase el capítulo 2) negó tal cosa: a diferencia de los animales, dijo, las plantas no son entes a los que debamos un trato de justicia porque no experimentan dolor ni miedo. Sin embargo, algunos eminentes botánicos modernos llegaron a la conclusión contraria. Allá por el año 1800, el abuelo de Darwin, Erasmus Darwin, realizó experimentos con vegetales que le convencieron de que estos sentían tanto dolor como «irritabilidad».[56] A mediados del siglo XIX, el biólogo alemán Gustav Fechner sostuvo que las plantas sienten emociones, pues él tenía la impresión de que hablar con ellas podía mejorar la salud y el crecimiento de estas. Y el gran botánico indio Jagadish Chandra Bose (1858-1937) argumentó que los vegetales poseen algo parecido a un sistema nervioso. Bose desarrolló un instrumento que bautizó con el nombre de crescógrafo para registrar los minúsculos movimientos de las plantas.[57] Y determinó que los vegetales son casi imperceptiblemente sensibles a múltiples estímulos externos, como el calor, el frío, la luz y el ruido. Bose quiso mostrarnos lo flexibles e intensas que eran esas reacciones para convencernos de que las plantas tienen sensaciones subjetivas (incluida la sensación del dolor). No estamos hablando de ningún excéntrico: Bose fue nombrado caballero por sus logros en su campo de estudio y gozaba de un enorme respeto en la comunidad científica. Pero ¿consiguió demostrar de verdad la presencia de sintiencia en las plantas, o las suyas no fueron más que unas conclusiones débiles y tentativas a ese respecto? No olvidemos que uno de los problemas de sus trabajos es que los científicos todavía no han logrado reproducir sus resultados.[58]

Recientemente, ha surgido un grupo de científicos autodenominados «neurobiólogos vegetales» que estudian las redes informacionales en las plantas y las comparan con los sistemas nerviosos animales.[59] Han sido blanco de duras críticas por parte de otro grupo —de destacados botánicos, en este caso— que firmó una carta en 2007 en la que afirmaban que las conclusiones de sus colegas estaban «fundadas en analogías superficiales y extrapolaciones cuestionables».[60] En cualquier caso, sus experimentos muestran que las plantas transmiten información sobre la intensidad e incluso el color de la luz a otras plantas mediante señales eléctricas, pero esas reacciones en cascada no constituyen prueba suficiente de sintiencia o de valoración cognitiva.

Pese a que estos interesantes indicios experimentales apuntan a que las plantas son mucho más sensibles a las condiciones externas de lo que creíamos anteriormente, son varias las razones por las que no parece verosímil atribuirles sintiencia. Podemos empezar por la neuroanatomía. Los vegetales carecen de cerebro. Tampoco tienen nada que se parezca a un sistema nervioso central ni a unas redes especializadas de células que realicen la función de transmitir señales. Cierto es que deberíamos ser cautos y recordar que ya nos equivocamos en su momento con las aves y los peces hasta que nos dimos cuenta de que un neocórtex no es una condición necesaria de la sintiencia. Pero, aun así, tanto aves como peces son criaturas que poseen una organización nerviosa central reconocible como tal, aunque difiera de la de los mamíferos.

¿Y el comportamiento? Dada la ausencia de similitud estructural entre vegetales y animales, deberíamos dudar bastante de la mejor explicación posible que nos procure el razonamiento abductivo en este caso y preguntarnos más bien si existen otras maneras de explicar las reacciones ciertamente sensibles que se han observado en plantas. Y parece que sí que hay tales explicaciones alternativas. Los vegetales son rígidos y tropísticos. Sus raíces crecen siguiendo el sentido de la fuerza de gravedad, por lo que manifiestan geotropismo, así como fototropismo (se orientan hacia la luz). Tienen también ritmos estacionales, si bien estos son fijos e inflexibles, integrados en la naturaleza de sus respectivas especies. El tropismo se parece a la conducta animal en cierto sentido: es un comportamiento autótrofo y dirigido a mantener a la planta con vida, pero no está provisto de la flexibilidad situacional que nos permite concluir que los peces son criaturas sintientes, por ejemplo. No hay nada que se parezca a los experimentos de Braithwaite (algo que nos muestre con bastante claridad la presencia de unas sensaciones subjetivas que determinen el comportamiento) para el caso de las plantas. Sin esto, cuesta mucho concebir que tengan «intención» de algo ni el «conato» de los seres que se esfuerzan por, y aspiran a, tener una vida buena.

Las plantas tampoco exhiben la variación individual de reacciones —la agencia flexible, por así llamarla— característica de los peces y las aves: siempre podemos estar seguros de que se comportarán como lo hacen todas las demás de su especie.

De hecho, las plantas no son en absoluto criaturas individuales. Los animales nacen uno por uno y mueren uno por uno. Y viven delimitados unos de otros. Por mucho que reaccionen los unos a lo que les ocurre a los otros, un animal no siente el dolor de otro, ni el alimento que él ingiere nutre a otro (salvo durante el periodo gestacional). El hecho evidente de que cada animal es, como dijo Aristóteles, «uno en número» es en gran parte lo que nos hace intuir que es importante lo que le ocurre a cada uno de ellos, y lo que nos hace pensar que cada uno de ellos debería ser tratado como un fin en sí. Cuando los filósofos postulan —como han hecho tanto los utilitaristas como los budistas— que el placer y el dolor forman un sistema unificado, y que nuestra misión es maximizar el primero y minimizar el segundo, chocan con la elemental e intuitiva idea ética de que cada vida es la única que tendrá la criatura que la está viviendo, y que, por lo tanto, cada vida posee su propia importancia y significación. Ya he invocado esa idea intuitiva al argumentar que, para la ética, el fin es la criatura individual y no la especie. Pero los vegetales no son individuos en ese sentido. Resulta imposible determinar con claridad cuándo nace o muere una planta: esquejes, injertos, trasplantes de plantones, flores que rebrotan estacionalmente de los bulbos: todas estas prácticas y fenómenos normales nos muestran que un vegetal es, en esencia, un ente grupal, un «ellos», más que un «él». Ni siquiera cuando sentimos especial apego por un árbol en particular, podemos estar seguros de qué significa que muera o que sobreviva, dado que siempre pueden estar arraigando semillas o esquejes suyos. En el caso de los vegetales, pues, parece que lo importante es la preservación de la especie, pero ya he comentado que ese no es un imperativo de la justicia, sino un tipo diferente de interés ético, seguramente más parecido al tipo de interés que tenemos por un ecosistema.

Esto no quiere decir que no nos preocupemos (y mucho) por la preservación de un árbol, pero yo diría que es una forma de interés distinta de la que tenemos por un animal que solo tiene una vida y para el que todo se acaba cuando esta se termina (dolorosamente en no pocos casos, además).

Mi conclusión es que las plantas no tienen derechos basados en la justicia. Pueden sufrir un daño, pero no una injusticia. Sigue pareciéndome imprescindible que tengamos algún tipo de preocupación ética por ellas, desde luego. El entorno natural, por ejemplo, tiene una importancia ética, tanto instrumental (pues sustenta las capacidades de las criaturas sintientes) como intrínseca; tenemos unos deberes éticos que cumplir con él. (En general, evito el término «estatus moral» en este libro, porque entiendo que el estatus o la categoría moral no es un concepto único y concreto, y yo estoy hablando aquí de algo que sí lo es: la justicia.) Pero no son deberes como los que tenemos para con una criatura que nace, se esfuerza por vivir bien y muere.

CONSECUENCIAS ÉTICAS

He defendido que en la teoría de la justicia tienen hueco criaturas de muchos y sorprendentemente variados tipos, y que deberíamos seguir teniendo la mente abierta a la posibilidad de que otras también encuentren cabida, dado lo incompletos que son aún nuestros conocimientos. Esto deposita sobre nuestros hombros unos deberes y obligaciones ingentes, abrumadores incluso. ¿Cómo vamos a afrontarlos? Recordemos, en cualquier caso, que el hecho de que una criatura esté cubierta por la teoría de la justicia no nos dice, de entrada, «qué» obligaciones le debemos. No existe una escala de la naturaleza. Las criaturas se esfuerzan por florecer de modos muy diversos que no se ajustan a una única jerarquía de grados, y la complejidad de la vida no determina por sí sola qué o quién es sujeto de justicia y qué o quién no lo es. Ahora bien, el nivel y la complejidad de la vida sí determinan con precisión «qué» se puede considerar un daño a una criatura que es sujeto de justicia. Los seres humanos no son mejores ni superiores en comparación con los delfines, pero hay cosas que constituyen daños e injusticias graves para un ser humano y que no lo serían para un delfín; por ejemplo, negarle a aquel una educación para que tenga una alfabetización básica. Sin embargo, la posibilidad de nadar sin restricciones a lo largo y ancho de amplias extensiones de agua es una aptitud clave en las formas de vida de los peces y los mamíferos marinos, mientras que privar a los humanos de la oportunidad de bucear durante kilómetros sin fin no representa una injusticia para estos. Y como este ejemplo hay otros muchos.

Cuando hablamos de justicia y de injusticia, en definitiva, hemos de tener siempre presente la forma de vida de cada criatura. El objetivo es que cada una tenga una oportunidad mínimamente aceptable de florecer y prosperar a su modo. Los humanos lo impedimos muchas veces —pues somos una presencia continua en esas otras vidas, dado nuestro control de la tierra, el mar e incluso el cielo—, pero tenemos que corregir nuestro arrogante modo de obrar.

Si algo podemos afirmar ya con seguridad, es que el dolor es muy malo para todos los seres sintientes (recordemos: la gran verdad del utilitarismo). Por lo tanto, infligirlo gratuitamente (es decir, sin que contribuya al bien del propio animal) supone siempre —en mi teoría— una injusticia para las criaturas sintientes. En el capítulo siguiente, sostendré que el hecho de que una muerte indolora represente un daño para una criatura (o no) depende de ciertos factores específicos sobre la forma de vida de esta. Si la muerte ni siquiera representa un daño, es probable que tampoco constituya una injusticia. En los capítulos 9 y 10, reflexionaré en parecido sentido sobre la cuestión del confinamiento de los animales y concluiré que en ciertas ocasiones es una injusticia y, en otras, no. Y en el capítulo 8, consideraré casos en los que actualmente cometemos injusticias por razones humanas de peso y que, por lo tanto, plantean dilemas que tal vez podamos trascender si las nuevas posibilidades científicas y médicas nos lo permiten. Espero que, una vez asimilados estos argumentos, los requerimientos que se derivan de mi teoría puedan verse como obligaciones que los seres humanos formales y sensibles sean capaces de asumir o, cuando menos, de atender cada vez mejor con el paso del tiempo.

Capítulo 7

LA MUERTE COMO DAÑO

¿Qué deberíamos pensar de la muerte (demostradamente) indolora de un animal que haya vivido una vida aceptablemente rica y razonablemente larga? ¿Se puede entender tal muerte como un daño para el animal? ¿Y resulta éticamente permisible que la causemos?

Bentham pensaba que matar un animal de manera compasiva (sin dolor) es aceptable desde el punto de vista moral, siempre y cuando sea para alguna finalidad humana «útil» y no un mero acto «gratuito» (es decir, por sadismo o por diversión). Algunos utilitaristas recientes, como R. M. Hare o Peter Singer, coinciden en esencia con Bentham y abren la posibilidad de que ciertos sacrificios o matanzas de animales sean éticamente aceptables, aunque sus argumentos condenan también la mayor parte del consumo de carne que se realiza en nuestro mundo actual, pues está erigido en muy buena medida sobre las más que dolorosas prácticas de la ganadería industrial. Muchos teóricos de diversas épocas —desde los pensadores hindúes, budistas y platónicos antiguos, hasta filósofos contemporáneos como Christine Korsgaard y Tom Regan— han trazado límites más radicales en ese terreno y han considerado que siempre está mal matar animales para fines humanos. Matar para un uso humano se podría justificar únicamente si hubiese algún buen motivo ético para considerar que los animales sacrificados eran realmente propiedad de los seres humanos. Pero, dado que no son propiedades, sino sujetos de sus propias vidas, su matanza debe parar. En este capítulo, adoptaré una incómoda postura intermedia entre esos dos grupos (aunque más próxima al segundo de ellos), y mostraré adónde nos conduce el «enfoque de las capacidades» cuando lo combinamos con una indagación filosófica del daño que representa la muerte.

Esta es una de las cuestiones más prioritarias y difíciles de abordar en cualquier libro dedicado a la ética animal, y, desgraciadamente, suele tratarse sin la claridad filosófica suficiente. La muerte no es un tema sencillo. No existe ni mucho menos una respuesta evidente a las preguntas de por qué ni de bajo qué circunstancias se puede considerar que la muerte es mala para una criatura, y si eso no está claro, tampoco lo está cuándo es dañino (o incluso inadmisible) poner fin a una vida sintiente. Mi principal crítica al segundo de los grupos de teóricos mencionados en el párrafo anterior es que no han profundizado lo bastante en estas preguntas, porque creo que, cuando se investigan bien, la respuesta que obtenemos es inevitablemente compleja. Detengámonos un momento a reflexionar seriamente, pues, sobre la muerte como daño, y hagámoslo con algo de ayuda de la historia de la filosofía. Y no nos olvidemos de distinguir entre dos males potenciales muy distintos: el proceso de morir y la condición de estar muerto. Comencemos con los seres humanos para, a continuación, hacer extensivas nuestras reflexiones a los animales. Y, de paso, veamos cómo el enfoque de las capacidades nos ayuda a precisar mejor las cuestiones relevantes.

Los animales se matan unos a otros, y esas muertes suscitan también interrogantes éticos para nosotros, ya que, en algunos casos, podríamos intervenir para evitarlas. No obstante, estos no son los temas que abordo en este capítulo; los dejo para el capítulo 10, cuando hayamos tratado ya la cuestión de la «naturaleza salvaje» y de nuestras responsabilidades de mayordomía ética en diversos terrenos. En este capítulo me centraré exclusivamente, pues, en lo que hacemos los humanos cuando matamos animales.

Es importante aclarar desde el principio que, en lo que a las prácticas humanas actuales se refiere, este capítulo comenzará centrándose en un tipo de casos que son mucho más la excepción que la regla. La mayoría de las muertes de animales provocadas por humanos no son indoloras. Peor aún, ni siquiera se producen después de que el animal en cuestión haya tenido una vida rica y plena. Los animales criados en macrogranjas para la industria de la alimentación llevan vidas mermadas y dolorosas desde que nacen. En la introducción, ya me referí a la vida de las cerdas a las que se recluye en jaulas de gestación. En el capítulo 9, describiré las menoscabadas vidas de muchas gallinas y reses de ganado lechero. Y también retomaré estas cuestiones en el capítulo 12, cuando nos preguntemos por lo que ha hecho la ley (y lo que debería hacer) a propósito de estas prácticas. Empezaré el presente capítulo hablando, pues, de los mamíferos y los peces a los que se cría de forma compasiva para proporcionarnos alimento, y que representan solo una muy reducida minoría del total de los que se crían para la alimentación humana en todo el mundo. Me detendré en esta cuestión minoritaria porque resulta ciertamente complicada desde un punto de vista ético (muy al contrario de lo que ocurre con los horrores de las granjas industriales, que no tienen nada de complejo y deberían ser condenados sin paliativos por cualquier persona con un mínimo de sensibilidad ética).

Otra cuestión relacionada que tampoco trato en este capítulo en concreto es la de la decisión del compañero de un perro o de un gato de poner fin a la vida de esta criatura. En el capítulo 9, defenderé que una decisión así es ética cuando el ser humano en cuestión conoce bien al animal, comprende su forma de vida y reacciona a las señales que este le envía indicando que su disminuida existencia presente le resulta intolerablemente dolorosa o indigna. Cuando los humanos ponen fin a la vida de un animal de compañía por su propia comodidad personal, o porque no les apetece pagar el tratamiento médico correspondiente, actúan de forma incorrecta desde el punto de vista ético, pues, en un sentido muy parecido, también estaría mal que pusieran fin a la vida de un niño discapacitado o de un pariente anciano solo por la incomodidad o el elevado coste de cuidar de ellos. Aquí me referiré solamente, pues, a casos en los que el animal ha tenido una vida razonablemente sana (lo que, por razones obvias, suele ser el caso cuando de animales que matamos para alimentarnos se trata... aun cuando de los animales sacrificados en las granjas industriales difícilmente se puede decir que tuvieran una vida verdaderamente floreciente).

Comenzaré hablando de un problema relacionado con la muerte que trae de cabeza desde hace milenios a los filósofos que se han dedicado a reflexionar sobre la vida humana. Es fundamental que comprendamos este problema con la máxima claridad, primero, en el caso humano, antes de que analicemos el caso de las vidas animales, donde los debates éticos están mucho menos evolucionados.

«LA MUERTE PARA NOSOTROS NO ES NADA»

El miedo a la muerte causa mucho dolor en las vidas humanas: a veces, de forma consciente; otras veces, más bien con una sensación de fondo de pesadumbre y malestar. Eso pensaba el filósofo radical griego del siglo IV a. C. Epicuro (341-270 a. C.), y tenía razón, al menos en parte. Aunque ese miedo no produzca realmente todos los males que él y su discípulo romano Lucrecio (*c.* 99-*c.* 55 a. C.) le asociaban, y entre los que incluían la envidia, la guerra, la violencia sexual, la sumisión gregaria a las autoridades religiosas y hasta el suicidio prematuro, sí que es, en cualquier caso, bastante fastidioso. Pero Epicuro creía que no hay ningún motivo para temer a la muerte, pues esta no nos causa daño alguno. Él expuso su opinión del siguiente y sucinto modo: «El peor de los males, la muerte, no significa nada para nosotros, porque mientras vivimos, no existe, y cuando está presente, nosotros no existimos».[1]

Epicuro no niega que, muchas veces, el proceso de morir sea doloroso. Él mismo dejó una carta en su lecho de muerte en la que describió el insoportable dolor que lo acompañó mientras agonizaba por culpa de la disentería y de una obstrucción urinaria. Aun así, pensaba que ese dolor se compensaba con los placeres de la amistad y de la memoria, a los que él siguió recurriendo incluso entonces: de ahí que afirmara que su saldo neto de placer sobre dolor era favorable en aquella hora final. Pero esa no era la cuestión importante; de lo que hablaba, realmente, era de lo malo que es llegar al fin de la propia vida (es decir, estar muerto).

Podemos reconstruir su argumento del modo siguiente:

1. Un suceso puede ser bueno o malo para alguien únicamente si, y solo si, en el momento en que ese suceso se produce, la persona existe como sujeto de experiencias al menos potenciales.
2. En el momento posterior al fallecimiento la persona ya no existe como sujeto de experiencias posibles.
3. Por lo tanto, la condición de estar muerta no es mala para esa persona.
4. Resulta irracional temer un suceso futuro a menos que este, cuando ocurra, sea malo para quien lo teme.
5. Así pues, es irracional temer a la muerte.

Nótese que el argumento funciona cuando hablamos de experiencias posibles y no necesariamente reales o efectivas. Epicuro no está diciendo que «lo que no sientes no puede ser malo para ti», una afirmación a todas luces muy poco convincente, dado que son muchas las cosas que ocurren fuera de nuestro campo perceptivo inmediato y que pueden ser malas para nosotros: las muertes de seres queridos, los cánceres asintomáticos, un incendio que arrasa nuestro domicilio mientras dormimos felizmente ajenos a él... Lo que sí dice, sin embargo, es que, si ya no existe un «yo» en este mundo, entonces no hay nada a lo que fijar esa idea de mal o privación (ni tampoco la de ventaja o beneficio).

Epicuro y Lucrecio no se limitaron a presuponer la inexistencia de la vida después de la muerte, sino que la argumentaron con toda clase de razones basadas en su propia teoría atómica de la persona. Estaban convencidos de que el público al que se dirigían temía la muerte en gran medida por miedo al castigo póstumo. Por lo tanto, descartando la existencia de la otra vida, pensaban ellos, se eliminaban la mayoría de los motivos que tenían las personas para temer a la muerte. Hoy en día, sin embargo, las personas que creen en el más allá tienden a considerar que esa posibilidad mejora las cosas, no las empeora; su temor, más bien, es a que no haya nada después de la muerte. Por consiguiente, actualmente, defender la inexistencia de un más allá no haría más que exacerbar el miedo a la nada que muchos tenemos de todos modos. (Un miedo que también tenían muchas personas en el mundo grecorromano, como podemos deducir de las críticas que los epicúreos recibieron de sus contemporáneos.) Pero incluso la gente que cree en una vida gozosa más allá de la muerte teme la llegada de esta como punto final de la vida. Deberíamos centrarnos, pues, en este miedo a la nada, al fin. Y dado que a lo que aspiramos en última instancia es a derivar unos principios políticos y jurídicos que puedan ser ampliamente compartidos en nuestras sociedades pluralistas, construirlos sobre controvertidas hipótesis acerca de la existencia de un más allá está fuera de lugar. Sigamos, pues, la lógica de Epicuro y presupongamos que toda experiencia individual posible termina en el momento de la muerte (o, como mínimo, asumamos que no tenemos ningún derecho a elaborar principios políticos que descansen en modo alguno sobre la idea de la supervivencia póstuma).

El argumento de Epicuro es muy convincente. Pocos de los que nos han llegado desde la Antigüedad grecorromana han sido tomados tan en serio por los filósofos actuales (y tan vigorosamente debatidos) como este. Puede parecer muy contraintuitivo también, ya que la mayoría de nosotros tendemos a pensar que, en las circunstancias más corrientes (cuando la persona todavía funciona con relativa normalidad y no sufre un dolor abrumador), la muerte es algo malo que daña al individuo. Pero Epicuro se pregunta cómo puede ser eso si, cuando alguien muere, ya no hay una persona a la que dañar. Tal vez nos aterre perder los placeres de la vida, pero, cuando se corre definitivamente el telón sobre el escenario de esta, ya no hay pérdida, porque ya no hay un yo a quien repercutírsela. Lucrecio supo plasmar gráficamente la irracionalidad de la mayoría de las personas cuando se imaginan a sí mismas asistiendo a su propio funeral y viéndose privadas de todas las cosas buenas de la vida:

> Entonces, se compadece de sí mismo;
> no distingue como debe
> entre su cadáver abandonado y el hombre
> que, afligido allí a su lado, le atribuye
> parte de lo que está sintiendo.

Cuando pensamos así, nos contradecimos, porque imaginamos que estamos todavía aquí cuando la lógica misma de nuestro luto es que ya no lo estamos.

Algunos filósofos tratan de rebatir este poderoso argumento señalando que debemos admitir que, a veces, hay cosas que desconocemos (y que tal vez jamás sepamos) que son ciertamente malas para nosotros.[2] Por ejemplo, no por el hecho de que una persona no se entere de que ha sufrido una traición deja de haber sufrido el daño inherente a esta. O si alguien ha perdido todas sus funciones mentales superiores en un accidente y no es consciente de la disminución que esto le comporta, ello no quita para que haya sufrido un perjuicio en ese percance (y puede incluso reclamar que le indemnicen por ello). Podríamos incluso figurarnos casos en los que no exista forma humana de que la persona afectada llegue a enterarse nunca del mal que ha padecido y en los que, aun así, nos resulte casi imposible imaginar que no se le ha infligido realmente un daño.[3]

Sí, pero... todos estos ejemplos tienen como protagonista a un sujeto que persiste y que tiene, cuando menos, muy buenas razones para afirmar que sigue siendo la persona original. El individuo afectado por esa pérdida o merma puede interponer una demanda por daños y perjuicios, sí, pero porque sigue siendo un demandante potencial con una presencia física en el mundo. (Si el accidente hubiese condenado a la persona a quedarse en un estado vegetativo permanente, probablemente dudaríamos de si ese sujeto sigue existiendo realmente en el mundo, y tal vez nuestra sensación de que el individuo ha sufrido un daño entraría en el territorio de las contradicciones denunciadas por Lucrecio.) No obstante, si la persona desaparece de la ecuación, todo cambia: ¿qué sujeto diremos entonces que ha padecido un «mal» o un «daño»? Hasta aquí, pues, la victoria sigue cayendo del lado de los argumentos de Epicuro y Lucrecio.

EL ARGUMENTO DE LA INTERRUPCIÓN... Y DOS FALSOS PROVEEDORES DE CONSUELO

De todos modos, nadie se extrañará si les digo que el tema no se queda ahí y que hay más que decir al respecto. Llegados a este punto, podemos introducir lo que yo llamo el «argumento de la interrupción», que, según creo, fue presentado por primera vez por el filólogo clásico David Furley (yo solo lo amplié) y también fue desarrollado de manera independiente por el filósofo Jeff McMahan.[4] Este argumento dice que la muerte suele afectar a la forma de una vida porque interrumpe proyectos que se desarrollan a lo largo del tiempo y, al hacerlo, los convierte (total o parcialmente) en vacíos y superfluos. Hacemos muchas cosas como preparación para otras posteriores; por ejemplo, hay quienes estudian para las pruebas de acceso universitario a las facultades de derecho (y, a continuación, estudian derecho) no porque sea una actividad de su gusto en sí misma, sino porque les supone la preparación necesaria para una posterior carrera como abogados. Si la muerte nos sorprende en una fase preparatoria como esa, las actividades en cuestión pierden su sentido. Buena parte de lo que los adultos jóvenes hacen tiene precisamente ese carácter. La muerte es mala porque modifica —de manera retroactiva— la forma que pretendían tener varias de las actividades que emprendemos en la vida, y vacía de contenido y de sentido muchas de nuestras acciones.

Furley se centró en aquellas muertes que convencionalmente juzgamos prematuras. No obstante, en «The Damage of Death», yo hice extensivo ese argumento a cualquier muerte que interrumpa actividades que se desarrollan a lo largo del tiempo. Y señalé que gran parte de las actividades humanas son de esa índole: proyectos laborales, familiares, de amistad, etcétera. Las personas no tenemos normalmente un plan maestro, pero sí actuamos conforme a una serie de proyectos que vamos desplegando con el tiempo, proyectos que pueden verse interrumpidos de pronto. Podríamos intentar no dedicarnos a proyectos extendidos en el tiempo para evitar así el riesgo de que la muerte los malogre e invalide de golpe. Y, de hecho, eso era lo que Epicuro y Lucrecio recomendaban. (Pensaban, por ejemplo, que la contemplación del orden del universo es mejor, porque es algo que se completa en un instante.) Pero, si obráramos así, estaríamos sacrificando una gran cantidad de valor humano, como la naturaleza evolutiva del amor y la amistad, o la dinámica intergeneracional de la vida familiar, por no mencionar otros muchos propósitos más prosaicos, como plantar un jardín, comenzar a leer una novela larga, etcétera. Y tampoco hay que olvidar el simple placer de seguir viviendo, de ver qué ocurre con nuestros planes y proyectos a continuación. Cuando el proyector de una sala de cine se estropea en medio de una película, nos sentimos como si hubiéramos perdido algo. La muerte hace algo parecido: corta en seco el agradable fluir de los múltiples proyectos de la vida. No tenemos que contar con un gran plan maestro para acumular un elenco diverso de proyectos que vamos sacando adelante con el paso del tiempo. Incluso cuando nuestras actividades son repeticiones de otras que hemos realizado muchas veces antes, es normal que cobren densidad y sentido gracias a nuestros recuerdos, a nuestra conciencia de su carácter repetido y a nuestro deseo de repetirlas de nuevo. Por eso los rituales suelen estar provistos de su característica riqueza emocional: adquieren más significado todavía a partir del hecho mismo de que recordemos, por ejemplo, la última vez que asistimos a un *séder* de una Pascua judía, o cómo han ido creciendo y cambiando las personas con las que hemos compartido ese ritual en ocasiones anteriores. Somos, en definitiva, seres temporales: nadamos en un río de tiempo y, a la vez, tomamos perspectiva respecto a momentos concretos para observar la secuencia que forman. (Marcel Proust supo captar con maravillosa belleza este aspecto del tiempo humano.) Por ese mismo motivo, cuando no nos repetimos, sino que emprendemos una nueva actividad, el valor de lo nuevo cobra sentido por nuestra conciencia misma del hecho de que «es» una novedad, y ese también es un aspecto de nuestra relación con el tiempo.

Muchas (cuando no la mayoría) de las muertes humanas dañan de forma retroactiva la vida de las personas que mueren, porque interrumpen proyectos que se extendían en el tiempo. Seguro que conocemos a hombres y mujeres que no parecen tener ese concepto de la vida y que viven el momento tal como se les presenta; pero no es lo habitual, y son casos que seguramente tendemos a encontrar hacia el final de una vida larga, cuando el individuo decide que ya es hora de ir cerrando capítulos y no de emprender actividades que impliquen una planificación o un flujo temporal. Cuando mi abuela falleció a los 104 años, tras haber tenido una vida saludable, su muerte pareció menos mala que, cuando menos, la mayoría de las otras muertes humanas, y en parte fue porque había tratado de cerrar muchas cosas en sus últimos años, aunque su afición a sus proyectos diarios (interactuar con su familia, cuidar de sus bellos muebles...) continuaba dando a su vida una estructura susceptible de interrupción temporal. Epicuro, pues, basa su argumento en una imagen empobrecida de lo que son la vida y el valor humanos. Si aceptamos una visión más rica (y más realista), muchas muertes (si no la mayor parte de ellas) son malas para la persona que muere, y no en el sentido ilógico imaginado por Lucrecio, sino en uno perfectamente coherente: cambian la vida que estaba siendo vivida hasta ese momento, y la cambian a peor.

El enfoque de las capacidades y el argumento de la interrupción son aliados. El EC pone el acento en cómo las actividades de la vida se desarrollan a lo largo del tiempo y rechaza concebir el placer y el dolor como fenómenos estáticos y momentáneos (como suelen concebirlos los utilitaristas). El argumento de la interrupción, por su parte, tampoco establece una jerarquía como sí hace el enfoque del «fuerte parecido con nosotros»: sus postulados sobre la interrupción y el daño son descriptivos y, por lo tanto, no afirma que esas vidas «interrumpibles» sean más nobles ni mejores que otras; ese es un punto en el que se interconecta con las tesis del EC. El argumento no establece un orden graduado, pero sí destaca un rasgo característico de las vidas de los animales que las hace vulnerables al daño de un modo muy específico. Cuando una vida contiene un despliegue temporal del que el sujeto es consciente y que este valora, la muerte puede dañarla. Sin embargo, no todas las criaturas tienen vidas así —aunque sean muchas más de las que creía Bentham— y, por lo tanto, el argumento no afirma que la muerte suponga un daño para todas las criaturas. Más adelante, volveré sobre este importante detalle.

Algunos filósofos han intentado defender la conclusión de Epicuro —que no necesariamente su argumento— señalando formas en las que la muerte puede ser, en el fondo, buena para las personas como colofón de una vida y como barrera contra el aburrimiento y la pérdida de sentido que podrían venir a continuación.[5] Bernard Williams sostenía que todos los proyectos humanos están condenados a volverse aburridos y carentes de sentido si se prolongan de manera indefinida. Así que, por mucho que la muerte pueda parecer una interrupción, siempre será mejor que aquello que Williams llamó «el tedio de la inmortalidad». Él puso como ejemplo uno tomado de la ópera *El caso Makropulos*, del checo Janáček, en la que la cantante E. M. pone por fin término deliberadamente a su vida a los 341 años al negarse a tomar su habitual infusión con la droga de la inmortalidad.[6] Williams interpreta que ella se ha cansado de todo lo que la vida podía ofrecerle y sostiene que esto acaba sucediéndole a todo el deseo humano en general. Yo creo que Williams se excede en su extrapolación, que basa en un caso atípico. Como señalé en «The Damage of Death», Elina Makropulos se cansó de vivir por la cosificación y la explotación reiteradas a que fue sometida por los hombres de su vida. Su suicidio muestra no tanto una verdad necesaria del deseo humano como la necesidad de que cambien las relaciones entre los sexos... ¡o de que, como mínimo, E. M. conozca a otro tipo de hombres!

Otra proveedora de consuelo a la que en ese artículo, «The Damage of Death», bauticé con el nombre de «Martha joven» llegó a la misma conclusión a partir de un argumento diferente. En mi libro *La terapia del deseo*, publicado en 1994, dije que la muerte era una condición necesaria para la mayoría de las formas de valor humano, pues proporcionaba una especie de límite que daba sentido a las aspiraciones, esfuerzos, sacrificios y otros buenos empeños de las personas.[7] Tomando como inspiración el poema «Sunday Morning» de Wallace Stevens, en el que el poeta concluye que «la muerte es la madre de la belleza», traté de argumentar que una vida sin muerte estaría inevitablemente falta de amor, amistad, virtudes o incluso excelencia atlética en las formas humanas en que todos estos bienes se dan habitualmente. Hoy pienso que ese anterior argumento mío estaba equivocado: lo que se necesita para que esos esfuerzos y aspiraciones posean su valía humana habitual es cierto sentido del conato y la resistencia, pero no necesariamente la muerte. Cuesta poco imaginar la capacidad de las personas para exhibir valentía, resistencia al sufrimiento, generosidad y disposición al sacrificio, etcétera, sin necesidad de tener en cuenta la muerte. De hecho, como muchos podrían coincidir en juzgar peor el dolor eterno que la muerte, es posible que, excluida esta, incluso aumentase la posibilidad del sacrificio como actitud. Y como a la mayoría de las personas les gusta la repetición y no ponen especial énfasis en un gran relato que estructure el conjunto de su vida, no hay razón para suponer que un punto final sea una condición necesaria de la mayor parte del valor humano.

Los filósofos han dado mucha importancia al hecho de que las personas tendemos a ver nuestras vidas como si estuvieran dotadas de una estructura argumental o narrativa que les da sentido. Jeff McMahan incluso interpreta ese aspecto de la vida humana como algo que la hace más valiosa que las de otros animales, que, según su punto de vista, carecen de estructura narrativa alguna. (Cabe señalar, en todo caso, que no ha tenido en cuenta las elaboradas prácticas que siguen muchas especies en relación con los nacimientos y las muertes; además, se limita a hablar de «animales», en general, sin mostrar curiosidad por las diferencias entre especies.) Ya he rechazado de plano este enfoque de jerarquía de los seres; la estructura narrativa está en nuestra forma particular de hacer las cosas (o, cuando menos, en la de algunas personas), pero otras especies tienen sus propias formas, y la nuestra no resultaría apropiada para la mayoría de ellas. No obstante, pensar en estructuras argumentales o narrativas nos ayuda en ocasiones a reflexionar sobre cuándo una muerte (humana o animal) puede ser mala para la criatura en cuestión, y sobre hasta qué punto la Martha joven tenía parte de razón: para los humanos para los que la estructura argumental tiene mucha importancia, una buena muerte que ponga un colofón al relato vital es preferible, por ejemplo, a una interrupción, o a un prolongado declive, o quizá incluso a una repetición inmortal. Como ya he dicho, muchas personas son aficionadas a la repetición y encuentran sentido de múltiples y muy diferentes maneras, por lo que sigo pensando que la Martha joven se equivocaba al querer imponer esta norma a todas las vidas. La Martha mayor piensa que podríamos imaginarnos muchas formas de vida inmortal que no fuesen en absoluto aburridas. Tendrían el mismo personaje principal, por así llamarlo, protagonizando muchos episodios diferentes, probando nuevas profesiones, etcétera. Pero la ausencia de un arco argumental único no implica necesariamente que una vida sea aburrida o que no merezca la pena vivirse. Se parecería menos a una novela de Jane Austen que a los «monstruos inconexos y abotargados» salidos de la pluma de novelistas como Tolstói y Dostoyevski, o a la gozosa aceptación de los rituales de la vida cotidiana que encontramos en alguien como James Joyce. Aun así, para todos los que comparten el desdén de Henry James por lo «inconexo y abotargado», el factor de la unidad argumental puede servir para explicar por qué —para esas personas, repito— algunas muertes, incluidas ciertas muertes tempranas, son preferibles a otras. En cualquier caso, me resulta inevitable pensar que difícilmente podrá encontrar satisfactoria la vida humana real cualquiera que tenga esa visión estética, pero, dado que ese no es el objeto de análisis que aquí me ocupa, no lo desarrollaré en mayor profundidad.

Resumiendo: las vidas se despliegan a lo largo del tiempo y, para una criatura con una elevada consciencia temporal y que vive —como solemos hacer los humanos— tanto en el pasado como en el futuro, además de en el presente, la muerte puede suponer un daño al interrumpir el flujo del tiempo (aunque, como acabo de comentar, no siempre y no para todas las personas). El enfoque de las capacidades nos proporciona un método de examen de las actividades características en las que se sustentan esos juicios y consideraciones, pues nos pide que valoremos en todo momento (y en toda su integridad) la forma de vida de la criatura en cuestión, incluido su perfil temporal. Si nos centrásemos en maximizar la felicidad del momento presente, estaríamos omitiendo la importancia de los proyectos que se extienden en el tiempo. Así que, de momento, nuestra teoría cuadra bien con los juicios y opiniones hacia los que más se incline cada uno. Puede atribuir tanto a la temporalidad como a la estructura narrativa el peso que tienen en la vida humana y en la de muchos animales, y también puede hacer honor al hecho de que muchas actividades de la vida de las personas y de los animales no son tan imponentes ni ambiciosas, pero no dejan de ser deleitosas y valiosamente humanas.

LOS ANIMALES QUE MATAMOS: ARGUMENTOS DESDE EL UTILITARISMO Y MÁS ALLÁ

Pasemos ahora a las muertes animales. En primer lugar, repito que debemos rechazar categóricamente el argumento de algunos filósofos según el cual la estructura argumental o narrativa, o la susceptibilidad de que su vida se vea interrumpida significativamente por su muerte, hace que las humanas sean mejores que las vidas de los demás animales. Eso no quiere decir que las diferencias en la relación de los animales de las diversas especies con el tiempo no marque la diferencia en cuanto a qué puede ser un daño para una criatura y qué no. El hecho de que los seres humanos obtengamos una información relativamente escasa del mundo que nos rodea en forma de olores, por ejemplo, implica que la pérdida del olfato (aunque a veces pueda ser el síntoma de alguna enfermedad) no sea en sí misma el quebranto que representa para la mayor parte de los animales, que dependen en gran medida de ese sentido. La pérdida del oído resultaría fatal para una ballena, para la que constituye su fuente primordial de información acerca del mundo que la rodea, mientras que muchos humanos viven bastante bien con sordera. A continuación, reflexionaremos sobre el papel de la muerte en las vidas de los animales no humanos.

Como ya he dicho, el caso de los animales de compañía es especial y nos ocuparemos de él en el capítulo 9. Las comunicaciones de estos animales con un compañero humano sensible transmiten una serie de directrices avanzadas, por así llamarlas, que pueden indicarle a este si la muerte es un daño para el propio animal o cuándo lo es. En general, nuestras leyes no permiten que un humano opte de antemano para sí mismo por el suicidio asistido en el momento en que ya no puede seguir llevando una vida floreciente (aunque creo que sí deberían permitirlo). Sin embargo, cuando un animal se encuentra en un estado de dolor crónico o de discapacidad cognitiva severa, la mayoría de los compañeros humanos que interpretan las señales que aquel les envía optan por su muerte prematura, que, en mi opinión, en tales casos no representa un daño para él. Ese tipo de muertes se eligen por el bien del animal. Si se procede con sensibilidad y sin otros motivos ocultos (como, por ejemplo, ahorrarse unos cuidados muy caros, o heredar una fortuna), son aceptables y no constituyen un daño.

Todo esto, sin embargo, está muy lejos de lo que ocurre cuando comemos animales. (Utilizaré el uso alimentario como mi ejemplo central, pero buena parte de la experimentación animal presenta el mismo problema.) En esos casos, normalmente no estamos decidiendo nada como representantes del interés del animal, sino que estamos satisfaciéndonos a nosotros mismos y utilizamos el animal como un medio para nuestros fines. Ya he pedido que el lector rechace sin mayores argumentos la industria de las macrogranjas, donde los animales llevan una existencia dolorosa y coartada en la que no pueden ejercer las que serían las actividades características de su vida, como el libre movimiento, las relaciones sociales, respirar aire fresco y pasar su día como ellos elijan. Centrémonos, pues, en los mejores casos de cría compasiva: aquellos en los que el animal puede llevar una vida razonablemente buena, con buena comida, aire fresco, la compañía de otros animales, etcétera, y en los que es sacrificado de forma verdaderamente indolora.

Algunos de los animales que matamos para comer son muy jóvenes y no han tenido oportunidad de desplegar su forma de vida característica en sus funciones maduras. Soy de la opinión de que el enfoque de las capacidades, incluso cuando se complementa con el argumento de la interrupción, nos insta a rechazar ese tipo de prácticas. El EC implica un sentido de admiración ante la variedad de las formas de vida en la naturaleza, una admiración modulada por una visión moral. Y esas vidas nos apelan con una demanda moral para que permitamos que se desarrollen y se desplieguen. La transición desde la infancia hacia la madurez tiene una gran importancia en todas las comunidades animales y forma parte de la consciencia de las criaturas jóvenes. Es razonable suponer que estas aprenden a buscar la madurez como uno de sus objetivos centrales. Cuando no la alcanzan, sufren una agraviante forma de interrupción.

Pero hay también casos en los que el animal criado de forma compasiva ha tenido una vida adulta razonablemente larga. La naturaleza no ha determinado un periodo de vida concreto para ninguno de nosotros, por lo que el hecho de que una criatura muera antes de que sufra la enfermedad y el deterioro físico severo no parece una idea intrínsecamente repugnante. Ya he comentado que, en el caso humano, ese tipo de muertes solo representan un daño si aplicamos el argumento de la interrupción. Así que conviene que indaguemos un poco más al respecto.

Bentham creía que los animales no humanos (a diferencia de los humanos) no le tenían temor (anticipado) a la muerte. De hecho, llegó a la bastante apresurada conclusión de que, precisamente por ese motivo, la muerte no constituye un daño para los animales no humanos, siempre y cuando esta sea indolora y no venga precedida de prácticas aflictivas para la criatura. Pero él simplemente aseveró ese enunciado sobre el miedo, sin pruebas que lo sustentaran, y la realidad nos demuestra que no es correcto: hay animales de muchos tipos que reconocen las amenazas cuando se les presentan, y que temen la muerte que estas parecen anunciar. Muchos planifican sus movimientos para eludir amenazas que ya han experimentado antes o de cuya existencia son conocedores porque lo han aprendido a partir de la experiencia de otros animales. Así pues, el argumento de Bentham no es convincente y no nos sirve.[8]

Los utilitaristas modernos han mejorado un poco ese argumento. Tanto Peter Singer como Jeff McMahan ponen especial énfasis en el valor superior de las vidas humanas, que atribuyen al hecho de que solo las personas imprimen una estructura argumental a sus vidas. Ya he rechazado aquí esa tesis fáctica, como también he descartado la idea de la superioridad que ellos deducen de aquella. Aun si fuera cierto que las vidas humanas —y solo estas— manifiestan cierta «estructura narrativa», eso no las haría mejores, sino solo diferentes. También deberíamos rechazar —como hicimos en el capítulo 3— el modelo del «recipiente» al que se abonan estos utilitaristas, según el cual lo importante en una vida es la cantidad de placer o satisfacción que consigue acumular.[9] Esta imagen, que implica que, en principio, el valor de una vida podría ser reemplazado por el de otra que contuviera similar cantidad de placer, no hace justicia al carácter integrado de la vida de cualquier animal, humano o no, que no es un simple recipiente en el que se vierten placeres, sino un ejercicio llevado a cabo por un organismo agente que persigue unos objetivos, por lo que cada vida es valiosa por sí misma. John Stuart Mill así lo entendió y modificó por ello el utilitarismo para dar cabida en él al carácter separado y digno de las diversas vidas. Consideremos a partir de aquí, pues, un tipo de utilitarismo que coincida con las tesis de Mill en este punto en concreto.

No obstante, los utilitaristas recientes también emplean una versión del argumento de la interrupción que nosotros podríamos seguir aquí con ciertas cautelas. ¿Qué nos muestra realmente este argumento en lo referente a la cuestión de si (y cuándo) la muerte constituye un daño para los diversos animales no humanos? Pues la muerte es claramente un daño, como ya he comentado, si llega demasiado pronto, es decir, si interrumpe el desarrollo antes de que la criatura llegue a su funcionamiento adulto, pero siempre y cuando la criatura sea consciente de ese desarrollo. También es un daño en tanto en cuanto el animal persiga proyectos extendidos en el tiempo, o incluso proyectos repetidos en presencia de un recuerdo y de una conciencia de tal repetición. Singer y McMahan parecen considerar que eso solo es así para el caso de un reducido número de especies (simios, ballenas y elefantes), pero no deberíamos seguirlos en ese punto en concreto, sino que deberíamos aprender de las investigaciones realizadas en este terreno. Y, según estas, está claro que los proyectos extendidos en el tiempo están presentes en las vidas de todos los primates, los elefantes, las aves, los roedores, el ganado vacuno, los cerdos, los mamíferos marinos, los perros, los gatos y los caballos. Por lo tanto, la muerte puede representar un daño para esas criaturas y estaría mal infligírselo. Pocas personas comen actualmente perros, gatos, caballos, elefantes, simios y roedores, pero muchas sí que comen ballenas, aves, cerdos y vacunos.

Recordemos también que, en el capítulo 6, concluí que algunos animales no parecen poseer sintiencia (o solo la poseen en un sentido mínimo). Es lo que ocurre, por ejemplo, con aquellos a los que Aristóteles catalogó como «estacionarios», es decir, las esponjas o las anémonas; también con la mayoría (o la totalidad) de los insectos; y posiblemente con los crustáceos (aunque cabe destacar que no con los cefalópodos). A las criaturas no sintientes no se las daña cuando se las mata, y puesto que no sienten dolor, tampoco importaría en principio el modo en que se las mate, aunque nunca está de más apostar por lo seguro y hacerlo de forma indolora, pues podría llegar un momento en que supiéramos más cosas sobre esos animales y llegáramos a la conclusión de que estábamos equivocados (tal y como parece que lo estábamos en el caso de las langostas).

Otro grupo de animales por los que Bentham se interesó es el de aquellas criaturas a las que él llamó «plagas», es decir, los animales que están continuamente tratando de causarnos daño. Muchos de ellos (las cucarachas, los mosquitos, las moscas) son insectos, pero también deberíamos situar en ese grupo a las ratas callejeras (que no las de laboratorio). En estos casos, Bentham consideraba que matarlos era aceptable en virtud del principio de defensa propia, y, en esencia, yo coincido con él. No obstante, la mayor parte de estipulaciones legales que regulan la defensa propia exigen que el agredido haya probado primero a apartarse o retirarse antes de recurrir a un uso letal de la fuerza para repeler la agresión. La analogía en este caso nos indicaría que, siempre que puedan, los humanos deben emplear primero medios no letales de autodefensa contra las especies sintientes nocivas, como los anticonceptivos, antes que las matanzas. Ya disponemos de métodos de ese tipo para los insectos, y, recientemente, su uso se ha demostrado incluso más eficaz para reducir las poblaciones de ratas que el empleo de métodos letales.[10]

Pero pasemos al meollo del asunto. Los principales animales que consumimos como alimento son el ganado vacuno, los cerdos, las aves y los peces. (Ya he tachado a los corderos de la lista, así como a los terneros, en aplicación del principio de adultez.) Pues bien, antes de utilizar el argumento de la interrupción, deberíamos estudiar la vida cognitiva de cada animal. Los cerdos, por ejemplo, poseen una extraordinaria inteligencia, así como un evidente sentido de los proyectos temporales. Las aves son unas planificadoras maravillosas y muy complejas, por lo que me resulta harto improbable que los pollos no posean una capacidad aviar tan común como esa. También los animales vacunos parecen situarse claramente por encima del listón fijado por la «interrupción». Así pues, incluso el sacrificio compasivo de esas reses les inflige un daño serio y está mal por ese motivo.

Es posible, sin embargo, que no haya lugar a aplicar el argumento de la interrupción en algunas criaturas (entre las que cabría incluir, seguramente, algunos tipos de pez). Estas viven en un presente perpetuo, sin proyectos prolongados susceptibles de interrupción, y no recuerdan las rutinas que ejecutan de forma reiterada. Las investigaciones no son tajantemente claras a este respecto: si un tipo de pez vive en un presente perpetuo, no parece lógico imputarle emociones temporales (como el miedo) tal como hacen algunos científicos (véase el capítulo 6). Más probable resulta que se le haya atribuido la capacidad de sentir miedo basándose de manera prematura en la exhibición de ciertas conductas evitativas o aversivas. Pues bien, supongamos que terminamos plenamente convencidos de que existen criaturas así, que viven momento a momento. El filósofo utilitarista R. M. Hare ha imaginado el ejemplo hipotético de un pez que muere por un golpe de mazo diestramente asestado por su pescadera local.[11] Este pez ha estado nadando libre y ha tenido una buena vida (adulta) justo hasta ese momento. Jonathan Balcombe, toda una autoridad en la conducta de los peces, ha descrito el funcionamiento de explotaciones pesqueras que usan ese tipo de prácticas compasivas a gran escala.[12] Para Balcombe, la moralidad de comer pescado es un asunto complejo que conviene dejar al criterio de cada individuo, pero confiesa que él sí que lo come. Hare, por su parte, considera que comerse un pescado al que se ha matado de esa forma es perfectamente aceptable desde el punto de vista moral. Y en una réplica al artículo de Hare, Peter Singer coincide con él en ese punto, si bien afirma que, personalmente, él no come pescado, ni aun sacrificado con métodos compasivos, porque una figura pública necesita guiarse por una política mucho más simple.

Si mi argumento es correcto, la muerte no representa un daño para estas criaturas. Aunque intuitivamente podamos pensar que la muerte es la frustración definitiva de todo conato, en este caso no frustra los proyectos del animal, porque no hay proyectos extendidos en el tiempo que frustrar. Epicuro tiene razón acerca de estas criaturas, aunque estuviera equivocado en cuanto a los seres humanos y a la mayoría de los animales. Los peces son sujetos de justicia en la medida en que pueden sufrir agravio si se les inflige dolor, inanición, muertes dolorosas, etcétera. Pero, si mi argumento es correcto, repito, una muerte indolora en medio de una vida floreciente no les causa un daño. ¿Tenemos que esperar, aun así, a que el pez alcance su estado adulto? ¿Tiene alguna conciencia de la madurez como objetivo? No lo parece, si es que realmente vive momento a momento. Pese a todo, sería posible imaginar que los peces, cuando son muy jóvenes, tienen momentos efímeros de conciencia de su pequeñez ante lo grandes que son otros ejemplares de su especie, por lo que el caso no está tan claro. Por consiguiente, siempre será mejor pecar de cautos y abstenernos de matar alevines.

Yo hace ya años que como pescado unas cuatro veces por semana, aunque los conocimientos crecientes que estamos adquiriendo sobre las vidas cognitivas de esos animales hacen que tenga cada vez más reparos y dudas. Las elevadas necesidades proteínicas de las mujeres mayores, sobre todo de aquellas que, como yo, mantienen un nivel elevado de ejercicio físico, sumadas a mi dificultad para digerir legumbres, dificultan que realice una transición efectiva hacia una dieta completamente vegana. Según los cálculos actuales, una mujer de setenta y cuatro años y cincuenta y dos kilos de peso, y con un alto nivel de actividad física, precisa de entre setenta y cien gramos de proteína diarios. Mientras escribía este libro, intenté muy en serio realizar una transición hacia una dieta mayormente vegetariana; comí pescado solo una vez (o, como máximo, dos) por semana, por ejemplo. No se puede decir que esto sea mejor desde el punto de vista moral: yo comía mucho yogur para compensar, pero es evidente que el sector lácteo es menos humano en el trato a sus animales de lo que lo es una piscifactoría que aplica métodos de cría compasivos. Además, también me di cuenta, por pura casualidad, de que el cambio de dieta me había debilitado. Yo atribuía mi declive atlético simplemente «a la edad», pero, en mayo de 2021, me quedé inesperadamente con un montón de sobras de comida en casa tras el funeral de mi hija, entre las que había una gran cantidad de fletán, una excelente fuente de proteínas. Tras comer fletán a diario durante una semana, me percaté de que había experimentado una súbita mejora de mi función muscular; así que he optado por volver a mis anteriores rutinas de alto consumo de pescado.[13]

¿Qué debería pensar de todo esto desde un punto de vista ético? El argumento de la interrupción me proporciona algo que decirme a mí misma al respecto, pero no me deja tranquila. Es un argumento que podría estar equivocado. O podría no estarlo para otras especies, pero sí para el caso de los peces. No me ayuda tampoco, en ese sentido, que la alternativa de llevar una dieta vegetariana pero intensiva en lácteos parezca moralmente peor, debido al sufrimiento al que se somete a los animales en las granjas lecheras.

A FAVOR DE LA DIFICULTAD MORAL

Por lo que sabemos hoy en día, lo más probable es que una muerte indolora no constituya un daño para los peces en la misma medida en que lo es para animales con otros tipos de vidas cognitivas y de proyectos. A los peces se los suele matar ya de adultos, y si, en ese momento, están nadando tan felices y su muerte es verdaderamente indolora, se podría sostener que matarlos no representa absolutamente daño alguno para ellos, si bien debemos mantenernos abiertos a nuevos hallazgos en ese terreno.

Me inclino, pues, por afirmar que las personas que consumimos pescado no usamos a los peces solamente como medios para nuestros propios fines, porque no les infligimos un daño. No siempre está mal usar a una persona o a una criatura como medio: yo utilizo a mis investigadores ayudantes como medio para mejorar mi manuscrito, igual que utilizo a los médicos como medio para mantenerme en buen estado de salud. El problema se produce cuando usamos a una persona «solamente» como medio, es decir, sin respetar su dignidad y explotándola de forma dañina en varios sentidos. Yo estaría explotando a mis investigadores ayudantes, por ejemplo, si los hostigara o los acosara, o si no les pagara el salario prometido. Pero si existe respeto y no hay daño, creo que se debe concluir que la persona no está siendo usada solamente como un medio. En el capítulo 9, defenderé que esquilar a las ovejas para aprovechar su lana es utilizarlas, pero no «solo» utilizarlas, porque esa operación no les produce un daño, sino que incluso suelen salir beneficiadas de ella. Por lo tanto, la cuestión es si matar peces para comérnoslos entra en esa clase de uso no dañino, o si bien es una forma perniciosa y perjudicial de limitarnos a usarlos.

Cierto es que, al menos, en el caso de la esquila de ovejas, podemos imaginarnos una especie de consentimiento hipotético, igual que en el ya mencionado ejemplo de un perro o gato sometido a una eutanasia compasiva. («Esta lana pesa mucho y molesta; te autorizo a que me la quites de una vez.») Es difícil, sin embargo, imaginarse a un pez dando ese tipo de consentimiento tácito para que lo maten.

De hecho, cuatro son los problemas morales que percibo en este caso. En primer lugar, nosotros somos juez y parte de nuestro propio juicio, por lo que la posibilidad de caer en una falacia del alegato especial siempre está ahí, como, de hecho, lo ha estado en todo este capítulo. ¿Por qué me he centrado tanto en el argumento de la interrupción? ¿Por qué interpreto la evidencia empírica existente sobre los peces tal como lo hago? Yo intento actuar de buena fe, pero ustedes siempre tendrán muy buenos motivos para ser escépticos ante la existencia de un conflicto de intereses tan flagrante como el que yo puedo tener para decir lo que digo.

En segundo lugar, la costumbre de usar instrumentalmente a los seres sintientes es un tipo de hábito que se puede extender a casos en los que el argumento de la interrupción no nos libera de culpa ni siquiera de forma aparente. Así, si decimos esto de los peces, ¿por qué no lo decimos también de toda la carne criada compasivamente, sea cual sea su fuente? Insensibilizar nuestro sentido de alerta moral es un peligro.

En tercer lugar, y en relación con lo anterior: si pesco para comer, ¿por qué no puedo pescar como deporte? Un fin útil no se diferencia tanto de los demás fines útiles, y si, además, sostenemos que no se puede infligir un daño, bien podríamos acabar extrapolando nuestra aprobación no ya a pescar, sino incluso a cazar. Obviamente, ya he puesto como condición que la muerte en cuestión debe ser indolora y eso nunca es así ni con la pesca con sedal ni con la pesca con red, pero siempre podríamos imaginarnos sendas modalidades revisadas de estas prácticas. La caza, siempre que la practiquen tiradores muy expertos, puede ser indolora; el problema es que la mayoría de los cazadores reales no son tan hábiles.

En cuarto lugar, hay que tener en cuenta el hecho en sí del uso instrumental de otro ser sintiente. Aunque la práctica en cuestión no dañe realmente a ese ser, continúa representando una forma de dominio sobre esa otra vida. Viene a reclamar una especie de autoridad sobre ella que no parece justificada. Esa es la verdad que denuncia el veganismo. ¿Quién nos dijo que podíamos actuar así? Yo rechazo el argumento vegano en el caso de la esquila de ovejas, pero el caso del consumo de pescado resulta obstinadamente complicado. Pero ¿acaso nuestras capacidades de deliberación moral, específicas de nuestra especie, no implican que debamos ser más cautelosos en un caso como ese, del que tanto desconocemos aún? Si el tipo de vida y de capacidades específicas de cada especie afecta a lo que puede constituir un daño (o no) para una criatura sintiente, también afectará a lo que se pueda considerar un agravio ilícito a ese ser. Nuestra forma de vida —propia de nuestra especie— entraña una responsabilidad especial.

¿ALTERNATIVAS?

¿Qué podemos (y deberíamos) hacer para lidiar con esas complicaciones? En primer lugar, el simple hecho de abordarlas y tratar de encontrarles una respuesta representa un progreso ya de por sí, pero atormentarnos por nuestro modo de actuar presente no garantiza que vayamos a obrar de la manera correcta. Y, además, nos enfrentamos a una duda parecida en el plano del pensamiento político: ¿debemos ser gradualistas o revolucionarios? Dicho de otro modo, ¿debemos animarnos a introducir ya múltiples cambios que mejoren las vidas de los animales aunque con ellos no alcancemos aún la impecabilidad ética (tal como mi argumento la define como objetivo)? Hay quienes piensan que esta especie de mejora gradual progresiva constituye un criticable ejercicio de «revisionismo» liberal; a estas personas solo les parece aceptable el cambio revolucionario más completo imaginable. Este es un debate que surge en todo momento en relación con la cuestión de la justicia y que tiene respuestas distintas según los casos. Pocos lectores de mis trabajos se sorprenderán si digo que soy por temperamento una revisionista liberal, aunque con una vena revolucionaria.

Algunos males —la esclavitud, por ejemplo— resultan tan abominables que, desde un punto de vista moral, solo su abolición completa, absoluta e inmediata nos puede parecer aceptable. Yo situaría en esta categoría la industria de las macrogranjas alimentarias, el uso de animales por su piel y la caza deportiva. Si no podemos lograr una abolición urgente de estas prácticas, al menos haremos bien en negarnos de forma inmediata y tajante a ser partícipes de nada relacionado con ellas.

Otros males, sin embargo, parecen distintos en ese sentido: a partir del momento en que tomamos conciencia moral de su existencia, podemos trabajar a lo largo del tiempo para transformar nuestra cultura y, finalmente, erradicar el mal en cuestión. El sexismo me parece uno de esos casos: es tan polifacético y está tan integrado en el tejido de la vida cotidiana de todas las sociedades que abolirlo de golpe no es viable, y negarse a participar en las instituciones afectadas podría resultar personalmente muy difícil, cuando no contraproducente (aunque en los primeros tiempos del feminismo hubo feministas separatistas que probaron esa vía). También colocaría en esta categoría la matanza no dañina de animales —no dañina según el argumento de la interrupción, quiero decir—, pues no deja de ser un caso de uso instrumental y de dominación que deberíamos rehuir. Sí creo, pues, que la cría compasiva (de peces, al menos) es un gran paso adelante, aunque no el punto de destino definitivo. Lo que podemos ir haciendo, por tanto, es reducir gradual y progresivamente la medida en que nuestras vidas dependen de estas indeseables prácticas de un modo muy parecido a como muchas personas intentan moderar su huella de carbono, aunque no hayan llegado todavía a disminuirla a cero.

Es en este punto cuando toca poner un nuevo tema sobre la mesa: el coste. El pescado criado y matado de forma compasiva es (de momento, al menos) bastante caro, como también lo son los huevos de gallinas camperas. Por lo tanto, cuando abogamos por una transición hacia ese tipo de dieta, podemos estar pasando por alto problemas relacionados con la clase social y la capacidad económica de las personas: puede que ni esta opción superior (desde el punto de vista moral) ni, por lo tanto, la transición gradual que recomiendo estén al alcance de las familias pobres si no es a costa de un gran sacrificio para ellas. (Lo mismo puede ocurrir con una dieta vegana de alta calidad, aunque no es fácil calcularlo.) Si, como solemos decir en filosofía, no hay obligación ética si no existe la posibilidad práctica, no está claro que podamos recomendar la dieta que he descrito —ni siquiera con los reparos correspondientes— como una norma moral para todo el mundo. Ahora bien, el coste no disminuirá hasta que sea una opción elegida por muchos. Esta es una cuestión con la que volveremos a encontrarnos en el capítulo siguiente, cuando valoremos cómo se pueden resolver este y otros dilemas aparentemente trágicos.

Hablemos a continuación, pues, de la cuestión de los dilemas trágicos, lo que, a su vez, nos permitirá reflexionar más a fondo y mejor sobre esta transición moral.

Capítulo 8

LOS DILEMAS TRÁGICOS Y CÓMO TRASCENDERLOS

Los intereses de los seres humanos chocan a menudo con los de los otros animales. A veces, el conflicto es por unas tierras o unos recursos; es el caso, por ejemplo, de los elefantes y los habitantes humanos locales cuando compiten por utilizar el mismo espacio y los mismos árboles. Tampoco podemos olvidar que muchos experimentos humanos que salvan vidas (humanas y animales) infligen un daño a algunos animales. Y son también numerosos los casos de poblaciones humanas vulnerables que reivindican que su existencia misma como pueblo las obliga a continuar realizando prácticas crueles que causan gran dolor a los animales. Estos conflictos son tan complicados en la teoría como en la práctica. Y, como mínimo, algunos de ellos parecen ciertamente graves. La defensa del EC nos obliga a analizar esta cuestión, ya que el hecho mismo de que valoremos un conjunto plural de capacidades nos aboca de por sí a potenciales conflictos y contradicciones. En este capítulo, abogo por reflexionar sobre la idea en sí de los dilemas trágicos como vía que nos ayudará a avanzar.

Hay, sin embargo, dos maneras habituales de abordar estos dilemas trágicos que, en mi opinión, resultan perniciosas. La primera es lo que podríamos llamar el «enfoque de la lamentación y el lloriqueo». Esta es la actitud de quienes se rasgan las vestiduras y denuncian lo terrible que es todo en nuestro mundo actual sin ni siquiera mostrar curiosidad por cómo se podrían mejorar las cosas (o por qué podrían mejorarlas). La segunda, muy relacionada con la anterior, es el enfoque que podríamos denominar de «derrotismo teñido de autoodio»: los humanos nos hemos extendido en exceso y eso nos ha llevado al atolladero en que nos encontramos, y no podemos hacer nada al respecto salvo renunciar a muchas de nuestras aspiraciones y llevar un estilo de vida escarmentado y disminuido. (Muchas tragedias griegas concluyen con ese mensaje.) Ambas son actitudes muy extendidas hoy en día. A menudo se usa el término «Antropoceno» tanto de manera descriptiva (en referencia a la actual era de dominio humano sobre el mundo) como normativa (para designar un mal y expresar una reacción fuertemente negativa a ese mal).

El error en ambos casos es la ausencia de un impulso hacia delante. No podemos deshacer el pasado que trajo la mala situación en la que estamos, pero sí podríamos idear maneras de trascenderla. Y aunque la ambición humana ha originado muchos problemas en nuestro mundo, puede ser también una fuente de mejoras.

¿QUÉ SON LOS DILEMAS TRÁGICOS?

Los dilemas trágicos se llaman así por su protagonismo en la tragedia griega antigua. Un caso típico es el del rey Agamenón en la obra homónima de Esquilo: un personaje al que los dioses le dicen que debe matar a su propia hija, Ifigenia, como sacrificio ante ellos, si no quiere sufrir la destrucción de todo su ejército (incluidos él mismo y su hija). ¿Qué puede hacer él, entonces?, «¿qué alternativa está libre de males?». Y he aquí un dato muy importante: ninguna mala acción del propio Agamenón lo ha conducido a tan trágica situación.[1]

El caso de Agamenón no solo es difícil de dilucidar. (En realidad, tal y como lo he descrito, incluso podría decirse que no es tan difícil, pues la segunda alternativa implica la muerte de todos.) El problema es que ambas opciones obligan al protagonista a realizar un acto moralmente horrible: o mata a su propia hija, por quien tiene una responsabilidad como padre, o mata a todo su ejército, por el que tiene una responsabilidad como comandante. (Supongamos que no tiene una tercera opción, como podría ser la de abandonar o retirarse.) Y como siempre queremos creer que en nuestras manos está hacer lo debido —«no hay obligación ética si no existe la posibilidad práctica»—, la aparición de tales dilemas representa una afrenta a nuestro sentido del dominio y el control personal de las situaciones. Ya bastante grave es que el universo nos obligue a sufrir una pérdida como para que, encima, inflija una mancha moral a personas dispuestas a actuar con la mejor intención.

La vida está llena de dilemas trágicos, grandes y pequeños, que vienen causados por el hecho de que las personas —como es lógico— tienen valores plurales, pero no controlan todo lo que les acontece. A veces se producen hechos que les imposibilitan cumplir con todas las demandas morales divergentes que se derivan de esos valores diversos. En ocasiones, surgen contradicciones forzadas por las exigencias de la guerra. Así, en las guerras civiles, es habitual que haya familiares situados en bandos opuestos y que tengan que afrontar dilemas trágicos entre el deber para con su causa y sus obligaciones por parentesco. No es de extrañar que esos aspectos trágicos de las contiendas intranacionales hayan sido elementos centrales en las tragedias literarias de numerosas culturas.

Los dilemas trágicos no son una simple cuestión de ponderación de costes y beneficios (aunque está claro que siempre debemos sopesar estos antes de tomar nuestras decisiones). En el caso de los dilemas a los que me refiero, hay además un tipo especial de coste, como es el hecho de que hagamos lo que hagamos, vulneraremos alguna de las normas importantes que nos habíamos comprometido a cumplir.[2]

¿Qué debería seguirse de lo anterior? Una reacción apropiada podría implicar tanto un reconocimiento de una grave culpa por la acción que hemos optado por realizar como la determinación de expiarla del mejor modo posible en el futuro, reafirmando así nuestro compromiso general con el valor sacrificado durante la situación de crisis.[3] Aparte de esto, también una buena planificación podría servir para que las buenas personas no volvieran a verse atrapadas en tales tragedias en el futuro.

Todo esto nos lleva al enfoque aplicado a la tragedia por el filósofo G. W. F. Hegel, que es el que yo sigo aquí. Los conflictos trágicos entre dos ámbitos de valores, sostenía, estimulan nuestra imaginación para que pensemos con previsión y cambiemos el mundo; siempre será mejor que, de entrada, hallemos la forma de evitar que se nos presente el dilema trágico, pero si se nos presenta tendremos que elegir entre dos males, de acuerdo, pero tratemos también de hallar el modo de que no volvamos a tener que hacerlo.

Esto no siempre es posible, pero, como Hegel bien comprendió, la tragedia estimula la imaginación moral para que nos figuremos un mundo libre del dilema que tanto horror causa en los protagonistas, y, con ello, ocasiona lo que él llamó una «cancelación» o «abolición» (*Aufhebung*) del dilema. Así, en referencia al dilema presente en la *Antígona* de Sófocles, donde el Estado ha ordenado a la protagonista epónima que infrinja su sagrado deber religioso, Hegel puso el ejemplo del Estado liberal moderno, que, según él dijo, ha encontrado vías por las que proteger tanto el orden cívico como el derecho de las personas a honrar sus obligaciones religiosas.

La realidad no es tan fácil como Hegel dio a entender, pero, de todos modos, él apuntó en la buena dirección. George Washington se dirigió así a los cuáqueros por carta en 1789 para comunicarles que no se les exigiría realizar el servicio militar: «Les aseguro categóricamente que, en mi opinión, los escrúpulos de conciencia de todos los hombres deberían tratarse con gran delicadeza y sensibilidad; y es mi deseo y mi ambición que las leyes se les puedan adaptar tanto como la debida consideración por la protección y los intereses esenciales de la nación lo justifique y lo permita». Muchos dilemas trágicos, aunque no todos, quedan «cancelados» cuando se aplica esa idea, tal como recomendaba Hegel.

De hecho, en cuanto asimilamos la idea hegeliana, muchas tragedias cotidianas pasan a antojársenos inaceptables. Los padres que se preocupan por sus hijos suelen sentirse dolorosamente divididos entre sus obligaciones como trabajadores y sus deberes como criadores. Los lugares de trabajo que hoy conocemos tienden a ser espacios diseñados en un principio para hombres que no se ocupaban apenas de la crianza de sus hijos y que suelen carecer de la flexibilidad que unos padres necesitan para ejercer como tales. Actualmente, abundan las iniciativas dirigidas a idear horarios que aligeren a padres y madres de la carga que suponen esos dolorosos conflictos. (Abundan, sí, aunque todavía no lo bastante.) Por ejemplo, se intenta no obligar a los trabajadores a estar presentes en la oficina durante las horas en que los colegios y las guarderías están cerrados. Se trata, en definitiva, de que no nos resignemos a tener que tomar decisiones culpables: cambiemos el mundo.

No siempre es posible proceder con esos cambios hegelianos, pero ¿quién sabe lo que es verdaderamente posible (y lo que no) si no activamos y ponemos en práctica nuestra imaginación política? Los gobiernos de los estados indios de Kerala y Tamil Nadu detectaron que muchos padres pobres tenían a sus hijos sin escolarizar porque la familia no podía subsistir sin el trabajo de estos; pero, al mismo tiempo, la no escolarización de los niños condenaba a esas familias a unos niveles de vida de mera subsistencia que no solucionaban su problema de base. Ambos gobiernos subnacionales tomaron entonces dos medidas muy hegelianas: en primer lugar, se establecieron diferentes franjas de horarios escolares para que los padres pudieran elegir aquella que fuese compatible con la continuación de cierta actividad laboral del niño; y en segundo lugar (lo que es más importante), ambas administraciones subvencionaron una comida de mediodía nutritiva para todos los niños que fueran al colegio. El contenido calórico y proteínico de esos platos quedó determinado por ley de tal forma que compensara con creces la pérdida de ingresos que para las familias representaba el hecho de que su pequeño no estuviera trabajando en ese momento. Posteriormente, sería ya el Tribunal Supremo de la India el que ordenaría que todas las escuelas de todos los estados ofrecieran aquella comida del mediodía, con su correspondiente contenido proteínico y calórico estipulado por las leyes y la jurisprudencia.

Lo que hicieron los gobiernos en ese caso está en perfecta sintonía con los principios del enfoque de las capacidades. Para empezar, identificaron unos fines plurales a los que una sociedad justa debe aspirar, como eran, en este caso, la salud y la educación de sus ciudadanos. A continuación, comprobaron que la situación de aquel momento creaba un dilema trágico que obligaba a elegir entre dos capacidades importantes. Lo analizaron y convencieron a la gente de que ambos eran valores importantes que se debían respetar. Finalmente, en vez de ignorar o minimizar la importancia de una de las dos capacidades, idearon una solución que permitiera cubrir un umbral aceptable de ambas. Precisamente esos tres son los pasos que se deben seguir para aplicar el EC a cualquier situación que nos pueda parecer un dilema trágico.

¿Puede la imaginación hegeliana ayudarnos a resolver los dilemas que contaminan nuestra relación con los otros animales? Yo creo que sí, siempre y cuando afrontemos de cara la gravedad moral de esos conflictos. Fijémonos, en concreto, en cuatro ámbitos generadores de incomodidad moral: la experimentación médica, el consumo de carne, las dudas planteadas por las prácticas de caza de algunas culturas tradicionales en peligro y, por último, los conflictos más amplios y generales relacionados con el espacio y los recursos. Y, en cada caso, hagámonos la pregunta de Hegel: ¿qué cambios en la sociedad y en la ley permitirían «cancelar» o abolir el dilema (suponiendo que este sea realmente trágico)?

LA INVESTIGACIÓN MÉDICA CON ANIMALES

La experimentación médica presenta en la actualidad contornos ciertamente trágicos. Por un lado, está el imperativo de salvar vidas —humanas y animales— que las investigaciones con animales tanto han contribuido a satisfacer en el pasado. Por otro lado, está el hecho de que los experimentos han infligido horribles tormentos a muchos animales y han causado la muerte prematura de un incontable número de ellos. Por ejemplo, el aislamiento en jaulas solitarias constituye la norma en estos casos, a pesar de que las investigaciones han demostrado que incluso las ratas y los ratones son criaturas caracterizadas por una elevada complejidad social.

Son muy pocos los defensores de los derechos de los animales que reclaman la finalización inmediata de todas las investigaciones con animales. A fin de cuentas, estas pueden procurar múltiples beneficios, incluso para los animales mismos. De ahí que Peter Singer, por ejemplo, haya adoptado una postura matizada al respecto y defienda que, en ciertos casos, la experimentación animal está justificada.[4] Lo que hay que preguntarse, no obstante, no es solo si los experimentos tienen una justificación cuando se sopesan sus costes y sus beneficios, sino también si representan realmente un dilema trágico (una vulneración de una norma moral) y cuándo lo representan. Si son trágicos, sabremos que deberemos avanzar lo antes posible para «cancelar» la tragedia introduciendo modificaciones en nuestras prácticas.

Antes de nada, descompongamos el problema general en tres más específicos. El primero es el daño que la incapacitación y la muerte prematura causan a muchos animales, aunque sean indoloras y hayan venido precedidas de una vida floreciente. El segundo es el daño que se les inflige a los animales cuando se los somete a dolores durante una investigación, tanto si estos desembocan en su muerte como si no. Y el tercero son las privaciones que sufren los animales —con o sin resultado de muerte— por las condiciones a que están sujetos durante los experimentos. Los tres problemas, de entrada, parecen plantearnos dilemas trágicos, pues los experimentadores deben infringir una norma moral para no renunciar a un bien importante. El segundo de los tres, sin embargo, puede solucionarse de un modo que suprime el elemento trágico sin introducir grandes cambios en la forma en que los científicos realizan sus experimentos. De hecho, la mitigación del dolor ya es la norma en las directrices que se siguen en los proyectos investigadores. El primer problema y el tercero, sin embargo, son más refractarios a una solución, que cabe esperar que llegue a medida que se vayan introduciendo nuevas modalidades de experimentación.

Abordemos aquí el tercer problema. Consideremos las condiciones en las que suelen vivir los animales usados para experimentación. Lo único que tienen es una jaula vacía y solitaria en la que se les introduce como si solo fueran cosas desprovistas de una forma de vida compleja. Muchas de las personas que se indignan ante los empobrecidos entornos en los que suelen vivir muchos animales de los zoos no son conscientes de que la vida típica de un animal usado para experimentos es mucho más pobre todavía.

El enfoque de las capacidades recomienda que nos hagamos el dibujo más detallado posible del conjunto de la forma de vida de cada tipo de criatura y que aspiremos a que todas ellas tengan vidas mínimamente aceptables atendiendo no solo a factores como el placer y el dolor, sino también a otros como el movimiento, la estimulación y la amistad. Fija, pues, un objetivo mucho más exigente que el que recogen la mayoría de las directrices de los centros investigadores actuales, que se centran sobre todo en la mitigación del dolor. Y eso que esas demandas del EC serían bastante fáciles de satisfacer si la gente las tuviera realmente en cuenta. Basta con que presupongamos que estamos hablando de investigaciones en cuya naturaleza intrínseca no está el causar enfermedades ni dolor. Podemos aprender mucho de los animales tratándolos bien. De hecho, algunos animales utilizados para experimentos ni siquiera deberían hallarse en confinamiento (hablaré de esto en el capítulo 10). Pero para aquellos cuya reclusión puede considerarse aceptable desde el punto de vista ético, su «cautiverio» debería ser un mundo lleno de oportunidades para explorar, relacionarse, alimentarse bien y moverse con libertad. Este es un objetivo lejano aún, pero, cuando menos, nos indica cómo el EC hace que pongamos nuestra mira en una imagen enriquecida (y posible) de esa meta.

En lo que se refiere a las investigaciones que infligen incapacitación y muerte, las regulaciones y las leyes han hecho algunos avances. Las «tres erres» de la regla introducida por el Consejo Nuffield en el Reino Unido (2005) —reducción, refinación y reemplazo— se han convertido en consignas de todos los órganos reguladores; se trata, en resumen, de: «reducir» los daños, «refinar» las técnicas (para que produzcan menos daños) y, en la medida de lo posible, «reemplazar» los experimentos con animales por otros tipos de investigación.[5] Las directrices elaboradas por el Consejo son relativamente débiles, debido a los muy comentados desacuerdos entre sus miembros. Aun así, hoy ya no están permitidas muchas cosas que antes eran rutinarias. Según Nuffield, el objetivo en última instancia para los investigadores debe ser un mundo en el que no exista la investigación con animales; mientras tanto, sus pautas insisten en que se analice caso por caso si los estudios que todavía se hacen con ellos están justificados o no.[6] Pero el Consejo también recuerda que la muy deseable cultura de las regulaciones puede inhibir en las personas una no menos conveniente reflexión moral. El informe, pese a no ser un documento con aplicabilidad legal directa, es toda una señal de progreso. El siguiente paso lógico que debería dar cada país es aprobar la legislación oportuna para llevar esas ideas a la práctica.

De todos modos, este debate sobre limitaciones y regulaciones está muy pervertido por un modo de pensar muy propio del paradigma de la *scala naturae*; de ahí que, incluso en los escritos de destacados especialistas en ética, lo permitido dependa a menudo de lo «alto» que se considera que una criatura está en esa escala, y que las ratas, los ratones y los peces reciban un tratamiento terriblemente desigual con respecto al que se reserva a los grandes vertebrados. Especialmente sospechosa en ese sentido es la protección especial de la que son objeto los grandes simios.[7] Incluso el planteamiento inicial del debate es ya problemático de por sí. Así, el Consejo Nuffield reconoce tres posturas, que son respectivamente las de quienes piensan que:

1. Los humanos tienen algo especial y todos los humanos poseen una propiedad moralmente fundamental de la que carecen todos los animales (la *perspectiva de la línea clara*);
2. existe una jerarquía de niveles de importancia moral con los seres humanos en la cima, seguidos de los primates y de otras especies de mamíferos [...] y con los invertebrados y los organismos unicelulares dispuestos entre los puestos de abajo del todo (la *perspectiva de la escala vertical de moralidad*), o bien
3. no hay ninguna distinción categórica entre animales humanos y no humanos, y son iguales en lo moral (la *perspectiva de la igualdad moral*).

Solo las opciones 1 y 2 están fundadas de manera explícita en la *scala naturae*. Pero lo que se echa en falta en esta lista —también en su tercera opción— es la idea de que cada tipo de criatura posee su propia forma de vida distintiva y de que esa forma de vida es lo que dicta lo que puede constituir un daño para ella y lo que no. Podemos y debemos reconocer destacadas diferencias entre las especies (partiendo de la sintiencia como umbral mínimo, tal como se recomienda en el capítulo 6) cuando nos preguntemos por los daños que una determinada forma de investigar ocasionará. Pero esto en modo alguno implica que ordenemos a las criaturas en una jerarquía.

Por otra parte, cada vez estamos más concienciados de que no todos los fines humanos son importantes. Bentham ya destacó este punto en su día (véanse los capítulos 3 y 7), pero es necesario que lo redescubramos. Los ensayos con cosméticos en conejos son examinados ahora con ojo muy crítico y, en el ámbito mismo de los productos de belleza, existen ya opciones éticas que eliminan el conflicto trágico. También el uso de sujetos animales en las investigaciones toxicológicas, aunque haya ido en aumento en respuesta a la preocupación pública por los riesgos químicos, es objeto actualmente de mayores críticas y algunos expertos en bioética reclaman su eliminación total.

Una vía diferente de cuestionamiento tanto de la mentalidad actual como de las iniciativas gradualistas de reforma propuestas por el Consejo Nuffield es la que se está abriendo a partir de los crecientes indicios de que los modelos experimentales con animales no son demasiado fiables. Los argumentos científicos en este ámbito se han politizado muchísimo y, para el lego en la materia, cuesta mucho saber de quién fiarse. El Consejo Nuffield se muestra calculadamente ambiguo respecto a las acusaciones de falta de fiabilidad, probablemente por desacuerdos internos entre sus miembros. En fecha más reciente, Aysha Akhtar se ha basado en un creciente corpus de literatura científica para afirmar que ya sabemos con certeza que buena parte de las investigaciones basadas en animales no son fiables y que, por lo tanto, suponen un fuerte coste para los propios seres humanos porque producen tratamientos inadecuados y desplazan a otros que podrían haber funcionado mejor. La conclusión de esa autora es que, aun si nos centramos exclusivamente en sus efectos para los seres humanos, los costes de la experimentación con animales superan a los beneficios.[8] En el mismo número especial, aunque centrándose en los ensayos sobre toxicidad, Andrew Rowan concluía que el valor predictivo de las pruebas con animales es solamente de entre un 50 y un 60% de media, pero que, en los estudios con roedores, ese promedio caía por debajo del 50%, una precisión menor que la asociada a lanzar una moneda al aire.[9]

Si esta novedosa corriente de argumentos es correcta, la investigación con animales no plantea ningún dilema trágico, porque tampoco se gana nada con ella. Pero no parece probable que tan tajante conclusión sea realmente la correcta. Aun así, está claro que deberíamos renunciar a los estudios con animales en aquellos ámbitos en los que estos no sean útiles. Y deberíamos aplaudir la petición del Consejo de que se justifique caso por caso tomando como base las evidencias empíricas sólidas al respecto. Pero eso no quita para que haya ámbitos en los que, con ciertos medios inmorales, se obtienen grandes beneficios médicos, tanto para los humanos como para otros animales.[10] Descartar estas investigaciones potencialmente útiles sin haberles encontrado sustituto sería en sí mismo dañino para todos. Son casos en los que todavía nos encontramos atrapados en un dilema trágico (siempre que consideremos, claro está, que salvar vidas constituye un imperativo moral).

Pese a todo, este es un terreno en el que ya se vislumbra una luz hegeliana al final del túnel. Las simulaciones informáticas y otras tecnologías que se están desarrollando con mucha rapidez prometen algo más que una mera mitigación del daño: auguran un reemplazo completo del uso de animales, al menos en casos en los que no permitiríamos estrategias investigadoras similares con humanos. Incluso el cauto Consejo Nuffield recomienda la «tercera erre», el reemplazo, allí donde sea posible. Los expertos en ética van más lejos y recomiendan inversiones a gran escala en modelos informáticos. Teniendo en cuenta, además, los problemas de fiabilidad de los experimentos con animales, estas sustituciones prometen no solo una reducción de los costes éticos, sino también un aumento de los beneficios en forma de mejora de la calidad investigadora.

Mientras tanto, durante el periodo de transición (que debería ser lo más breve posible), los animales usados para experimentación deberían estar alojados en condiciones dignas, atendiendo a las necesidades físicas, psicológicas y emocionales típicas de su especie. También deberían aplicarse unos límites estrictos a la causación de dolor, y debería ser asimismo obligatorio paliarlo cuando se produzca.

Todo esto (y más) ha sido expuesto en forma de código en un importante trabajo reciente firmado por Tom L. Beauchamp y David DeGrazia, autores del libro *Principles of Animal Research Ethics*, de 2020,[11] que pronto sustituirá (o, al menos, debería sustituir) al enfoque de las tres erres como conjunto normativo de pautas que hay que seguir en este ámbito. Incluye varios avances muy claros. En primer lugar, Beauchamp y DeGrazia subrayan que todos los vertebrados y los cefalópodos son seres sintientes, tienen un punto de vista subjetivo del mundo, y, por lo tanto, merecen seria consideración moral. Evitan toda ordenación que recuerde a una *scala naturae*, aunque, para curarse en salud, también se abstienen de criticarla. En segundo lugar, formulan una serie de principios que proporcionan una orientación más definida que la de las tres erres y que tienen un mayor alcance también, pues, en la práctica, abarcan una especie de enfoque de las capacidades aplicado a la protección de la forma de vida de cada especie.

Beauchamp y DeGrazia recomiendan tres principios básicos:

1. El principio de la no causación de daños innecesarios. No debe dañarse a los sujetos animales a menos que un determinado daño resulte necesario a efectos científicos y esté justificado por estos.
2. El principio de las necesidades básicas. Deben satisfacerse las necesidades fundamentales de los sujetos animales mientras se realicen los estudios salvo que el no satisfacerlas sea una condición necesaria (y moralmente justificada) a efectos científicos.
3. El principio del establecimiento de límites máximos de daño. No se debe causar sufrimiento a los sujetos animales durante periodos prolongados de tiempo. En casos raros y extraordinarios, se podrían hacer excepciones, siempre y cuando la investigación en cuestión sea necesaria para unos fines sociales y científicos de crucial importancia, y esté moralmente justificada por estos.

Los dos autores dicen muchas más cosas a propósito de cada uno de esos principios —que son sin duda más estrictos que los del enfoque de las tres erres—, aunque también dejan algunos vacíos evidentes, como su indeterminación a propósito de si se puede justificar el daño de una muerte prematura. Pero, al menos, admiten la naturaleza trágica de esa alternativa: «es» un daño. Y también reconocen que la aproximación hegeliana es superior a todos los enfoques que justifican la causación de daños porque pone el énfasis precisamente en que, si existe alguna alternativa que no los cause, esta debe preferirse a cualesquiera otras que causen un perjuicio a los animales.

Especial significación tiene la descripción que hacen de las necesidades básicas, que encaja en gran medida con las recomendaciones del EC. En su catálogo de tales necesidades, se incluyen las siguientes:

> Una alimentación nutritiva y agua limpia.
>
> Un habitáculo seguro.
>
> Estimulación, ejercicio y oportunidades adecuados al funcionamiento típico de los animales de esa especie.
>
> Descanso suficiente para mantener la salud física y (en los casos en que corresponda) mental.
>
> Atención veterinaria.
>
> En el caso de las especies sociales, acceso a congéneres compatibles o a miembros de su grupo social.
>
> Protección frente a potenciales daños experimentales significativos, como dolor, angustia o sufrimiento.
>
> Protección frente a enfermedades, lesiones y discapacidades.
>
> Libertad de movimiento dentro del espacio adecuado.[12]
>
> [Y luego añaden:] Es objeto de controversia que lo que sigue sea realmente una necesidad básica: protección frente a una muerte prematura.

Yo insistiría en que esta última sí es una necesidad básica (con todos los matices y salvedades expuestos en el capítulo 7), y, en la cuarta, suprimiría el paréntesis «en los casos en que corresponda», porque todas las criaturas sintientes tienen una vida mental: en eso consiste precisamente la sintiencia. Pero, en general, la lista es buena. En su comentario crítico, Frans de Waal señala que no existe ningún motivo para mantener a un simio separado de un grupo de otros simios, ni siquiera por un periodo breve. Si el experimentador necesita aislar a un individuo durante un tiempo, esto siempre puede hacerse llamándolo por una puerta o un portal para que abandone un momento la compañía de su colonia y regrese a ella inmediatamente después.[13] Apunta también que permitir que los primates mantengan vidas típicas de su especie redundaría en una ciencia mejor y más humana. Ese es un argumento que podemos hacer extensivo al conjunto de los animales sintientes.

No hemos alcanzado aún el objetivo hegeliano de un mundo libre de tragedia, según el baremo (fiel a mi enfoque) de los umbrales establecidos por la «lista de capacidades» para las diversas criaturas del mundo. Además, la determinación de esos umbrales mínimos, como siempre en estos casos, está sujeta a controversia y puede que nunca deje de suscitar un desacuerdo razonable. E incluso en un mundo donde se satisfagan todos esos umbrales mínimos, habrá investigaciones permisibles que realizar y que requerirán una esmerada regulación. Por lo tanto, la de Beauchamp y DeGrazia es una valiosa contribución a nuestro avance hacia una justicia mínimamente aceptable.

VOLVIENDO A LA CUESTIÓN DEL CONSUMO DE CARNE...

Volvamos ahora brevemente sobre la cuestión del consumo de carne. ¿Existen realmente dilemas trágicos con relación a este y con qué frecuencia se dan? Los veganos dirán que la mayoría de las personas (si no todas) pueden realizar una rápida y saludable transición a una dieta basada en vegetales en la que no se causarían daño alguno a sí mismas y que solo les reportaría beneficios. Ya he arrojado aquí alguna duda a ese respecto al referirme a las necesidades proteínicas de las personas mayores (y podríamos añadir también de los niños), y al comentar que no todas las personas tienen un aparato digestivo que pueda asimilar bien grandes cantidades de legumbres, por ejemplo. Por lo tanto, a los individuos afectados en tales casos sí se les podría presentar un dilema trágico, pues todos tenemos el deber (para con nosotros mismos) de mantenernos en el mejor estado de salud posible. Además, el coste de la nueva dieta puede representar un problema para familias de clases humildes. Estos dilemas se suavizan un poco si se aplica la alternativa de la cría compasiva de animales mencionada en el capítulo 7 (sobre todo, en lo relacionado con la muerte indolora de los peces, criaturas que prácticamente carecen de planes y proyectos extendidos en el tiempo). Pero tampoco por esa vía se elimina por completo la dificultad del dilema.

Otro problema potencial es el daño que se podría causar a muchos hábitats animales con el ingente cambio en el sistema de cultivos que requeriría una transición generalizada en la población humana hacia una dieta vegana. Esta cuestión no está muy clara aún, pero debería estudiarse a fondo.

Hay, sin embargo, una solución hegeliana en el horizonte: la carne artificial. Prácticamente desconocida cuando empecé a plantearme escribir este libro, actualmente es una industria en franco crecimiento, con múltiples tipos distintos de «carne» fabricada a partir de ingredientes vegetales. La razón de la popularidad de estos sustitutos cárnicos es ética solo en parte; la gente también quiere los beneficios para la salud derivados de su reducido contenido en grasas saturadas y, en muchos casos, también en sodio. La investigación científica en este campo está aún en pañales, pues los sucedáneos cárnicos para la alimentación continúan teniendo fama de mejorables en cuanto a variedad de sabores y texturas. Y no existe pescado artificial —hasta donde yo sé— para aquellos a los que nos encanta el pescado. Aun así, ese es el futuro. Podemos visualizarlo y podemos trabajar por alcanzarlo. Cuando hasta en los estadios de béisbol se venden hamburguesas y perritos vegetarianos,[14] sabemos que ese futuro de *Aufhebung* está ya cerca. También hay ya disponible en el mercado (al menos, en Singapur) carne cultivada en laboratorio, que es carne «real» obtenida a partir de células madre animales, pero que se produce sin matar animal alguno. Insisto en que la inversión en investigación y desarrollo en este terreno está más que justificada, y, de hecho, son ya bastantes los chefs con conciencia animalista como para no esperar que de sus imaginativas mentes surjan grandes avances a partir de estos prometedores comienzos.

¿PRESERVACIÓN CULTURAL?

Hay prácticas crueles que han adquirido últimamente cierto prestigio político-cultural por la vía de la invocación de unos derechos culturales de pueblos indígenas largo tiempo sometidos. Veamos tres ejemplos.[15]

En 2009, el Departamento de Agricultura de la provincia de KwaZulu-Natal emitió un comunicado de defensa pública de un ritual de sacrificio de toros que forma parte de un festival anual, catalogándolo de «ceremonia cultural» protegida por el artículo 31 de la Constitución sudafricana, en el que «se consagra el derecho de todo ser humano a practicar su religión, su cultura y su lengua».[16] A esos toros se los mata por medio de un lento y torturador procedimiento en el que «se les arrancan los ojos, se les corta la lengua y la cola, se les hace un nudo con los testículos y se les hace tragar arena y barro introduciéndoselos garganta abajo».[17] Los zulúes defienden esta costumbre, que consideran un rito de paso, necesario para el mantenimiento de sus tradiciones.

El pueblo de los chippewas caza los llamados ciervos de cola blanca como elemento intrínseco de su supervivencia material y su integridad cultural. Aseguran que la carne de venado no solo les proporciona un alimento fundamental, sino que también fomenta vínculos de comunidad y, al compartirla con otros miembros físicamente menos aptos de su pueblo, ayuda a que todos se conciencien de que nadie es menos digno que nadie en su comunidad. La caza en sí se organiza conforme a unas plegarias y unas reglas que tienen una importancia central para el sistema chippewa de creencias.[18]

La Convención Internacional para la Regulación de la Caza de Ballenas (CIRCB) contiene una «exención cultural»: las regulaciones que limitan el arponeo no son aplicables «a los aborígenes que habitan las costas de los territorios» de los países signatarios, siempre y cuando usen embarcaciones pesqueras tradicionales, no porten armas de fuego y solo cacen para su consumo local. Esta última disposición se incumple de forma sistemática y buena parte de la carne de ballena así obtenida se vende para su uso comercial en restaurantes y mercados, sobre todo en Groenlandia (véase también el capítulo 12). Pese a ello, Dinamarca hizo tan enérgica defensa de esta excepción cultural que incluso manifestó públicamente que no le importaba si la población indígena vendía la carne de ballena a los turistas, y que, si querían, los balleneros podían usar incluso bates de béisbol para matar a los cetáceos.[19]

Ahora bien, si lo que a la gente le interesa de verdad es defender a los desvalidos frente al abuso de poder, no existe un grupo de seres inteligentes y sintientes más dominado y menos respetado en el mundo actual que el de los animales no humanos, que también tienen culturas, por cierto. Así que esa manera de presentar el argumento de la defensa cultural me parece un grave error: lejos de empoderar a los indefensos, no hace más que desempoderar del todo a criaturas que están completamente desamparadas.

Pero eso no es todo. Las apelaciones a la cultura presentan dos problemas prácticamente insalvables tanto de lógica como de definición. El primero de ellos es el que podríamos llamar de determinación de «quién está dentro y quién está fuera». ¿Quiénes son «el pueblo inuit»? ¿Son todas las personas de origen inuit que viven en cualquier lugar del mundo? ¿Son solo un grupo particular y geográficamente circunscrito (los inuits de Groenlandia, por ejemplo)? Puesto que ni mucho menos todo el pueblo inuit practica la caza de la ballena, esta es una pregunta a la que debe darse respuesta si se quiere justificar que tal caza es inherente a la continuidad de la «cultura inuit». Más aún: se debe ofrecer una definición del propio concepto de «cultura», pues son muchas las que se manejan (llegando a ser contradictorias en no pocos casos).[20]

Relacionado con ese problema está también el de «qué voces cuentan» y cuáles no. La mayoría de las apelaciones a los valores de una cultura atienden a las voces de los líderes poderosos del grupo en cuestión, que suelen ser varones. Ignoran a las mujeres, o a las voces críticas, o a las voces marginadas, entre otras.[21] En el caso que aquí nos ocupa, la que se escucha es la voz de los jóvenes varones cazadores de ballenas, pero no así las de otros tipos de personas con credenciales inuits no menos válidas, como las mujeres, los individuos que se fueron a otra parte insatisfechos con la tradición, los críticos con esta, etcétera. Las culturas no son monolíticas ni estáticas: son escenarios de debate y contestación, y están en movimiento.[22] Reconocerle la supremacía a un subgrupo reducido que defiende prácticas arcaicas, y rechazar al mismo tiempo otras voces disonantes, es decantarse por unos en vez de otros. ¿Y qué base normativa podría aducirse para semejante decantamiento?[23]

Todos estos son problemas asociados a la invocación de la cultura cuando se usa como argumento para defender la caza aborigen de ballenas. En su libro *Dominion*, Matthew Scully nos muestra que los makah se inspiraron en las reclamaciones japonesas a favor de la caza ballenera para recuperar una tradición que habían abandonado muchos años atrás. Y precisamente aquellos que hicieron oír su voz fueron los más fervientes seguidores de la mencionada influencia nipona.[24] Scully admite que los cazadores inuits de Alaska tienen razones de más peso para que se les reconozca la condición de «auténticos» balleneros aborígenes. Y, aun así, su estudio muestra que «la mayoría de los esquimales que cazan ballenas hoy en día no son "primitivos" luchando por subsistir en los duros márgenes de la civilización, sino hombres jóvenes para los que esa caza es una pasión y, según nos cuentan, un acto de autoafirmación cultural. Cazan ballenas no porque deban hacerlo, sino porque quieren hacerlo».[25] La conclusión de Scully es que esta práctica no difiere mucho de la caza de trofeos, sobre todo porque el estilo de vida de los nativos de Alaska depende hoy mucho más de la industria del petróleo que de ninguna otra actividad. Además, su presunto respeto por las «costumbres» es bastante selectivo, ya que los métodos empleados habitualmente para sacar a las ballenas de las aguas oceánicas distan mucho de ser tradicionales.[26]

En resumidas cuentas, las apelaciones a la cultura se nos presentan como invocaciones con fuerza normativa, pero nunca se nos dice de dónde proviene esa fuerza. Hay muchas malas prácticas muy tradicionales, entre las que se incluyen formas diversas de violencia doméstica, racismo, abuso sexual infantil y, por supuesto, tortura de animales. El hecho de que tales prácticas existan desde hace mucho tiempo no es ningún argumento de peso a su favor.[27] Si la tradición posee algún tipo de fuerza normativa, sus defensores tienen que esforzarse más por aclararnos cuál es.

El argumento no puede reducirse a la idea de que las culturas desaparecen si repudian alguno de los valores destacados que las caracterizaban. Aunque es probable que muchos valores encarnados en el nazismo estuviesen hondamente integrados en las tradiciones culturales germanas, parece evidente que la cultura alemana ha sobrevivido (bajo una forma bastante reconocible como tal) al rechazo tajante del régimen y las ideas nazis. Todas las culturas han comenzado ya a rechazar la discriminación de género, con los lógicos problemas y dificultades, pero sin que ello haya acarreado su hundimiento absoluto. Las culturas cristianas fueron en tiempos profundamente hostiles hacia los judíos, los musulmanes y los hindúes; hoy lo son mucho menos e incluso se han reinventado para incorporar el respeto por las creencias religiosas de los no cristianos. Y aunque lord Devlin predijo en 1958 que la cultura británica no sobreviviría sin una prohibición legal de los actos homosexuales, la historia ha acabado por desmentirlo.[28]

¿Y qué decir de la cultura de las propias ballenas? Aunque los defensores de los derechos culturales aborígenes suelen referirse al respeto que estos grupos muestran por la naturaleza, es imposible ver la caza de ballenas como una muestra de actitud respetuosa con la vida y la cultura de estos cetáceos. Como muy bien han comentado Anthony D'Amato y Sudhir Chopra, «nadie ha preguntado a la ballena franca si las bandas de hombres que la apalean y la arponean le estaban mostrando algún tipo de respeto».[29]

En un excelente artículo reciente, las filósofas Breena Holland y Amy Linch han señalado lo reductivo que es, para los pueblos nativos, que los veamos como meros esclavos del pasado.[30] La cultura es en sí misma un «juego de herramientas» (dicen ellas invocando el trabajo de la socióloga Ann Swidler) del que las personas se siguen valiendo a lo largo de su vida para construir sus propias historias vitales. A lo largo de los tiempos, muchos grupos humanos han practicado la crueldad contra los animales, pero algunos se han adaptado como respuesta a los argumentos éticos en contra. Las autoras sostienen que muestran más respeto por una sociedad tradicional quienes esperan de ella que reaccione y avance que quienes la prefieren inmóvil. De hecho, como el filósofo Jonathan Lear ha mostrado en su libro *Radical Hope* (un conmovedor estudio sobre el pueblo crow), un grupo puede encontrar vías totalmente imprevistas de avanzar incluso cuando parece enfrentado a la más absoluta devastación cultural.[31] Por eso, mi conclusión es que no existe un verdadero dilema trágico en este sentido, pues es posible reconcebir uno de los fines para que no dejemos de respetarlo al tiempo que respetamos también las vidas de los animales.

Linch y Holland parecen conformarse con el sacrificio compasivo de animales. Yo iría más lejos y retomaría la pregunta de Hegel y los principios del EC: ¿podríamos imaginarnos un mundo en el que el dilema trágico entre causar la destrucción de una cultura o un pueblo, por un lado, e infligir dolor y daño a unos animales, por el otro, dejara de existir?; ¿cómo sería ese mundo? Y, en este punto, es la propia fuente de inspiración original de Hegel, el teatro griego, la que nos conduce hacia la respuesta: un grupo puede conservar el valor de una práctica que mantiene unido al grupo teatralizándola y suprimiendo de raíz todos sus medios letales. Es muy probable que el drama trágico griego fuese una modificación cultural en la que el teatro pasó a ocupar el lugar del sacrificio humano. Ya no hacía falta inmolar a una persona joven ante el altar: a partir de ese momento, el sacrificio de alguien como Ifigenia pasa a ser teatral, convertido para el grupo en un recordatorio de su propia historia colectiva, así como en una exaltación de su progreso respecto a aquellas antiguas interpretaciones de su tradición cultural.[32] También el deporte puede considerarse un sustituto teatral del combate letal (aunque, en el caso del fútbol americano, cabría preguntarse si la potencial letalidad se ha eliminado realmente del todo).

Las soluciones tienen que venir de los grupos en sí y, ante la creciente popularidad del turismo cultural, cuesta imaginar que los propios grupos vayan a desperdiciar el potencial que el teatro ritual puede tener para la supervivencia de una cultura. El éxito, muy prolongado en el tiempo, del drama histórico cheroqui *Unto These Hills*, una de las principales atracciones culturales de Carolina del Norte desde 1950, es una muy buena indicación de lo que el futuro podría deparar para los zulúes, los chippewas y los inuits.[33]

Mi conclusión es que no se debe tolerar la matanza animal como forma de expresión cultural, igual que hoy tampoco toleramos ya la violencia contra las mujeres como una expresión cultural de la masculinidad. Todos los grupos son capaces de cambiar, y a todos se les deben exigir cambios, tanto por respeto a sus propias capacidades éticas como —por encima de todo— por respeto a los animales. Todos los seres humanos tenemos la obligación colectiva de trabajar por mejorar nuestras leyes y nuestras instituciones.

CONFLICTOS POR ESPACIO Y RECURSOS

Hasta aquí, hemos analizado tragedias que sucumben como tales ante la imaginación y el trabajo. Mucho más tenaces, sin embargo, son los muy extendidos dilemas trágicos causados por los conflictos por espacio y recursos entre humanos y animales. En África, donde hay numerosas iniciativas para la protección y conservación de los elefantes, la presencia de estos animales suele provocar graves problemas a los lugareños, que necesitan los árboles que aquellos descortezan para comer. Este tipo de conflicto es bastante habitual y se repite bajo formas distintas con muchas otras especies animales. El resurgir exitoso de una especie suele ser el preludio de un conflicto de esa índole: ahí está, por ejemplo, el caso de los conflictos por el espacio entre humanos y pumas en el oeste de Estados Unidos. Son choques muy básicos entre dos bienes: por un lado, está la capacidad de los animales para vivir su forma de vida al completo (y que englobaría numerosas capacidades concretas de la lista mencionada en este libro); por el otro, está casi siempre la necesidad de asegurar unas mínimas capacidades a personas de extracción social humilde que les permitan tener una vida saludable.

El primer paso para reflexionar adecuadamente sobre esta clase de casos consiste en efectuar un análisis claro del conflicto en cuestión. ¿De verdad atender a las demandas de uno y otro bando implica relegar a las personas por debajo del umbral mínimo aceptable de una capacidad realmente importante? No todos los intereses pesan igual. Los humanos, por ejemplo, podemos adaptarnos a un espacio más reducido con mayor facilidad que la mayoría de los grandes animales, y ahí está el éxito de las ciudades para demostrarlo; por lo tanto, no deberíamos suponer que siempre que se nos pide que hagamos algo así para facilitar el florecimiento de un grupo animal, se está incurriendo en un dilema trágico. Tampoco los intereses económicos humanos son en sí mismos generadores de «tragedia»: las campañas de unos rancheros de Wyoming para sacrificar manadas de caballos salvajes —y para obstruir potenciales rutas de cría que fortalecerían la salud de los miembros de la especie— obedecen a unos intereses económicos que no son esenciales para la salud ni para la supervivencia de esas personas. De hecho, todas las partes implicadas obtendrían mejores resultados si se avanzara en el conocimiento científico de la función que desempeñan los caballos salvajes en el conjunto de ese ecosistema.[34]

A menudo, sin embargo, los intereses en juego son de más peso, y entrañan la salud y la supervivencia de los miembros de las dos partes enfrentadas. En ese caso, las cifras siempre tienen mucho que decir. En el caso de los coyotes en entornos urbanos, por ejemplo, dado que su número es relativamente pequeño y que la amenaza que representan para los humanos y los animales domésticos es bastante controlable, ya se están desarrollando pautas de coexistencia fundadas en el principio del «vive y deja vivir».[35] Con los pumas, por su mayor peligrosidad —y pese a casos aislados de incidentes de defensa propia (como el de un intrépido excursionista que, hace poco, tuvo que estrangular a uno de esos animales para defenderse),[36] que, sin duda, se repetirán—, siempre cabría la posibilidad de capturarlos con algún método compasivo y enviarlos a instalaciones de recuperación de la fauna salvaje que dejen abierta la posibilidad de devolverlos más tarde a la naturaleza (como ya ha sucedido con los hermanos del puma muerto en el encontronazo con el excursionista).[37]

Los elefantes no amenazan directamente a los humanos, pero necesitan mucho espacio y consumen grandes cantidades de corteza arbórea y de vegetales. Las personas también ocupamos un espacio muy extenso y también necesitamos los árboles y las plantas para múltiples usos prioritarios. Esa es una competencia que puede atenuarse con la creación de refugios para la fauna salvaje con unas reglas muy claras (muchos de ellos, generosamente financiados a través del ecoturismo). Pero mientras los animales entren libremente en áreas donde habitan poblaciones humanas, seguirán produciéndose situaciones verdaderamente trágicas.

Estas situaciones se ven agravadas por la pobreza rural, que hace que la competencia por recursos con los grandes animales sea más desesperada, y que puede inducir a los pobladores humanos a aliarse con los cazadores furtivos para obtener un beneficio económico. Las soluciones hegelianas tendrán que ser necesariamente más complejas en esos casos: deberán favorecer la creación de refugios seguros y claramente delimitados para la vida salvaje y, al mismo tiempo, ayudar a las comunidades locales a aprovechar al máximo las tierras comunitarias.[38] También son cruciales para poner fin al furtivismo las intervenciones dirigidas a reforzar el cumplimiento de la ley en África, así como las políticas que introduzcan soluciones por el lado de la demanda.

También debemos abordar la cuestión del control demográfico. El crecimiento de la población humana es una parte del problema, y los controles sensatos de ese crecimiento deben ser parte de la solución. La imposición draconiana de unos números fijos de descendientes presenta serios inconvenientes éticos, tal como Amartya Sen explicó en un influyente artículo titulado «Fertility and Coercion».[39] Por suerte, el presunto dilema que se nos presenta entre libertad y control demográfico solo lo es en apariencia, ya que la evidencia empírica nos muestra que la manera más eficaz de limitar la población es formando a las mujeres, y esa es una política que, lejos de restringir la libertad, la fomenta. Ahora bien, tanto las mujeres como los hombres solo optarán por limitar el tamaño de sus familias cuando los sistemas médicos y de higiene pública disponibles les den motivos para creer que los hijos que tengan sobrevivirán muy probablemente hasta llegar a la edad adulta.

¿Y no deberíamos abordar también la cuestión de la anticoncepción animal? Muchos grandes animales —como elefantes, rinocerontes, jirafas, tigres y leones— corren un peligro de extinción que hace irracional cualquier intento generalizado de limitar su población; lo que necesitamos en esos casos es mantener y aumentar sus cifras. Pero también hay otros casos de conflicto en los que sí se podría estudiar detenidamente la posibilidad de introducir medidas de contracepción animal, siempre y cuando las investigaciones correspondientes sean cuidadosas y no se ocasionen daños a los animales en cuestión. Para el caso de los animales salvajes, seguimos sin saber lo suficiente sobre los daños potenciales de esas intervenciones. Los anticonceptivos propuestos para los caballos salvajes tienen, al parecer, efectos secundarios nocivos. Pero eso no significa que no se deba investigar más al respecto. Como ocurrió en su día con los anticonceptivos humanos, deberían realizarse más estudios hasta dar con una opción segura.

Al centrarme en casos concretos de conflicto entre humanos y animales, he dejado para lo último el mayor conflicto de todos, un conflicto que podemos expresar con la pregunta siguiente: en un mundo en el que muchos seres humanos pasan hambre y fallecen por falta de atención médica adecuada, ¿es siquiera justificable que se dedique una cantidad sustancial de tiempo y de dinero al cuidado y la atención de otros animales? Esta, a grandes rasgos, fue la reacción de sorpresa que obtuve de algunos de los jóvenes pensadores expertos en desarrollo de nuestra Asociación de Desarrollo Humano y Capacidades cuando expuse en ella una parte del trabajo de este libro. Yo, desde luego, defiendo que no se debe dar prioridad absoluta a los intereses humanos, como esas voces críticas con mis planteamientos parecían querer que hiciera. Yo defiendo que todas las criaturas valen lo mismo. Pero también recalco que el dilema está falsamente planteado: la mayoría de las amenazas actuales a la vida humana por la vía de la pobreza y la enfermedad provienen de la ausencia de unas instituciones gubernamentales efectivas, y no de ningún límite «natural» en la capacidad de nuestro planeta para albergarnos. Podemos y debemos imaginarnos (y trabajar por conseguir) un mundo multiespecies en el que todos tengamos oportunidades de prosperar. Y también creo que deberíamos ir más lejos e insistir en que la armonización ética con las vidas de los animales y la admiración ante la complejidad y la dignidad de estos forman parte de nuestra humanidad, y son elementos cuya ausencia empobrece la vida de las personas.

En general, siempre que pensemos que tenemos que infligir alguna penalidad a los animales para preservar una comunidad humana saludable, debemos pararnos un momento, reflexionar y preguntarnos cómo hemos llegado a ese atolladero, y qué podríamos hacer para promover un futuro en el que tan sombrío dilema ni siquiera tuviera que plantearse. Llorar y lamentarse no es más que un ejercicio de autocomplacencia cuando hay tanto trabajo por hacer. Los dilemas son ciertamente difíciles, y nada garantiza que, de ese choque de bienes en conflicto, no derive alguna pérdida irreparable. Pero antes veamos qué puede hacerse. El optimismo hegeliano no satisfará a aquellas personas que se complacen pensando en lo inexorablemente malo que es todo, y a las que les encanta creer que el Antropoceno es un apocalipsis que castiga el pecado de habernos expandido en exceso. Yo, sencillamente, no lo creo. Pienso que podemos deliberar adecuadamente y crear un mundo multiespecies viable como tal. La única pregunta que hay que responder es: ¿queremos?

Capítulo 9
LOS ANIMALES QUE CONVIVEN CON NOSOTROS

En la mayoría de los hogares humanos en Estados Unidos viven animales de compañía: concretamente, en un 67%, según un recuento reciente.[1] Las personas quieren a sus perros y gatos de compañía y, a menudo, establecen fuertes lazos emocionales con ellos (como también lo hacen con sus caballos y con algunos otros animales que viven en el entorno inmediato de sus casas). Cada vez es más normal, también, que sintamos cierta reciprocidad con ellos y que nos preocupemos por ellos. Según encuestas recientes, entre un 89 y un 99% de las personas que conviven con algún perro o algún gato consideran al animal como un miembro de la familia.[2]

En la Antigüedad, la reciprocidad y el respeto genuinos entre los humanos y los animales que convivían con ellos tampoco eran infrecuentes. Cuando Odiseo regresa a Ítaca tras una ausencia de veinte años, encuentra allí a su amado perro de caza, Argo, desatendido, yaciendo sobre un montón de estiércol con la piel infestada de garrapatas.[3] Sin embargo, a pesar de su edad avanzada y del abandono de que ha sido objeto, Argo es la única criatura sintiente en toda Ítaca (incluyendo a la esposa de Odiseo, Penélope, y a su amigo Eumeo, el porquero) que reconoce al héroe bajo su disfraz de mendigo. El respeto y el cariño entre ambos son evidentes: Argo trata de levantarse y llegar a Odiseo, pero está demasiado enfermo y se limita a mover la cola. Odiseo (para no delatarse en público bajo su disfraz) se dirige a él llamándolo «perro noble», mientras se le saltan las lágrimas. Argo, aparentemente satisfecho con haber visto a su querido humano una última vez, se vuelve a tumbar y muere.[4]

La misma historia que nos enseña la profundidad de la lealtad y el interés mutuos que pueden llegar a existir entre los humanos y los animales de compañía nos muestra también, sin embargo, el lado oscuro de las relaciones humanas con estos compañeros de otras especies: pues ni abandono ni maltrato han faltado en las vidas de muchos canes y gatos —sobre todo, cuando un perro ya es demasiado viejo para tener alguna utilidad instrumental para las personas—, y Argo ha sido vergonzosamente vejado por los pretendientes del trono de Odiseo. De hecho, el propio protagonista sabe bien que algunos perros son maltratados toda la vida: de ahí que compare el noble aspecto de Argo (pese a la sordidez de su mísera situación en ese momento) con lo que les ocurre a otros canes que «van rogando por las mesas y se tienen solo por ornato».[5]

En el mundo heleno antiguo, los perros normalmente trabajaban junto a las personas, hacían mucho ejercicio y solían ser respetados por su actividad. La simbiosis mutuamente respetuosa de Odiseo y Argo ha pervivido en el tiempo allí donde humanos y perros forman una sociedad con algún objetivo común. En Rousham House, una hacienda rural de Steeple Aston, en las afueras de Oxford, los visitantes pueden ver la tumba de Ringwood, un «perro de nutria de una sagacidad extraordinaria» cuyo epitafio escribió nada menos que el poeta Alexander Pope, visitante en su día de aquella hacienda y famoso amante de los canes. (Escribió muchas composiciones elogiando a su propio compañero favorito, un gran danés llamado Bounce.) En la actualidad, sin embargo, los perros ya no trabajan tanto y suelen vivir en condiciones de mayor hacinamiento, y se ha producido una involución en la relación, como bien indica la misma palabra «mascota»: muchos perros son tratados hoy como juguetes y adornos. Cuando se habla de las mejoras recientes en cuanto al respeto y la atención a estos animales, suele ser en comparación con este declive previo.

Aun así, perros y gatos son considerados con demasiada frecuencia como simples propiedades de dueños humanos y, por consiguiente, como entes que estos tienen a su merced; no son fines en sí mismos, sino apéndices: útiles en ocasiones a efectos de protección personal, o de apoyo emocional, o de diversión como juguetes, o como valiosos trofeos con los que mostrar el estatus de su amo humano.

Hoy en día, muchos cuestionan esa manera de ver a perros y gatos, y puntualizan que no son propiedades, sino compañeros, miembros del hogar tan valiosos como los demás. Reclaman, por ejemplo, mayor accesibilidad a los espacios públicos (en parques, hoteles, aviones, etcétera) para sus animales de compañía. Este es un cambio no exento de vacilaciones e inconstancia, pues coexiste con un buen número de casos de maltrato y desatención a esos animales. A menudo, las mismas personas que quieren llevarse a sus perros y gatos consigo en cabina en un avión los desatienden al no procurarles suficiente ejercicio o no ayudarlos de forma coherente y suficiente a aprender unos límites sociales adecuados. Ya no ven a sus compañeros animales como sus propiedades, de acuerdo, pero tampoco los respetan ni los cuidan todo lo que deberían. Muchas de esas personas son las mismas que compran perros de las llamadas fábricas de cachorros que los han criado con métodos abusivos y descuidados, y donde contraen numerosas enfermedades. Incluso cuando una familia humana adquiere un animal sano, suele elegirlo por su aspecto (o porque han visto uno igual en una película), pero sin saber nada acerca de las necesidades específicas de ese tipo de criatura en cuanto a ejercicio y compañía. De ahí que el animal, sano al principio, termine adquiriendo muchas veces una actitud ansiosa y antisocial, como un niño abandonado. En definitiva, muchas de esas mismas personas que creen que aman a un animal de compañía, en realidad, lo están maltratando.[6]

Nuestra mejorada relación con los animales de compañía continúa siendo deficiente, y no pasa de ser un proceso en ciernes; en el mejor de los casos, un tipo de relación que, a menudo, podría considerarse moralmente nefasta y penalmente enjuiciable si la criatura en cuestión fuese un niño.

En este capítulo, nos preguntaremos qué puede decirnos el enfoque de las capacidades a propósito de nuestras obligaciones morales y políticas hacia los animales con los que convivimos y sobre cuál sería el mejor modo de fomentar sus capacidades (en colaboración con ellos). Me centraré en los perros y en los gatos, pero, más adelante, haré extensivo ese análisis a los caballos y a otros animales de compañía o de labor. Entretanto, examinaré también (y, en muy buena medida, me mostraré de acuerdo con) la idea de que los animales de compañía sean considerados conciudadanos nuestros, una propuesta desarrollada en un importante libro reciente, *Zoópolis*, escrito por los filósofos Sue Donaldson y Will Kymlicka.[7] En el capítulo 5, ya anuncié que el EC trata a los animales como ciudadanos activos. En este capítulo, empezaremos a ver qué es lo que eso significa en la práctica.

FLORECIMIENTO SIMBIÓTICO

El enfoque de las capacidades nos pide que respetemos la forma de vida característica de cada especie animal. Aunque todo animal sintiente individual debe ser tratado como un fin en sí, una buena manera de comenzar a formular directrices políticas sobre el trato debido a los miembros de cada especie es tomando como referencia la forma de vida genérica de esta y teniendo en cuenta el rango de variabilidad individual que normalmente nos encontramos dentro de ella. Y, aunque sin duda podemos admitir que, bajo ciertas circunstancias, los elefantes e incluso las ballenas pueden desarrollar relaciones importantes con miembros de otras especies (incluida la humana), existe lo que podríamos llamar el florecimiento sin obstáculos de un elefante o de una ballena, e implica que el animal en cuestión pueda desarrollar libremente el modo de vida propio de un elefante o de una ballena. No estoy diciendo con eso que «la naturaleza salvaje» sea el espacio propicio para el florecimiento de un animal salvaje (como aclararé mejor en el capítulo siguiente). Tampoco creo que el modo correcto de comportarnos con los animales salvajes —en un mundo en el que somos la presencia dominante en todas partes— sea dejarlos solos (suponiendo que tal cosa sea siquiera concebible). Aun así, es cuando menos posible imaginar una forma de vida elefantina sin presencia humana, y también es posible imaginar una vida así que funcione bien.

Con los animales de compañía, la cosa es distinta. Son criaturas que los humanos hemos criado a lo largo de milenios para que sirvan a varios de nuestros propósitos. Han desarrollado rasgos psicológicos (como la docilidad y la capacidad de respuesta) e incluso físicos (como la «neotenia», que es la persistencia de caracteres juveniles —como una cabeza más grande, o unos ojos redondos y grandes también— en el animal adulto) que los hacen más atractivos y menos amenazadores a ojos de los humanos. Pero, por encima de todo, han desarrollado una vulnerabilidad y una dependencia mayores.

Esto implica dos cosas adicionales. En primer lugar, no podemos describir la forma de vida de sus especies sin situar la relación con los humanos en su mismo centro. Y esta relación simbiótica es asimétrica. Es posible encontrar personas que no tienen relaciones profundas con otros animales (y, de hecho, hay muchos humanos así). Mi «lista de capacidades» menciona —como capacidad humana valiosa— la oportunidad de tener una relación gratificante con otros animales, pero no todo el mundo querrá aprovecharla.

Entre los animales de compañía, sin embargo, no existe una posibilidad real de florecimiento si no es dentro de una relación (asimétricamente dependiente) con los humanos. Los perros y los gatos callejeros llevan una vida bastante mala y suelen encontrar una muerte temprana. Y si un grupo de animales de compañía de un mismo linaje termina estableciendo una forma de vida aparte de la de las poblaciones humanas —como ha ocurrido con los caballos salvajes—, lo que habrá ocurrido en el fondo es que ya habrá pasado a ser una especie sustancialmente diferente de la originaria tras un largo periodo de evolución biológica. Pero, para que los perros y los gatos domésticos (y no una nueva cepa de caninos o de felinos) florezcan de verdad, deben hacerlo dentro de alguna forma de dependencia asimétrica de nosotros.

Hay quienes comparan los animales domésticos con esclavos. Pero esa equiparación no acierta a comprender la profundidad y, en cierto sentido, la iniquidad de nuestro modo de obrar histórico. Los esclavos estaban oprimidos, pero eran perfectamente capaces de vivir en libertad y con autonomía, y cuando se las concedían, las aprovechaban raudos. El daño causado por la esclavitud era profundo, pero también reversible. Ningún hijo o hija de esclavos quedaba biológicamente marcado para seguir siendo esclavo (aunque los daños sociales de la esclavitud sí han sido persistentes y no se han desactivado todavía). Pero si llegáramos a firmar una Proclamación de Emancipación para todos los perros, los gatos y los caballos domésticos, esta no traería la felicidad a esas criaturas ni a sus descendientes, sino todo lo contrario, implicaría sufrimiento y muerte. Los humanos hemos creado criaturas parecidas a los hipotéticos «esclavos naturales» de los que habló Aristóteles, seres cuya naturaleza biológica misma los predestina para mantener una relación asimétricamente simbiótica con nosotros.

¿ABOLICIONISMO?

Podemos discutir la moralidad del hecho de que, en la prehistoria remota, los humanos —sin duda, aplicando muchas dosis de ensayo y error a lo largo de milenios— criaran perros domésticos a partir de cánidos salvajes, y gatos domésticos a partir de félidos salvajes. Habrá quien incluso vea cierto bien en ello, pues se puede argüir que las especies domésticas están más protegidas de los peligros de la naturaleza que sus precursoras silvestres. No obstante, lo que está meridianamente claro es que el objetivo de aquellos humanos remotos no fue proteger a esas criaturas, sino utilizarlas. Los cánidos salvajes no eran fiables para toda una serie de fines humanos (como la caza, el pastoreo o la simple compañía), y siguen sin serlo hoy en día. Y aunque ya he comentado que algunas de las relaciones que surgieron a partir del pastoreo y la caza fueron recíprocas y afectuosas, los humanos primitivos que, con el tiempo, terminaron criando a un Argo no buscaban tratarlo con respeto o cariño; querían una criatura en la que confiar para hacer bien el trabajo y que no fuera una amenaza para ellos. La domesticación sería análoga, pues, no tanto a la esclavitud como a una especie de cría de una raza de «esclavos naturales» que solo pudiera vivir y florecer en una relación de dependencia asimétrica con nosotros.

¿Qué deberíamos opinar de ese indecoroso pasado? Desde luego, deberíamos dejar muy claro, ya de entrada, que ni la vulnerabilidad ni la dependencia —ni siquiera las asimétricas— son malas de por sí. De hecho, son varias las fases del ciclo vital humano —la infancia, la vejez y la discapacidad temporal, por ejemplo— que implican algún tipo de vulnerabilidad y dependencia asimétricas, y no hay nada de vil ni de indigno en ello. Muchos de los humanos con los que convivimos son asimétricamente dependientes toda la vida: personas con discapacidades genéticas graves, por ejemplo, sobre todo las de tipo cognitivo. Son personas a las que amamos (o deberíamos amar) y no pensamos que haya nada moralmente malo en quererlas como son y en ayudarlas a florecer a su propia manera. De hecho —hoy en día, al menos—, consideramos que no hacerlo sería una terrible inmoralidad.[8]

Pero no es el mismo caso que el de los animales de compañía. Las personas con discapacidades no han sido criadas deliberadamente como tales para ser asimétricamente dependientes de las demás. Son accidentes de la lotería genética, y si bien hoy en día la tendencia es más bien llevar a término ese tipo de embarazos y ayudar a que el niño que nazca tenga una vida floreciente (en vez de abortar el feto), estos hijos no son creados así deliberadamente. Ni siquiera los defensores de los derechos de las personas con síndrome de Down u otras discapacidades de origen genético juzgarían ético buscar de forma intencionada tener un hijo con síndrome de Down, dados los problemas médicos y las dificultades sociales que una persona así tiene que soportar (ni siquiera aunque fuera para proporcionarle un compañero a otro descendiente que ya hubiera nacido con síndrome de Down).

E imagínense qué horror moral sería criar de manera deliberada a todo un subtipo de humanos con discapacidades cognitivas y genéticamente diferenciados del resto de las personas con el solo objeto de tener ayudantes domésticos dóciles y poco exigentes. No es descartable que algunas personas hubiesen tratado ya de llevar adelante tan abominable idea de no haber sido por el hecho de que la mayoría de los adultos humanos con discapacidades cognitivas no son físicamente robustos, y presentan además otros problemas de salud que habrían convertido el atroz experimento en un fracaso (o porque, como ocurre con los humanos con trastornos del espectro autista, si son físicamente robustos, tienden a no ser dóciles ni obedientes).

Podemos imaginar que las personas morales, al ver los perversos frutos de tal experimento, reclamarían poner fin a la deliberada cría de ese tipo de humanos. En mi experimento mental, eso sería fácil, porque, en los términos en los que lo he planteado, el tipo de los subordinados serviles no habría llegado a constituir aún una especie separada, dado que habrían sido criados específicamente —caso individual por caso individual— mediante la implantación de óvulos modificados con los genes relevantes, etcétera.

Algunos animalistas que se autodenominan «abolicionistas» están a favor de que hagamos exactamente eso mismo con el caso de los perros y los gatos domésticos. Gary Francione, líder de este movimiento, ha escrito que el único modo de deshacer el terrible mal que los humanos hemos causado a estas criaturas antaño salvajes es aplicando una prohibición sistemática de su reproducción hasta que terminen por extinguirse como especies.[9]

No digo que el argumento no tenga su atractivo, pero no es menos cierto que presenta también una serie de problemas. Para empezar, como ocurre con otros argumentos relativos a la reparación de males pasados, es poco preciso en cuanto a quiénes tienen la responsabilidad o la culpa. La mejor forma de plantear unas reparaciones es concibiéndolas como una petición simbólica de disculpas, pero ni siquiera esta última podría precisarse de una forma mínimamente clara: ¿quién se estaría disculpando, en nombre de quién y con qué justificación? Además, todo eso sería, en el mejor de los casos, una inútil rasgadura de vestiduras, cuando lo que se necesita de verdad es mirar hacia delante y dar pasos audaces para mejorar la vida de los animales que están vivos hoy en día. ¿Por qué deberían las personas actuales —muchas de las cuales tal vez quieran a los perros y a los gatos con locura, o simplemente los respeten como es debido— expiar el pecado de la creación misma de esas especies por parte de unos humanos tan remotos en el tiempo que escapan a nuestra imaginación?

En segundo lugar, la propuesta de Francione inflige un gigantesco golpe a los propios seres a los que el abolicionista afirma respetar. Una especie no puede desaparecer de golpe por arte de magia, solo con desearlo. La extinción, como ya expliqué en el capítulo 5, siempre causa daños a los miembros existentes de la especie afectada. Si hiciéramos lo que propone Francione, el daño lo infligiría una campaña mundial de esterilizaciones obligatorias organizada por algún tipo de ministerio central que se encargaría de llevarse a todos los perros y gatos de sus casas para castrarlos (recordaría bastante a lo que hizo Sanjay Gandhi en la India, cuando, bajo el estado de emergencia de 1975-1977, ordenó que los miembros de las castas inferiores fuesen esterilizados a la fuerza como medida para luchar contra el problema de la explosión demográfica). Incluso quienes rechazamos que los animales sean tratados como propiedades podríamos terminar defendiendo la bondad del derecho de propiedad humana sobre ellos en este caso, como baluarte frente al ejército invasor de activistas que actuarían indiferentes a los deseos de los propios animales y de quienes conviven en estrecha cercanía con estos. Además, esa castración masiva forzada no sería indolora para los perros ni para los gatos. La esterilización puede ser aceptable e incluso, en muchos casos, aconsejable, como sostendré más adelante, pero la propuesta por

Francione significaría el quebranto de muchas relaciones ya existentes. La esterilización que yo encuentro admisible es aquella que deciden los compañeros humanos de los animales para impedir camadas para las que no puedan encontrar hogares adecuados, o la que se practica en ejemplares vagabundos para evitar generaciones posteriores de animales de ese tipo que tengan que pasar hambre y otros sufrimientos.

Un argumento abolicionista más válido, no basado en la necesidad de deshacer males del pasado, sería el que considera que la relación simbiótica entre los humanos y sus animales de compañía es una injusticia continuada. Ahora bien, este argumento no puede ser lícito del todo si no aborda de entrada la cuestión del florecimiento: ¿pueden perros y gatos llevar vidas florecientes dentro de sus relaciones simbióticas con las personas o no?

La única justificación posible para provocar la extinción intencionada de una especie es que los miembros individuales de esta no puedan ya llevar vidas dignas de ser vividas. Pero los perros y los gatos sí pueden tener vidas florecientes y sanas, siempre y cuando los humanos los traten como es debido (una importante cláusula condicional que desarrollaré más adelante, pero que es perfectamente realizable). Aunque se los criara inicialmente para esa simbiosis, también se los crio para tener una salud robusta (salvo en los casos a los que me referiré en breve). Tampoco se los estigmatiza en la comunidad de los miembros de su propia especie (como a veces sí ocurre con los niños con discapacidades severas). Tienen a su alcance muchas amistades posibles: con otros miembros de su propia especie, con animales de especies diferentes o con las personas que conviven con ellos. Son asimétricamente dependientes, sí, pero en general no se trata de una dependencia dolorosa, lastrada por el aislamiento y las enfermedades.

Tal vez sea verdad que nunca deberíamos haber domesticado a ningún animal (aunque ahora ya no podemos volver a la prehistoria humana a corregirlo). De todos modos, la cuestión no está clara, porque no sabemos lo bastante sobre la prehistoria de la domesticación. Y, en cualquier caso, el sentimiento de culpa por el pasado remoto difícilmente puede redundar en una política útil para el presente. Los perros y los gatos están ahí. Pueden tener vidas florecientes y felices... aunque se trate de unas vidas simbióticas de dependencia asimétrica. Pero ¿por qué debería parecernos tan malo esto último? La dependencia puede dignificarse. En lugar de lamentar el pasado y de tratar de deshacerlo, como propone Francione, deberíamos afrontar el presente —la existencia de estas especies simbióticas— y crear con ellas un porvenir. Lo que toca ahora es detallar los términos específicos de ese futuro.

Pero, antes, creo justo señalar también que sí hay un ámbito en las vidas de los perros y los gatos en el que la abolición está totalmente recomendada. Como bien ha mostrado el filósofo especialista en ética veterinaria Bernard Rollin, las razas más populares de perros suelen ser también las más afectadas por enfermedades genéticas. Criadas para cumplir con unos criterios de pedigrí muy estrictos, esas criaturas sufren el destino al que están condenadas todas las poblaciones endogámicas: son animales insanos. El labrador retriever, la raza número uno (en popularidad) actualmente, tiene un riesgo elevado de padecer más de sesenta trastornos genéticos. Lo mismo ocurre con otras razas populares, como el pastor alemán, el bulldog (inglés y francés), el carlino, y otras muchas. La cría endogámica es un requisito estipulado en las normas del American Kennel Club (AKC), pero es muy negativa desde el punto de vista de la medicina veterinaria. Y es mala para los animales individuales así criados.

Como dice Rollin, a las personas nos horrorizaría que los humanos criáramos a nuestros hijos con ese criterio, seleccionando rasgos que nos agradaran estéticamente pero que, al mismo tiempo, abocaran al pequeño a una existencia llena de riesgos y, muy probablemente, dolorosa. Yo disfruto viendo el National Dog Show y me deja admirada la belleza canina que veo sobre el escenario de ese festival, pero creo que es hora de que abolamos la cría endogámica, porque es una práctica inhumana. Significa criar a esos animales para satisfacer puramente la vanidad humana y, en no pocos casos, para lucrar al criador, pero no para establecer una simbiosis mutuamente respetuosa.

Existen buenas razones para cierta cría selectiva de perros. Una de ellas es el trabajo que los ejemplares así obtenidos pueden aportar: ciertas razas pueden realizar tareas (pastorear ovejas, ser perros lazarillo) que otras no pueden. Como yo misma defenderé aquí que los animales puedan trabajar si lo hacen bajo unas condiciones mínimamente humanas, no veo razón para no tolerar cierto tipo de cría selectiva, aunque, desde luego, no conforme a los exigentes criterios estéticos del AKC, sobre todo si alguna de las razas que así se obtienen presenta defectos genéticos sistemáticos. De hecho, se puede introducir cierta hibridación parcial que alivie la endogamia y, al mismo tiempo, conserve las cualidades más útiles de una raza. En segundo lugar, no todas las personas tienen las mismas posibilidades de proporcionar hogares adecuados a perros de tamaños y necesidades atléticas diferentes. Aunque el régimen actualmente vigente en mi municipio, donde las tiendas de animales domésticos solo tienen permitido adquirir perros rescatados o procedentes de refugios, es una medida muy buena como respuesta a los horrores de las fábricas de cachorros (véase el capítulo 12), esta política tan humana es compatible igualmente con que sigan siendo legales los criaderos legítimos, que, según mi redefinición de los mismos, serían aquellos que crían animales que encajen con diferentes estilos de vida y tipos de vivienda, pero sin imponer los extremos criterios de cría endogámica establecidos por el AKC. En definitiva, el objetivo de unas buenas vidas para los perros nos obliga a abolir la mayor parte de las prácticas de cría selectiva actualmente existentes, pero justifica que continúen algunas de ellas, dirigidas a que haya perros adaptados a diferentes situaciones y contextos. El compañero humano de turno podrá así seleccionar a un perro de compañía sabedor del tamaño aproximado que tendrá, de cuánto ejercicio necesitará, de si será adecuado para convivir con niños, etcétera.

También creo que sería demasiado invasivo ilegalizar de golpe la cría con arreglo a los criterios del AKC, pero no lo sería el combinar una política favorecedora de las adopciones con una intensa campaña ética en contra de las razas «puras» demasiado endogámicas, y opino que esta combinación debería ponerse en marcha lo antes posible. Y, no nos engañemos, la gente prefiere ejemplares híbridos sanos que bulldogs ingleses que a duras penas pueden respirar.

Este tipo de abolición no causa daño a los animales, sino todo lo contrario. Y es una medida fácilmente a nuestro alcance, a diferencia de un pretendido retorno a la prehistoria, a los tiempos en que ni perros ni gatos existían como tales.

DE PROPIEDADES A CIUDADANOS

Durante toda la historia de las relaciones de las personas con los animales de compañía, los segundos han sido considerados propiedades de las primeras. Estas los han comprado y vendido, y los han visto como cosas que estaban bajo el control absoluto de sus «dueños». También a las mujeres y a los esclavos se los consideró propiedades en su momento. A los esclavos se los compraba y se los vendía; también a las mujeres se las compraba y se las vendía, literalmente, en muchas sociedades, si bien otras sustituyeron ese tipo de trámites por otra ficción, más amable, consistente en el cortejo o noviazgo, seguido de la *coverture* (como se la conocía en el derecho consuetudinario anglosajón): la pérdida total de los derechos legales de una mujer al contraer matrimonio. Para los esclavos, el hecho de ser «propiedades» significaba que carecían de toda protección legal real, incluso frente al asesinato. Las mujeres solo estaban un poco mejor en ese sentido: el asesinato de una esposa se consideraba por lo general un delito grave, pero no así su violación dentro del matrimonio ni su maltrato, que se consideraban inherentes al normal ejercicio del privilegio de su marido y dueño.

También los perros y los gatos solían ser tenidos —y, en cierta medida, todavía lo son— por cosas que se podían comprar y vender. La ley los protegía frente a ciertos abusos, pero no frente a otros muchos. En la actualidad, si bien se usa mucho más frecuentemente el término «animal de compañía» (o, en su traducción literal del inglés, «animal compañero»), perdura el término «dueño», y, en muchos sitios, continúa siendo legal comprar y vender perros y gatos, aun cuando cada vez es más habitual adoptarlos de protectoras.

Su condición de propiedades significaba que se los podía tratar como un simple objeto de los intereses de sus dueños. Las propiedades no son fines en sí mismos, sino medios para el cumplimiento de los fines de otros. La gran verdad de la perspectiva kantiana es que un ente no puede ganarse el respeto como fin en sí mismo a menos que deje de ser considerado como una propiedad.[10]

Tanto para los esclavos como para las mujeres, la solución estaba en la emancipación: la plena autonomía adulta. Por motivos que ya he analizado aquí, ese remedio no es del todo apropiado para los perros y los gatos, que necesitan de colaboración humana y de un cuidado asimétrico. Pero sí hay otras dos analogías que debemos hacer: concretamente, con la situación de los niños y con la de las personas adultas con discapacidades graves. Los niños también fueron considerados propiedades durante mucho tiempo; por eso sus padres podían usarlos para realizar tareas pesadas y ninguna ley les impedía maltratarlos física o sexualmente. Las personas con discapacidades también estaban desprotegidas; que recibieran un trato amable o cruel era una cuestión de mera suerte. En la actualidad, sin embargo, tanto a los niños como a las personas con discapacidades se los considera ciudadanos con derechos propios (es decir, fines en sí mismos), si bien para ejercerlos precisan de la participación temporal o permanente de unos «colaboradores» humanos que, como tutores legales, tienen reconocidos ciertos poderes de decisión en su nombre.[11] ¿Qué supondría, pues, tratar a los perros y a los gatos igual que ahora tratamos (o deberíamos tratar) a los niños y a los adultos con discapacidades cognitivas?

Lo primero que significaría es que deberíamos tratarlos como fines y no como medios, y que tanto las políticas como las leyes deberían tener en cuenta sus intereses y protegerlos frente a potenciales abusos y desatenciones. Aunque la condición de compañero humano entraña un estatus legal (generalmente adquirido a través de la adopción) que otorga a esa persona compañera ciertos derechos, también le impone múltiples deberes; además, es un estatus revocable en el caso de que la persona no cumpla con sus obligaciones. Del mismo modo que se puede apartar a unos niños de un hogar cuando en él se los maltrata o se los desatiende, y se pueden dar en adopción, lo mismo podría ocurrir con perros y gatos. A los miembros del profesorado de mi universidad se nos requirió recientemente que realizáramos un curso formativo en línea sobre cómo detectar el maltrato y el abandono infantiles, y me sorprendió lo mucho que las situaciones calificadas de «preocupantes» o «denunciables» son extrapolables a las de una gran proporción de los perros y los gatos: por ejemplo, que se les deje solos durante horas, que se les dé comida y bebida escasas o deficientes, que no se les deje tomar el aire o ejercitarse mínimamente... Sin embargo, la ley solo interviene en casos extremos de crueldad.

La analogía viene a sugerirnos también que los animales de compañía son ciudadanos en condiciones de igualdad, y que, como tales, sus intereses deberían ser tenidos en cuenta en la toma de decisiones públicas. Sus voces deben ser escuchadas. El caso de los niños es particular, porque, normalmente, se les niega el derecho al voto porque se les considera inmaduros para ejercerlo; por ello, no lo adquieren hasta más tarde. Centrémonos, pues, en el ejemplo de los adultos con discapacidades cognitivas graves. Estas personas poseen plenos derechos legales, incluido el de sufragio, pero, para ejercer la mayoría de ellos, precisan de un «colaborador». Y si se produce alguna vulneración de esos derechos, el «colaborador» de turno puede acudir a los tribunales en nombre de la persona con discapacidad que se considere perjudicada.

Los animales de compañía, sin embargo, carecen actualmente de legitimación procesal alguna en Estados Unidos, lo que significa que no pueden acudir a los tribunales como demandantes o denunciantes representados por un abogado. Rara vez pueden hacer oír sus voces, pues, ante los decisores políticos. Esta es una situación legal que pondré en cuestión en el capítulo 12. ¿Qué implicaría considerar a los animales de compañía como conciudadanos nuestros? Sue Donaldson y Will Kymlicka han presentado esta excelente propuesta, pero es preciso que aclaremos un poco más sus términos. Comencemos diciendo que existen numerosas teorías de la ciudadanía, y de los derechos y los deberes que esta comporta. Donaldson y Kymlicka han hecho valiosas sugerencias, entre las que destaca una propuesta —inspirada en los derechos de las personas con discapacidades— para que cualquier ciudadano pueda ejercer la acción política aunque dependa para ello de una persona colaboradora que se encargue de entender las preferencias de aquel. De todos modos, yo quisiera antes detenerme un momento en lo que la ciudadanía implica tal como se entiende en el enfoque de las capacidades.

Según el EC, la ciudadanía para los animales de compañía significaría, sobre todo, que esas criaturas pasasen a ser consideradas fines en sí mismos con unas capacidades (propias de su especie) que las políticas públicas deberían fomentar (al menos, hasta cierto umbral mínimo de cada una de ellas) tal como se estipule en algún tipo de ley fundamental.

Y la ciudadanía implicaría también que los animales de compañía tuvieran voz y voto decisorios en aquellas políticas que afecten a sus vidas (que es uno de los significados que la idea de «razón práctica» tiene en un contexto político como ese). En el fondo, se trata de un tipo de acción («agencia») política, tanto si se ejerce a través de modalidades de participación democrática tradicionales como si no. ¿Qué formas podría adoptar la ejecución de esa capacidad en lo que a los animales se refiere?

Cuando mi amigo Cass Sunstein estaba en pleno proceso de confirmación para el cargo de director de la Oficina de Asuntos Informativos y Normativos de la administración Obama, fue analizado con lupa por sus oponentes políticos, que leyeron y escudriñaron algunos de sus escritos y, entre ellos, su gran artículo «Standing for Animals», donde pone de manifiesto las absurdidades a las que ha conducido el no reconocimiento de legitimación procesal (*standing*) a los animales, y donde defiende que se reforme esa situación.[12] Glenn Beck, una conocida personalidad conservadora en internet, tachó a Sunstein en numerosos comentarios de ser «el hombre más peligroso de Estados Unidos»,[13] porque «piensa que tu perro debería ser capaz de demandarte».[14] Las teorías de la conspiración estaban ya a la orden del día en aquellos tiempos; esta, además, tenía la ventaja de ser cierta.

Lo digo muy en serio. Tanto yo como Sunstein (como explicaré en el capítulo 12) pensamos que un perro debería tener la capacidad legal de interponer demandas judiciales (por ejemplo, para requerir el cumplimiento de leyes contra la crueldad que no se estén cumpliendo lo suficiente) y para ejercer, con la mediación de un representante humano, cualquiera de los derechos fundamentales propios de un ciudadano. Obviamente, esto se haría a través de un «colaborador» humano, como ya se hace cuando las personas con discapacidades graves son representadas por una figura análoga ante los tribunales de justicia. Por lo tanto, esta propuesta no es ni más ni menos absurda que la idea de que un padre o una madre ya ancianos y aquejados de alguna discapacidad mental conserven la potestad para querellarse (representados, insisto, por un «colaborador humano») contra una residencia de la tercera edad que no les esté prestando la atención adecuada. (Y no olvidemos tampoco que tanto ustedes como yo también necesitamos contratar los servicios de un letrado para una protección efectiva de nuestros derechos legales ante las instancias judiciales.) Pero ¿y el derecho de sufragio? Estoy convencida de que, para alguien como Beck, ver a los animales depositando papeletas en una urna sería una pesadilla más dantesca si cabe que verlos demandándonos ante un juzgado. Imagínense un colegio electoral donde se hubiese congregado un grupo de perros y gatos para registrar sus preferencias políticas en compañía de sus (con frecuencia) negligentes dueños, unos perros y unos gatos estresados por evidente falta de ejercicio sumidos en un caos de ladridos y mordiscos: como digo, la pesadilla de Beck.

Pero la idea de que cada animal acuda por separado a depositar su voto a favor de uno u otro de los candidatos electorales es una forma completamente errónea de concebir la representación política de los perros y los gatos. El objetivo básico por el que yo apuesto —similar al de Donaldson y Kymlicka— es que las preferencias y demandas que estas criaturas expresan a diario en sus vidas cotidianas se traduzcan en políticas a través del uso correcto de la compañía, la colaboración y la representación humanas. Para ello, una posibilidad sería que en cada municipio importante o región (o estado, en el caso de Estados Unidos) hubiera una Oficina del Bienestar de los Animales Domésticos, cuyos administradores humanos se encargasen de examinar sistemáticamente el buen estado de los perros y de los gatos y de promover su bienestar (es decir, sus capacidades previamente estipuladas) por medio de políticas diversas, más o menos del mismo modo que actúa un departamento de bienestar infantil en un municipio o una administración regional funcionales. Para ello se necesitaría aprender mucho, observar cómo viven perros y gatos de muy diferentes tipos, conversar con sus compañeros humanos y, simplemente, atender a las señales sobre su bienestar que los propios animales emiten. Del mismo modo que la atención real a las capacidades de las personas con discapacidades reveló los grandes obstáculos a los que se enfrentan cuando no se prevén accesos adaptados a los edificios y a los transportes colectivos, y, a partir de entonces, comenzaron a rediseñarse esos espacios y medios públicos para aumentar su accesibilidad, también la atención correcta a las preferencias de los animales de compañía puede dar lugar a políticas que protejan sus capacidades, ayudadas por leyes federales o nacionales cuando sea necesario (tal como lo ha sido en el caso de las personas con discapacidades). Los municipios estarían entonces obligados por normativa a abrir espacios adaptados a la presencia de los animales de compañía —lo que potenciaría la facilidad de estos para moverse con libertad y ejercitarse— igual que lo están ahora a mejorar con rampas y plataformas el acceso de las sillas de ruedas a los autobuses y a los edificios.

Como veremos en la sección siguiente, la idea de la ciudadanía impondría unos deberes adicionales concretos a los compañeros humanos relacionados con el fomento de las capacidades de los animales que conviven con ellos. Y, puesto que la ciudadanía es recíproca, esta también entrañaría obligaciones para los animales, como, por ejemplo, no morder a las personas ni a otros animales, no orinar ni defecar en lugares inapropiados, no alterar el orden en los aeropuertos, etcétera. Si los animales son objeto de una multa, su compañero humano deberá asumir su pago, pero lo correcto será que se le «imponga» al animal, pues asignarle la responsabilidad de lo ocurrido no deja de ser una señal de respeto. El proceso de cría y de cruce de ejemplares que desembocó en la domesticación de ciertas especies hace que, en el caso de estas, podamos confiar en el adecuado cumplimiento de esos deberes y obligaciones —siempre que el animal haya recibido la educación apropiada para ello— como no podríamos esperarlo de un tigre o, siquiera, de un chimpancé.

Obviamente, estos deberes deben ejercerse a través de la intervención del compañero humano en alianza con el animal. Los animales bien cuidados aprenden a no ser molestos con otros conciudadanos cuando se les demuestra suficiente respeto por sus capacidades de aprendizaje y sus compañeros humanos se preocupan por ellos y les dedican el tiempo que necesitan. Y tienden a comportarse mejor en espacios restringidos si los municipios reservan y abren otros para que puedan realizar el ejercicio que requieren.

También los seres humanos debemos ceder de nuestra parte: por ejemplo, no es realista que queramos que los perros no ladren nunca. Y se nos debería educar asimismo para entender el lenguaje corporal canino, para saber interpretar señales indicativas de que a un perro no le está gustando cierto comportamiento nuestro, para no abrazar a un can de forma súbita e inesperada, o para no ponerle la mano justo delante de la cara. Si una interacción humano-canina sale mal, ¡no siempre es por culpa del perro!

OBLIGACIONES GENERALES Y ESPECIALES

Todos los seres humanos tenemos la obligación colectiva de garantizar y proteger las capacidades animales. Esto vale por igual para los animales salvajes y para los de compañía, como defenderé en el capítulo siguiente. Pero en el caso de los animales de compañía, esto es más evidente todavía, porque mantienen un domicilio fijo en una localidad y una región (o estado) determinadas, cuyas instituciones deberían ser las responsables en última instancia de la elaboración y la aplicación de las leyes que protejan su bienestar. Así pues, tanto si viven con algún animal de compañía como si no, todas las personas de un área geográfica determinada son responsables de que en ella se promuevan unas políticas y unas leyes que protejan adecuadamente las capacidades de los animales domésticos.

No obstante, existen también ciertas obligaciones especiales que corresponden a aquellas personas que optan por llevarse un animal de compañía a casa. Como Keith Burgess-Jackson ha defendido en un artículo excelente sobre el tema, es una decisión análoga a la de tener un hijo: implica (o debería implicar) responsabilizarse del bienestar de un ser vulnerable que viene a vivir con nosotros.[15] Los padres que tienen un hijo se hacen responsables de su nutrición y su salud, de que no sufra crueldad ni maltrato, de que tenga oportunidades adecuadas de aprendizaje y estimulación, de que se ejercite y juegue, y, sobre todo, de que no le falte amor protector. Lo mismo ocurre con la decisión de adoptar a un perro o un gato de compañía, que, por desgracia, suele tomarse alarmantemente a la ligera. La elevada población canina y felina en los refugios de las protectoras de animales (y en las calles) evidencia lo mucho que las personas tienden a llevarse un animal a casa solo por capricho, y lo justificadas que se sienten para abandonarlo si se mudan, o simplemente si ya no les apetece cuidar de él (algo que se está repitiendo con indignante frecuencia ahora que la sociedad se va reabriendo tras la pandemia de la COVID). Cualquier padre o madre que tratase a un niño de ese modo sería acusado de inmediato de un delito. Pero incluso entre las personas que creen que quieren a su animal de compañía existe mucha ignorancia a propósito de lo que esa responsabilidad especial comporta. Muchos animales están mal alimentados. Muchos perros (por no decir la mayoría de ellos) no hacen el suficiente ejercicio. Y muchos compañeros humanos piensan que un animal de compañía es una criatura que está a su disposición, es decir, que es algo con lo que divertirse jugando cuando les apetece y de lo que despreocuparse cuando están demasiado atareados para prestarle atención o cuando no tienen ganas de hacerlo. (Un juguete vivo: eso es lo que mucha gente piensa que significa tener una «mascota».) Los gatos suelen arreglárselas bastante bien cuando no les hacen caso, pero los perros necesitan interacción y afecto, y lo habitual es que no tengan suficiente de lo uno ni de lo otro. Las personas estudian demasiado poco el tipo de perro o de gato que deciden adoptar y se suelen guiar por aquel que les parece más bonito o que es más popular en ese momento, sin preguntarse si su estilo de vida encaja con lo que ese animal en particular necesita. Hay perros de determinadas especies que jamás se deberían tener en pisos urbanos de dimensiones reducidas, y que se inquietan e incluso se vuelven agresivos si se les tiene encerrados entre cuatro paredes durante buena parte del día. Otros, sin embargo, son más adaptables. Pero todos los perros necesitan ejercicio, estimulación sensorial y mucho cariño y afecto.

Por último, y ya que estamos hablando de una sociedad multiespecies, cabe recordar que los perros —como los niños, todo sea dicho— precisan de educación para ser buenos ciudadanos, y que esta es una responsabilidad especial de su compañero humano. La higiene es una tendencia canina natural, pero debe entrenarse. También deben aprender a no morder a extraños ni a subírseles encima. Los gatos, por su parte, deben aprender a no perseguir a los pájaros locales (o, cuando menos, se les debe impedir que los persigan, si es que no se les consigue enseñar a que no lo hagan). Todas estas son conductas prosociales que se pueden (y se deben) enseñar con paciencia, por refuerzo positivo, como se hace con los niños. Todos consideraríamos que un niño al que no se haya enseñado a ir solo al baño, o a lavarse, o a no morder, habría sido objeto de una desatención delictiva; lo mismo debemos considerar si esto sucede con un perro, creo yo. La custodia de un animal es un privilegio que debería revocarse en casos de desatención grave o reiterada. Los dos conjuntos de responsabilidades se complementan y se refuerzan mutuamente: las responsabilidades éticas especiales no pueden proteger realmente a los animales si no se cuenta con un sistema institucional y legal que las haga efectivas, y ahí es donde entran en juego las responsabilidades colectivas.

La diferencia principal entre los animales salvajes y los de compañía, como veremos más adelante, es que, en el caso de los primeros, las responsabilidades especiales les corresponden a ciertas personas con una función institucional (por ejemplo, a los agentes que actúan en una reserva de fauna salvaje) que les otorga oficialmente dicha responsabilidad como parte del empleo que desempeñan. Los particulares no deberían adoptar a un animal salvaje en sus casas.

LA PROMOCIÓN DE CAPACIDADES SIMBIÓTICAS

Consideremos a continuación las categorías generales de la «lista de capacidades» y preguntémonos qué versión de cada una de ellas deberíamos proteger para el caso de animales que viven en hogares humanos (sin olvidar que todas las capacidades de estos animales son simbióticas en cierto sentido).

La vida y la salud

En la actualidad, la mayoría de las administraciones locales, regionales y nacionales reconocen ciertas protecciones a los animales de compañía. Imponen, por ejemplo, la obligación de vacunarlos contra la rabia y otras infecciones. Se fomenta cada vez más que los humanos los adopten antes que comprarlos de criaderos que son fábricas de cachorros, para, de ese modo, poner freno de paso a otras muchas enfermedades. La desatención grave puede comportar multas y sanciones por crueldad animal. Pero todas estas no dejan de ser protecciones tenues e incompletas. A veces, las protectoras imponen requisitos adicionales para las personas que adoptan animales de sus refugios. Aun así, no existen mecanismos efectivos que obliguen a que estas los lleven regularmente al veterinario o a hacer ejercicio, o a que les procuren una nutrición de calidad. Basta con que comparemos la diferente situación de los niños y los animales de compañía para darnos cuenta de lo mucho que aún podría hacerse (y que, en mi opinión, debería hacerse): la situación de la infancia está vigilada actualmente por un nutrido cuerpo de funcionarios públicos.

Como ya he comentado, todo el personal docente y administrativo de mi universidad, por ejemplo, está obligado a denunciar cualquier caso de maltrato o abandono infantil por la sencilla razón de que nuestra institución tiene algunos programas formativos en los que están matriculados algunos jóvenes menores de dieciocho años. De hecho, hay definiciones detalladas de lo que constituye una desatención obligatoriamente denunciable. Por ejemplo, si observo que alguien ha dejado solo a un niño en la puerta de la facultad antes de que esta abra por la mañana, por muy bien vestido y, en principio, bien alimentado que parezca, estoy obligada a denunciar a sus padres por abandono, pues se entiende que el exterior de la entrada de un centro es un lugar inseguro para alguien de esa edad.

Nada de eso está previsto para el caso de los animales de compañía. El desaseo, la desnutrición aparente o la falta de ejercicio regular son cosas que pasan simplemente inadvertidas, o que tampoco podrían denunciarse ante nadie en concreto en el caso de que fueran detectadas. Solo en casos extremos en que los vecinos advierten un abandono sistemático pueden llegar a producirse denuncias. Yo opino que los animales de compañía y los niños deberían ser tratados de igual modo en ese sentido: debería existir un departamento encargado de vigilar el bienestar animal que tramitara esas denuncias, y los vecinos deberíamos recibir la formación correspondiente para ejercer nuestro deber como obligados denunciantes de los malos tratos animales.

Por desgracia, eso no bastaría (ni para los niños ni para los animales), pues nadie puede detectar realmente lo buena o mala que es la nutrición que reciben en sus hogares, por ejemplo. Y, en el caso de los niños, sabemos al menos que les pueden dar un buen almuerzo en el colegio, pero a los perros y a los gatos les pueden estar dando una alimentación muy inferior todo el rato sin que seamos conscientes de ello. La información y la concienciación públicas son nuestro mejor aliado en este terreno. Pero una alimentación verdaderamente nutritiva para los perros, por ejemplo, sale cara, por lo que también debería haber programas públicos de ayudas a familias humildes para sostenerla.

En cuanto a la atención veterinaria, no debería sorprendernos que millones y millones de animales de compañía carezcan de seguro médico en Estados Unidos cuando son también bastantes los millones de niños que tampoco lo tienen. Y cuando no hay seguro, la atención suele ser inadecuada. Los padres ricos contratan seguros médicos para sus hijos, o los tienen como beneficiarios de los suyos del trabajo. Y las familias ricas suelen contratar seguros médicos privados para sus animales de compañía, que son relativamente económicos y bastante buenos. Así que el problema está en asegurar a los animales de compañía de las familias no acomodadas —y de las familias acomodadas que son descuidadas con sus «mascotas»— para que tengan cubierta la atención que necesitan. Yo estoy a favor de que se exija a quien adopte un animal de un refugio la contratación inmediata de un seguro para este, igual que la persona que se hace propietaria de un coche está obligada a asegurar su nuevo automóvil. Y dado que los seguros para animales no son demasiado costosos actualmente, un requisito así no implicaría una disminución particularmente sensible del número total de adopciones. Esto haría que, al menos temporalmente, la situación de los animales fuese mejor que la de los niños en Estados Unidos, ya que los estadounidenses no quieren ni oír hablar de política alguna que «coarte» la libertad de ninguna persona para tener hijos condicionándola a que contrate un seguro médico para el niño que traiga al mundo (y tampoco existe ningún programa de atención sanitaria integral y gratuita para los pequeños en este país). Pero esta es otra injusticia flagrante que también precisa urgentemente de solución. Y para ambas debe existir algún tipo de sistema o mecanismo público que haga que los seguros correspondientes resulten asequibles para las familias menos acomodadas.

Se dice a veces que es inmoral prestar una atención médica cara a un animal de compañía cuando hay tantos humanos pobres que sufren. Esta, sin embargo, es una crítica muy desatinada. Es como decir que las personas no deberían cuidar de las necesidades médicas de sus hijos por la simple razón de que no todos los niños tienen seguro de salud. Quien plantea esa objeción está confundiendo las responsabilidades especiales con las generales. Al adoptar un animal de compañía (como al decidir tener un hijo), los adultos humanos contraen unas responsabilidades especiales de sostenimiento de ese animal con una atención médica adecuada. Pero todos tenemos también la responsabilidad general de posibilitar que las personas de condición humilde afronten sus propias responsabilidades especiales e incluso de hacer que las cumplan cuando las desatiendan.

La gente suele tratar distinto a diferentes miembros de su hogar sin justificación para ello; por ejemplo, cuando apoyan y costean un amplio y agresivo tratamiento contra el cáncer para un familiar mayor, pero optan por sacrificar el perro de la casa si este desarrolla un tumor maligno. Esta asimetría me parece del todo inmoral y es un vestigio de la mentalidad «mascota», de la idea de que estas criaturas son juguetes opcionales de los que podemos deshacernos cuando las cosas se tuercen. Pero un compañero responsable no se porta así. La eutanasia tiene su sitio en las vidas de los perros y los gatos, no digo que no; pero, de hecho, creo que es el mismo hueco en el que tiene cabida el suicidio asistido en las vidas de los humanos, aunque muchos lectores duden de la validez moral de este último y coincidan, sin embargo, conmigo en la del primero. Y ese sitio o hueco se abre cuando el animal nos envía señales de que ya no le merece la pena seguir viviendo, ya sea porque está sufriendo un dolor insoportable, ya sea por cierta sensación de vergüenza y degradación. Conocí a un pastor alemán maravilloso, Bear, que vivía con un amigo mío y desarrolló displasia de cadera (como les ocurre a muchos de su raza por culpa de la cría endogámica). Gracias a una silla de ruedas que sostenía sus patas traseras, Bear pudo seguir disfrutando la vida, caminando por todas partes y dependiendo de su compañero humano solo para que lo subiera por las escaleras. Pero cuando se le sumó un problema de incontinencia, su vergüenza y su sufrimiento se hicieron muy visibles y sus señales daban claramente a entender que ya no le merecía la pena seguir viviendo; su compañero entendió y obedeció esas señales.

La integridad física

La ley ya prohíbe las formas más evidentes de crueldad con los cuerpos animales: palizas, agresiones sexuales, entrenamiento para su uso en peleas contra otros animales, etcétera. Pero algunas formas continúan siendo populares.

Baste con mencionar solo dos de ellas: la desungulación (de los gatos) y el seccionamiento de la cola (de los perros). Estos dos ejemplos nos mostrarán qué aportaciones puede hacer el EC en ámbitos en los que el utilitarismo no llega a entrar. El EC, por ejemplo, prohíbe todas aquellas modificaciones físicas —incluidas las indoloras— que suprimen algún elemento central de la forma de vida característica de la criatura en cuestión si se hacen solo por la comodidad o por el capricho estético de sus compañeros humanos.

Muchas personas optan por desungular (extirpar las garras) a sus gatos porque les preocupan sus muebles, sus cortinas u otros elementos del hogar. Dudan de la eficacia del adiestramiento y no quieren invertir tiempo en él. La desungulación, como cualquier otro procedimiento médico, puede practicarse sin dolor para la criatura, como cuando nos extraen una muela. Por lo tanto, la objeción a esta práctica no puede formularse en términos utilitaristas, pero sí en los del EC, que demuestra de nuevo su superioridad en este tipo de terrenos. El problema de la desungulación es que impide que los gatos ejerzan una parte muy importante de su forma de vida, que implica el uso de las garras para trepar y traccionar. Cuando un gato desungulado sale al exterior, no puede subirse a los árboles ni defenderse. Desungular a un gato de exterior es una auténtica crueldad, pero incluso para uno de interior lo es, pues significa inutilizarle las garras para traccionar, para trepar, para rascar. Ya se entiende que ese es precisamente el sentido de esa intervención: convertir un gato en un «no gato» mucho más cómodo de tener en casa. La respuesta que se le debe dar a la persona que pide que le extirpen las uñas a su gato debería ser la siguiente: si no quiere convivir con un gato, empiece por no tener uno. Las protectoras que ofrecen la opción de adoptar gatos suelen pedir a los adoptantes potenciales (y con muy buen criterio) que firmen un documento en el que se comprometen a no desungularlos y a asumir duras penalizaciones económicas si se descubre que han infringido ese acuerdo.[16] Además, los compañeros humanos deberían proporcionar un entorno doméstico donde los felinos tuviesen sobradas oportunidades para rasguñar y rascar: si los postes rascadores son lo bastante atractivos para ellos, los muebles quedarán probablemente intactos.

Menos polémico parece ser el cercenamiento de la cola en ciertas razas de perros, pero no deja de ser una práctica igualmente ilustrativa de lo que quiero decir. Aquí también se enfrentan un criterio de estética y de comodidad humanas, por un lado, y la forma de vida del animal, por el otro. Antes se cortaban las colas por presuntas (y erróneas) razones médicas: se creía que los bóxeres no amputados y otras razas caninas relacionadas eran más proclives a contraer rabia. Hoy, sin embargo, según ha escrito F. Barbara Orlans, se aducen toda una serie de motivos adicionales: «No querer romper con la tradición, mejorar el aspecto del animal, impedir que los perros se lesionen sin querer en partidas de tiro o de caza, aumentar la higiene, o facilitar una convivencia más armoniosa con las personas bajo condiciones de vida que obligan a un confinamiento doméstico».[17] La extirpación total o parcial de la cola es práctica acostumbrada en una cincuentena de razas.

Como el corte de la cola es una intervención que se suele practicar sin anestesia a los cachorros recién nacidos, el dolor sí importa en este caso, aunque tal vez no sea un factor insalvable, ya que siempre se les podría anestesiar de algún modo. Los principales valedores del seccionamiento de la cola son criadores que venden perros por su atractivo externo y que, por razones económicas, se sienten empujados a adaptar a sus ejemplares a ciertos cánones estéticos tradicionales. Los principales críticos son los veterinarios (cuyos colegios profesionales tanto en el Reino Unido como en otros países europeos prohíben esa práctica) y el Consejo de Europa, cuyo Convenio Europeo para la Protección de los Animales de Compañía prohíbe el corte de la cola, además de otras atrocidades como el recorte de las orejas, la extracción de dientes y un procedimiento particularmente abominable como es la extirpación de las cuerdas vocales (también llamado «desvocalización»).

Dos de los motivos más creíbles que se aducen en defensa del seccionamiento de la cola son la prevención de lesiones en esa zona y la higiene. Los datos sobre lo primero no son ni mucho menos concluyentes; de todos modos, está claro que siempre se podrían impedir las lesiones de un perro amputándole precisamente aquellas partes del cuerpo que se puede lesionar, pero estaremos de acuerdo en que esa no sería una razón convincente para defender tales amputaciones. Por otra parte, el argumento de la higiene se desactiva simplemente aplicando un correcto cuidado y acicalado del animal; además, parece engañoso en este caso si tenemos en cuenta que el corte de la cola no es una práctica habitual en muchas razas de pelo largo. Seccionar la cola es, ante todo, una opción estética y, en segundo lugar, una anteposición de la comodidad al cuidado. Son razones que no deberíamos permitir que interfieran en la integridad estructural y funcional de un animal.

La cola es un órgano de equilibrio, amén de ser un órgano sintiente grande formado por vértebras y músculos. Tiene una función no solo motriz, sino también comunicativa (transmite señales sobre el estado de ánimo: amistoso, juguetón, defensivo, agresivo, etcétera). También contiene una glándula odorífera que el perro utiliza para marcar territorio. No cabe duda alguna, pues, de que, incluso en el caso de que la cirugía inicial se practicara siempre sin dolor, esta se puede prohibir definitivamente por afectar a las capacidades centrales del animal.

La movilidad y el espacio público

La «lista de capacidades» menciona la libertad de movimiento como una de las capacidades humanas clave. Para las personas, es evidente que lo que se requiere es una movilidad «suficiente». Nadie defendería que todas las personas deben ser capaces de andar o de conducir por donde quieran. No podría haber derechos de propiedad ni protecciones de la privacidad personal sin leyes que prohíban el allanamiento, los registros o las ocupaciones sin orden judicial, por ejemplo. Mis derechos de movimiento también están restringidos por las normas de tráfico, por las leyes que rigen la propiedad y el uso de los automóviles, y por otras muchas normativas, y, por encima de todas, por los derechos de los demás. No estoy autorizada a cometer asaltos y agresiones. Tampoco se me permite acechar o acosar a otras personas, lo que significa que tampoco puedo entrar en su espacio personal sin invitación de su parte, incluso aunque no sea de su propiedad.

Todo esto es igualmente aplicable a los animales de compañía: es de justicia que sus derechos de movilidad estén limitados en sentidos parecidos a los ya indicados. Lo que sucede, sin embargo, es que normalmente lo están también en otros muchos sentidos. Muchos gatos no tienen permitido salir de casa, por ejemplo. Muchos perros sufren las restricciones de unas normativas demasiado estrictas que prohíben que puedan ir sueltos en el exterior, a las que se suma la escasez de parques caninos donde sí puedan correr desatados. Incluso a las personas concienciadas de sus obligaciones especiales para con sus perros les cuesta mucho conseguir que estos se ejerciten lo suficiente, dada la manera en que habitualmente están diseñados los espacios públicos en las ciudades.

Pero hablemos primero de los gatos. Donaldson y Kymlicka sostienen que es incorrecto desde el punto de vista ético tener a un gato todo el tiempo dentro de casa, y sus argumentos para ello parecen fuertemente enraizados en el paradigma de las capacidades. A los gatos les encanta trepar, correr por la hierba, etcétera. Sin embargo, es evidente que, en entornos urbanos e incluso en muchos entornos suburbanos, los peligros que acechan en el exterior restan años a la esperanza de vida de estos felinos. Existen buenos datos al respecto que parecen haber convencido a la mayoría de los amantes de los gatos concienciados sobre el tema en Estados Unidos. (Donaldson y Kymlicka viven en Canadá.) Automóviles, virus o depredadores (como perros grandes o coyotes) son los riesgos que inevitablemente acechan en el exterior, y a los gatos no se les puede entrenar para evitarlos. Los gatos (a diferencia de los perros y a semejanza de los humanos) se adaptan bien a una vida más de interior y con algo menos de ejercicio. De ahí que muchos grandes amantes de los gatos sostengan que «no» es ético «no» mantener a un gato dentro de casa a menos que se viva en un entorno rural seguro y sin depredadores. Yo estoy con este segundo grupo: los humanos podemos tener buenas vidas de interior, como es el caso de quienes vivimos en ciudades. Y los gatos muestran una adaptabilidad similar.

Los perros son distintos. Sus necesidades de ejercicio dependen de la raza, pero todos precisan ejercitarse mucho y rara vez lo hacen en suficiente medida. Tener un jardín vallado es ideal, pero no es una opción al alcance de todos. E incluso el perro que tiene un campo o un buen patio a su disposición agradece un cambio de escenario. Por desgracia, en las ciudades, la gente no siempre puede encontrar lugares adecuados para correr ni siquiera con un perro con la correa puesta, menos aún para que juegue, explore y socialice con otros perros en un entorno en el que pueda moverse libre y sin ataduras. Del mismo modo que el diseño de los espacios públicos ha experimentado una revolución que los ha vuelto accesibles a personas con discapacidades, convendría también rediseñarlos para facilitar su accesibilidad para los perros. Aunque también habría que tomar ciertas precauciones, ya que, por desgracia, muchos perros no están bien entrenados y pueden morder a niños, adultos y otros canes. Esa es la razón por la que existen normativas que obligan a sujetarlos con correa. Y también hay personas alérgicas a los perros que no quieren que ninguno se les arrime, ni siquiera los más simpáticos e inofensivos.

A diferencia de Donaldson y Kymlicka, pues, yo no estoy en contra de las normativas que obligan a llevar a los perros sujetos en muchos lugares públicos, puesto que tienen su razón de ser y sus ámbitos de debida aplicación. Ahora bien, estoy totalmente de acuerdo con ellos en que necesitamos crear muchos más espacios —en entornos urbanos, sobre todo— donde los perros (y los humanos) puedan corretear y jugar. (Tiene que haber también muchos más parques donde los niños puedan hacer eso mismo.) Los parques caninos tienen que ser más accesibles y grandes, y tienen que contar con más opciones atractivas para escalar y saltar. Igual que las mejoras de los accesos para personas con discapacidades obligaron a remodelar los espacios existentes, también los parques existentes tendrían que estar configurados de otro modo, y esto tendría que integrarse en los planes de urbanismo y no ser solamente un tema del interés particular de una minoría muy concienciada de usuarios.

La sexualidad y la reproducción

A diferencia de las personas, los perros y los gatos no pueden organizar sus propias vidas sexuales por medio de herramientas como la planificación avanzada y el consentimiento. No pueden elegir el uso de anticonceptivos ni siquiera aunque hayan tenido ya muchas camadas. Los humanos deben, pues, o bien limitar el acceso sexual a sus animales de compañía manteniéndolos dentro de casa durante sus periodos fértiles, o bien al menos valorar la posibilidad de esterilizarlos o castrarlos si consideran que limitar sus partos redundará en beneficio del propio animal o de los nuevos animales potenciales que nacerían en ellos.

Lo que sugiere el EC es que, en un mundo razonable, cada animal (macho o hembra) tendría un mínimo de una o dos oportunidades de actividad sexual y reproductiva: ese parece un umbral bastante sensato (aunque también se pueda considerar bajo, dada la importancia de esa capacidad y las experiencias vitales a las que da lugar). Existen varios motivos para esterilizar al animal tras esa experiencia inicial de sexualidad/embarazo/parto: impedir que la hembra muera de extenuación tras reiteradas gestaciones; la dificultad de mantener como compañeros en casa a los gatos macho no castrados (agresividad, marcado con orina); pero, sobre todo, el daño que el hecho mismo de venir al mundo les ocasiona a cachorros y gatitos de multitud de camadas para los que no se pueden encontrar hogares adecuados y que terminan abandonados a su suerte o engrosando las cada vez más atestadas jaulas de las protectoras. Tampoco nos costaría imaginar que la madre —dado el fuerte apego de los animales hembra a sus crías— nunca querría que sus descendientes tuvieran una vida de sufrimiento y que, por consiguiente, «consentiría» en que se la sometiera a la intervención correspondiente.

Por desgracia, nuestro mundo dista mucho de ser perfecto. Son tantos los gatos asilvestrados que viven en condiciones lamentables (y que siguen reproduciéndose pese a ello), y tantos también los cachorros no deseados, que aun la solución ideal antes mencionada resultaría demasiado permisiva en la práctica. Una buena política sería probablemente ordenar la esterilización obligatoria de todos los animales callejeros (como ya se practica en muchos países) y, cuando menos, instar a los compañeros humanos de animales domésticos a esterilizarlos antes de su época reproductiva, salvo que se comprometan a quedarse con las crías y a cuidarlas, o a hallar hogares adecuados para ellas. Esa puede ser (y, a menudo, se incluye como) una condición *sine qua non* para la adopción. Algunas ONG animalistas como Friends of Animals dirigen programas activos de esterilización porque los consideran una importante contribución al bienestar animal. Cuantos menos ejemplares terminen en los refugios de las protectoras, más probable será que los que ya hay en ellos encuentren hogares adecuados.[18]

Hay países donde existen motivos adicionales para la esterilización por culpa del daño que causan los gatos asilvestrados a las aves y los mamíferos autóctonos. Australia ha puesto en marcha una horrible campaña de exterminio de gatos.[19] Una política más sensata —y a la que se recurre en muchos lugares— es la de esterilizar gatos callejeros o asilvestrados; esta es una práctica de la que, si se aplica con inteligencia, se pueden esperar buenos resultados. Yo creo que el principio de la defensa propia nos permite matar animales (ratas, por ejemplo) que amenazan la vida y la seguridad de los seres humanos y de otros animales, pero matar (algo que, en todo caso, debe hacerse siguiendo el procedimiento más humano posible, como no se está haciendo ahora mismo en Australia con el mencionado programa de exterminación felina) siempre debería ser el último recurso, tras haber probado con los métodos anticonceptivos.

La educación y el adiestramiento

Ya he comentado que una sociedad multiespecies exige de todas sus partes la aceptación de responsabilidades por el bienestar de los demás, y eso significa que un compañero humano responsable tiene que educar a su animal de compañía para que mantenga una buena conducta social: que no muerda, que no haga sus necesidades en la alfombra, etcétera. Pero la educación es algo más que control: es desarrollo de la madurez social del animal; y los perros —como los niños— son criaturas ávidas de aprender y se complacen en dominar una costumbre social, así que el entrenamiento no tiene por qué ser una actividad monótona y aburrida si los humanos que la impulsan no quieren que lo sea.

El trabajo

La «lista de capacidades humanas» ni siquiera separa el trabajo en una categoría aparte: solo lo recoge como un ámbito en el que no puede haber discriminación y en el que se puede fomentar la afiliación (el contacto y la conexión con el grupo). Esta omisión no obedece a que se considere el trabajo como algo poco importante, sino a que es un elemento que, ya de por sí, tiene una presencia generalizada en la vida humana. A las personas puede no gustarles el trabajo que realizan, y las hay que, gracias a su riqueza acumulada o a que ya están jubiladas, tal vez ni siquiera trabajen, pero son casos infrecuentes. En los animales, sin embargo, el trabajo no tiene ese carácter omnipresente. Los gatos rara vez trabajan. Los perros sí, pero solo si son de razas que se pueden entrenar para desempeñar funciones específicas: pastoreo, caza, rescate, guía y trabajos de detección olfativa diversos (de explosivos, de drogas o incluso para la COVID). Donaldson y Kymlicka son muy críticos con quienes hacen un uso laboral de los animales, y llegan a la conclusión de que estos solo deberían trabajar cuando lo deseen y cuanto deseen, nada más.

Los perros que trabajan suelen ser entrenados por la vía del refuerzo negativo; se les obliga a emplear un tiempo que les deja luego escasas oportunidades para el juego y el afecto. También es cierto que algunas de las cosas para las que ciertas razas de perros han sido criadas, como la caza del zorro, son en sí mismas inhumanas. Pero que sea necesario reformar las prácticas laborales de los animales no significa que haya que abolirlas. Y tanto para los perros como para los humanos, un trabajo bien hecho puede constituir una fuente increíble de satisfacción. Acordémonos de Argo: estaba apático, echado sobre el montón de estiércol, porque era demasiado viejo para trabajar y sentía que había perdido estatus y utilidad. Así me sentiría yo si me obligaran a jubilarme. Y creo que muchos perros de las razas especializadas llevan vidas más ricas y satisfactorias si se les utiliza para las tareas correspondientes que si se pasan las horas tumbados sin hacer nada en casa de alguien. Más o menos lo mismo puede decirse de los caballos, concretamente, de los criados para los concursos de saltos: disfrutan como buenos atletas del hecho de ejecutar bien sus ejercicios, y jubilarlos antes de que la edad dicte que ya les ha llegado la hora de hacerlo significa eliminar una gran fuente de sentido en su vida. En definitiva, si el trabajo equilibrado aporta sentido y riqueza a la vida del animal, entonces este (como nos ocurre a todos nosotros) debe aceptar la jornada regular que un trabajo aceptable requiere (es decir, una que le deje tiempo sobrado a diario para jugar y para disfrutar la compañía de sus compañeros humanos y animales). Esto significa que, a veces, trabajarán cuando no les apetezca hacerlo... como nos ocurre a todos.

Todos los animales que trabajamos —humanos incluidos— somos utilizados en cierto sentido como medios para los fines de la empresa o la organización en la que lo hacemos. Pero las sociedades mínimamente aceptables se esfuerzan por conseguir que a los trabajadores se los trate, por encima de todo, como a fines en sí mismos, aun en el contexto de su desempeño de funciones útiles diversas.

La estimulación y el juego

En correspondencia con la capacidad de los «sentidos», la «imaginación» y el «pensamiento», y con la capacidad del «juego», encontramos la necesidad que todos los animales de compañía tienen de contar con unos entornos que estimulen sus sentidos y su curiosidad y que los inviten a disfrutar jugando, tanto con otros animales como con las personas. Una buena parte de (sobre todo) los perros de compañía están aburridos. Si el humano solo los saca cada día a dar uno o dos paseos breves, y luego los deja solos en casa el resto del tiempo —comportamiento bastante habitual entre las personas que andan ocupadas con sus trabajos—, se vuelven apáticos, tienden a ganar peso y a contraer enfermedades como la diabetes, y, en general, no disfrutan de la vida. Adoptar a un perro significa asumir la responsabilidad de darle una vida cognitivamente variada e interesante: ejercicio apropiado en entornos diversos, variedad de comida apetitosa, y oportunidades para esparcirse con otros animales, además de tiempo para jugar con un humano no aburrido y afectivamente conectado con él. La experta en comportamiento animal Barbara Smuts, de quien hablaré en el capítulo 11, añade otro elemento importante: el perro necesita llevar la iniciativa, al menos durante parte del tiempo. Así, cuando Smuts sale a pasear con su perra de compañía, Safi, deja que esta decida la ruta (siguiendo algún olor o rastro interesante) durante aproximadamente la mitad del recorrido. La mayoría de los humanos no hacen eso: tienen ya su itinerario fijo para salir a correr o a andar, y el perro tiene que acompañarlos sin más. Eso mata la curiosidad del animal y, como ya he dicho, lo aboca a llevar una vida aburrida. Muchas personas arrastran a sus hijos consigo de un modo parecido para ir a los sitios a los que ellas quieren ir, pero así no los están criando bien. Una buena crianza implica muchas veces llevar al niño allí donde él quiere ir.

La afiliación y la razón práctica

Estas dos son las capacidades clave de la lista humana, pues organizan e impregnan todas las demás, sobre las que ejercen una clara influencia. En el caso de los perros y los gatos, la «razón práctica» está muy asociada al hecho de que se les trate como fines en sí mismos. Para los animales simbióticos, tener una vida dotada de razón práctica es algo estrechamente ligado a no asilvestrarse, pues esa no puede ser una vida buena para un perro o un gato de compañía. Lo que sí significa, por el contrario, es que, dentro de la relación general con uno o más seres humanos, se respeten los intereses del animal; tener opciones suficientes, en resumidas cuentas, en todas las capacidades centrales del perro o del gato; poder llevar una buena vida propia de esa criatura, y no la dictada solamente por los intereses de los humanos. Y como esta buena vida jamás puede ser una vida solitaria, pues siempre estará entrelazada con la de las personas (y, en muchos casos, con las de otros animales), es crucial que la relación con los seres humanos sea de afecto y respeto mutuos. Si hay afecto y respeto, y si los humanos aprenden realmente a ver al animal de compañía como un ser independiente que tiene sus propios fines y que no es solo un instrumento, todo lo demás vendrá dado.

LOS ANIMALES DE COMPAÑÍA QUE NO ESTÁN DENTRO DE CASA: CABALLOS, VACAS, OVEJAS Y GALLINAS

Me he centrado sobre todo en los gatos y los perros, pero ambas especies nos brindan un buen paradigma para otros casos relacionados. Creo, por ejemplo, que el de los caballos (de especies no salvajes) es muy similar, aunque no sean animales que vivan dentro de las casas. Los caballos son muy interactivos; para ellos tener una buena relación con humanos es fuente de placer y de sentido, y pueden disfrutar mucho de su propia destreza y de la sociedad que forman con su compañero humano gracias a esa habilidad. Tampoco tendrían una buena vida si los dejaran libres por el mundo para arreglárselas por su cuenta. Eso no significa que en el entorno de la hípica no abunden las conductas crueles o corruptas, pero, a la luz de todo lo que he comentado, siempre sería posible detectarlas y combatirlas.

Hay algo que debo añadir, no obstante, y que guarda relación con mi anterior argumento a favor de la abolición de la cría canina selectiva ligada a la proliferación de enfermedades de origen genético. Me refiero a la necesidad de abolir también todo el sector de las carreras de caballos purasangre. Estos equinos se crían para tener unas patas tan finas que, a menudo, se rompen a la más mínima y, con ello, condenan al animal a una muerte prematura. También tienen corazones anormalmente pequeños, así como multitud de otros problemas de salud añadidos. Todo esto se hace por dinero y no por el animal, y creo que la cría de estos caballos debe ilegalizarse cuanto antes mejor. Las carreras equinas con obstáculos presentan problemas médicos parecidos para esos animales de competición. Un caballo especializado en ese tipo de carrera debe tener una fuerza y una resistencia mayores que las de un purasangre sobre un trazado liso, pero, al parecer, los problemas de salud son similares, cuando no mayores.[20] Diferente es la situación de los animales criados y entrenados para competiciones hípicas de saltos, pues estos pueden llevar una vida buena y saludable en simbiosis con sus compañeros humanos, al igual que los caballos para concursos de doma.

En cuanto al ganado vacuno, los bueyes son animales de labor que, si son bien tratados, florecen en su trabajo. ¿Y el ganado lechero? Como bien comentan Donaldson y Kymlicka, el sector de las explotaciones lácteas es una pesadilla moral en el momento actual.[21] Criadas para la producción abundante de leche, las vacas de esas granjas tienen huesos débiles porque les falta calcio. Además, se las separa de sus terneros nada más nacer estos (a efectos de maximizar la proporción de su leche que se destina al consumo humano), pero, al mismo tiempo, se las mantiene en permanente estado de gestación, lo que les causa múltiples problemas de salud. Coincido con Donaldson y Kymlicka en que no sería inconcebible reformar el sector de las explotaciones de ganado lechero, pero, entonces, este dejaría de ser rentable desde el punto de vista comercial, ya que los terneros consumirían buena parte de la leche de sus madres y estas ya no estarían continuamente embarazadas. El resultado de una transformación así, según esos autores, sería que la leche de vaca pasaría a ser un bien de lujo, por lo que «la comunidad vacuna resultante sería más limitada, aunque estable».[22]

La situación es mucho mejor en el caso de las ovejas. Muchas de ellas suelen recibir un trato no demasiado bueno en la práctica, pero yo no me opongo por principio (como sí lo hacen algunos veganos o los propios Donaldson y Kymlicka) al uso humano de productos animales, siempre y cuando las reses puedan llevar la vida característica de su especie. Ese uso o aprovechamiento no tiene por qué ser explotador; además, las ovejas domésticas necesitan que las esquilen, ya que no mudan su lana de manera automática. Es bueno para ellas, pues las libera de una carga; de hecho, no esquilarlas sería una forma de maltrato. Así que no es difícil imaginar unas condiciones éticas que posibiliten que los humanos esquilen ovejas y aprovechen su lana. Por otra parte, los humanos también pueden recoger éticamente los excrementos ovinos y usarlos como fertilizante. Donaldson y Kymlicka reconocen que «estos usos parecen ser completamente benignos: las ovejas hacen lo que las ovejas suelen hacer, y las personas se benefician de esa actividad no coaccionada».[23] En el fondo, añaden, desde la perspectiva de las ovejas como ciudadanas se podría decir que esa es su gran oportunidad para contribuir al bien común.[24]

¿Y las gallinas (las que se crían para que sean ponedoras, no los pollos que se sacrifican por su carne)? El sistema actual de producción comercial de huevos es inaceptable e incluye prácticas como un confinamiento abusivo, la matanza de los polluelos machos y la no menos masiva matanza de gallinas en cuanto decae su producción ponedora. Pero es un ámbito para el que no es difícil imaginar la introducción de reformas éticas sostenibles como las que, de hecho, ya están funcionando en algunas granjas. Las gallinas domésticas camperas producen muchos huevos. Se puede dejar que incuben algunos (y que críen a sus polluelos), porque, aun así, seguirán poniendo muchísimos más para el consumo humano. Nada de malo parece tener que las personas consuman esos huevos excedentarios, siempre y cuando las aves tengan espacio suficiente para llevar unas buenas vidas, propias de su especie, campeando, formando relaciones, teniendo su tiempo para explorar y jugar.[25]

Los veganos —como los abolicionistas— niegan que sea posible una simbiosis mutuamente beneficiosa. Hace falta examinar con detenimiento cada caso, pero creo que la simbiosis en el caso de los animales de compañía (tanto dentro como fuera de las casas) sí es posible.

Hay otros animales de granja o de corral que se crían para matarlos, y este es un tema que dejo para el capítulo dedicado al derecho. ¿No hay también animales que son «cuasicompañeros»? La mayoría de los que se tienen en casa y que podrían considerarse englobados en esta última categoría —hámsteres, jerbos, periquitos, peces de colores, tortugas, canarios— no son en absoluto simbióticos con nosotros: son animales salvajes que mantenemos en cautiverio, por mucho que estén en un domicilio particular y no en un zoo. Este es un tema del que me ocuparé en el siguiente capítulo.

En resumen, son numerosas las especies animales que —por lo general, de resultas de un proceso deliberado de cría en tiempos prehistóricos— son completamente simbióticas con los seres humanos. Viven en nuestras casas o junto a ellas. Nada de malo tiene necesariamente esto, siempre y cuando no se trate a esos animales como «mascotas» ni como propiedades, sino como ciudadanos activos dependientes que tienen que vivir sus propias vidas. No podrían vivir bien si los soltáramos sin más. Cambiar nuestras costumbres de siempre y abandonar el paradigma en el que nos consideramos sus propietarios no será fácil, pero es una revolución que ya está en marcha para casos como los de los perros, los gatos y los caballos, y hay incluso algunos ejemplos aislados de conducta humana reformada con gallinas, ovejas y vacas lecheras. El abolicionismo no es bueno para estos animales, que solo prosperan en sociedad con los humanos. Tampoco la idea vegana de la no utilización absoluta me parece una guía sensata hacia un comportamiento ético en este terreno. El EC sí lo es —o constituye una guía mucho mejor, al menos—, gracias a que toma la forma de vida característica del propio animal como punto de referencia.

Capítulo 10

LA «NATURALEZA SALVAJE» Y LA RESPONSABILIDAD HUMANA

¡Sé tú yo, impetuoso!
¡Mueve por el universo cual hojas marchitas
mis muertos pensamientos para alumbrar un renacer!

Percy Bysshe Shelley, «Oda al viento del oeste»

Matar, el más criminal acto reconocido como tal por las leyes humanas, es algo que la naturaleza comete con todos los seres que viven, y, en un gran porcentaje de casos, lo hace tras prolongadas torturas que solo los mayores monstruos sobre los que hayamos leído nunca infligirían a otras criaturas vivientes.

J. S. Mill, «La naturaleza»

¿Deberíamos tratar de dejar a los animales no domésticos solos en la «naturaleza», su hábitat evolutivo, pero también espacio abonado para la crueldad, la escasez y la muerte sin sentido? ¿O, más bien, deberíamos intervenir para proteger a los animales salvajes? Si optamos por lo segundo, ¿cómo? ¿Y qué es la «naturaleza»? ¿Existe siquiera? ¿Qué intereses se esconden detrás de este concepto?

En este capítulo, abordaré ciertas preguntas difíciles que nos suscita la idea de la «vida salvaje» o la «naturaleza», interrogantes como: ¿tenemos la responsabilidad de proteger a los animales «salvajes» frente a la escasez y la enfermedad?; ¿cómo deberíamos y podríamos hacerlo sin vulnerar la forma de vida de esas criaturas?; ¿es legítimo que mantengamos aunque solo sea a unos pocos animales salvajes en zoológicos de cualquier tipo (teniendo en cuenta lo crueles que han sido históricamente los zoos con los ejemplares de fauna salvaje y lo supeditados que han estado a los intereses humanos, antepuestos a los de los animales allí recluidos)?, y si lo es, ¿qué tipo de animales serían y en qué tipo de zoológicos?; ¿es concebible siquiera la idea de una sociedad multiespecies cooperativa en lo que a la fauna «salvaje» se refiere?; y en cuanto a la depredación de unos animales vulnerables por otros, ¿es responsabilidad nuestra limitarla?

Mis respuestas a las preguntas anteriores serán ciertamente controvertidas en algunos casos; se puede incluso aceptar las líneas generales del enfoque de las capacidades y diferir de las aplicaciones prácticas del mismo que yo propongo aquí. De hecho, en lo que a la comunidad animalista se refiere, este seguramente será el capítulo más controvertido del libro.[1] De todos modos, mis conclusiones, aunque provocadoras, no dejan de ser provisionales, dado que todavía estamos buscando nuevos modos de pensar y de actuar en un mundo dominado por doquier por el poder y la actividad humanos.

Partiendo de un examen escéptico de los fundamentos románticos de las ideas —muy comunes en Occidente— de «lo salvaje» y de la «naturaleza», lo que aquí sostengo es que estas han sido creadas por las personas y con fines humanos, y que no sirven para (o, siquiera, tienen especialmente en cuenta los intereses de) los otros animales. Además, no existe una «naturaleza salvaje», es decir, un espacio que no esté bajo el control humano (ya no hoy en día, al menos): la ficción de su existencia no deja de ser una manera de eludir nuestras responsabilidades.

A continuación, pues, tras haber valorado ya la situación de los animales con los que convivimos los humanos a diario y cuya evolución los ha llevado a mantener una relación simbiótica con nosotros, y tras haber defendido cierta versión de la idea de una «sociedad multiespecies» y de que los animales son conciudadanos nuestros, abordaré las preguntas siguientes: ¿hasta qué punto podría (y debería) hacerse extensiva esa idea a los «animales salvajes»?, y ¿qué responsabilidades tenemos —como custodios *de facto* que somos— en cuanto a la protección de las vidas de esas criaturas «salvajes»?

LA «NATURALEZA» Y «LO SALVAJE» COMO SUEÑOS ROMÁNTICOS

La fascinación por la idea de una naturaleza «salvaje» radica en lo más hondo del pensamiento del movimiento ecologista moderno. Es una noción ciertamente cautivadora, pero también, en mi opinión, muy engañosa. Para avanzar respecto a nuestra situación actual, es preciso que entendamos bien los orígenes culturales de ese concepto y la función que supuestamente debía cumplir según sus propios valedores.

La idea romántica de la naturaleza se puede resumir en unas pocas frases: la sociedad humana está estancada y es predecible y decadente. Carece de fuentes de energía y renovación poderosas. Las personas están alienadas unas de otras, pero también de sí mismas. La Revolución Industrial ha transformado las ciudades en espacios sucios que, con desoladora frecuencia, aplastan el espíritu humano (véase la figura poética de las «oscuras fábricas satánicas» de William Blake). Existen, sin embargo, otros lugares —en las montañas, en los mares, incluso en el «salvaje viento del oeste»— que auguran algo más auténtico, más profundo; algo sublime que no ha sido corrompido, un tipo de energía vital que puede restablecernos, porque es el correlato de nuestras más hondas profundidades. Los otros animales son una parte importante de ese espíritu «salvaje», de la energía misteriosa y vital de la naturaleza. (Pensemos, por ejemplo, en el «tigre, tigre, fuego deslumbrante», también de Blake.) El escenario romántico típico es un paseo solitario por la naturaleza salvaje: Chateaubriand visitando las cataratas del Niágara (aunque nunca estuviera allí en realidad); las *Ensoñaciones del paseante solitario*, de Rousseau; el Werther de Goethe entregándose al abrazo de los vientos; Shelley imaginándose incluso que él mismo es el viento; el deambular sin compañía de Wordsworth que termina en una serena epifanía de dorados narcisos; Henry David Thoreau encariñándose con el bosque que rodea el estanque de Walden. La naturaleza «salvaje» nos invita a sentir profundas emociones de admiración y asombro, y a renovarnos a través de ellas.

¿Nos ayuda en algún sentido toda esta constelación de emociones a plantear adecuadamente nuestro trato a los otros animales? Yo creo que no. La idea romántica de «lo salvaje» nació de preocupaciones humanas relativas, sobre todo, a la vida urbana e industrial. Bajo esa concepción, la naturaleza cumple supuestamente cierta función para nosotros, pero esa idea poco tiene que ver con lo que deberíamos hacer por la naturaleza propiamente dicha y por los otros animales. El narcisismo de ese concepto se hace muchas veces explícito en detalles como el uso constante del «yo» en los poemas de Shelley, o en estos versos finales de Wordsworth: «Pues, a menudo, cuando en mi diván reposo / con ánimo ocioso o pensativo, / deslumbran con su destello ese ojo interior / que alboroza la soledad, / y mi alma de deleite entonces se llena / y danza con los narcisos». También «El tigre» de Blake es claramente un símbolo de algo presente en la psique humana, pero el poema nada nos dice acerca de cómo querría el autor que tratáramos a los tigres de verdad.

Muchos románticos decimonónicos pensaban incluso que los campesinos y otras personas pobres formaban parte de la naturaleza (o estaban más próximos a esta) y debían permanecer así, en su pobreza rural, y no venir a la ciudad ni educarse. El Levin de Tolstói encuentra la paz cuando renuncia a su sofisticación urbana y se integra en la vida laboral natural de los campesinos. (¿Qué habrían pensado de semejante pretensión los aldeanos reales?) Thomas Hardy hizo sangre de esa ficción en su *Jude el oscuro*, donde mostró las terribles consecuencias de esa idea para los pobres inteligentes y con aspiraciones; pero, aun así, la ficción perduró. E. M. Forster todavía creía en ella cuando, en su *Howards End*, representó a Leonard Bast como un personaje que estaba mejor en el campo tras haber cometido el error de trasladarse a Londres para tratar de formarse. Sustituyamos a los campesinos por los otros animales y verán lo que quiero decir: «¡Oh, pobres animales, tan inferiores a nosotros, pero míralos qué vivos y qué fuertes se los ve!; ¡ojalá pudiéramos compartir su mundo de violencia y escasez durante una excursioncita de cinco días (manteniendo siempre una prudencial distancia)! Lógicamente, ni se nos pasaría por la cabeza llevar una vida así, como la de ellos, pero sí podemos sentir su escalofrío si mantenemos un breve contacto con ella, lo suficiente para sentirnos más vivos». (De hecho, exactamente así piensan muchas personas aficionadas a los ecosafaris.)

No se puede decir que la ficción romántica fuese propiedad exclusiva de la Europa y la Norteamérica recién industrializadas por aquel entonces. Otras sociedades han tenido sus propias variantes de esa idea de la pureza, la energía y la virtud «naturales». Así lo podemos apreciar, por ejemplo, en las obsesiones de la Roma antigua por la ganadería y la agricultura como fuentes de renovación, o en la idea de Gandhi de que la pobreza rural contribuiría a restituir la virtud natural del pueblo indio (tejiéndose su propia ropa, etcétera). Es como si mucha gente, en muchos lugares, tuviera la necesidad de creer que su sofisticación urbana es mala y que serían mejores y más felices si se integraran de algún modo en la naturaleza «salvaje». Pero, por lo general, esa «integración» es bastante ficticia, como cuando Chateaubriand describió un lugar que ni siquiera se había molestado en visitar, o como en la inmensa sofisticación con la que los poetas románticos se reclamaban anhelantes de la simplicidad rural. Y no niego que todo eso sea buena poesía, pero lo que quiero decir es que se trata de una idea de los seres humanos referida a ellos mismos, y no a la naturaleza, ni a los animales, ni a lo que estos requieren de nosotros. Y la admiración introducida en esa sublimación romántica tiene un claro carácter egocéntrico; desde luego, no es la clase de admiración de la que llevo hablando aquí desde el capítulo 1, esa admiración que hace que nos orientemos realmente hacia fuera.

Algo bueno ha salido de la idea romántica de la naturaleza, al menos. Esas personas, guiadas por el deseo de cierto tipo de experiencia, lucharon por la conservación de lugares que entendían que podían ofrecérsela. El Sierra Club y buena parte del conservacionismo estadounidense tuvo esos orígenes, igual que otros movimientos ecologistas en otras partes del mundo. Hoy es habitual que mucha gente encuentre una revivificación física y espiritual en los lugares «naturales», y los países donde se han conservado ofrecen a los visitantes un bien genuino que se ha perdido en otros, pero es un bien que, en la mayoría de los casos, ha sido fruto de una casualidad, pues se hizo pensando en «nosotros», no en «ellos». Y también hay mucho «mal» asociado a él, en forma, por ejemplo, de exaltación de la caza mayor, la ballenera o la pesca, o de ese abominable «espectáculo escénico» actual que podríamos llamar sadoturismo, en el que algunas personas pagan mucho dinero por ver cómo unos animales despedazan a otros, al más puro estilo de los juegos gladiatorios entre esclavos cautivos y leones de la lejana Antigüedad.

LA «NATURALEZA SALVAJE» NO ES BUENA... Y NI SIQUIERA EXISTE

Si por «naturaleza» y «salvaje» entendemos aquello que ocurre cuando los humanos no intervenimos, no se puede decir que la naturaleza salvaje sea demasiado buena para los animales no humanos.[2] Durante milenios, la naturaleza ha significado hambre y dolor atroces, amén de la frecuente extinción de grupos enteros. Cuando comparamos la «vida salvaje» con la industria de las macrogranjas o con ciertas formas éticamente poco sensibles de cautiverio en los zoológicos, puede parecernos algo más benigna, pero, como fuente de reflexión normativa en sí misma, la idea de la naturaleza no nos proporciona ninguna orientación útil. Como bien dijo John Stuart Mill, la naturaleza es cruel e irreflexiva.

Incluso la idea del «equilibrio natural», valorada durante tanto tiempo, ha quedado ya completamente desacreditada por la teoría ecológica moderna. Cuando los humanos no intervenimos, la naturaleza no llega por sí sola a ninguna condición estable o equilibrada, ni tampoco a una que sea idónea para las otras criaturas ni para el medio ambiente.[3] De hecho, los ecosistemas naturales que logran autosustentarse de forma estable suelen hacerlo gracias a alguna de las formas diversas de intervención humana posibles. La actual idea del «equilibrio natural» no es exactamente igual que su concepción romántica, pero viene a ser una forma de esta: nuestras vidas (urbanas) están manchadas por la angustia competitiva y la envidia, mientras que la naturaleza es pacífica y equilibrada. Es un concepto que tiene sus raíces en la necesidad y la fantasía humanas, y que no está avalado por la evidencia empírica.

No cabe duda de que existen buenas razones para no intervenir en las vidas de los animales «salvajes». Dos de ellas son: (1) que somos muy ignorantes y, muy seguramente, cometeremos muchos errores, y (2) que la intervención tiende a ser censurablemente paternalista, cuando lo que deberíamos hacer es respetar la elección de forma de vida que hacen los propios animales. Pero estos no pasan de ser motivos meramente superficiales, pues, para empezar, la ignorancia puede remediarse aprendiendo, como ya hemos hecho con nuestro desconocimiento previo de lo que era bueno para los niños y los animales de compañía que conviven con nosotros, y que ahora, en su mayor parte, se ha convertido en conocimiento, hasta el punto de que, si algunos restos de ignorancia quedan, la sociedad ya no está dispuesta a excusarlos: si un padre se niega a vacunar a sus hijos —o, para el caso, a sus animales de compañía—, se le considera (en la mayoría de las circunstancias) culpable del desconocimiento que demuestra con esa decisión. Y en cuanto a la cuestión del respeto por la autonomía de aquellos a los que se protege, cabe decir que normalmente no acusamos a los Estados de actuar con un paternalismo censurable cuando, por ejemplo, instauran programas integrales de Seguridad Social o de seguro médico público, ni tampoco cuando aprueban leyes en las que se definen figuras penales como el asesinato, la violación y el robo, y en las que se ordena la persecución policial y judicial de estas. En lo que a los medios básicos para la vida se refiere, entendemos que las personas tienen derecho a cierta protección fundamental (aun cuando los antipaternalistas insistan —no sin razón— en que las decisiones sobre salud de los adultos deben seguir siendo personales, al menos, hasta cierto punto). Por lo tanto, si nos encogemos de hombros cuando los animales pasan hambre, ¿no estamos dando a entender que los animales no importan? ¿Y es creíble que defendamos tal política antiintervencionista alegando que no sabemos lo que de verdad es bueno para «ellos» cuando estamos hablando de temas de supervivencia básica?

De todas formas, este debate, por interesante que sea, presupone la existencia de una naturaleza «salvaje» en el mundo: unos espacios que no están bajo control ni supervisión humanos. Presupone, en definitiva, la posibilidad real de que los seres humanos dejemos a los animales solos y en paz.

Pero es una presuposición falsa. Por grandes que sean las extensiones de territorio en nuestro planeta, no hay parte alguna en él que no esté totalmente bajo control humano. Los «animales salvajes» de África viven en reservas «naturales» mantenidas por los gobiernos de los países correspondientes, que son los que controlan quiénes entran en ellas y quiénes no, y son también los que las defienden (con mayor o menor eficacia) frente a los furtivos, y los que contribuyen a conservar las vidas de los ejemplares de fauna que en ellas viven mediante una serie de estrategias entre las que se incluye la aplicación de aerosoles repelentes de las moscas tsetsé, por ejemplo. En el mundo, ya no quedarían rinocerontes ni elefantes sin la intervención humana. En Estados Unidos, los caballos cimarrones y otros animales «salvajes» viven bajo la jurisdicción del Gobierno federal y de los de los estados respectivos. Y si estas criaturas tienen unos derechos limitados a que no se intervenga en sus hábitats, a moverse con libertad e incluso a disfrutar ciertas formas legales de propiedad, es porque la ley humana ha considerado oportuno atribuírselos.[4] Los seres humanos tenemos el control en todas partes. Somos los que decidimos qué habitats se protegen para la fauna, y somos los que dejamos para los animales solamente aquello que no decidimos usar para nosotros mismos.

Tal vez parezca que el aire y los océanos son más auténticamente «salvajes», pero lo que en ellos ocurre está controlado en muchos sentidos por el derecho nacional e internacional, y está muy influido por la actividad humana. Tal como nos muestran la historia de Hal en la introducción del libro y el caso del programa de sonar de la Armada estadounidense explicado en el capítulo 5, las vidas de las ballenas y de otras especies marinas chocan continuamente con el uso humano de los mares: con las perturbaciones sónicas, con la caza comercial de las ballenas, con la contaminación por plásticos y con otras muchas cosas. En el capítulo 12, hablaremos de qué ha hecho el derecho hasta la fecha para proteger la vida marina... y qué poco ha podido hacer, en realidad, para frenar la codicia humana. En cuanto a la atmósfera, como la historia de Jean-Pierre en la introducción nos recuerda, los humanos estamos contaminando el aire por vías diversas y muy invasivas del ámbito vital de las aves. La arquitectura y la iluminación urbanas provocan incontables muertes aviares todos los años: la luz atrae a los pájaros, perturba sus ciclos circadianos y altera sus pautas migratorias.[5] La actividad humana también modifica y, con frecuencia, destruye los hábitats de las aves.

Aun reconociendo que la dominación humana es el *statu quo* general en la actualidad, un libro como este podría abogar por que dejara de serlo y por que dejáramos que todos los animales «salvajes» de todos esos espacios se las arreglaran ellos solos lo mejor que pudieran. Pero incluso una propuesta así requeriría para su aplicación de una intervención humana activa dirigida a detener aquellas prácticas nuestras que interfieren en las vidas de los animales: el furtivismo, la caza, la actividad ballenera... Y no dejaría de ser, en mi opinión, una burda declinación de nuestra responsabilidad: nosotros hemos causado todos esos problemas y nosotros les daríamos entonces la espalda diciendo: «En fin, si sois animales salvajes, ¿por qué no vivís a vuestro modo lo mejor que podáis?». No está claro qué se conseguiría con esa simulación de «no intervención», pero, desde luego, no sería en rigor una política antiintervencionista: simplemente, habríamos decidido no poner remedio a los problemas que nuestra omnipresente actividad ha ocasionado a los animales. Aun dejando a un lado —aquí, como en el capítulo 5— la importante cuestión de la protección de las especies, esa política de presunta no intervención me parece bastante cruel e insensible.

Tampoco está claro que sea ético tomar tanta distancia del problema, incluso en aquellos casos en que no lo hayamos causado nosotros. Si estamos ahí observando, controlando y monitorizando los hábitats animales, qué mayordomía más cruel estaríamos haciendo de ellos si toleráramos hambrunas y enfermedades masivas, y otras formas perfectamente «naturales» de dolor y tormento, ¿no? Sería como si estuviéramos contemplando esas calamidades y negándonos a impedirlas. Hablaremos de la depredación más adelante, una cuestión que plantea dilemas ciertamente complicados. Pero ¿y las hambrunas masivas y las enfermedades prevenibles, fenómenos para cuya prevención se crearon en su día muchas de las reservas de fauna salvaje existentes, y que muy probablemente tienen causas humanas concurrentes?

Veamos un ejemplo instructivo: en Kirguistán, un parque nacional llamado Ala-Archa ha creado espacios controlados por los propios animales salvajes. Para ello, el parque se ha dividido en tres zonas: una en la que las personas pueden ir de excursión y hacer pícnics; otra donde los animales viven sin intromisión humana, y una tercera donde estos crían y alimentan a su prole también sin interferencia externa... por así decirlo. La lógica es que las especies raras, como el leopardo de las nieves, necesitan protección para autosostenerse y reproducirse, y que todas ellas funcionan mejor en un mundo multiespecies si las actividades reproductivas se segregan hasta cierto punto del resto de las actividades vitales. De hecho, hace poco estuve allí y solo vi ardillas y urracas. Ni que decir tiene que todo esto es absolutamente artificial y requiere de intervención constante. Cada hábitat se organiza y se mantiene de tal forma que los animales puedan disfrutar de unas vidas florecientes específicas de su especie. Aunque no pude acercarme a las otras dos zonas, sé que, dentro de ellas, hay mucha gestión humana también, y que es precisamente esta la que fomenta que allí los animales puedan alimentarse y reproducirse razonablemente bien. Este sistema es mucho mejor para ellos que el que existiría si todas las criaturas estuvieran en permanente conflicto mutuo. Podríamos incluso suponer que sería el que los propios animales elegirían si pudieran hacerlo, ya que es el que mejor promueve su salud y su prosperidad general. Lo que quiero decir con esto es que los animales, como las personas, no optarán por que los abandonen a su suerte sin más: su opción hipotética sería más bien por un mundo en el que haya alguien que ejerza una mayordomía aceptable que fomente su florecimiento. Un mundo «no salvaje», en definitiva.

He aquí otro ejemplo que presento solo por sí algunos de ustedes quieren todavía creer que los cielos son «la última frontera» de la verdadera libertad animal. Nueva Zelanda, a diferencia de Australia, no tiene mamíferos no domésticos de tamaño medio. Pero sí cuenta con una gran diversidad de roedores, introducidos sobre todo por los colonos blancos: conejos, ardillas, ratones, ratas... Y, por supuesto, también hay allí animales domésticos, perros y gatos, aunque asilvestrados muchos de ellos. Pero el archipiélago es hogar a su vez de una asombrosa variedad de aves: no de presa, que podrían tener cierta ventaja competitiva sobre los roedores, sino, sobre todo, pequeñas aves canoras y diversos tipos de loros. Como es fácil suponer, los pájaros y, hasta cierto punto, los loros están en cierta situación de riesgo frente a los roedores y los gatos. Y, si se hubiera permitido que la naturaleza hubiera seguido «su curso», muchas especies aviares se habrían extinguido ya en aquellas tierras y, sobre todo (al menos, en lo que atañe al argumento que defiendo aquí), muchas de esas pequeñas aves habrían perecido desmembradas y en dolorosa agonía. Hace un tiempo, visité un refugio de aves de las afueras de Wellington que es, en realidad, una especie de semizoo aviar. Las personas pueden entrar y pasear o hacer excursionismo por su interior, si bien tienen antes que someterse a estrictos registros, porque no pueden introducir comida para los pájaros ni ningún ejemplar de roedor, perro o gato. Estos animales terrestres tienen bloqueado el acceso por medio de una red muy alta y tridimensional que rodea el recinto, pero que incorpora unas aberturas en el techo que permiten que las aves puedan ir a buscar comida fuera cuando quieran. Está específicamente calculada, eso sí, para que sea una barrera infranqueable para los roedores y los felinos de las especies conocidas; de hecho, en la entrada puede verse un ejemplo demostrativo de lo alto que pueden saltar los conejos o los gatos, y de qué tipo de sistema dirigido a contrarrestar las capacidades de salto de cada animal se ha instalado allí. Las aves son libres, precisamente, porque el espacio está protegido y vigilado.

Estos dos casos nos muestran hasta qué punto la libertad y la autonomía de los animales no están reñidas con una mayordomía humana inteligente. De hecho, las primeras requieren normalmente de la segunda, pues la naturaleza no es ningún escenario bucólico de libertad.

Si los humanos tratamos de renunciar a esa mayordomía en un mundo en el que nuestra presencia es omnipresente y en el que influimos en todos los hábitats de la vida animal, no estaremos optando por ninguna solución defendible desde el punto de vista ético, ni favorecedora de unas buenas vidas animales. La única alternativa que se nos presenta, siendo el mundo tal como es, es entre tipos y grados de mayordomía. Es fundamental que asumamos este hecho ya de entrada, porque si no, no tendremos el debate que necesitamos tener sobre cómo ejercer el poder que sin duda poseemos.

PRINCIPIOS DE MAYORDOMÍA ÉTICA: LOS ANIMALES SALVAJES Y SUS HÁBITATS

Veamos, en primer lugar, algunos principios generales que nos permitirán guiarnos por un mundo que, para bien o para mal, ya dominamos (aunque, ahora mismo, es más bien para mal).

Principio 1: Todo hábitat de fauna salvaje es un espacio bajo dominio humano

Los animales precisan de buenos hábitats para tener vidas florecientes, pero los humanos los controlamos todos: tanto los terrestres como los marinos o los aéreos. A menudo, este «control» es difuso y caótico, y hay en él poder, pero sin autoridad. Esta situación permite que se les inflijan incontables perjuicios a los animales «salvajes», que van desde los relacionados con su caza furtiva hasta su muerte por asfixia debida a la contaminación atmosférica. Aceptar el principio 1 como punto de partida significa empezar a asumir responsabilidades y a deliberar de verdad sobre cómo se pueden proteger las capacidades animales.

Principio 2: La responsabilidad causal humana por los hábitats malos se suele ocultar y rara vez (por no decir que nunca) se puede descartar

Nos sentimos tentados a pensar que los humanos somos responsables de ciertos daños evidentes, como el furtivismo, la caza o la pesca de ballenas, y puede que incluso de otros que, siendo menos obvios, tienen un origen claramente humano (como los plásticos en los océanos, o la perturbación sónica producida por el sonar, por el transporte marítimo o por las plataformas petrolíferas),[6] pero no así por otros perjuicios que parecen provenir de la «naturaleza», como las sequías, las hambrunas y la pérdida de espacios donde los animales pueden alimentarse (como los témpanos, sobre los que los osos polares deben mantenerse en medio del océano para hallar su sustento). Sin embargo, basta con que reflexionemos un poco para darnos cuenta de que esa es una diferenciación que no se puede establecer tan claramente (si es que puede establecerse). La actividad humana es un factor central del cambio climático, que es, a su vez, clave en el daño sufrido por los hábitats de numerosas especies, pues es causante de sequías, hambrunas, inundaciones e incendios. La actividad humana poluciona el aire. La población humana se extiende por espacios que antes eran exclusivos de los animales y reduce con ello el espacio y la comida disponibles para estos. Mill estaba sin duda en lo cierto cuando escribió que la «naturaleza» nunca fue un entorno acogedor para la vida animal, pero, en la actualidad, los principales problemas «naturales» a los que se enfrenta la fauna mundial son de origen humano. Deberíamos actuar, pues, como si nada fuese ya «solo naturaleza», y teniendo presente que todos los grandes males «naturales» son principalmente obra nuestra. Nunca deberíamos exonerarnos, pues, de nuestra culpabilidad.

Principio 3: Ni la mayordomía es compañía ni los animales salvajes son nuestros compañeros

Los restos de la idea de «naturaleza salvaje» que quedan en mi enfoque deben servir de advertencia, eso sí, para que no tratemos a los animales salvajes como si fueran de compañía. Su evolución no los ha llevado a ser simbióticos con los seres humanos, y su forma de vida solo está ocasionalmente interconectada con la nuestra. Puede haber en ocasiones amistades entre personas y animales salvajes (véase el capítulo 11), pero es una posibilidad que siempre requerirá de mucha humildad de nuestra parte y de mucho respeto por la forma de vida de la criatura en cuestión.

Habrá que poner, pues, ciertos límites delicados, por ejemplo, a cuándo prestar atención médica a un animal herido, o a hasta qué punto no inmiscuirse. En la sección siguiente, examinaremos algunas de esas cuestiones. La piedra de toque para todos esos casos siempre debería ser una concepción clara del florecimiento ideal de ese tipo de criatura, y solo deberíamos interferir en esa forma de vida actuando, a lo sumo, en sus márgenes, es decir, sosteniendo hábitats, eliminando determinados peligros y, en ocasiones, poniendo remedio a ciertas enfermedades, pero nunca tratando a los animales salvajes —da igual si hablamos de polluelos aún no adultos o de crías de elefante huérfanas— como si fueran nuestras mascotas domésticas. Quede claro que esto no significa que debamos dejar solos a los animales y abandonarlos a su suerte, como si sus problemas no fueran responsabilidad nuestra. Significa, más bien, que debemos hallar soluciones que sean respetuosas con lo que ese animal necesita para vivir siendo él mismo.

LA MAYORDOMÍA Y LAS CAPACIDADES

Como ya hicimos en el capítulo 9, consideremos ahora las grandes categorías de la «lista de capacidades» y veamos algunos ejemplos de cómo los humanos podemos (y, en muchos casos, tenemos el deber ético de) proteger las capacidades animales. Son tantas las especies que deberíamos considerar que aquí solo podré esbozar muy por encima esas recomendaciones inspiradas en el EC.

La vida, la salud y la integridad física

De entrada, lo más urgente es que las personas pongamos *fin a las prácticas humanas que vulneran directamente la vida, la salud y la integridad física de la fauna salvaje*. El furtivismo es un ejemplo obvio de ello, y se requiere urgentemente de una cooperación mundial más eficaz para terminar con este comercio criminal, tanto con actuaciones policiales en los países donde tiene lugar como con prohibiciones de la venta de marfil (sin excepciones) a nivel global. La pesca comercial de ballenas (y otras formas de caza de animales salvajes por lucro o diversión) también debería estar prohibida y muy eficazmente perseguida sobre el terreno. Debería prohibirse la exportación de partes de animales (trofeos de caza) desde el país en que se haya cobrado la pieza, e igualmente prohibida debería estar su importación desde el país del cazador. Algunos gobiernos nacionales y subnacionales ya han empezado a hacerlo. También es importante poner fin a la importación de animales salvajes jóvenes para incorporarlos a zoológicos de algún país rico a fin de evitar casos como el de los dieciocho elefantes de Suazilandia al que me referiré en la sección siguiente, o como el de las orcas a las que se saca de sus manadas para divertir a los visitantes de los parques temáticos marinos. Estas prácticas no matan al animal, pero atentan contra su salud y su integridad física porque lo arrancan de su contexto grupal y lo introducen en otro en el que su salud física y mental no puede ser la adecuada.

En segundo lugar, los humanos debemos *terminar con las prácticas que temerariamente causan la muerte y el sufrimiento de los animales*: me refiero a las que ocasionan daños, aunque no pretendiéramos causarlos, simplemente porque no pusimos la atención debida para preverlos. El uso de artículos de plástico de un solo uso y su vertido final a los océanos es una de esas prácticas, y no solo debemos ponerle fin, sino que también estamos obligados a limpiar lo mejor posible todo lo que ya hemos arrojado allí, pues el plástico no es biodegradable. Otra práctica que deberíamos abolir es la de iluminar en exceso los edificios urbanos, que no hace más que atraer hacia una muerte segura a miles de aves migratorias. En torno a mil millones de ellas mueren de ese modo cada año solo en Estados Unidos.[7] Se podría reducir la luminosidad en las épocas en las que se dan los picos de las migraciones (sin dañar un ápice la actividad humana) o instalar vidrios menos mortíferos para las aves. Ciudades como esta en la que vivo, que son puntos importantes en las rutas migratorias, incurren en una grave responsabilidad por esas muertes (véase la conclusión del libro). Y en esta misma categoría, incluiría también la utilización del sonar submarino, así como el uso de descargas explosivas de aire comprimido por parte de los prospectores de hidrocarburos que tratan de cartografiar el fondo oceánico y que provocan perturbaciones sónicas muy dañinas para los mamíferos marinos (véase el capítulo 12).

Estos dos primeros pasos pueden (y deben) darse ya. Mucha mayor dificultad presenta el tercero: los humanos debemos *proteger los hábitats de fauna salvaje de los daños debidos al cambio climático y a otros factores medioambientales que probablemente tienen un origen humano*. Ya he comentado que uno de los principios es que no nos exoneremos de culpa sin más, y que nos comportaríamos de un modo éticamente responsable si asumiéramos que el origen de las sequías, las hambrunas, las inundaciones, el retroceso del hielo de los glaciares y otras muchas situaciones medioambientales que están poniendo en peligro la vida de los animales salvajes se remonta en última instancia a la actividad humana. Cuando menos, deberíamos actuar de forma preventiva y presuponer nuestra propia responsabilidad en el asunto. Pero siempre es difícil saber qué hacer exactamente en cada caso. Frenar el cambio climático exige una voluntad global que todavía no se ha conseguido reunir y que, aun en el caso de que exista realmente, no servirá para revertir cambios que ya se han producido. Pero, entonces, ¿qué ocurre con los animales que ya lo están sufriendo? En los casos de hambrunas y sequías, debemos tomar medidas que ya sabemos que funcionan con las poblaciones humanas y que, de paso, beneficiarán también a los animales. Los casos más difíciles son aquellos en los que el cambio climático amenaza con imposibilitar ciertas formas de vida en el futuro. No podemos sustituir el hielo sobre el que los osos polares se desplazaban para buscar su comida, por ejemplo. Así pues, debemos centrarnos en impedir mayores pérdidas que las ya sufridas.

El cuarto paso se sigue por lógica de los anteriores: debemos *limitar nuestro propio uso de los ya escasos recursos de los hábitats animales* para dejar espacio a la propia fauna que vive en ellos. Ya me referí a este tipo de conflictos en el capítulo 8, y está claro que su solución pasa por limitar nuestro propio crecimiento demográfico y por proteger muchos de esos espacios para vedarlos al poblamiento humano.

En quinto lugar, también abogaría por *usar nuestro conocimiento —de forma prudente y deliberada— para proteger las vidas de los animales salvajes*. En algunas grandes reservas de fauna salvaje se protege a los animales rociando productos para controlar las poblaciones de moscas tsetsé y otras amenazas mortales. Ese es un punto en el que la actividad humana va más allá de la reparación de los daños antrópicos y entra en el terreno de la protección preventiva. Pero me parecería inconcebible que no cruzáramos esa línea teniendo en cuenta que los humanos gestionamos ya esas reservas de fauna salvaje (se supone que por el bien de los animales que en ellas viven y no solo por el turismo y el dinero que este reporta). ¿Habría que incluir la atención veterinaria? Ese es un ámbito en el que corremos un grave riesgo de alteración de la forma de vida del animal, sobre todo si la intervención es demasiado frecuente y perturbadora. No obstante, dado lo próxima que es nuestra presencia a casi todos los espacios donde viven los animales salvajes, la intervención médica se considera cada vez más un imperativo moral con el que se puede cumplir siempre desde el debido respeto y comprensión. Hay zonas de poblamiento humano donde las autoridades locales aconsejan a los vecinos qué hacer (y qué no hacer) si se encuentran con un pájaro aparentemente abandonado (o un conejo, o un ciervo...).[8] Son muchas las vidas de animales que se salvan por esa vía sin convertir a la criatura así salvada en una mascota doméstica: se le presta una atención de urgencia y se la devuelve a su familia. Cualquier zoo mínimamente digno tiene por política someter a sus animales a intervenciones veterinarias cuando sufren problemas de salud que representan un peligro para sus vidas. Un ejemplo reciente de ello fue el audaz reemplazo de cadera al que se sometió a un tigre en el zoo Brookfield de Chicago.[9] ¿Deberían realizarse también este tipo de intervenciones preservadoras de capacidades en las reservas de fauna salvaje (que son, en la práctica, grandes zoológicos no vallados)? No hay que olvidar que esta se ha convertido en una especialidad en evolución dentro del campo de la medicina veterinaria cuyos expertos se forman para estar perfectamente familiarizados con los hábitats y las formas de vida de los animales. Con el paso del tiempo, tendrán que tomar muchas decisiones difíciles en este ámbito.[10] No parece de recibo que un tigre pueda volver a caminar de nuevo solo porque, casualmente, viva en un zoo en Chicago, mientras que otro que se encuentre en una gran reserva de fauna en Asia no tenga esa misma atención veterinaria a su disposición solo porque la reserva es más extensa que el zoo. (Porque ¿qué otra diferencia relevante hay entre uno y otro lugar, aparte del hecho de que la reserva es un hábitat mejor que el zoo?)

Son muchas las preguntas con difícil respuesta que los expertos humanos tendrán que ir abordando a medida que la interpenetración entre las vidas humanas y las animales sea cada vez mayor. El enfoque de las capacidades puede servirnos de guía allí donde los enfoques utilitaristas no alcanzan a proporcionárnosla: el objetivo siempre debe ser que el animal tenga protegida su facultad para llevar una forma de vida plena característica de su especie (o para apartarse de esa norma genérica si opta por ello). Siempre seguirán produciéndose choques entre el bien de una especie y el de otras, como bien nos demuestra el fenómeno de la depredación, pero, normalmente, las medidas que protegen los hábitats animales en general son buenas para el conjunto de la fauna que en ellos vive.

Los sentidos, la imaginación y el pensamiento; las emociones; la razón práctica; la afiliación; las otras especies; el juego; el control sobre el entorno

El resto de las capacidades de la lista se regulan por sí mismas si se protegen la vida, la salud y la integridad física. (Sigo dejando el análisis de la depredación para más adelante.) Si el hábitat de un animal está libre de intromisiones y peligros graves, si cuenta en él con espacio suficiente para el movimiento saludable, la actividad grupal y una adecuada nutrición de calidad, entonces las vidas de los animales no estarán embotadas por la monotonía (como en los zoos malos), ni ahogadas por el miedo, ni adolecerán de falta de oportunidades para tener una vida autónoma, en la que tengan cabida la afiliación y el juego, tanto dentro de un grupo de la propia especie como a través de unas buenas relaciones con animales de otras.

¿SON PERMISIBLES LOS ZOOLÓGICOS DESDE UN PUNTO DE VISTA ÉTICO?

Si para algo ha sido muy útil el concepto de «lo salvaje», es para sembrar dudas sobre la permisibilidad ética de los zoos y de los parques temáticos marinos. De todos modos, la idea de «naturaleza salvaje» nos proporciona una guía no menos burda e inadecuada en este ámbito que en los otros que ya he tratado aquí.

El de «parque zoológico» o «zoo» es un término relativo en el sentido en que lo estoy analizando aquí. Viene a designar un espacio habitado por animales que es (a) mucho más pequeño y (b) sensiblemente más recluido que las grandes reservas animales que, básicamente, son lo que hoy queda en pie —en el medio terrestre, al menos— de la vieja idea de la «naturaleza salvaje». Obviamente, existen también animales no domésticos fuera de esas zonas protegidas, pero viven de un modo cada vez menos «salvaje», manteniendo un contacto regular con los seres humanos y sus asentamientos de población. No debemos olvidar que las grandes reservas animales son espacios también un tanto confinados: sus guardas vigilan todos los movimientos de casi todos los animales y pueden reubicarlos cuando haga falta (por razones ambientales o de salud). Los zoos, por su parte, dan de comer y atienden (aunque lo hagan mal muchas veces) a los animales en ellos alojados, mientras que los guardas de las reservas animales solo intervienen para hacer eso mismo en casos extremos de hambrunas y sequías. Pero reservas y zoos vienen a ser polos opuestos de un mismo continuo. La colonia de simios de Arnhem (Países Bajos), unas instalaciones pensadas para el estudio de esos animales (véase el capítulo 11), no es un lugar donde estos estén confinados, en sentido estricto, pues ocupa una isla enteramente habitada por ellos. Pero aquí la consideraremos un zoo, aun cuando esté varios grados más allá de un parque zoológico convencional, más próxima a lo que sería una gran reserva, y no admita a turistas. El tamaño de un «zoo» viene dictado, por lo general, por su clientela de visitantes humanos: cuanto mayor es el área que cubre, más complejos son los sistemas que se necesitan establecer para que la gente pueda ver a los animales. En San Diego, por ejemplo, los pueden contemplar principalmente desde un tranvía que pasa bastante por encima de ellos. Eso hace que este zoo se acerque más a una gran reserva animal; estas reservas, por cierto, cuentan con una clientela de turistas (un elemento crucial para que los gobiernos puedan sostener económicamente dichos parques naturales) y también tienen previstos sistemas de transporte interno (generalmente, todoterrenos) para que los visitantes puedan ver a los animales.

El zoo típico de hace cincuenta años solía ser un escenario de tortura animal, apenas un poco mejor que un circo. Allí tenían a los animales en unos cercados reducidos y tristes, desprovistos de elementos de la flora característica de sus hábitats típicos. Era habitual, por ejemplo, ver a un elefante solitario de pie sobre el suelo de hormigón (un tipo de superficie terrible para sus pies) de un recinto desnudo, sin árboles ni hierba. En aquellos zoos, a los animales se les daba una alimentación inapropiada; incluso se animaba a que el público les diera de comer y los tocara. Rara vez tenían vida social con otros miembros de su propia especie. A veces, se los arreaba de un lado a otro aplicando la crueldad física y no el refuerzo positivo. A menudo (sobre todo en los parques temáticos marinos), se les obligaba a realizar trucos muy del agrado de los espectadores humanos, pero totalmente ajenos al repertorio conductual normal de la criatura en cuestión. De hecho, la similitud entre los zoos y los circos es más profunda de lo que tendemos a suponer, pues los primeros se concibieron también como un entretenimiento para un público humano, y no como un servicio en beneficio de los animales. (Y repito que tampoco deberíamos idealizar las grandes reservas animales, que no dejan de funcionar como un atractivo más al servicio de la industria turística.)

Actualmente, ha habido avances, aunque muy desiguales, en parte porque los zoológicos tienen regulaciones muy diferentes según los países o los gobiernos locales. (Los zoos sin ánimo de lucro están sujetos a una normativa más estricta que los que se explotan con fines comerciales, por ejemplo.) Algunos países regulan mucho, mientras que otros lo hacen muy poco o nada. Así, la India ha concedido derechos constitucionales a los animales circenses (véase el capítulo 12), pero en la mayoría de los países los animales no tienen reconocida ninguna legitimación procesal. Y tanto sobre los zoos comerciales como sobre los que no tienen ánimo de lucro (pero necesitan igualmente dinero de sus donantes), planea siempre el peligro de la explotación y el maltrato, en especial de aquellos animales que, como los elefantes, atraen mucho público. La presencia de dinero no implica por sí sola que los zoos tengan que ser malos por naturaleza. Las universidades, las organizaciones artísticas y otras muchas entidades también tienen que recaudar fondos de sus donantes, de sus parlamentos o de la ciudadanía en general. De hecho, eso puede ser más positivo que negativo siempre que se esfuercen por cumplir con su misión con integridad. Así pues, la pregunta que debemos hacernos es: ¿es posible que un zoo desempeñe con la mencionada integridad una función positiva para los animales?

Los circos, por su parte, están renunciando a marchas forzadas a su tradicional explotación de grandes mamíferos como los leones y los elefantes, y convirtiéndose en espectáculos acrobáticos exclusivamente humanos o en otros en los que solo participan personas y animales de compañía simbióticos, como caballos. ¿Por qué no podría ser ese también el futuro adecuado para los zoos, aunque ello significase que los zoológicos dejasen de existir como tales y pasasen a ser puramente instalaciones de investigación cerradas a los turistas? Dicho de otro modo, ¿qué podemos decir en defensa de los zoos desde el punto de vista de las personas que deseamos que los animales tengan una vida próspera?

La diferencia de grado entre los zoos y las grandes reservas es muy importante desde la perspectiva de las capacidades: los extensos espacios reservados en Kenia y en Botsuana permiten que los animales no tengan restringidos sus movimientos y puedan llevar más o menos sus vidas normales —aunque no sin una cuidada administración humana de su hábitat—, así como cultivar sus relaciones sociales también normales. Esa es una buena meta hacia la que enfocarnos: es a lo que deberíamos aspirar ahora que los espacios disponibles no son tan grandes como lo fueron en épocas pasadas.

Uno de los argumentos que se suelen esgrimir en defensa de los zoológicos es que sirven para educar a las personas y, en especial, a los niños. Si los niños crecen sin ver nunca a un animal «salvaje», nunca llegarán a interesarse por ellos ni apoyarán políticas dirigidas a mejorar su bienestar. (Y sí, el ecoturismo brinda maravillosas oportunidades en ese sentido, pero solo —en la mayoría de los casos— para bolsillos acomodados.) Este argumento es importante, pero difícilmente unos zoos que solo pueden ofrecer al animal una vida miserable y, a menudo, solitaria podrán servir para alcanzar ese mencionado objetivo educativo. Para que los niños aprendan, tienen que aprender de verdad y ver la forma de vida típica del animal en un hábitat que también sea razonablemente típico. Este es un punto en el que los enfoques utilitaristas no funcionan como una buena guía para nosotros, ya que atribuyen una importancia suprema a la ausencia de dolor. El EC, sin embargo, exige mucho más: exige, por ejemplo, vida social y libertad de movimiento en un espacio típico del grupo al que pertenece el animal.

Nuestro mundo pone hoy tantos y tantos recursos novedosos al alcance del aprendizaje —como documentales de todas clases, por ejemplo— que este puede conseguirse ya sin necesidad de distorsionar la vida diaria de los animales (más allá de lo que la omnipresencia y el control humanos ya la han distorsionado, se entiende). Hay películas maravillosas de muchos tipos para estimular la admiración tanto en los espectadores jóvenes como en los mayores. Los excelentes documentales *Blackfish* y *Sonic Sea* han sacado a relucir el daño que se causa a los mamíferos marinos cuando se los arrebata de su hábitat o cuando este se contamina con ruido y basura nocivos. *La caza del marfil* es un gran ejercicio instructivo sobre cómo la actual conspiración criminal internacional de furtivos que consiguen el marfil (en origen) y de traficantes que lo venden (en destino) está asesinando a los elefantes. Otros filmes populares de este tipo ya me parecen algo inferiores; por ejemplo, el oscarizado documental *Lo que el pulpo me enseñó*, que tiene numerosos momentos hermosos y asombrosos, se centra demasiado en lo que una idealizada relación con un pulpo (hembra) ofrece al ser humano que protagoniza la cinta. Aun así, en el proceso, los espectadores no dejan de aprender y de maravillarse. En definitiva, no necesitamos zoos para educarnos, a la vista de la magnitud y la calidad de estos nuevos recursos. Y, con el paso del tiempo, se irán desarrollando otros más nuevos aún: experiencias en realidad virtual, inmersiones en vídeos interactivos...

Aun así, en los zoos se realizan valiosas investigaciones científicas que sirven para mejorar la salud de los animales y nuestros conocimientos sobre sus aptitudes. Algunos de esos estudios serían muy difíciles de llevar a cabo en un espacio abierto (aunque, evidentemente, esto varía mucho según las especies). Las investigaciones hechas en condiciones de cautiverio han contribuido a que ahora sepamos mucho más sobre la inteligencia y las emociones de los primates, por ejemplo. Nos han mostrado también lo versátiles e inteligentes que son muchas aves. Nos han enseñado que las hembras de elefante asiático pueden reconocerse en un espejo. (Aunque muchos buenos estudios sobre elefantes se han realizado con ejemplares en libertad, difícilmente se les habría podido hacer esa prueba en concreto en su hábitat «natural», donde las manadas recorren cientos de kilómetros para apacentarse.) La investigación sobre cognición en animales es beneficiosa para estos porque mejora nuestro conocimiento de su forma de vida real, lo que redunda en un mayor respeto y un trato más apropiado de nuestra parte. No se puede aplicar bien el enfoque de las capacidades sin aprender lo máximo posible sobre las aptitudes y las formas de vida animales. Y no podemos olvidar que algunas de las zoopatías más devastadoras se han logrado curar o controlar gracias a investigaciones realizadas en zoológicos: por ejemplo, las infecciones por herpes que tan letales pueden ser para los elefantes pequeños. En la mayoría de los zoos no se hacen estudios relevantes, pero en algunos sí.

Lo que está en juego en ese caso, pues, es la consecución de ciertos objetivos verdaderamente valiosos, algo para lo que, a veces, es preciso cierto grado de control espacial. A lo que no obliga, sin embargo, es a tener a los animales confinados de manera insana, o alienante desde el punto de vista emocional, o deficiente en el plano sensorial. Frans de Waal ha explicado, además, que las investigaciones realizadas con animales que no viven en sus condiciones sociales y físicas normales tienden a arrojar resultados engañosos.[11] De hecho, según él, no hay razones que justifiquen que un animal sea aislado de su comunidad social para su estudio.

Por último, es posible que los zoos ayuden a proteger a sus animales de diversas amenazas a las que se enfrentarían fuera de ellos. Si una especie corre peligro de extinguirse, su reproducción dentro de un entorno controlado como el de un zoológico podría ser un salvavidas (temporal, al menos). Y cuando el furtivismo campa sin control por espacios más amplios y abiertos, los zoos podrían servir para proteger a las criaturas vulnerables.

Estos son argumentos a favor de la continuidad de los zoológicos, entendidos como espacios relativamente pequeños y confinados, estrechamente vigilados y controlados por los humanos (o más, al menos, de lo que lo estarían las grandes reservas de fauna salvaje en África, por ejemplo). Pero ¿para qué animales podrían llegar a representar realmente un beneficio?

La pregunta normativa fundamental, como ya he dicho aquí, es la de cómo podemos apoyar y proteger las capacidades de los animales para llevar el tipo de vida característico de su especie. Desde el punto de vista de esa pregunta en concreto, las cuestiones relevantes serán la cantidad y el tipo de espacio, de flora y de otros aspectos de lo que llamaríamos un «entorno facilitador» (por tomar prestado el término empleado por el psicoanalista Donald Winnicott, quien explicaba que los seres humanos solo se desarrollan bien en su infancia si cuentan con múltiples formas de apoyo tanto de otras personas como del ambiente en el que se crían). Entre ellos se incluye el acceso a las interacciones sociales, a una buena estimulación sensorial y a una dieta adecuada y característica, pero también la ausencia de estrés emocional incapacitante, y la posibilidad de jugar y desarrollarse. Nótese que estas capacidades suelen verse bastante obstruidas en la «naturaleza», un espacio, como ya se ha dicho aquí, donde es fácil que las criaturas sufran devastadoras dosis de hambre, enfermedades, miedo y torturas. Sería grotesco argumentar que, como en la «naturaleza» hay hambre, sequía y furtivismo, un buen espacio confinado debería incorporar todos esos elementos también. Pero no menos grotesco sería —en mi opinión— defender que, como en esa misma «naturaleza» los animales pequeños sirven de alimento a otros más grandes, un espacio confinado pequeño organizado como es debido también debería permitir e incluso potenciar esas formas de depredación. De todos modos, este último es un tema que trataré más a fondo en la sección siguiente. A lo que deberíamos aspirar, en cualquier caso, es a crear espacios que realmente sean «entornos facilitadores» del ejercicio de las capacidades animales. Muchas de las reservas más grandes lo son, aunque no con toda la estabilidad que sería de desear, debido al peligro que representa la caza furtiva. Pero, en los casos en que un animal pueda llevar a cabo la totalidad de sus actividades características en un «zoo» —incluidas las actividades sociales—, este se puede considerar beneficioso para él.

Por fortuna, sin embargo, no es necesario que nos posicionemos en contra de los románticos y a favor de los entornos regulados y controlados. Repito: la diferencia entre una gran reserva natural en África y el zoo de San Diego es de grado, pero no de concepto. Ambos son espacios que se encuentran bajo una vigilante administración humana, y, en el fondo, ambos están también abiertos a los espectadores. (Incluso los recintos separados en el parque nacional de Kirguistán que he descrito antes son unos inusuales espacios cerrados al público que no dejan de ser zonas sabiamente seleccionadas, y muy controladas y administradas.) Si pensamos que el confinamiento o la reclusión son moralmente inaceptables de por sí, entonces tendremos que presentar una enmienda a la totalidad al mundo moderno en general, pues todos los espacios en los que viven los animales hoy en día son espacios confinados y gestionados por humanos, aun cuando, en ocasiones, ese confinamiento nos pase inadvertido por la gran extensión de los espacios en cuestión.

Tomando esta idea como guía, mi conclusión general es que un espacio confinado más pequeño solo está justificado si los animales que lo habitan tienen acceso espacial, sensorial, nutricional, social y emocional a su forma de vida característica. Si los zoos se administran de manera inteligente, ese es un objetivo que puede lograrse para el caso de muchos animales, incluyendo los monos y tal vez también los grandes simios y ciertos tipos de aves. En cuanto al medio acuático, en un parque temático marino podrían alojarse peces de la mayoría de las especies siempre y cuando los tanques fuesen lo bastante espaciosos. Y la práctica totalidad de los mamíferos pequeños, así como de los reptiles y los anfibios, podrían vivir bastante bien en un espacio confinado de las características adecuadas.

Pues bien, ahora que hemos estrechado el foco, llegamos a los casos más difíciles. Empecemos por los elefantes. Dadas las necesidades de movilidad de estas criaturas (que abarcan grandes extensiones de terreno), dada la inmensa ingesta alimentaria que requieren para vivir (sobre todo, de corteza escorchada de los árboles) y dada también su naturaleza social (pues las crías son cuidadas por, al menos, cuatro hembras adultas, y los machos maduros van por libre y solo se reúnen con el grupo en época de apareamiento), es prácticamente imposible tener a estos animales en reclusión de un modo mínimamente ético, ni siquiera en los mejores zoológicos (ni siquiera en el de San Diego, aun cuando este sí sea un zoo que comprende la necesidad de espacio de esta especie y, por ello, restringe la presencia de visitantes, que solo pueden ver a los elefantes desde una prudencial distancia aérea). Las manadas salvajes pueden recorrer más de ochenta kilómetros al día. Por lo tanto, los elefantes precisan de mucho más espacio del que siquiera un gran zoo les puede proporcionar. Y tampoco su historial de salud o de cría en confinamiento es bueno, hasta donde sabemos: entre los elefantes en cautiverio, se observa una incidencia alarmantemente elevada de fetos muertos al nacer y de complicaciones reproductivas.[12] Además, la mayoría de los zoos distan mucho de ser como el de San Diego. Desde principios de la década de 1990, más de veinte zoológicos estadounidenses han cerrado sus recintos de elefantes por razones éticas, o han anunciado que lo harán. En 2011, la Asociación de Zoos y Acuarios presentó unas directrices muy estrictas sobre superficies mínimas y otras condiciones; pero ni siquiera estas son suficientes. El director del zoo de Detroit, que cerró su espacio para elefantes en 2004, declaró:

> Es que nos hemos esforzado mucho y nos hemos dado cuenta, aun así, de que no era realista, de que nada de lo que pudiéramos hacer les iba a dar la oportunidad de florecer. [Acto seguido, alude a las diversas deficiencias tanto en el entorno físico como en el social.] Eran tantas las cosas que, según vimos, representaban grandes problemas para los elefantes que decidimos que, por mucho que amemos a estos animales y que queramos estar cerca de ellos, seguir con esto sería un error fundamental de nuestra parte.[13]

Por desgracia, sin embargo, muchos zoos no tienen tanta sensibilidad ética. Saben que los elefantes funcionan como un gran imán para el público.

Tanto si los zoos son empresas con ánimo de lucro —y necesitan ingresos directos— como si son entidades no lucrativas, pero necesitan el dinero de los donantes, los elefantes significan una gran fuente de negocio. Esto, sumado a lo difícil que resulta criar elefantes en zoológicos, ha inspirado nefarios planes de traslado de ejemplares desde África a instalaciones de este tipo en Estados Unidos; proyectos fraudulentos por los que los elefantes son sacados de un entorno más amplio para ser traídos a otro mucho más pequeño e inadecuado bajo el pretexto de alejarlos del hambre y la sequía de sus hábitats africanos.

Un buen ejemplo de ello es la historia de los «18 de Suazilandia», de la que se informó en detalle en un reportaje, «The Swazi 17», firmado por Charles Siebert en el suplemento dominical del *New York Times*.[14] Este grupo fue capturado y sus miembros, enviados a zoos de Estados Unidos bajo el (a todas luces falso) pretexto de que una sequía amenazaba la continuidad de las poblaciones de rinocerontes y elefantes en sus hábitats de origen, y de que la única forma de conservar a los primeros era matar a los segundos o reubicarlos en suelo norteamericano. Al final, a tierras estadounidenses solo llegaron diecisiete de los dieciocho (se cree que el decimoctavo elefante falleció por una infección gastrointestinal durante el viaje). La organización Friends of Animals consiguió que un juez federal emitiera una orden cautelar temporal y convocara una vista de urgencia para esa misma noche. No obstante, para entonces, los elefantes ya habían sido sedados y metidos a toda prisa y con nocturnidad en el avión, por lo que el juez dejó que este despegara. Técnicamente, el hecho de que los animales hubiesen sido subidos a bordo sin notificación al juez ni a los abogados no era ilegal, pues la orden no había ido acompañada de una prohibición de ese traslado, pero sí fue una jugada sibilina. Los elefantes fueron distribuidos entre distintos zoos, como el de Dallas o el de Wichita. Friends of Animals está trabajando actualmente para conseguir que estos traslados se clasifiquen como envíos «con fines comerciales», lo que los convertiría en ilegales según los tratados internacionales vigentes.

En todo caso, debería quedar muy claro que la mayoría de los zoos son, con afán lucrativo o sin él, empresas comerciales de algún tipo. Las grandes reservas de fauna también tienen su vertiente de negocio, pero, al menos, parte de su función consiste en proteger a los animales por el bien de estos.

En el caso de los animales de cada una de las demás especies de grandes mamíferos —rinocerontes, jirafas, osos, osos polares, guepardos, hienas, leones, tigres, etcétera—, deberíamos siempre preguntarnos qué constituye un «entorno facilitador» para sus ejemplares individuales, y si un espacio cerrado y relativamente pequeño puede proporcionárselo. A favor de que un espacio más reducido resulte permisible estarán los potenciales riesgos y peligros especiales a los que el animal se enfrenta en el mundo exterior (los osos polares, por ejemplo, por el derretimiento de los glaciares, o los rinocerontes por la agresividad de la caza furtiva), así como los buenos resultados que pueda conseguir para los animales en sí la investigación que allí se haga y que no se pueda llevar a cabo en entornos naturales. Siempre deberíamos exigir resultados que sean buenos para los animales en sí, o «lo bastante buenos», por decirlo en los términos de Winnicott, con independencia de otros beneficios colaterales para los visitantes humanos. Pero también deberíamos rechazar frontalmente aquellas soluciones que traten a los animales como si fueran mascotas de esos visitantes humanos (me referiré a una de ellas en el capítulo 11, al recordar la historia del osezno polar Knut). De todos modos, preferir por sistema los espacios absolutamente exentos de gestión o de control humanos es tan poco realista (dado que estos no existen como tales) como negativa para algunos animales (pues seguro que, si pudieran decidir, preferirían que no los cazasen furtivamente, ni morirse de hambre, etcétera). Aun así, siempre debemos estar alerta para que no se produzcan engaños ni trampas, como con el pretexto de la sequía que se alegó en el caso de los «18 de Suazilandia». Creo que la mayoría de los grandes mamíferos terrestres de mi lista no pueden prosperar como tales en los zoos; de esa lista, quizá solo los osos y los simios sean capaces de hacerlo si se dan unas condiciones sociales y físicas lo bastante buenas (como en el caso de la colonia de Arnhem). Un factor crucial para todas las especies que se desarrollan a través del aprendizaje cultural será la presencia de un grupo social típico y suficientemente grande. No basta con decir que «ahora tenemos cinco chimpancés» o los que sean: tienen que formar un grupo cultural como es debido, con todos sus tipos y roles característicos.

Y en cuanto a los medios acuático y aéreo, lo primero que debo decir es que no se pueden tener mamíferos marinos grandes —como las orcas y las ballenas— en un parque temático marino. El documental *Blackfish*, de 2013, nos mostró lo mal que viven las orcas en cautividad, sobre todo cuando —como suele ser el caso— se las arranca de sus manadas a muy tierna edad y, por lo tanto, se las priva de aprender de sus mayores las conductas apropiadas para la vida de una orca.[15] El filme se centraba en el caso de Tilikum, un macho que mató a varios cuidadores en incidentes separados y evidenciaba la furia destructiva a la que esta cruel privación ha llegado a dar lugar. La indignación de los espectadores ante la situación denunciada en *Blackfish* fue tal que SeaWorld tomó la acertada decisión de dejar de criar a orcas en sus instalaciones y de organizar espectáculos con ellas.[16] En fecha más reciente, California ha aprobado la Ley para el Bienestar y la Protección de las Orcas (2016), dirigida a la eliminación gradual y progresiva de la reclusión de estos cetáceos, y a garantizar que las que todavía queden en cautividad reciban un trato humano. La ley ilegaliza criar orcas en cautiverio, y también usarlas para espectáculos públicos de entretenimiento. En 2020, SeaWorld comenzó a adaptar a las orcas que aún le quedan para emplearlas en exhibiciones de tipo educativo en las que muestran su conducta natural, acompañada de una narración científica en directo, aunque sigue sin quedar muy claro, eso sí, cómo pueden manifestar comportamientos «naturales» en ausencia de un grupo numeroso típico.[17] Las orcas son muy culturales y aprenden de su grupo la mayor parte de sus conductas más específicas; por ejemplo, son una de las pocas especies no humanas que tienen menopausia, y las hembras que dejan de parir a los cuarenta años y viven luego hasta pasados los ochenta desempeñan un papel clave en la enseñanza y en la inculcación de normas a los jóvenes.[18] Sin esa estructura de base, las orcas de corta edad se encuentran tan perdidas como el «niño salvaje» de Aveyron, que, por su aislamiento, no había tenido acceso al aprendizaje cultural humano.

Los delfines representan un caso distinto para el que no encontramos una respuesta simple y universal, ya que son tan sociales e interactivos que pueden florecer hasta cierto punto en cautiverio. Se sabe que incluso se llevan consigo los trucos aprendidos en cautividad cuando vuelven a su hábitat «salvaje» y se los enseñan a sus crías.[19] Por un lado, parece censurable y degradante ver cómo se utiliza a estos mamíferos tan maravillosamente inteligentes en espectáculos para el entretenimiento humano. Pero, por otro, disfrutar con la ejecución de una habilidad atlética bien ejecutada es una característica que tiene un destacado valor en las vidas de muchos animales, y si algo forma claramente parte del florecimiento de los perros ovejeros o recuperadores, o de los caballos de los concursos hípicos, no estaría bien tacharlo de artificial o de no adecuado para otras criaturas porque estas son supuestamente «salvajes» y han tenido que aprender ese comportamiento de algún adiestrador humano. De hecho, deberíamos abandonar ya de una vez la idea de que toda cooperación y reciprocidad humano-animal es inapropiada para una criatura «salvaje». Pero ¿dónde habría que establecer el límite, entonces?

Thomas White ha examinado esta cuestión con su equilibrio y su sensibilidad característicos.[20] En un momento determinado de su libro, pone el foco en ciertos rasgos de las vidas de los delfines: en concreto, en su sociabilidad extrema y en su necesidad de moverse por espacios muy grandes en compañía de un grupo numeroso de otros delfines. Y sostiene que ni siquiera los zoológicos sensibles que tratan bien a estos cetáceos pueden proporcionarles el espacio o el grupo de congéneres suficientes que necesitan. Los protegen de muchos peligros, eso sí, pero esa termina siendo una espada de doble filo para ellos, pues los delfines así protegidos pierden su capacidad para sobrevivir en la naturaleza. De ahí que él concluya que el cautiverio de estos animales es inaceptable desde el punto de vista ético.

Los argumentos de White son excelentes y me inclino por secundarlos. Está claro que los delfines precisan de grandes espacios y de un grupo social representativo, pese a que son también muy adaptables y pueden prosperar en diversos contextos y escenarios. Una solución intermedia podría consistir en la instalación de algún tipo de redil acuático mucho más extenso y parcialmente abierto, donde los delfines pudiesen entrar y salir a voluntad, y mezclarse con los humanos solo en la medida en que deseasen hacerlo. Puede que Dolphin Reef («El Arrecife de los Delfines») en Eilat (Israel) ya sea un sitio así, aunque su funcionamiento no ha estado exento de polémica.[21]

Ante todo, los delfines deben ser tratados con respeto, como las criaturas poderosas, maravillosas y en extremo inteligentes que son y que tienen su propia idea de lo que les gustaría hacer. Eso significa respetar también su interactividad, su ingenio y su sentido del humor, rasgos que a veces ellos mismos ponen en práctica con los humanos y con otras especies, además de con otros delfines.

En cuanto a las aves, son muchas las variedades con sus diversas características propias que deberíamos tener en cuenta. Algunas no vuelan por grandes extensiones de terreno: es el caso de los loros, las urracas o los cuervos, por ejemplo. Otras sí, y no parece ético confinarlas en un aviario. Algunas son muy sociales; otras son solitarias. A los observadores de aves les encanta ir a admirar cada especie en su espacio característico y, en realidad, esa debería ser nuestra manera preferida de contemplar aves, aunque un espacio como el ya mencionado en Nueva Zelanda, vigilado pero libre, con sus redes protectoras y su techo abierto, también sería apropiado. A medida que vayamos conociendo mejor a las diferentes especies aviares, también podremos proponer recomendaciones específicas para cada una de ellas.

Todas estas preguntas tienen difícil respuesta, aunque los buenos zoos tratan de encontrársela a diario. Esta revolución en la mentalidad es algo de lo que estos establecimientos más respetuosos y considerados son hoy un magnífico ejemplo y que se debería exigir a todos los zoos mediante una mejor regulación de su funcionamiento; nunca deberíamos dejar de hacernos esas preguntas difíciles y de buscarles respuesta, guiados siempre por la idea del respeto a las formas de vida.

En resumen, el EC nos proporciona una buena guía a la hora de reflexionar sobre la ética de los zoos. La piedra de toque en este terreno siempre debería ser la forma de vida del animal: ¿pueden los zoos facilitarle una oportunidad razonable de mantenerla? En los casos en que puedan, creo que los zoológicos son permisibles, aunque siempre deberemos ser cautelosos, dado el papel de la dominación (y, a menudo, también de la codicia) humana en todas las instalaciones de ese tipo. Si no pueden, deberemos ejercer la mayordomía por una vía distinta y proteger a los animales en grandes reservas y refugios de fauna salvaje.

DEPREDACIÓN Y SUFRIMIENTO

Ya hemos dicho que la «naturaleza salvaje» es un lugar donde a menudo imperan la escasez y la violencia. En la actualidad, son muchas las personas amantes de los animales que opinan que deberíamos reprimir nuestra violencia contra ellos (furtivismo, caza, capturas balleneras), pero, al mismo tiempo, no hacer nada que pueda interferir en la violencia de la «naturaleza» (hambrunas, sequías, depredación). ¿Es defendible esta actitud (muy extendida, por cierto)?

El enfoque que he desarrollado en este libro se centra en las oportunidades vitales de las criaturas individuales: todas ellas deberían tener la posibilidad de llevar unas vidas florecientes. Y aquí hay dos factores que importan de verdad y que son el sufrimiento y la oportunidad de ejercer formas diversas de agencia. Desde la perspectiva de las criaturas que son víctimas de la violencia de la «naturaleza», poco consuelo puede ser el hecho de que todo lo que allí ocurre sea «natural». Como bien escribió Mill, lo cierto es que suelen sufrir más terriblemente si cabe; perecer de inanición es una de las maneras más dolorosas de morir, como también lo es el ser despedazado por una manada de perros salvajes. Un disparo directo al cerebro sería sin duda una mejor manera de morir que esas dos, por mucho que aquellas sean muertes «naturales» y esta última sea por causa humana.

Tampoco podemos ser realmente partidarios del no intervencionismo —tal como lo he descrito— si somos conscientes del alcance de nuestro control y de nuestra mayordomía. Defender la acción humana para proteger a los animales de las inundaciones, las hambrunas y las sequías no es ninguna propuesta radical: solo es trasladarle al lector lo que ya es la manera de pensar y de actuar más común en la actualidad. Los mismos gobiernos que mantienen reservas animales donde se persigue la caza furtiva también tratan de reprimir la influencia de los desastres «naturales», la mayoría de los cuales tienen, de hecho, causas humanas en su origen. Cuando podemos actuar en ese sentido, yo diría que es nuestro deber hacerlo.

El caso de la depredación, sin embargo, parece diferente. Los administradores de las grandes reservas animales no solo no la reprimen, sino que, a menudo, la promueven muy activamente. Se comportan, pues, de un modo muy distinto a como lo hacen los compañeros de los animales domésticos, que tienden a disuadir a sus perros y gatos de compañía de zamparse pájaros o perseguir a zorros por el bosque, aun cuando tales comportamientos formen parte del repertorio conductual típico de algunas razas de perros y gatos. Dicho de otro modo, los compañeros tratan normalmente a sus animales de compañía como los padres a los niños: se esfuerzan por que canalicen su agresividad natural hacia alguna actividad sustitutiva, tratando así de impedir que se frustren sus instintos, pero también que hagan daño a terceros. Del mismo modo que una criatura humana es reconducida por la vía del deporte competitivo para alejarlo de la de las matanzas, también a un gato se le reorienta hacia un poste rascador para que deje en paz a los pájaros. ¿No se está frustrando entonces la capacidad del animal para vivir su forma de vida característica? Sí y no. Hay muchas maneras de describir una capacidad. Podríamos decir que lo típico de los gatos es la capacidad de matar pájaros. También podríamos decir que lo típico (y crucial) en ellos es la capacidad de ejercer sus aptitudes predatorias y de ahorrarse el dolor de la frustración. Según esta última forma de verlo, lo que se hereda es una tendencia general que se puede expresar en más de un sentido. En un mundo multiespecies, donde todos tenemos que inhibir ciertos comportamientos si queremos convivir en paz, tiene sentido que nos centremos en esta segunda (y más general) descripción de la capacidad, a menos que dispongamos de abrumadora evidencia empírica que nos muestre que ese enfoque no funciona (o, por decirlo de otro modo, que los gatos se deprimen y sufren cuando no matan pájaros). Pero las pruebas no apuntan en esa dirección: un gato necesita encontrar cierta vía de salida a su naturaleza predatoria... igual que un humano. Pero no hay motivo alguno por el que esa salida deba infligir un sufrimiento horrible a una víctima.

¿Por qué no pensamos esto mismo cuando el tema que nos ocupa es el de la depredación en hábitats «naturales»? Hay una buena explicación para semejante asimetría, y es que es mucho lo que ignoramos sobre la cuestión y si intentáramos intervenir a gran escala para obstaculizar la depredación, muy probablemente terminaríamos causando un desastre de colosales proporciones. Básicamente, no tenemos ni idea de cómo afectaría eso a las poblaciones de las diversas especies, ni de qué reducciones severas se ocasionarían, y no estamos en absoluto preparados para afrontar las probables consecuencias de unas intervenciones de ese tipo. El único modo en el que podríamos proteger a criaturas más débiles de sus depredadores sería transformando las grandes reservas animales en zoos a la antigua (y mala) usanza, con cada criatura o grupo en su propio espacio cercado. Y ese no sería el buen camino. Pero, salvo esa vía, no tenemos ninguna idea factible de cómo introducir comportamientos sustitutivos comparables al papel que un concepto como este tiene en las vidas de los perros y los gatos de compañía. En el entorno de un zoo típico, sí es posible que se intente organizar una práctica sustitutiva: por ejemplo, darle a un tigre un balón de peso para que ejercite sus aptitudes predatorias, al tiempo que se le alimenta con carne sacrificada con métodos compasivos.[22] Esto es lo que el zoo de San Diego dice acerca de la dieta de sus leopardos: «En el zoo de San Diego, nuestros leopardos son alimentados normalmente con una dieta de carne picada comercial para carnívoros de zoológico, y, de vez en cuando, les ofrecemos algún hueso grande, un conejo descongelado o una carcasa de oveja. Para mantener afinadas sus habilidades como cazadores, los especialistas en el cuidado de la fauna salvaje disponen para los felinos una "caza" de albóndigas: enrollan parte de su comida en bolas de carne que luego esconden por puntos diversos de su hábitat».[23] Pero esto simplemente traslada el escenario de la tortura, que ya no se produce en el momento de la caza, sino en una macrogranja oculta a ojos de los visitantes. No es ninguna mejora. Por el contrario, la carne sintética cultivada en laboratorio, o incluso de origen vegetal, sí que lo sería. Incluso un animal sacrificado mediante algún método compasivo sería mejor, ya que las muertes por depredación suelen ser muy dolorosas. Ahora bien, sin espacios cercados y separados, tales sustituciones no serían posibles.

El filósofo Jeff McMahan ha especulado en un artículo de opinión con la posibilidad de conseguir la desaparición de la depredación por la vía de la ingeniería (genética, por ejemplo).[24] Esa idea solucionaría el problema de los espacios cercados separados, pero no parece mostrar el respeto debido a la mayoría de estos animales, a los que no deberíamos culpar de sus tendencias. (No han evolucionado para ser educables, como los perros y los gatos, y aunque muchos de ellos manifiestan un aprendizaje social, este les viene de una comunidad de su especie, que es depredadora por definición.) Además, su eliminación generaría seguramente un caos de superpoblación para el que no estamos preparados.

Esos, pues, son los buenos motivos que tenemos para actuar (con la máxima cautela) contra la depredación, si es que cupiera actuar contra ella. Al mismo tiempo, el sufrimiento de las criaturas vulnerables y sus muertes prematuras son muy importantes y parecen exigir de nosotros algún tipo de acción inteligente al respecto. Ser devoradas por depredadores no es ningún elemento constitutivo de su forma de vida, que es la suya propia, una que tratan de vivir tranquilas igual que nosotros la nuestra (también nosotros caemos a veces presa de algún agresor). En realidad, son especies que no habrían perdurado si sus individuos no hubiesen tenido buenas habilidades para la huida. Decir que el destino de los antílopes es morir despedazados por sus depredadores es como afirmar que el destino de las mujeres es que las violen. Ambas son afirmaciones terriblemente erróneas que menosprecian el sufrimiento de las víctimas. Es una desgracia que, en la «naturaleza», las ganas de los animales de llevar una vida tranquila terminen tan frecuentemente en frustración y en dolor. Es una situación parecida a la de los dilemas trágicos de los que hablamos en el capítulo 8, solo que, en este caso, el mundo no nos brinda una solución hegeliana más o menos inmediata.

Hay también muy malas razones entre las que se aducen para no hacer nada contra la depredación. Parte de la idea romántica de la «naturaleza salvaje» está fundada en un anhelo de violencia. El tigre de Blake y el viento del oeste de Shelley son símbolos de lo que algunos humanos sienten que han perdido al habernos vuelto todos tan hipercivilizados. La añoranza de la agresividad (presuntamente) perdida subyace a mucha de la fascinación que muchas personas sienten por los grandes animales depredadores y, en el fondo, por el espectáculo de la depredación en sí. Los administradores de las reservas de fauna saben que la caza de presas es un imán infalible para los turistas. En mi visita a una reserva de lujo en Botsuana, me enteré de que uno de los espectáculos visuales más buscados es el de una rara especie de perro salvaje que se abalanza en manada sobre un antílope y comienza a desmembrarlo sin piedad antes incluso de que el animal haya muerto. Los turistas ricos que me acompañaban en el todoterreno —tras haber salido a las cuatro de la mañana de nuestro campamento— lo contemplaron todo con avidez, desde el principio de la caza hasta el momento en que los buitres acudieron a dar cuenta de la carcasa del animal muerto, pasando por la insoportable escena de la muerte de la presa y el consabido reparto del botín entre los miembros de la manada. Solo uno o dos reaccionaron con horror y aversión a lo que estaban viendo. La gente tiene unas tendencias sádicas bastante desagradables y siempre anda inventándose formas de entretenimiento para saciarlas. Igual que los romanos satisfacían su sed de sangre recurriendo, en parte, a la violencia con animales (incluidos los elefantes, algo a lo que tanto Cicerón como Plinio se oponían frontalmente, aun cuando no pusieran esas mismas objeciones a la tortura de seres humanos), también ese refinado negocio turístico botsuano actual gana dinero con un espectáculo de sadismo vicario. Y eso sin olvidar que toda esa reserva animal está orientada en su conjunto a dicho ejercicio. En teoría, los perros salvajes de los que hablo son una especie en elevado peligro de extinción y allí se hace un gran esfuerzo para conservarla. Pero, aunque no voy a entrar a valorar la deseabilidad de la conservación de esa especie, creo que el motivo principal que allí impulsa esa iniciativa conservacionista es uno muy equivocado: ganar dinero con el sadoturismo.

En el terreno de la depredación, creo que hay ciertas medidas modestas que deberíamos considerar, incluso sin entrar en la cuestión más general. La primera, por ejemplo, es no seguir haciendo dinero con el sadoturismo. De la misma manera que se ha ilegalizado la caza del zorro —otro deporte humano en el que se tortura a animales para saciar el sadismo de las personas—, yo abogaría por circunscribir la depredación a los espacios sin presencia humana, como ya se ha hecho con muy buen criterio en el ya mencionado parque nacional de Kirguistán. La carnicería sería mucho menor, sin duda, si no estuviera semiorquestada para un público humano. Puede que en una gran reserva no sea posible mantener a las personas alejadas en todo momento de los depredadores, pero, desde luego, no hay ninguna necesidad de que unas instalaciones así se promocionen como un destino turístico para observar a los depredadores en plena acción («acción» que, de todos modos, en condiciones normales, tiene lugar sobre todo de noche o al anochecer).

En segundo lugar, allí donde se producen casos de crueldad entre animales bajo mayordomía humana, podríamos tratar de intervenir en favor de los más débiles (y siempre con la mayor de las cautelas): por ejemplo, protegiendo al miembro más enclenque de una camada o una nidada (o al que haya sido expulsado de ella) para que no se muera, como, por cierto, ya se hace en muchos sitios. La mencionada reserva de aves de Nueva Zelanda es un magnífico ejemplo de esto último. Allí los conejos, las ratas, los ratones y los gatos tienen impedida la entrada; son animales que tienen comida de sobra en otras partes, puesto que, además, son especies muy resilientes. Obviamente, con una medida así, el foco de la depredación se desplaza a las criaturas pequeñas de fuera de la reserva, por lo que habrá quienes cuestionen mi aprobación de esta medida. Pero las aves neozelandesas se encuentran en una situación de extrema vulnerabilidad, ya que no están evolutivamente preparadas para huir de esa clase de depredadores, que son especies no autóctonas de Nueva Zelanda, en su mayor parte. Y las personas podemos proporcionar a esos depredadores otros alimentos sustitutivos que no impliquen depredación. A los gatos se les puede dar carne o pescado (de animales sacrificados con métodos compasivos), cuando no carne vegetariana o cultivada en laboratorio (lo que sería mejor aún). Así que creo que, en su conjunto, la decisión de aquel país de proteger a sus aves es muy defendible.

¿Hasta dónde podemos llegar siguiendo esa dirección? Esta es una pregunta que debemos hacernos en todo momento. Una pareja de raros frailecillos silbadores, que habían anidado en la playa lacustre de Montrose, en Chicago, descubrieron consternados que una mofeta se había comido sus dos huevos cuando estaban a punto ya de eclosionar. Así que pusieron otro y el departamento de parques y jardines públicos de la ciudad instaló un nuevo (y más robusto) cercado en torno al nido para protegerlo. ¿Se atrevería alguien a cuestionar tal medida por «antinatural»? Días más tarde, a finales de julio de 2021, nacieron cuatro polluelos en total, y dos de ellos han logrado llegar al estadio adulto. En cuanto salieron del cascarón, los polluelos dejaron de estar confinados dentro del cercado y, al parecer, dos de ellos sucumbieron a ataques de depredadores durante ese vulnerable periodo en el que todavía no han aprendido a volar. ¿Debería haber habido mayor protección aún para esos polluelos? Probablemente no, pues, de haber sido protegidos de ese modo, tal vez nunca habrían aprendido a ser frailecillos adultos.

En tercer lugar, existen casos de depredación que sí son permisibles según mi teoría. La depredación de insectos, por ejemplo, no inflige un daño del que el EC sea actualmente consciente. Y la depredación de ratas y de otros animales particularmente molestos podría estar amparada por el principio de defensa propia. Todo esto abre la puerta a numerosas fuentes de alimento para muchas criaturas.

En resumidas cuentas, tenemos que mantener un debate serio y continuado sobre el problema de la depredación y sobre qué hacer al respecto, y tenemos que seguir buscando soluciones hegelianas, como la de los comportamientos sustitutivos en los animales que depredan. (En Kirguistán, los conejos y los gatos hacen precisamente eso, seguir conductas sustitutivas, cuando encuentran comida sin necesidad de matar pájaros.) Pero, sobre todo, necesitamos convencer a la gente de que la depredación es un problema. Son demasiadas las personas que se crían en el entusiasmo y la fascinación por la depredación, y esto tiene un efecto negativo sobre el conjunto de nuestra cultura. Es importante recordar todas las veces que haga falta que los antílopes no vienen al mundo para ser comida de nadie, sino para vivir sus vidas de antílope. El hecho de que a menudo no lleguen a vivirlas es un problema, y dado que estamos al mando en todos los entornos de nuestro planeta, tenemos que pensar en lo que podemos y debemos hacer al respecto.

«ANIMALES LIMINARES»

Algunos animales de especies que antes vivían lejos de las personas se han ido mudando a zonas de poblamiento humano. De hecho, se han convertido en miembros familiares de los ecosistemas humanos. Las ratas, los ratones, las ardillas, los mapaches y antiguas aves silvestres como las palomas y las barnaclas (o gansos) de Canadá llevan ya mucho tiempo viviendo junto a los humanos. Pero también los coyotes, los monos, los ciervos, los pumas e incluso los babuinos y los osos (entre otros) se han convertido en habitantes recientes de nuestros entornos cotidianos. El problema especial que plantean estas criaturas es que, a menudo, compiten con los humanos y pueden ser agresivos con los animales de compañía e incluso con los niños. Este es un nuevo y fascinante ámbito de estudio en el campo de la ética animal y necesitaríamos conocer mucho más sobre estos animales para no caer en una fácil actitud exterminacionista a la defensiva. Creo que el principio de defensa propia se puede aplicar razonablemente para tratar con las plagas, como comenté en el capítulo 7. Pero, a menudo, cometemos el error de pensar que una criatura es una plaga simplemente porque nos asusta. Los coyotes, por ejemplo, son muy tímidos y, normalmente, ni se acercan a los seres humanos. Muchas ciudades están cobrando conciencia de ello y sus ayuntamientos están empezando a abordar la cuestión con mayor cautela y serenidad. En ocasiones, la culpa también es nuestra, pues si damos de comer a los coyotes, estos se acostumbran a merodear cerca de los asentamientos humanos, lo que puede llevarlos a ser unos depredadores de nuestro medio. Todos estos casos, como digo, son fascinantes, pero no plantean ningún problema teórico especial que otras cuestiones de conflicto potencial que ya hemos comentado aquí no estén planteando también. De hecho, ya se están abordando en la literatura especializada actual con referencia al enfoque de las capacidades.[25] De ahí que aquí solo los mencione de pasada. Pero creo que es importante reconocer que se trata de una categoría nueva en ciertos aspectos y que no deja de crecer.

LAS POBLACIONES Y CÓMO CONTROLARLAS

Uno de los fenómenos habituales en los espacios «salvajes» es el desequilibrio poblacional. Pongamos por caso los alces en ciertas partes de América del Norte. Cuando se vuelven demasiado numerosos, comienzan a no tener suficiente para comer y sufren. Las medidas que se suelen sugerir entonces son dos: permitir su caza e introducir manadas de lobos como depredadores «naturales». Obviamente, la introducción de estos últimos no tiene nada de «natural»; de hecho, no es más que otra forma de cazar a los alces, mucho más dolorosa para estos, por cierto, que morir por los disparos de cazadores humanos que sean buenos tiradores.

¿Cómo deberíamos plantearnos estos casos? En primer lugar, haríamos bien en reconocer de inmediato que todo esto entra en el ámbito de nuestra elección y nuestra mayordomía, y no de la mera «naturaleza». En segundo lugar, deberíamos preguntarnos por qué existe el problema. Los caballos salvajes de Wyoming sufren escasez de comida porque los rancheros tratan de monopolizar todos los terrenos de pasto para su ganado por motivos comerciales. Así que lo que se debería negociar es una buena base para un reparto sensato de los derechos de propiedad relevantes tanto de los animales como de los seres humanos. La codicia no debería llevar la voz cantante. Y se necesitará mucho activismo, tanto político como judicial. Pero, aun con una base razonable, seguirá habiendo problemas de superpoblación, como ocurre con los alces. Ya comenté en el capítulo 8 que es fundamental que controlemos el crecimiento de la propia población humana y que pongamos freno también a nuestra codicia. Pero también sugerí que, del mismo modo que usamos rutinariamente la contracepción para los animales de compañía, deberíamos considerar la aplicación —prudente y gradual— de esta solución hegeliana a los desequilibrios poblacionales de los animales en sus hábitats «naturales», siempre y cuando pertenezcan a especies numerosas. Todavía sabemos demasiado poco y los estudios sobre el tema están aún en pañales. Si, en el caso de la anticoncepción humana, aún continúa la búsqueda de métodos sin efectos secundarios desagradables, podemos imaginarnos el mucho terreno que todavía queda por recorrer en el caso de la anticoncepción en animales, un ámbito en el que habrá que diseñar métodos específicos para cada especie, y en el que el enfoque de las investigaciones deberá ser más cauteloso que en el caso de los humanos, donde, al menos, existe la posibilidad del consentimiento informado. Aun así, es una alternativa que parece preferible a las otras que están sobre la mesa para ese caso particular (morir de hambre, o cazados por los humanos, o despedazados por lobos). Como mínimo, no nos deberían disuadir las críticas de quienes nos acusan de «jugar a ser Dios» si seguimos ese camino.

Dada la posición de los seres humanos en el mundo actual, somos nosotros quienes disponemos de todo el poder. No podemos rehuir esa realidad; escondernos sería una elección en sí misma, y con consecuencias. La única alternativa que tenemos es entre ejercer nuestra mayordomía cruel y estúpidamente, o hacerlo desde un interés inteligente por el florecimiento animal.

Ya podemos ver que el EC nos ofrece una buena guía para que vayamos evolucionando a mejor en el trato que dispensamos tanto a los animales de compañía como a los salvajes. En el caso de los segundos, las ventajas de ese enfoque respecto al de los utilitaristas son aún más evidentes, pues nos proporciona razones claras para rechazar los zoos aun cuando no inflijan dolor. Y es que tener siempre presente cuál es la forma de vida plena de un animal redunda en políticas mejores, respetuosas con la sociabilidad y el conato animales.

Capítulo 11

LAS CAPACIDADES DE LA AMISTAD[1]

Una tarde, cuando miré hacia el interior de la cueva, me la encontré por vez primera, no escondida en la oscuridad total, sino agachada a apenas medio metro de donde yo me había arrodillado. «Vaya, hola», dije con suavidad, tratando con todas mis fuerzas de no asustarla. Casi no me atrevía ni a respirar. Quería estirar el brazo y tocarla, pero no podía correr ese riesgo. Ella giró la cabeza hacia el otro lado y pensé que se deslizaría hacia el fondo de la cueva, pero no, se quedó donde estaba. Enseguida, comenzó a agitar la cola —muy lentamente al principio— dando pequeños golpes contra la pared de la cavidad. Con aquel movimiento suave, toda mi guardia anterior bajó de inmediato. «Vaya, vaya —me dije, mientras la imagen de ella se me hacía borrosa de repente—. ¡Ya me has conquistado para siempre!»[2]

George Pitcher, *The Dogs Who Came to Stay*

Mientras descansábamos a la sombra de un árbol, Alex, Daphne y yo contemplábamos perezosos el paisaje, salpicado de manadas de cebras y de impalas. Se levantó entonces una brisa que le ahuecó el pelo de la cabeza a Daphne. Yo jugueteaba con una piedra de color brillante y Alex se inclinó hacia mí para mirar lo que había encontrado. Entonces reclinó la cabeza contra el árbol y comenzó a sestear. Me fijé en Daphne, que estaba por detrás de él, y nuestras miradas se cruzaron. Hizo un ges-

> to amistoso y se me acercó un poco. También Daphne comenzó a dormitar y, al poco, yo misma me había dejado ir, arrullada por el sonido de su suave respiración y de los pájaros revoloteando entre las ramas. Mi cuerpo se relajó por completo, segura como me sentía en la presencia de mis compañeros.[3]
>
> Barbara Smuts, primatóloga, describiendo una siesta de sobremesa con Alex y Daphne, dos babuinos

¿Existe posibilidad alguna de que haya una amistad entre los seres humanos y otros animales? La lista de capacidades menciona la «afiliación» como una de las categorías centrales, e insiste en que la protección de la facultad para tener relaciones de interés o preocupación recíprocos nos obliga a poner especial empeño en preservar aquellas instituciones que nutren y sostienen esa capacidad. En lo que a los humanos se refiere, son muchas las formas de que disponemos para proteger las capacidades de las personas para tener relaciones valiosas de amor y amistad. Hay leyes que amparan a las familias en varios sentidos y que prohíben la violencia o el maltrato en su seno. También hay leyes contra el acoso sexual en el trabajo que son clave para construir unos entornos laborales en los que pueda existir una amistad genuina, y no una simple dominación. Las leyes sobre salud y seguridad laborales también cumplen una función en ese sentido, y quizá sean especialmente importantes para ello las normas que limitan las jornadas de trabajo y permiten así que las personas dispongan de tiempo para su familia y sus amigos. Las buenas escuelas fomentan las capacidades en desarrollo de los niños y las niñas para la reciprocidad y la afiliación, al tiempo que inculcan en ellos aptitudes, aficiones e intereses que hacen que sus amistades adquieran mayores matices y sean más gratificantes. La legislación que protege las libertades de expresión, culto y asociación, así como la privacidad personal, construye a su vez espacios en los que se pueden formar amistades. Y son muchas más las maneras en que la afiliación, como objetivo, puede inspirar y dar forma a leyes e instituciones.

Pero ¿y en los demás animales? Ya he comentado muchas cosas sobre las afiliaciones entre los propios animales y sobre las estructuras sociales que las sustentan. Pero ¿y las amistades entre las personas y los otros animales? ¿Es un ideal al que merece la pena aspirar? ¿Es posible? ¿Lo es también con respecto a los animales salvajes, o solo con los de compañía? ¿Y qué podemos hacer para promoverlo si vemos que vale la pena y es posible? Este libro podría limitarse al objetivo de impedir el maltrato y los abusos, pero el enfoque de las capacidades tiene como fin favorecer vidas prósperas y florecientes. Y del mismo modo que una comunidad humana bien alimentada, bien instruida y equipada con las libertades políticas de rigor estaría vacía e incompleta si no dejara espacio para la amistad y el amor, lo mismo podemos decir sobre la gran comunidad multiespecies que deberíamos promover.

En este capítulo, defenderé la posibilidad y el valor de tales amistades. Pero también argumentaré que no las podremos tener realmente si antes no nos replanteamos las relaciones que la mayoría de las personas tienen con sus animales de compañía y si no procedemos a un replanteamiento más radical aún de nuestra relación con los animales salvajes para poner fin a algunas de las formas más comunes de dominación y explotación que practicamos actualmente, y entre las que no solo se incluyen horrores como la caza de trofeos, la caza furtiva o la de ballenas, sino también otras formas de dominación más veladas, en las que tratamos a los animales salvajes como objetos para la diversión humana y no como sujetos con sus propias vidas que vivir.

Este capítulo será, pues, tanto un estudio en profundidad de (una parte de) una capacidad como, al mismo tiempo, la expresión de una actitud con la que creo que deberíamos tratar de hacer efectivas todas las capacidades, y que nos llevará de vuelta a las emociones que nos llaman a implicarnos (como la admiración, la compasión y la indignación, de las que hablé en el capítulo 1), a las que ahora podríamos añadir la amistad y el amor.

¿QUÉ ES LA AMISTAD?

Es peligroso elaborar un modelo de una característica o de un rasgo genérico basándonos en cómo lo experimentamos los seres humanos. Si ya ocurre con frecuencia que, cuando nos aproximamos a la experiencia de los seres humanos de otros lugares, la interpretamos erróneamente proyectando sobre ella nuestras propias costumbres, cuanto más no ocurrirá al aproximarnos a otra especie. Así pues, el estudio serio de la forma de vida de la criatura en cuestión es un prerrequisito esencial para cualquier reflexión significativa sobre su experiencia vital.

Por ejemplo, cuando pensamos en la percepción animal, debemos estar preparados para descubrir formas de visión, audición y olfacción muy diferentes de las nuestras, así como sentidos de los que sencillamente carecemos, como la percepción por campos magnéticos o la ecolocalización. Lo mismo vale para la amistad: lo que nosotros preferimos no es necesariamente lo que prefiere la otra especie. Sabemos que en muchos tipos de especies distintas, los individuos conviven con un grupo bastante numeroso de congéneres. Para un elefante, por ejemplo, la amistad tendrá sentido en el contexto de su grupo, dirigido por las hembras, y, aunque cada elefante es un individuo diferenciado, los amigos no se aíslan de la manada, salvo en el caso de los machos adultos que se apartan para llevar su propia (y relativamente solitaria) vida. En el caso de los delfines, también hemos visto que el grupo (bastante extenso) es la referencia fundamental para todas las afiliaciones, y si la amistad con uno de estos cetáceos es posible, tendrá que serlo dentro de ese contexto.

Ahora bien, eso no significa que los ideales de la amistad humana no nos puedan enseñar unas cuantas cosas, sobre todo si queremos definir la amistad desde una actitud humilde y abierta en la que destaque una buena disposición a aprender, y sin incorporar desde el principio una referencia directa a las prácticas humanas.

Una condición *sine qua non* de la amistad —en la que han puesto el acento quienes han tratado el tema desde los tiempos de Aristóteles y Cicerón— es que los amigos deben tratarse mutuamente como fines y no como simples medios para el beneficio o la diversión de solo uno de ellos. Ese es el elemento del enfoque kantiano con relación a los seres humanos que tanto Korsgaard como yo hemos incorporado a nuestros respectivos enfoques relativos a los animales; y es evidente que se echa lamentablemente en falta en la mayoría de los tratos que los humanos tienen con esas otras criaturas.

Además, la amistad es dinámica: los amigos lo son de forma activa y buscan *beneficiarse mutuamente por el bien del otro*, no por el suyo propio nada más. Esto último es importante, porque no siempre cuando se busca un beneficio para el otro, se trata a este como un fin en sí mismo. Por ejemplo, durante milenios, los hombres han tratado a sus esposas como trofeos y las han cuidado como tales, pero principalmente para exaltar su propio estatus como varones. Esa clase de instrumentalización está presente en todo tipo de relaciones de las personas con los animales, incluso cuando aquellas cuidan bien de estos. Los seres humanos pueden obsesionarse con sus «mascotas» y darles comida y cuidados de lujo, pero sin verlas como otra cosa que como un juguete.

Tratar a otra persona como un fin en sí misma siempre implica *respetar la forma de vida de ese individuo*. Esto rara vez se explicita en los tratados sobre la amistad humana, pues se da por sentado que las personas comparten una misma forma de vida básica. Sin embargo, no deja de ser importante, porque, a fin de cuentas, los humanos no tenemos los mismos valores y planes de vida, y hacernos amigos de alguien a condición de que esta persona renuncie a todos sus proyectos y acepte nuestros valores y elecciones dista mucho de ser una verdadera amistad. (No tener esto en cuenta ha arruinado muchas —cuando no la mayoría— de las relaciones entre hombres y mujeres a lo largo de milenios de historia humana.)

El respeto por las formas de vida y de actividad diferentes es crucial para que haya amistad real entre las personas y otros animales, pero es un aspecto que se echa de menos en la mayoría de las relaciones de los seres humanos con individuos de otras especies. Incluso en el caso de los animales de compañía, debemos establecer una distinción fundamental entre disponer las cosas para la comodidad y la conveniencia humanas, y respetar la forma de vida propia del animal.

Donde este tipo de respeto ha estado particularmente ausente es en las relaciones humanas con los animales «salvajes». Ni las personas con las mejores intenciones se libran de algún déficit de respeto real por ellos. Los humanos solemos acceder a la naturaleza con una especie de piloto automático en nuestra cabeza; somos como el estereotipo del mal turista americano que llega a un país extranjero; ese mal viajero que apenas siente una mínima curiosidad real por los habitantes autóctonos y su cultura, y que no estudia ni aprende ni siquiera intenta hablar la lengua local. Solo habla inglés y solo consume comida americana porque le resulta más familiar, pero no deja de admirarse de los impactantes monumentos que esa extraña gente ha creado en algún momento de su historia. Por desgracia, este sigue siendo un comportamiento bastante típico de los turistas estadounidenses, pero también es la relación característica con los animales «salvajes» de quienes participan en safaris. Les encanta ver a aquellas extrañas criaturas y les maravilla «la sangrante crudeza de la naturaleza», pero no sienten apenas curiosidad de verdad por la forma de vida del animal, ni tratan siquiera de empatizar con el punto de vista de este. Es imposible que sobre terreno tan árido pueda arraigar amistad alguna.

Y eso que esta conducta de turista, por defectuosa que sea, siempre será mejor que las que estamos demasiado acostumbrados a ver en otras partes. Al menos, el turista de safari va a visitar a los animales en su propio contexto, lo que dista mucho de tantas otras maneras que las personas tienen habitualmente de comportarse con los animales. Es más habitual, por ejemplo, que los humanos vayan a ver animales «salvajes» que ejecutan coreografías humanas en zoos o parques temáticos que son poco más que prisiones para esas criaturas, a las que privan de vivir el modo de vida de su especie en prácticamente todos sus aspectos. El respeto por las formas de vida de las especies exige de nosotros grandes dosis de humildad y de aprendizaje.

Al respeto se puede llegar —aunque no sin dificultad— desde fuera, por así decirlo, por medio del aprendizaje intelectual, llegando a conocer bien las similitudes y las diferencias. Pero para que la amistad comience siquiera a ser posible se necesitan más cosas, como, por ejemplo, *empatía* (o, como mínimo, un esfuerzo serio por empatizar); esto es, intentar ver el mundo desde la perspectiva de ese animal, comprender cuál es la forma característica que un animal de ese tipo tiene de comunicarse y de elegir lo que elige, y sintonizar con el modo de ver de esa criatura. Nunca llegamos a alcanzar una visión realmente precisa desde el punto de vista del otro, ni siquiera entre humanos (por muy próximos a nosotros que sean), y tampoco deberíamos esperar que algún día sepamos ver el mundo desde la óptica de un animal no humano. Pero no deja de ser crucial intentarlo y, en ocasiones, lograrlo, aunque sea solo parcialmente.

Todos estos prerrequisitos de la amistad podrían estar presentes sin que hubiera una «amistad» propiamente dicha. Hasta aquí, solo hemos enumerado los ingredientes propios de una relación respetuosa, pero la amistad implica algo más; la amistad supone compartir actividades y placeres, entraña deleitarse mutuamente en la compañía del otro. Por lo general, pues, la amistad requiere de una prolongada copresencia en un mismo lugar.

La amistad precisa también de confianza, y la confianza, de tiempo. Por tanto la copresencia debe prolongarse, ser algo más que fugaz. Es interesante que, entre humanos, el amor tenga más oportunidades de florecer a distancia (y en un intervalo temporal breve) que la amistad, caracterizada por la confianza, el compromiso con el bien del otro y un patrón de actividades compartidas. En las condiciones actuales, ese requisito parece descartar que pueda haber amistad entre los humanos y las ballenas, por ejemplo, pues la copresencia prolongada solo resulta posible dentro de los confines (moralmente inaceptables) de un parque temático. También las aves de la mayoría de las especies plantean una dificultad insalvable en ese sentido, aunque los individuos de algunas de ellas sí pueden ser amigos de un humano que haya sintonizado adecuadamente con ellos.

El respeto por la forma de vida de la especie de un animal no priva (ni debería privar, si es amistad lo que realmente buscamos) de que prestemos *atención a su particularidad* individual. Entre los humanos, esto se da por descontado: si alguien trata a otras personas como entes intercambiables, difícilmente podrá aspirar a ser amigo de ellas. Pues bien, lo mismo ocurre cuando se trata de amistades entre humanos y animales.

Cuando un amigo humano respeta la forma de vida de otro animal, debe entender de qué modo las capacidades se hacen efectivas de forma distinta en la especie de ese animal respecto a cómo se materializan en la especie humana. Por ejemplo, cuando nosotros pensamos en la amistad, pensamos (entre otras cosas) en el juego. Todos los animales juegan, pero lo que para unos es juego para otros no lo es tanto: las mordeduras con las que los lobeznos juegan entre ellos no serían aceptables en una guardería humana. Toda posibilidad de amistad debe comenzar por un buen examen de esas diferencias, resaltadas sobre un trasfondo de cierta similitud general entre especies. También cabe apreciar diferencias (bastante claras) cuando analizamos las características específicas de una capacidad tan fundamental como es la de afiliación. La estructura de una familia humana varía entre culturas y épocas, pero todas las familias humanas conocidas difieren mucho en su conjunto de las familias de elefantes, donde los individuos jóvenes son criados por un grupo cooperativo de hembras que los machos abandonan tras la pubertad para vivir en solitario (salvo en época de apareamiento).

La amistad humana depende en gran medida del habla y de otras formas de comunicación (la música, el arte, los gestos). También los animales de muchas especies son comunicadores flexibles y muy hábiles, y tienen múltiples maneras de señalarse sus experiencias, sus preferencias, sus miedos y sus deseos entre sí. El reto está en construir un lugar de encuentro entre los sistemas de comunicación animales y el humano. A veces, la única dificultad es la comprensión, pero esta puede superarse con aprendizaje. Otras veces, se presentan obstáculos físicos serios: nosotros no podemos oír muchos de los sonidos que profieren las ballenas y los elefantes, por ejemplo, aunque unos equipos de grabación ajustados para la captación de sonidos de muy pocos decibelios pueden recoger esas comunicaciones y, potencialmente, traducirlas a algo que los humanos sí podamos percibir.

Una aclaración sobre la amistad y el amor. A veces, la gente usa el término «amistad» para referirse a una relación emocionalmente menos intensa que el amor. Yo estoy siguiendo aquí a los griegos y a los romanos antiguos, cuyos conceptos de *philia* y *amicitia* no reconocían esa restricción. Algunas de las relaciones sobre las que hablaré son muy intensas desde el punto de vista emocional. Mis motivos principales para llamarlas amistad, en vez de amor, radican en que, en primer lugar, quiero dejar claro que son *philia* y no *eros*: ni el deseo ni la intimidad sexuales forman parte integral de esa relación (de hecho, entre especies, están ausentes). Y, en segundo lugar, la amistad, como la *philia*, implica una reciprocidad de buenos deseos, emociones y buenas acciones, mientras que el amor —erótico o no— puede ser unilateral y puede existir incluso sin que el individuo se encuentre físicamente nunca con el objeto amado. Muchas personas aman profundamente a los animales sin conocer a ninguno de ellos en particular lo bastante íntimamente como para establecer una amistad. Cualquier amante humano de las ballenas —como era el caso de mi hija— tiene que conformarse con amarlas de lejos, sin esperar reciprocidad. Yo misma no tengo amistad con ningún animal, pero siento muchísimo amor por ellos. Simplemente, no puedo afrontar la responsabilidad de cuidar de un perro, dado lo obligada que estoy a viajar continuamente, y tampoco puedo irme a vivir con elefantes, aunque me encantaría formar una amistad con un grupo de ellos. Así pues, la amistad es, en cierto sentido, más exigente que el amor, aunque puede sin duda incluir un amor mutuo entre criaturas.

PARADIGMAS DE LA AMISTAD HUMANO-ANIMAL: LOS ANIMALES DE COMPAÑÍA

Los animales de compañía, cuando no se los trata como «mascotas», sino que se les permite tener su propia dignidad y agencia, pueden a menudo hacerse amigos de las personas con las que viven. Muchos lectores habrán sido ya partícipes de tales amistades, y muchos más las conocerán a partir de noticias y testimonios de toda índole. Aun así, nos vendrá bien examinar un caso paradigmático de una amistad de ese tipo; analicemos más a fondo, pues, la que unió al filósofo George Pitcher (1925-2018) y a los dos perros, Lupa y Remus, con los que él y su compañero sentimental, el compositor y profesor de música Ed Cone (1917-2004), vivieron en su casa de Princeton, Nueva Jersey, entre 1977 y 1988 (año de la muerte de Lupa) y 1991 (cuando murió Remus).[4] Ya conocimos a ambos canes en la introducción del libro. Pitcher narró su historia con un detalle, una empatía e incluso una autoempatía tan extraordinarios que, como cabía esperar, se convirtió en uno de los pensadores que reabrió el tema del estudio de las emociones en la filosofía reciente, cuando ya casi nadie creía que valiera la pena analizarlas. Y su relato tiene la ventaja añadida de ser uno del que puedo dar personalmente fe. Como amiga de Pitcher y de Cone, fui una visitante y huésped habitual de la casa que tenían en Princeton, junto al campo de golf, y di muchos paseos con George y los perros. Remus era muy sociable conmigo, aunque Lupa, como se explica en el libro de Pitcher, nunca perdió su miedo inicial a los extraños y solía refugiarse bajo el piano de cola y quedarse allí echada cuando yo estaba de visita.

Lupa fue una perra callejera durante una época bastante larga de su vida, y sus cachorros fueron engendrados probablemente por otro miembro del grupo de perros asilvestrados en el que se encontraba. Y todo parecía indicar que, antes de eso, había padecido algún tipo de maltrato. Ciertos gestos —sobre todo, cuando alguien levantaba una mano— la asustaban (véase la introducción); y no se sabe bien por qué, pero el hecho de que alguien usara el teléfono del piso de abajo (solo ese, pues con los demás no había problema) la hacía encogerse de miedo. George la encontró, junto a su camada recién nacida, temblando en un hueco oscuro —una especie de cámara— que había bajo un cobertizo de herramientas en su finca. Al principio, el miedo de la perra a los extraños la hacía rehuir todo contacto y tardó días en empezar a probar la comida que él le dejaba a la entrada de su «cueva», y semanas en aventurarse más allá de su entrada, tentada por el plato que George le iba dejando un poco más lejos cada vez. En todo ese tiempo, George no se cansó de hablarle con tono sereno y tranquilizador, tratando de imaginar lo mucho que debía de haber pasado para tener tanto miedo, y «percibiendo en ella una enorme vulnerabilidad».[5] Como evidencia en su libro, Pitcher también estaba descubriendo (o redescubriendo) al mismo tiempo su propia vulnerabilidad: todas esas emociones que había reprimido tras una infancia difícil. El episodio descrito en el primer párrafo de este capítulo es el de la primera vez que Lupa respondió positivamente a sus invitaciones, y, desde ese momento, el compromiso de George con ella pasó a ser ya total. Y aunque Ed se oponía de entrada a que tuvieran un perro, también terminó convenciéndose de tener a Lupa y a uno de sus cachorros —primero, fuera de la casa y, más tarde, dejando ya que entraran a vivir dentro—, y de buscar al mismo tiempo buenos hogares para el resto de la camada. El momento de ponerles nombre a los dos perros (concretamente, el de la loba que amamantó a los dos fundadores míticos de Roma y el de uno de sus «hijos» humanos) fue como un acto de «reconocimiento de que ya eran como personas (para nosotros, al menos), y unas personas, además, de las que éramos responsables. Nos estábamos comprometiendo muy en serio, como cuando se hacen votos».[6] (No olvidemos que, como Pitcher deja muy claro, Ed era conocido por su contundente franqueza e impertérrita seriedad, un rasgo de su carácter que yo misma agradecí y, hasta cierto punto, sufrí con sus comentarios críticos a algunos de mis escritos sobre música.)

Pitcher reconoce que los perros eran como hijos sustitutivos para ellos dos. (Siendo, como eran, dos hombres homosexuales en aquellos tiempos de homosexualidad cerrada en el armario, nunca tuvieron la ocasión de casarse ni de adoptar.)[7] Pero pone igualmente de manifiesto que los canes jugaban también otros papeles emocionales: Lupa se convirtió en una figura materna, y Remus fue una especie de intrépido compañero. La idea de los hijos sustitutivos podría haberles inducido a dar un trato inapropiado a los perros, irrespetuoso con sus vidas propiamente caninas; muchas personas se comportan de ese modo y visten a sus canes con ropa de bebé, por ejemplo. Nunca vi ni un atisbo de comportamientos erróneos de ese tipo. Todo lo contrario: siempre estaban esforzándose por sintonizar con los deseos y los modos de expresión específicamente caninos de aquellos dos animales, así como con la particularidad de cada uno de ellos, con las diferencias que los distinguían uno de otro y del resto de los perros también. Lo que sí significó la ausencia de niños en aquel hogar fue que no hubo allí otras responsabilidades que distrajeran a George y a Ed de dedicar toda su atención a Lupa y a Remus.

Desde el principio, Pitcher se muestra en su libro como un amigo aristotélico que trata a los dos perros como fines en sí mismos y que trata de ser bueno para ellos por el bien de los propios animales, y no por el suyo propio. Siempre está en sintonía con lo que cada uno de ellos quiere, siempre manifestando un elevado grado de sensibilidad ante los modos de expresión particulares de cada uno: ante la costumbre de Remus de sentarse «significativamente» junto al objeto que quería en cada momento, por ejemplo, o ante la manera diferenciada que tenía Lupa de expresar algún deseo «colocando su pata suavemente sobre nuestra rodilla y mirándonos expectante a los ojos, puede que incluso gimoteando un poquito».[8] Remus era muy capaz de quejarse con fuerza: cuando la perra de un amigo de la que los dos hombres estaban cuidando temporalmente se atrevió a dormir en la habitación de George, Remus soportó estoico semejante intrusión en su territorio. Ahora bien, cuando tuvieron que volver a cuidar de ella más adelante y regresó a la casa, Remus sorprendió a Pitcher acercándose a su silla y orinando por toda la alfombra alrededor. Aunque al principio George se enfadó, enseguida comprendió que «Remus tenía lo que él consideraba que era una queja legítima y, claro está, un derecho más que justificado para expresarla. [...] Tuve que admitir que aquella manifestación de su agravio fue elocuente, atrevida y original».[9] Pitcher también supo entender (y plasmar por escrito) el dominio que Remus tenía del engaño y del fingimiento para conseguir lo que quería.

Y los perros les correspondían de manera recíproca. Profesaban a ambos hombres una devoción incondicional y le enseñaron a Pitcher lo que es expresar amor. (Pitcher escribió que, cuando encontró a Lupa, acudía a la consulta de una psiquiatra en Nueva York tres veces a la semana por sus dificultades para manifestar cariño y amor, pero que, al cabo de un tiempo, esta le confesó que los perros le habían hecho más bien que ella.) Del mismo modo que los hombres sintonizaban con las comunicaciones de los canes, «ellos, a su vez, comprendían muchas de nuestras palabras, acciones y estados de ánimo incluso».[10] En una ocasión en que Pitcher estaba llorando mientras veía en la televisión un documental sobre un niño afectado por un defecto cardiaco congénito que falleció durante una operación a vida o muerte, «ambos perros acudieron a mí de golpe hasta casi tumbarme de espaldas y, entre lloriqueos de lástima, comenzaron a lamerme fervorosamente los ojos y las mejillas para tratar de consolarme, lo cual ciertamente lograron».[11] Es probable que los perros comprendieran aún más de lo que nos cuenta el autor en su relato. En el libro, Pitcher hace un repaso muy somero de su infancia, pero yo sé que fue un periodo duro que lo traumatizó e hizo que se sintiera una persona no merecedora de amor e incapaz de hallar consuelo. No cabe duda de que el día del documental se identificó con el pobre niño solo y enfermo, y por eso reaccionó con la intensidad con la que lo hizo. El ofrecimiento de cariño y consuelo incondicionales que le dieron los perros fue justo la respuesta idónea a esa sensación de demérito que había arrastrado toda la vida.

Vemos que había, pues, empatía y sintonía por ambas partes, amén de una rica comunicación mutua y un gran deleite compartido en sus actividades en común. En cuanto a libertad, la mayoría de los compañeros de perros nunca dan al animal la opción de que viva fuera del entorno doméstico (como asilvestrado o callejero), lo cual, en todo caso, no dejaría de ser una opción demasiado cruel y arriesgada. Pero como Lupa había logrado sobrevivir como perra callejera, Pitcher creía que debía darle la oportunidad de regresar a esa vida asilvestrada. Un día, cuando habían salido a dar una vuelta por el campo de golf, Lupa, siguiendo el rastro de un conejo, se adentró como un rayo en el bosque. George y Ed no quisieron ir tras ella y prefirieron esperar a ver qué elegía la propia perra. Cuando ya volvían a casa y empezaban a perder la esperanza, apareció ella de pronto, agotada tras la persecución, siguiéndolos con paso lento. «Las mandíbulas ligeramente abiertas le estiraban los labios un poco hacia atrás y era como si sonriera. Vi entonces por primera vez lo bonita que era. Levantó la vista hacia mí como si quisiera decirme: "Uf, ¡cómo me he divertido!", pero lo que yo entendí fue que era nuestra, en ese momento y ya para siempre.»[12]

Para muchos dueños de perros, ese «nuestra» implica asimetría: el perro es una posesión preciada, y en ningún caso consideran que ellos pertenezcan también al animal. En el caso de George y Ed, tan cierto era que ellos les pertenecían a los perros como que estos les pertenecían a ellos. Lupa estaba particularmente encariñada con su collar, que para ella era claramente un «símbolo del vínculo que la unía a nosotros. [...] Lo llevaba puesto, diría yo, con orgullo y con sereno regocijo».[13] Se ponía nerviosa y apática a la vez cuando se lo tenían que quitar para acicalarla. «Para que recuperara su confianza perdida, bastaba con colocarle el collar de nuevo.»[14] Los dos hombres reconocían que sí había una asimetría: los perros dependían absolutamente de ellos como ellos no dependían de los perros. Pero, para ellos, esa asimetría era un motivo mayor aún para la responsabilidad, y no para la soberbia.

Existe una desafortunada asimetría intrínseca en las relaciones humano-caninas que surge de la inevitable diferencia en esperanza de vida. Ed, por ejemplo, vivió hasta los ochenta y siete años, y George, hasta los noventa y tres. Sus dos muy bien cuidados perros (a los que nunca les faltó una atención veterinaria de primera) vivieron hasta los diecisiete (en el caso de Remus) y hasta una edad seguramente muy parecida (en el de Lupa, cuya fecha de nacimiento nunca pudieron saber): vidas muy largas para unos canes relativamente grandes como eran. Así pues, el inevitable desenlace de esta historia está marcado por el envejecimiento de los dos perros y sus inevitables muertes... y con Pitcher aprendiendo algo más por sí mismo: cómo llevar un duelo.

Muchos lectores tendrán sus propias historias que contar, pero esta, tan virtuosamente narrada, nos aporta un buen paradigma de lo que puede ser la amistad (y el amor mutuo) entre especies.

PARADIGMAS DE LA AMISTAD HUMANO-ANIMAL: LOS ANIMALES SALVAJES

Los animales salvajes, a diferencia de los de compañía, no comparten morada con los seres humanos, por lo que el primer obstáculo a la amistad entre estos y aquellos es espacial: ¿dónde serían sus encuentros? y ¿en terreno de quién? Dejando a un lado, por el momento, la difícil cuestión de si puede haber realmente amistad entre seres humanos y animales en cautiverio, los casos de los que quiero ocuparme aquí son aquellos en los que el animal salvaje lleva la forma de vida característica de su propia especie en un espacio que solo está dominado por los humanos en un sentido muy amplio, pues le deja sobrado margen para moverse y comportarse tal como es, relacionándose con grupos de congéneres. ¿Cómo podría siquiera iniciarse una amistad, entonces? Las amistades precisan de convivencia y, por mucho que, a veces, las personas también se hagan amigas en las redes, las relaciones entre especies requieren de una presencia física. Así que el ser humano que quiera hacerse amigo de un animal salvaje tiene que ir al sitio donde este vive, quedarse allí un periodo prolongado de tiempo, conseguir ser aceptado y, finalmente, ser invitado (por así llamarlo) a iniciar esa relación, aun después de haber sido visto, de entrada, como una presencia extraña y amenazante. Con algunas especies —las ballenas, por ejemplo—, no es posible encontrar ese espacio compartido. Aunque actualmente ya se pueden hacer muchos estudios subacuáticos de gran proximidad que antes eran inviables, los límites fisiológicos para cualquier ser humano que se introduzca en ese entorno impiden que pueda realizar actividades y disfrutar en común con sus anfitriones animales. Tal vez esto cambie algún día. Los relatos de Peter Godfrey-Smith sobre sus inmersiones en busca del apartado y solitario pulpo rezuman diversión y deleite; a lo mejor, algún día habrá intrépidos ballenólogos capaces de convivir de algún modo con ballenas durante periodos prolongados. En el caso de otras muchas especies, eso no es un problema, pues con determinación, conocimientos, buenos fondos y un gran amor por las especies animales en cuestión, los investigadores pueden introducirse a fondo en una forma de vida que permita la cocreación genuina de un mundo compartido.

Un ejemplo paradigmático de ello lo encontramos en el relato que hizo la etóloga Barbara Smuts de las relaciones que estableció con los babuinos del África oriental con los que convivió muchos años.[15] Según ella misma explica, fue una profunda curiosidad lo que la movió a hacer ese trabajo. Smuts está convencida de que ese interés curioso por los otros animales es una herencia evolutiva de nuestros ancestros humanos que la vida moderna tiende a anular. «Cada uno de nosotros ha heredado la capacidad de introducirse intuitivamente en el ser de otro, pero nuestro frenético estilo de vida urbano rara vez nos anima a hacerlo.»[16] Smuts fue al hábitat de los babuinos y vivió allí sin compañía humana. De hecho, ese es un punto en el que insiste especialmente: pasó largos periodos sin ver ni hablar con otro ser humano y eso le fue muy útil para aprender a «introducirse a tientas» en la vida de los babuinos.[17] (También aquí es útil la analogía con el turismo: aprender a hablar francés con fluidez es mucho más fácil si se practica una inmersión total en esa cultura sin oportunidad alguna para hablar nuestro idioma original.)

El primer reto que tuvo que superar fue el de convencer a los babuinos de que no era ninguna amenaza. Ella se había preparado bien para afrontar ese desafío y se fue acercando a ellos de manera gradual, siendo siempre muy sensible a sus reacciones, «sintonizando» con las sutiles señales de miedo que los babuinos se enviaban si ella se movía demasiado rápido o se les acercaba en exceso. Al principio, las madres llamaban a sus crías a su lado y le lanzaban duras miradas de advertencia. Con el paso del tiempo, sin embargo, y al ver que Smuts respondía a sus señales, el comportamiento de esos animales se modificó: si sentían que ella se les acercaba demasiado, la «miraban mal» (aunque, como ella bien puntualiza, ya no la trataban como un objeto, sino como un sujeto con el que se podían comunicar). Durante ese proceso para ganarse la confianza de los babuinos, Smuts reconoce que «todo en mí cambió, incluiso el modo de caminar y de sentarme, o la postura de mi cuerpo, o mi forma de usar los ojos y la voz. Estaba aprendiendo una manera completamente nueva de estar en el mundo: la manera de los babuinos».[18] Es obvio que no era una babuina, por su propio cuerpo humano y su modo de moverse, pero entró en el mundo de esas criaturas gracias a una atenta receptividad a sus señales y, al final, estos la aceptaron como un ser social al que podían tratar como si fuera un miembro de su grupo. El respeto del espacio personal —algo de inmensa importancia en el mundo babuino— fue fundamental para lograr esa familiaridad y esa confianza que el grupo y Smuts finalmente cocrearon. Ella aprendió, por ejemplo, a no ignorarlos cuando se le acercaban (al contrario de lo que se les suele decir a los científicos que deben hacer) y a comunicarles su respeto al estilo babuino, es decir, estableciendo un breve contacto visual con ellos y gruñendo. Al final, el grupo y ella lograron sentirse relajados en mutua compañía, como el ejemplo de Alex y Daphne citado en el epígrafe del capítulo bien da a entender. Al finalizar todo aquel periodo, Smuts notó que el sentido mismo de su propia identidad había variado: se había vuelto más físico, menos intelectual.

La amistad de Smuts era con todo el grupo y no solo con uno o dos individuos. Llegó a conocerlos a todos uno por uno, e incluso reconoció en ellos a unos «individuos muy idiosincrásicos, tan diferenciados entre sí como lo estamos los humanos».[19] Ella explica que aún podría haber formado relaciones individuales más íntimas y que, a veces, alguno de los babuinos la animó a hacerlo, pero también aclara que, por los objetivos mismos de su investigación, no quiso modificar el comportamiento de los babuinos hasta ese punto. Así pues, la aparente unilateralidad de la amistad —era ella la que aprendía las costumbres de los animales, y estos simplemente la incluyeron en el modo de vida que ya tenían— fue algo elegido por ella y podría haber sido diferente y haber desembocado en una mayor intimidad particularizada. De hecho, llegó a haber algún que otro breve episodio de esa mayor intimidad. En concreto, Smuts menciona un incidente: ella tenía un fuerte resfriado y se durmió mientras el grupo se estaba mudando a otra ubicación. Al cabo de un rato, se despertó y vio que tenía a un babuino llamado Plato a su lado. Le preguntó adónde se habían ido los demás y él comenzó a andar con paso confiado llevándola a ella a su lado. «Sentí como si fuéramos amigos que habíamos salido a dar un paseo de sobremesa.»[20] De todos modos, esta relación estaba basada en el hecho de que ella había sido un buen miembro del grupo. En otra ocasión en que los babuinos le ofrecieron ayuda, fue el grupo al completo el que se la prestó: fue durante una tormenta y todos hicieron sitio para ella, para que pudiera sentarse con ellos en un refugio que habían escogido para esperar a que escampara.

Al hacerse su amiga, era ella la que seguía las reglas de estos animales, y no ellos los que seguían las de ella, pero lo cierto es que ellos cambiaban también, aunque solo fuera en el hecho mismo de incluirla. Ella tuvo que entrar en el mundo de ellos (no al revés) y, como buena invitada en país extranjero, se dedicó a observar primero las costumbres locales. Eso sirvió de base para que ellos la trataran como un sujeto y un miembro del grupo, y para que la protegieran cuando ella necesitaba protección. Smuts concluye que «desarrollar relaciones con aves u otros animales cuando entramos en su espacio es sorprendentemente fácil, siempre y cuando enfoquemos tal experiencia desde la sensibilidad y la humildad».[21]

Similar relato de intimidad con un grupo (y, en última instancia, de inclusión en él) es el que figura en las memorias sobre su vida con los elefantes en el parque nacional de Amboseli, en Kenia, que Joyce Poole escribió en su libro *Coming of Age with Elephants*.[22] Poole no es tan consciente como Smuts en cuanto a los aspectos de su investigación relativos a la formación de relaciones, pero logró ganarse claramente la confianza no solo del grupo matriarcal de las hembras adultas que lideraban la manada, sino también de los elefantes macho —objetivo principal de su estudio—, característicamente solitarios y reticentes a relacionarse. Consiguió cocrear un mundo con los elefantes y estos aprendieron a responder incluso a algunas de sus expresiones comunicativas más humanas, como cuando —tal como ya comenté en la introducción del libro— le cantaba «Amazing Grace» a Virginia, una matriarca, y a su grupo de hembras. «Era un ritual que teníamos. [...] Virginia se quedaba quieta en silencio, e iba abriendo y cerrando lentamente sus ojos ámbar al tiempo que movía la punta de la trompa. Yo cantaba durante cinco o diez minutos, o hasta que ellas se cansaran de escuchar.»[23] (Vemos ahí aportaciones por ambas partes, pues las elefantas aprendían un placer nuevo escuchando aquella canción humana.)

A diferencia de Smuts, Poole nunca se alejó de los demás humanos. Vivía con un grupo de investigadores e interactuaba con muchos y muy variados kenianos y kenianas. Ahora bien, su libro deja muy claro que, en ese mundo humano de Poole, crear y sostener unas relaciones afectivas era muy difícil. Tuvo que soportar un sexismo muy generalizado y un traumático incidente de agresión sexual. Además, una relación amorosa íntima con un hombre keniano se rompió dolorosamente para ella porque la comunidad investigadora blanca con la que ella trabajaba no toleraba las relaciones interraciales. Terminó sintiéndose profundamente sola por su lado humano, a la vez que feliz e implicada por el lado de los elefantes: algo que nos recuerda que, si bien los humanos formamos amistades a veces, también las arruinamos con desafortunada frecuencia y por culpa de vicios desconocidos en el mundo elefantino. Poole tenía, pues, fuertes incentivos para integrarse en el mundo mental de los elefantes, dadas la torpeza y la crueldad que descubrió en el mundo humano.

Al final, consciente de que no iba a tener un hijo al estilo habitual, como fruto de una relación amorosa, Poole se marchó, fue madre soltera (probablemente, por inseminación artificial, aunque nunca quiso revelarlo) y pasó a identificarse claramente con las elefantas: «Experimenté el parto y el nacimiento de mi bebé como lo haría una elefanta, rodeada y ayudada por mis compañeras hembras. [...] Y cuando por fin llegó mi hija al mundo, lo hizo como una elefanta bebé, en medio de un alboroto y una ceremonia grandes».[24] Para Poole, pues, el apoyo mutuo y la comunidad son rasgos elefantinos que ella prefiere a los que, a su entender, son los rasgos habituales de la sociedad humana: la división, el sexismo y el egoísmo. Tras una ausencia de dos años, volvió a Amboseli para estar con los elefantes. Los animales rodearon su vehículo «y, con las trompas estiradas, nos ensordecieron con una cacofonía tal de gruñidos, barritos y chillidos que nuestros cuerpos retumbaron. Se empujaban unas a otras, orinaban y defecaban, y por sus caras se deslizaba la negruzca mancha fresca de las secreciones de sus glándulas temporales».[25] Como bien sabe Poole, esa es una ceremonia que las elefantas normalmente reservan para miembros de su familia o su grupo que han estado mucho tiempo separados de este. También está asociada al nacimiento de un nuevo bebé elefante. Poole se dio cuenta de que la habían reconocido y de que estaban celebrando no solo su regreso, sino también a la niña que ella traía ahora consigo, «mi hijita, que les presenté sosteniéndola en mis brazos».[26]

¿Habían considerado antes las elefantas matriarcas desdichada a Poole por no tener hijos? Desde luego, es probable que reaccionaran intuitivamente a aquella depresión y aquella soledad profundas que, según la propia Poole, caracterizaron su estado de ánimo durante varios años. Ya vimos que Safi, la perra de compañía de Smuts, percibió cierto estado depresivo en esta antes de que la propia Smuts fuese plenamente consciente de lo que le estaba pasando. Los elefantes son, como mínimo, igual de emocionalmente inteligentes que los perros, y es bien conocida la sutileza de su percepción empática. Así que no es tan descabellado pensar que percibieron en Poole un cambio que la había llevado de la depresión a la dicha. Y, cuando menos, le estaban dando la bienvenida como miembro del grupo y festejando la llegada de una nueva vida. Pero ¿quién sabe? A lo mejor, en lo más hondo de sus sabios y comprensivos corazones, estuvieran jaleando la transición de Poole desde su antigua condición de mujer sola a su nueva situación como madre elefanta. No es casual que esta titulara su libro *Coming of Age with Elephants* («Creciendo entre elefantes»). Los humanos no la entendieron ni la ayudaron a «crecer»; si acaso, hicieron todo lo posible por frustrar su deseo de florecer como mujer.

Los que aquí he expuesto son casos de amistad, aunque nacidos del hecho de haber ido al mundo propio de los animales y haber permanecido en él durante largas temporadas, algo que rara vez es posible para la mayoría de nosotros. Smuts insiste, no obstante, en que ese tipo de relaciones están ahí, a nuestro alcance, si sabemos buscarlas. Y menciona brevemente un ejemplo personal suyo con un ratón, una relación efímera. Cynthia Townley ha contado cómo se hizo amiga de aves salvajes.[27] Pero ninguno de estos dos casos, tal como han sido descritos, entrañan esa cocreación —fundada sobre una confianza mutua duradera— de un mundo compartido que se nos hace evidente en las experiencias de Smuts y de Poole. Smuts pone muy de relieve esto último al comparar la historia de su experiencia con los babuinos con un conmovedor relato de su larga relación con una perra de compañía, Safi. Los perros pueden compartir morada con los humanos y, por lo tanto, pueden hacerse grandes y significativos amigos de personas que siguen viviendo en el mundo humano habitual y no viajan a puestos de observación y estudio en África. (Según Smuts, Safi la conoce mejor que ningún humano y es muy consciente de los matices de su estado de ánimo igual que Smuts lo es de los de Safi.) Para la mayoría de nosotros, no es realmente posible tener una vida compartida como esa con animales salvajes si de verdad queremos respetar su modo de vida grupal y su necesidad de vivir en un hábitat extenso y relativamente libre de presencia humana. Ahora bien, los escritos de estas investigadoras nos proporcionan un paradigma imaginativo de cómo puede ser una amistad así. Todos podemos cultivar la clase de curiosidad, empatía y receptividad ante las formas animales de vida que estas estudiosas aprendieron a tener en su trabajo. Y si, aun así, la amistad nos sigue siendo esquiva, conoceremos al menos el amor no correspondido.

¿PUEDE HABER AMISTAD CON LOS ANIMALES EN CAUTIVERIO?

Ha llegado el momento de que abordemos una cuestión complicada: ¿puede haber algún tipo de amistad entre humanos y animales salvajes que viven confinados? Ya hemos dicho que, en cierto sentido, toda la «naturaleza salvaje» está bajo el dominio humano y, por lo tanto, representaría una especie de cautiverio amplio. Pero quiero que pensemos ahora en lo que entendemos generalmente por «cautividad»; es decir, no en los inmensos parques naturales de fauna salvaje, sino en los zoos, donde las personas y otros animales coinciden en un espacio mucho más limitado y próximo. En estos casos, siempre puede haber cierto lugar al escepticismo por el contexto concreto en que se produce la dominación, tanto si el potencial amigo humano es un empleado del zoológico (y, por consiguiente, parte de la institución dominadora) o un simple visitante (que no parece implicado tan de lleno en ella). Pero veamos hasta dónde está justificada tal incredulidad.

La amistad, como ya hemos dicho, se basa en el respeto por el modo de vida de las especies. Por lo tanto, no es compatible con aquellas prácticas que violentan esos modos de vida. Una de ellas, muy especialmente evidente, es la (por desgracia) bastante común costumbre de llevarse a ejemplares jóvenes de elefante o de orca lejos de su grupo para explotarlos comercialmente en algún zoo o parque temático para entretenimiento de los humanos, como ya comenté en el capítulo 10. A veces, se embauca a los espectadores y se les hace pagar dinero por ver una pantomima de amistad con unos animales cautivos a los que se les ha destruido su forma de vida original. En *Blackfish*, por ejemplo, se nos mostraba cómo SeaWorld teatralizaba las relaciones de afecto (solo aparente) entre los entrenadores y las orcas allí cautivas para ayudar a que los espectadores desembolsasen dinero por ver las acrobacias que estos cetáceos aprendían dolorosamente a ejecutar. En ocasiones, los engañados parecían ser los propios entrenadores, puesto que era evidente que algunos de los entrevistados amaban a los animales con los que trabajaban y que o bien de verdad ignoraban la violencia con la que estaban atacando su forma de vida, o bien se les había manipulado para no ver lo que había.

Un riesgo siempre presente en estos casos, tanto para los espectadores como para los entrenadores, es el de caer en el narcisismo y la ausencia de una auténtica curiosidad: es muy fácil imaginarnos que el animal es como nosotros, o proyectar en él sentimientos humanos que difícilmente pueden ser sus reacciones propias. Los humanos pueden engañarse entonces y creer que forman parte (o son espectadores) de una amistad, en vez de propiciadores de una cruel violación de las capacidades de una criatura. La verdadera empatía debe fundarse en el conocimiento, y los zoos y los parques temáticos están muy interesados en mantener tanto a los espectadores como a los entrenadores en la inopia con respecto a la forma de vida plena del animal, con el propósito de que se dejen llevar por ciertas fantasías de amistad y no admitan la pobreza y las carencias de un entorno como el de los zoológicos.

Otro peligro relacionado con el anterior es el de instar al animal a realizar actividades que no son características de este simplemente porque son las que divierten a los visitantes humanos o encajan dentro de su fantasiosa idea de la amistad con los animales. También esto puede producirse por pura explotación cínica de estas criaturas o por simple torpeza bienintencionada. Ya he comentado aquí el caso de la enseñanza del lenguaje de signos a los simios, pero a los chimpancés se les enseñan trucos aún peores. Hasta hace muy poco, era habitual —tanto en el cine como en la televisión— ver a estos animales vestidos con ropa de persona y montados en triciclos, o envueltos en pañales como bebés.[28] Estas actuaciones solían divertir mucho a las personas porque alimentaban la fantasiosa idea de que el chimpancé era como un niño humano. Pero eso no es amistad, sino solo una parodia de esta perpetrada por personas carentes de humildad y curiosidad genuinas.

Los delfines representan un caso complicado, como ya comenté en el capítulo 10. Sienten curiosidad innata por los humanos y les encanta interactuar con nosotros. Los que no viven en confinamiento suelen ir al encuentro de las personas y tienden a establecer actividades cooperativas con ellas. Hal Whitehead y Luke Rendell describieron, por ejemplo, cómo un grupo de delfines costeros colaboraba con los pescadores de ese litoral ayudándolos a atraer moluscos y crustáceos hacia sus redes.[29] Este tipo de cooperaciones son, como mínimo, precursoras de la amistad. Whitehead y Rendell también mostraron que, a veces, los delfines que, tras haber aprendido trucos en un parque temático, son liberados en un hábitat marino no confinado se llevan esos trucos consigo y se los enseñan a sus crías. Podríamos preguntarnos, pues, si es apropiado (o no) enseñar acrobacias: lo cierto es que, si se hace aplicando únicamente el refuerzo positivo, puede ser un elemento placentero de interacción cooperativa y puede resultar estimulante (en ocasiones, al menos) para estos mamíferos tan inteligentes. Puede que, en un espacio semiconfinado como es la bahía Shark en Australia, se estén produciendo ya los comienzos de una amistad del tipo de las de Smuts y Poole.

¿Y qué ocurre con aquellos animales que parecen estar bien en un hábitat más reducido? ¿Pueden formar amistades en cautiverio? Una historia triste y controvertida de este tipo fue la de Knut (2006-2011), el oso polar huérfano del zoo de Berlín que se convirtió en un favorito de los visitantes y que, sin duda, trabó relaciones de presunta amistad con varios de los guardianes del zoológico.[30] Su caso es difícil, porque Knut fue rechazado en su momento por su madre y habría muerto si no hubiera estado en un zoo bajo el cuidado de un personal amable con él y, en especial, de Thomas Dörflein, que claramente le tenía un gran cariño, dormía junto a él y lo alimentaba con leche maternizada. Las elefantas matriarcas crían a sus jóvenes en comunidad, por lo que ninguna cría a la que se le muera su madre se queda abandonada. No parece que ocurra lo mismo en el caso de los osos polares; en su hábitat normal, este osezno probablemente no habría tenido nunca la oportunidad de vivir la forma de vida de su especie. De hecho, algunos activistas animalistas se manifestaron a favor de que el zoo tuviese la valentía de dejar morir al joven oso.[31] Pero los berlineses, que ya se habían enamorado de Knut, llegaron incluso a manifestarse en el exterior del zoo. Yo creo que las acciones iniciales de los trabajadores del zoo eran defendibles... loables incluso. Y también pienso que no está en absoluto claro que tuvieran opción alguna de darle a Knut una vida normal junto a otros osos polares, ni siquiera con los otros que había en el zoo. Por lo tanto, tampoco está claro si el trato que le dispensaron a Knut fue irrespetuoso en algún sentido con la forma de vida de su especie; tal vez fuera el mejor posible, dadas las circunstancias.

Ahora bien, lo que el caso nos muestra, sin duda, es el poco conocimiento y la escasa curiosidad acerca de la forma de vida característica de los osos polares que demostró la ciudadanía en general en aquel momento. Querían que Knut se portara como un peluche y no les agradó su comportamiento característico de oso polar. Hubo una indignación bastante extendida, por ejemplo, cuando se supo que Knut mataba peces, y se llegó a hablar incluso de que aquello constituía una violación de la legislación alemana para la prevención de la crueldad contra los animales. El zoológico tampoco se esforzó por educar a la opinión pública sobre lo que los osos polares son y hacen de verdad (aunque por razones obvias, pues necesitaba que Knut fuese adorable e «inofensivo» a ojos de su público potencial, cuando los osos polares no son ni lo uno ni lo otro). Knut fue una especie de tesoro caído del cielo para el zoo; este incluso registró el nombre del animal como marca comercial, vendió con ella toda clase de artículos comerciales y llegó incluso a hacer pública exhibición de sus restos mortales. Los zoológicos siempre andan necesitados de dinero, por lo que las motivaciones de estas instituciones siempre deberían ser objeto del más riguroso escrutinio.

Hay mejores opciones para una amistad «en cautiverio». En los entornos de algunos centros o proyectos de investigación se ofrece a los animales confinados algo parecido a una forma de vida típica de su especie y, al mismo tiempo, cierta interacción con los humanos. Los simios son candidatos lógicos a esas amistades potenciales, porque es fácil satisfacer las demandas características de sus especies dentro de los límites de unas instalaciones dedicadas a la investigación. Los zoos suelen desatender la vida social de esos animales u ocuparse de ella solo desde un punto de vista antropocéntrico, es decir, optando por creer que se comportan «como nosotros». Aun así, hoy en día existen ya zoológicos que evidencian una actitud más respetuosa y orientada a la investigación. Un científico que trabaje en unas instalaciones así podría llegar a entablar amistades del tipo de las establecidas por Smuts. Al parecer, un ejemplo de este tipo sería la relación del biólogo Jan van Hooff con la chimpancé Mama, protagonista del libro *El último abrazo*, de Frans de Waal.[32] El profesor y la chimpancé se conocían desde hacía cuarenta años. (Van Hoof fue director de tesis de De Waal y, por eso, este también conocía a Mama desde hacía mucho y tenía amistad con ella.) El objetivo principal de la investigación era estudiar la estructura social y las interacciones entre chimpancés, así que Mama vivió toda la vida con un grupo extenso de individuos de su especie relacionados por parentesco, como los que son característicos en las vidas de los chimpancés no cautivos, y terminó convirtiéndose en su líder matriarcal. De joven, Van Hooff trabajó en unas instalaciones de la NASA donde preparaban a chimpancés para ser enviados al espacio y había sido testigo directo de cómo habían fallado otros intentos anteriores de alojar a grupos de simios en centros de investigación. Las deficiencias de aquellas dependencias de la agencia aeroespacial en cuanto al alojamiento, la alimentación y las oportunidades sociales de los animales lo movieron a crear la colonia de Arnhem, una isla de unas 0,8 hectáreas poblada por unos veinticinco chimpancés que permite alojar a grupos más grandes, a la vez que reservarles zonas para retiros familiares más íntimos, tal como prefieren los chimpancés cuando están en sus «entornos naturales». «Así pues, aunque Mama estaba cautiva, disfrutó de una larga vida en su propio universo social, rica en nacimientos, muertes, sexo, luchas de poder, amistades, lazos familiares y demás aspectos de la sociedad primate.»[33] Fue la primera gran colonia de chimpancés de ese tipo, aunque se ha convertido desde entonces en un modelo para otras muchas en todo el mundo.

«Un mes antes de que Mama cumpliera cincuenta y nueve años, y dos meses antes de que Jan van Hooff cumpliera los ochenta, estos dos ancianos homínidos tuvieron un emotivo reencuentro.»[34] En la descripción que De

Waal hace de aquel abrazo que una Mama ya moribunda dio al profesor se aprecia claramente el estrecho vínculo que los unía. Mama lo recibió con una gran sonrisa y le palmeó el cuello, un gesto de consuelo y confianza común entre simios (y entre humanos también). Alargó la mano hasta la cabeza de Jan, le acarició suavemente el pelo y lo abrazó con sus largos brazos, tratando de atraerlo hacia sí. Siguió dándole rítmicas palmaditas en la cabeza y en el cuello, como hacen los chimpancés cuando consuelan a sus crías. Poca duda cabe de que Mama, débil y demacrada, era consciente de que se estaba apagando y también se daba perfecta cuenta del miedo y la pena que sentía Jan en aquellos momentos. El carácter de aquella despedida nos permite adivinar los años de amistad que la precedieron. Y De Waal no pierde la ocasión de dejar constancia de la amistad que también le unía a él con Mama en el contexto del rol de esta en el conjunto del grupo de chimpancés.

Estas relaciones son amistades. Y si bien tienen sus límites (pues los animales no dejan de estar cautivos), no debemos olvidar que la «naturaleza» también es —para los chimpancés— una zona de cautividad donde los humanos (y los cazadores furtivos, sobre todo) ejercen con frecuencia una tiranía mucho más abyecta. No veo razón alguna para que un entorno tan respetuoso (que sabemos que lo es porque De Waal describe con detalle tanto el grupo como sus interrelaciones y sus actividades) no pueda producir amistades, aun cuando estas tal vez hubieran resultado imposibles si la colonia hubiese estado abierta al público.

Otra relación —muy diferente— con un animal participante en una investigación es la famosa amistad que tuvo la psicóloga Irene Pepperberg con Alex (1976-2007), un loro gris africano con el que interactuó durante treinta años. Esta relación, que todo parece indicar que fue de afecto mutuo y profundo respeto, fue descrita con gran detalle en el libro de Pepperberg *Alex & Me* (nótese que, en el título, la autora muy apropiadamente antepuso el nombre del loro).[35] La interacción de Pepperberg con Alex, como la de Van Hooff con Mama, se enmarcó en el contexto de una investigación. Esta, en concreto, podría parecer censurablemente antropocéntrica de entrada, ya que trataba de comprobar la aptitud de los loros para dominar el lenguaje humano y para razonar siguiendo vías vehiculadas por ese lenguaje. No obstante, estuvo movida en todo momento por el respeto hacia una criatura a la que la mayoría de los estudiosos no han demostrado nunca el respeto debido. Su objetivo era convencer a la comunidad científica de que los loros poseen una inteligencia elevada, ya que, hasta entonces, se creía que un ave no podía realizar ejercicios de razonamiento complejos. Y, en la forma de vida de los loros (a diferencia de la de los chimpancés, por cierto), la imitación de los sonidos comunicativos de todo tipo que oyen a su alrededor desempeña una función central. Por lo tanto, el lenguaje no parece en ese caso una imposición totalmente ajena, sino, más bien, un medio para sacar a relucir la racionalidad característica de los loros. Alex no eligió libremente entrar en aquel laboratorio —Pepperberg lo había comprado en una tienda de animales—, pero, una vez en él, llevó el control de su vida hasta extremos casi cómicos. Él se consideraba libre de realizar las tareas que se le pedían o de negarse a hacerlas, y, de hecho, terminó hallando múltiples formas de indicar su aburrimiento o, incluso, su desdén; de ahí que su relación con su investigadora estuviera sembrada de lo que difícilmente podríamos llamar de otro modo que guasa y humor. Entre los científicos, existe un consenso bastante general en que la de los loros es una de las familias de especies más ingeniosas que se conocen.[36] Y no parece que hubiera duda alguna del afecto mutuo que ave e investigadora se tenían, aun cuando Alex no tuviera brazos para abrazar a Pepperberg como los de Mama cuando abrazó a Van Hooff. Su muerte fue muy repentina, de noche, por lo que Pepperberg no tuvo ocasión de despedirse, pero su pérdida la dejó desolada, según ella misma contó. Las últimas palabras que Alex le dirigió —y que le dirigía todas las noches cuando ella se iba a casa— fueron: «Sé buena. Te quiero. Hasta mañana». Sin duda, repetía lo que le había oído decir a Pepperberg, pero ese intercambio de saludos de despedida se convirtió con los años en algo genuinamente sentido por ambas partes.

Uno de los principales inconvenientes a la hora de considerar la relación de Alex e Irene Pepperberg como una amistad genuina estriba en el hecho de que Alex no tuviera relaciones con otros loros más que las ocasionales (y, a veces, bastante desdeñosas) interacciones que tenía con otros congéneres en el laboratorio. Pero los loros grises, a diferencia de lo que ocurre con los chimpancés, los elefantes y los delfines, no son animales muy sociales ni viven en grupos. Poco se conoce sobre su comportamiento en la naturaleza, pero lo que parece claro es que, por su condición de presas potenciales de numerosas especies, la evolución potenció en ellos el carácter solitario y reservado. Practican la imitación como una habilidad clave de supervivencia: en la selva, evitan ser detectados porque aprenden a imitar los sonidos de otros animales y aves. Alex, pues, no era ningún exiliado a quien hubieran apartado de una rica vida comunitaria. Es cierto que le faltaba una compañera sexual, ya que los loros —como otras muchas aves— son monógamos y crían a sus polluelos en pareja. Así pues, su mundo en particular careció de esa vida «rica en nacimientos» y en «sexo» que sí tuvo Mama.

Pero los loros no son chimpancés y no necesitan ni mucho menos a un grupo para florecer; y si todos necesitan una pareja, o si algunos de ellos son sencillamente solitarios innatos, es algo que todavía desconocemos. Desde luego, Alex no daba la impresión de sentirse deprimido ni solo, y es posible que a los loros (como a los humanos) el florecimiento pueda llegarles de diferentes maneras, tanto en solitario como en pareja.

Así pues, las amistades interespecies también son posibles en condiciones de cautividad, siempre y cuando haya un respeto por la forma de vida del animal —y por sus «capacidades centrales» dentro de esa forma de vida— como fundamento esencial de la interacción y del afecto mutuo. Son amistades, eso sí, que no siempre están al alcance de quienes carecen de una formación especializada y de unas oportunidades muy específicas, pero, como bien dice Smuts, son varios los casos a nuestro alrededor que deberíamos investigar más a fondo guiados siempre por la curiosidad y la humildad: ahí están los loros, sin duda, pero quizá también los córvidos y otras aves, además de roedores de muchos y variados tipos.

LA AMISTAD COMO IDEAL: MÁS ALLÁ DE LAS CAPACIDADES HUMANAS

Algunas personas tendrán la suerte de entablar amistad con algún animal «salvaje». Otras muchas se harán amigas de perros, gatos o caballos. No serán pocas las que sentirán una especie de amor no correspondido por animales físicamente alejados de ellas. Pero todos los humanos podemos aprender de estos paradigmas de amistad interespecies, pues amplían nuestra conciencia y nos enseñan nuevos hábitos de humildad y curiosidad en nuestra forma de aproximarnos a otras criaturas (incluidos los otros seres humanos).

¿Son estas amistades tan importantes para los animales «salvajes» como lo son para nosotros o para los animales de compañía? La importancia es distinta. Nosotros ejercemos un control sobre las vidas de todos los animales y, en la actualidad, les estamos infligiendo un daño; de ahí que la amistad sea un imperativo para nosotros como factor corrector de esas actitudes y esos comportamientos explotadores nuestros. Para los animales de compañía, la amistad interespecies es un gran bien, esencial para su florecimiento. Pero los animales «salvajes» no precisan de esas amistades cara a cara para prosperar, aunque sí necesitan que los humanos ejerzamos nuestro poder desde una mentalidad no explotadora y amable: «como si» fuéramos amigos, por así decirlo. En todo caso, también son muchas las cosas buenas que se añaden a nuestras vidas sin ser absolutamente necesarias para el florecimiento de estas, y creo que, en los casos que he descrito aquí, las amistades con humanos fueron un bien en las vidas de estos animales «salvajes».

Si creemos que la amistad humano-animal es posible y es un buen objetivo, esto orientará nuestras iniciativas políticas y legales y nos obligará a ampliar las capacidades merecedoras de protección. El ideal de la amistad nos compromete a todos a poner fin a algunas de las actividades más explotadoras de los humanos en relación con los animales salvajes: no solo la caza en general (y la de trofeos, la furtiva y la de ballenas, en particular) y las granjas industriales, y no solo la tortura de animales en las investigaciones experimentales, sino también las muchas (y más discretas) formas de dominación en las que los animales salvajes son tratados como objetos de la diversión turística humana y no como sujetos a los que les correspondería vivir su forma de vida propia. Ambas partes saldremos ganando. El enfoque de las capacidades, debidamente ampliado a partir de un mejor conocimiento de las otras especies y de sus formas de vida, nos sirve de buena guía de cara a cumplir este difícil objetivo.

Capítulo 12
EL PAPEL DE LAS LEYES

TAN ESENCIAL COMO DIFÍCIL

Si los animales tienen derechos, eso quiere decir que debe haber (o deben crearse) mecanismos jurídicos para protegerlos. Los derechos y el derecho, como ya argumenté en el capítulo 5, son cosas conceptualmente distintas. Y los derechos conllevan que, allí donde tales estructuras no existan todavía, todos los humanos —poseedores como somos del monopolio legislativo en este mundo— tengamos el deber colectivo de crearlas lo mejor que sepamos. Aun así, las dificultades que se nos presentan en ese camino no dejan de ser enormes.

La idea de una Constitución virtual no pasa de ser una mera metáfora en ausencia de instituciones que puedan velar por el cumplimiento efectivo de esos derechos. La primera dificultad a la que nos enfrentamos es que, en nuestro mundo, no existe ningún documento o carta de derechos directamente aplicable como tal. Incluso el derecho internacional sobre seres humanos y las declaraciones internacionales de derechos humanos son sumamente débiles y frágiles. Solo son jurídicamente aplicables, básicamente, a través de los aparatos de los Estados que suscriben el contenido de tales documentos. Considerado en abstracto, creo que esto no está tan mal, porque, a fin de cuentas, el Estado nación tiene una importancia moral, puesto que es la mayor unidad político-administrativa conocida que responde plenamente ante la ciudadanía y que sirve de vehículo para las opiniones y la autonomía de esta (literalmente, para su capacidad de autolegislarse). Las declaraciones de derechos humanos pueden tener un poder tanto expresivo como persuasivo, y pueden contribuir también a que los electorados democráticos de cada nación den pasos hacia su aplicación efectiva.

Sin embargo, la situación de los derechos de los animales es mucho más incierta aún que la de los derechos humanos, y lo es por dos razones.

En primer lugar, no existe un consenso global sobre estas cuestiones, y ni tan siquiera hay acuerdo en torno a la idea de que el bienestar de los animales deba ser un tema de interés mundial. Tampoco lo hubo en su día para el caso de las mujeres y, sin embargo, con el tiempo, el estatus de estas en el derecho internacional sobre derechos humanos (gracias, especialmente, a la Convención sobre la Eliminación de Todas las Formas de Discriminación contra la Mujer) ha experimentado algunos avances, al menos. En este tema, como en otros donde también ha habido algún que otro progreso —el racismo, los derechos de las personas con discapacidades y los de las personas LGBTQ—, la inercia del *statu quo* ha ralentizado los avances. Pero ese sesgo favorable al *statu quo* se ha demostrado mucho más difícil de vencer todavía en el caso de los animales. Más tarde comentaré la ausencia de avances en el objetivo de poner fin a la caza de ballenas a nivel mundial por la vía de los tratados internacionales. En todos estos ámbitos, la codicia y las pocas ganas de asumir los costes del cambio hacen que los avances sean más inciertos aún.

Pero en este en concreto hay un inconveniente adicional que nos impide resolver el problema recurriendo a un tratado internacional «expresivo» sobre derechos de aplicabilidad puramente nacional: me refiero a cómo dilucidar la ubicación exacta de los animales que queremos proteger y la nacionalidad que cabría atribuirles. Si debemos considerar a los animales como unos ciudadanos más, ¿de qué país lo son? Los animales de compañía sí están muy localizados, en general, y esa es una de las razones por las que la solución que propongo a algunos de esos problemas —una solución que tiene paralelismos con la cuestión del bienestar infantil— puede funcionar; pero la mayoría de los animales salvajes no lo están, porque deambulan entre fronteras. Los cielos y los mares, sobre todo, no conocen líneas fronterizas claras, por mucho que ambos tengan reconocidas áreas bajo jurisdicción nacional exclusiva. En el caso de muchas de las criaturas por las que me he interesado en este libro, incluso un documento con fines expresivo-persuasivos tendría que ser internacional para ser plena y verdaderamente inclusivo. Como veremos, este problema no ha impedido que los países se hayan esforzado por abordar las necesidades de algunas aves y de los mamíferos marinos que habitan en sus aguas costeras, pero sí implica que, para los ciudadanos concienciados que desean que todas las naciones que impulsan o toleran prácticas abusivas les pongan fin, este sea un reto ciertamente complicado, pues están obligados a depender de unas instituciones internacionales débiles que se dejan intimidar con facilidad.

Incluso dentro de cada nación, existe una gran distancia entre la literalidad de las leyes y lo que realmente se aplica de estas, pues los animales carecen de legitimación procesal (el derecho legal para actuar como demandantes ante un juzgado o tribunal), y a los seres humanos que se preocupan por ellos no se les suele reconocer tal legitimación para acudir a la Justicia en su nombre con el fin de instar al cumplimiento de la legislación vigente. En Estados Unidos, por ejemplo, hay ya aprobadas toda una serie de prometedoras leyes que encarnan un verdadero enfoque de las capacidades. Pero solo se hacen cumplir de manera esporádica, en el mejor de los casos. Nuestro proceso legislativo se caracteriza por una gran facilidad para el estancamiento y los puntos muertos, la división entre partidos y la cesión ante las presiones de los grupos de interés económico, entre los que destaca la industria cárnica por su gran poder. En el mundo actual, donde no hay límites efectivos a la influencia del dinero en la política, es difícil conseguir avances frente a unos intereses tan afianzados.

Otro problema añadido es que hay que lidiar con una caótica pluralidad de jurisdicciones —en Estados Unidos están la federal, la estatal, la municipal y la de los condados— que, muchas veces, se solapan y que suelen tratar con animales que no se quedan en el territorio de la misma jurisdicción todo el tiempo, sino que pasan de una a otra sin previo aviso. Como ejemplo de este problema, más adelante me referiré al intento de poner freno a las lucrativas fábricas de cachorros, donde se crían perros (en condiciones espantosas) para su venta a las tiendas de animales, donde lucen monísimos a ojos de los compradores, que los adquieren sin conocer sus verdaderos orígenes ni los problemas médicos a los que estos canes se enfrentan como resultado de lo mal que los han tratado durante sus primeras semanas de vida.

UN IDEAL REALISTA

La ley es ideal y es estrategia. Es fácil confundirse sobre cuál debería ser nuestro modo de actuación idóneo de cara al futuro. ¿Deberíamos planificar desde cero una situación ideal, o deberíamos comenzar con los materiales defectuosos de los que ya disponemos y tratar de mejorar las cosas en la medida en que podamos a partir de ahí? Algunos filósofos opinan que la «teoría ideal» y la que está basada en el mundo real y aspira a lograr un progreso relativo son dos cosas muy distintas, y que la primera es muy poco práctica.[1] A mí, sin embargo, me parece bastante claro que ambas son complementarias en la realidad. Si partimos de donde estamos y queremos llegar a un destino, lo más lógico es que tracemos una ruta que nos conduzca desde aquí hasta allí en el momento mismo en que tengamos clara esa estación término. Si comenzamos y solo aspiramos a llegar, en cierto modo, a un lugar «mejor», no podremos seguir un itinerario mínimamente bien definido. La teoría ideal dirige y orienta nuestros esfuerzos prácticos. El ideal, eso sí, debe ser alcanzable y realista, pero yo misma he intentado caracterizar los ideales encarnados en mi enfoque de las capacidades de un modo que cumpla con ese requisito.

El detractor de las teorías ideales podría oponer a esto que mis propuestas serán así demasiado costosas y las sociedades modernas no podrán permitírselas. No obstante, como ya he mostrado en el capítulo 8, el coste es un factor endógeno al desarrollo de alternativas. Pasarse a una dieta más o menos libre de carne se está volviendo cada vez más fácil gracias al desarrollo de los sustitutos vegetales y de la carne sintética. Las modificaciones en el espacio urbano recomendadas en el capítulo 9 (más parques caninos, por ejemplo) son mucho menos costosas que los cambios a los que obliga la Ley de los Estadounidenses con Discapacidades, por ejemplo. Este texto legal se aprobó impulsado por un imperativo moral y sus costes fueron soportados mayormente por los establecimientos (privados en su mayoría) donde hubo que llevar a cabo reformas para ajustarse a la ley. Además, tanto en el caso del parque canino como en el de las instalaciones adaptadas para personas con discapacidades, el coste del que hablamos es básicamente un coste puntual de transición por una reestructuración. Ese coste desaparece como tal en el caso de instalaciones o edificios nuevos, que no son más caros de diseñar con accesos adaptados que sin ellos, y lo mismo puede decirse sobre los diseños urbanísticos que tienen en cuenta las necesidades de los animales de compañía: solo son caros en aquellos casos en que vienen a corregir otros ya construidos anteriormente.

La parte más costosa de mi propuesta es la relacionada con la prevención de la pérdida de hábitats y con la limpieza de los existentes. Como toda propuesta medioambiental audaz, esta no tendrá coste cero, ni mucho menos. Pero muchos de esos costes vienen determinados también por el objetivo del bienestar humano y no solo del animal: el aire que respira Jean-Pierre es el mismo que inhalamos los seres humanos y que hoy es más respirable gracias a la Ley del Aire Limpio (que es la misma para todos). Actuar para frenar el derretimiento de los glaciares que tanto daño causa a los osos polares entra perfectamente dentro de un programa general de medidas dirigidas a mejorar el futuro humano en tiempos de calentamiento global. Poner fin al uso de plásticos que contaminan el mar implica unos costes de transición, pero enseguida están surgiendo nuevas soluciones para sustituir a las anteriores. O quizá sea más correcto decir *viejas* soluciones, pues lo que se está haciendo en muchos lugares de trabajo e incluso centros turísticos es impulsar la transición hacia modelos que sustituyan los plásticos de un solo uso por las latas reciclables de toda la vida, o incluso por la obligación de que los trabajadores o los usuarios se traigan sus propias botellas rellenables con el agua de los surtidores. En cuanto a los hábitats de los elefantes y de otros grandes mamíferos, el coste de proteger grandes extensiones de territorio para que estos puedan pastar a sus anchas es perfectamente asumible si se recurre a la cooperación internacional, se aborda la cuestión de la superpoblación humana y se aprovechan los ingresos del ecoturismo, que suele acudir allí donde se aplican medidas exitosas de preservación de los hábitats.

LOS ACTUALES RECURSOS

Veamos qué nos ofrece la ley en la actualidad, que es mucho (sobre el papel) y poco (en la práctica). De entrada, me ceñiré al escenario estadounidense, aunque también veremos la importancia del derecho internacional y de las comparaciones entre países más adelante.

En Estados Unidos (como en la mayoría de los países), los animales cuentan ya con derechos legales establecidos en una amplia variedad de leyes estatales y federales.[2] Aunque la gente cree que la cuestión de los derechos de los animales es muy controvertida, lo cierto es que la legislación aprobada en los últimos años ya les reconoce muchos de ellos, hasta el punto de que se podría considerar que constituyen una especie de «carta de derechos» virtual, aunque con numerosos vacíos y omisiones. (Por ejemplo, los animales criados para la alimentación humana y los utilizados en experimentos suelen estar excluidos.)

Las leyes de los estados procuran a los animales una amplia variedad de protecciones contra la crueldad, interpretadas de forma expansiva. La legislación va normalmente mucho más allá de la prohibición de la crueldad que podríamos catalogar como activa (apalear, matar, etcétera) e impone a las personas que tienen animales a su cargo (básicamente, sus dueños) una amplia lista de deberes positivos: deben procurarles comida y cobijo adecuados, y no deben hacerles trabajar en exceso. En el estado de Nueva York —por poner un ejemplo representativo—, cualquiera que tenga un animal bajo algún tipo de confinamiento debe proporcionarle un entorno donde el aire, el agua, el albergue y la comida superen unos mínimos de calidad.[3] Todo aquel que transporte un animal de forma cruel o inhumana puede enfrentarse a cargos penales. A los animales porteados por ferrocarril se les debe dejar salir cada cinco horas para descansar, darles de comer y abrevarlos. Otras leyes prohíben extenuarlos haciéndoles trabajar en exceso o causarles un sufrimiento innecesario. La legislación californiana contra la «tortura» animal es más amplia aún, pues, en su definición de «tortura», incluye también la imposición negligente de padecimientos gratuitos. Como ya he comentado, estas leyes excluyen a los animales criados para consumo alimentario humano, así como a aquellos otros usados para fines médicos o científicos.

Estas normas legales tienen también dos defectos adicionales. En primer lugar, no hacen nada por los animales que no están bajo el control directo de un humano: solo se limitan a regular la relación de propiedad y control. En segundo lugar, atribuyen al estado la vigilancia de su cumplimiento, pero el estado rara vez las aplica de manera efectiva: solo en los casos más flagrantes. De ahí que, en su mayor parte, no pasen de ser meras palabras sobre el papel.

A nivel federal, Estados Unidos ha aprobado ya una amplia serie de leyes protectoras. La mayoría de ellas se remontan a mucho antes de que los «derechos de los animales» se convirtieran en una causa popular y no se pueden considerar realmente fruto de ningún clima de «corrección política». Tal vez muchos lectores se sorprendan si les cuento que, en 1966, en pleno mandato del presidente Johnson, el Congreso aprobó una ley bastante integral, la Ley de Bienestar Animal (AWA, por sus iniciales inglesas), que es más amplia que las legislaciones de la mayoría de los estados al respecto, pues, ya desde un principio, incluyó a los animales empleados en la experimentación científica. De hecho, esto último —el trato dispensado a los animales en los centros de investigación— fue la razón principal de que se tramitara aquella iniciativa legislativa.[4] Esta ley —bajo su forma original— protegía a todos los animales de sangre caliente usados en investigaciones, en exhibiciones o como mascotas. Contemplaba una larga lista de sanciones civiles y penales contra el maltrato, y obligaba al Departamento de Agricultura a publicar una detallada descripción de lo que debía considerarse un «trato humano» para cada especie, a fin de regular «el manejo, el alojamiento, la alimentación, la provisión de agua, la higiene, la ventilación, la protección frente a las condiciones de temperatura y meteorológicas extremas, y la atención veterinaria adecuada».[5] Algunos artículos concretos obligan a garantizar a los perros una cantidad mínima de ejercicio, y a procurar a los primates un entorno apropiado para proteger su «bienestar psicológico».[6] Sobre los primates se dice también que se les debe asegurar la oportunidad de formar grupos sociales y de tener acceso a un «enriquecimiento ambiental» que les permita expresar «actividades no lesivas típicas de su especie».[7] Aparece también una prohibición general de las prácticas que obliguen a cualquier animal a luchar contra otro. En su atención a la especificidad de las especies y en su protección de la libertad de movimiento y de la salud psicológica, esa ley trasciende el enfoque utilitarista y se aproxima a lo que se recomendaría desde un enfoque de las capacidades.

Tal como se redactó, la norma evidencia ciertas omisiones destacadas. Una es la total exclusión de los animales de sangre fría, una omisión motivada, al parecer, por el deseo explícito de un legislador de proteger un concurso de cangrejos de Maryland (el National Hard Crab Derby) de las limitaciones que una legislación así le pudiera imponer. Otra es la omisión de toda regulación del acto mismo de matar. La ley no dice en ningún momento que los experimentadores no puedan causar la muerte de los animales de sus experimentos, sino solamente que esta no puede ser cruel. En tercer lugar, al centrarse en tres categorías (la experimentación, las exhibiciones y los animales domésticos), la ley deja sin regular el sector de las granjas industriales. Peor aún: en 2002, se le introdujo una enmienda por la que tanto las aves como todas las ratas y los ratones criados para su uso en investigaciones quedaban excluidos de su ámbito protector, lo que impugnaba buena parte del sentido original de aquel texto. En 2002, el Departamento de Agricultura del Gobierno federal estadounidense accedió a proteger las aves no usadas en investigaciones y a elaborar unas directrices sobre sus cuidados, pero su demora en poner en práctica las medidas prometidas ha sido tal que incluso ha sido llevado a juicio por retraso injustificado.[8]

La Ley de Especies en Peligro de Extinción (ESA, por sus iniciales inglesas) está dirigida —como su nombre indica— a la conservación de especies y no al bienestar de animales concretos, pero los mecanismos en ella contemplados, como la protección de hábitats o las medidas contra las prácticas perturbadoras, son buenos también para los individuos, y, a fin de cuentas, una especie no se extingue sin que sus miembros individuales sufran de un modo u otro.[9] Por consiguiente, aunque yo me enfoco en el bienestar individual y no deja de ser triste que para obtener la protección de un hábitat haya que demostrar que la especie está en peligro, al menos los remedios previstos en esa ley son buenos para muchos animales individuales. En ella, el hábitat se define de un modo compatible con el enfoque de las capacidades: un hábitat tiene que permitir acoger las conductas características de la especie. Y en ella también se especifica que esto tiene que decidirse en función de los mejores datos científicos disponibles, algo igualmente compatible con el EC, que insta a los responsables políticos a consultar las investigaciones más actualizadas sobre la conducta y la cognición animales.

Tres destacadas leyes federales protegen sendos tipos específicos de criaturas. La Ley de los Caballos y Burros en Libertad (WFHBA, por sus iniciales inglesas) se centra en la situación de los equinos salvajes, considerados «símbolos vivos del espíritu histórico y pionero del Oeste».[10] Pese a este muy antropocéntrico comienzo, la ley proclama luego que estas especies «contribuyen a la diversidad de formas de vida en nuestra nación y enriquecen las vidas de los estadounidenses», una declaración que, en apariencia al menos, atribuye cierto valor intrínseco a esas criaturas.[11] Este texto legal fue, de hecho, el proyecto personal de una muy concienciada defensora de los derechos de los animales, Velma Bronn Johnston, conocida por muchos como «Wild Horse Annie» («Annie de los Caballos Salvajes»), y su objetivo original era proteger a esos animales en concreto.

En fecha más reciente, sin embargo, la Oficina de Gestión del Territorio (BLM), el organismo federal encargado de implementar la WFHBA, está promoviendo un relato falso sobre el crecimiento descontrolado de las poblaciones de caballos cimarrones y la supuesta amenaza que esto representa para las tierras públicas de Estados Unidos. Aunque carentes de fundamento en la mayoría de los casos, aquellos lamentos de la BLM conectaron con algunos altos cargos políticos, con la ciudadanía y, en algunos casos, incluso con defensores de los caballos salvajes. El resultado ha sido la expulsión de decenas de miles de equinos cimarrones de esas tierras públicas en lo que parece una absoluta abdicación por parte de la BLM de las responsabilidades que le atribuye la ley. La idea misma de que hay un excesivo número de caballos no procede de estudios científicos serios, sino de las campañas de presión política ejercidas por los rancheros que apacientan su ganado en esos terrenos. Según informó la Academia Nacional de las Ciencias en 2013, la gestión de las poblaciones de caballos salvajes que está realizando la BLM no se está basando en unos métodos científicos rigurosos de estimación del número de equinos, ni en unos buenos modelos de los efectos de sus medidas sobre los animales, ni en una evaluación correcta de la disponibilidad y el uso de forraje en los pastizales. La BLM, que precisamente fue la que encargó dicho informe, nunca ha tratado de corregir estos problemas.

Una ley coetánea de la ESA y de la WFHBA es la Ley de Protección de los Mamíferos Marinos (MMPA, por sus iniciales inglesas), de la que ya he hablado en el capítulo 5 en relación con el programa de sonar de la Armada.[12] Esta norma prohíbe toda «captura» de mamíferos marinos en aguas estadounidenses (o en aguas internacionales por parte de ciudadanos de ese país). También veda la importación o exportación y la venta de cualquier mamífero marino (o de partes o productos derivados de este) dentro de Estados Unidos. Define «captura» como la práctica de «hostigar, cazar, apresar, coger o matar, o intentar hostigar, cazar, apresar, coger o matar, cualquier mamífero marino».[13] La ley define, a su vez, el hostigamiento como «todo acto de persecución, tormento o molestia que tenga el potencial de, o bien herir a un mamífero marino en libertad, o bien perturbar a un mamífero marino alterando sus patrones de conducta, entre los que se incluyen (aunque no exclusivamente) aquellos relacionados con la migración, la respiración, la reproducción, la lactancia, la alimentación o la búsqueda de cobijo».[14] Se trata de una ley muy bien redactada que trata de proteger en conjunto la forma de vida de estos animales, y no solo busca que no se les mate o no se les inflija dolor.

Así pues, la sentencia del caso *Natural Resources Defense Council v. Pritzker* vino determinada en buena medida por el lenguaje de aquella ley, y no solo por la juiciosa labor jurisprudencial de los magistrados. Es lo más cerca que hemos llegado en el nivel federal de la implementación legal del enfoque de las capacidades. La ejecución de la ley les corresponde de forma compartida al Servicio Federal de Pesca y Vida Silvestre (del Departamento del Interior) y a la Oficina Nacional de Administración Oceánica y Atmosférica (del Departamento de Comercio); cada organismo se encarga de sus especies respectivas. (Así, las ballenas son competencia del Departamento de Comercio y, por eso, Penny Pritzker, a la sazón secretaria federal de Comercio, era la demandada en aquel trascendental caso.) Al final, ha sido necesario recurrir a los tribunales para conseguir la aplicación efectiva de la norma, pero, en el caso sentenciado, se consideró que NRDC tenía legitimación procesal para demandar (véase más adelante).

Esta ley parece bastante buena —en comparación con otras— y, de hecho, ha servido para proteger a las ballenas del «hostigamiento», incluso frente a ciertos intereses muy poderosos, pero no podemos olvidar que Estados Unidos nunca ha tenido una industria ballenera importante, por lo que los grupos ecologistas no tienen que lidiar aquí con intereses comerciales tan poderosos como los de otros países.

Una tercera gran ley para la protección de un grupo específico de animales —muy anterior a las otras dos— es la Ley del Tratado de Aves Migratorias (MBTA, por sus iniciales inglesas).[15] Como su propio nombre indica, surgió de la necesidad de trasponer al derecho federal un tratado bilateral firmado por Estados Unidos y Canadá. Actualmente, incorpora también otros acuerdos bilaterales suscritos con México, Japón y con la antigua URSS. Según este texto, es ilegal «perseguir, cazar, apresar, capturar, matar —o intentar apresar, capturar o matar—, poseer, poner en venta o vender, ofrecer en trueque o trocar, ofrecerse a comprar o comprar, entregar para su envío o enviar, exportar, importar —o hacer que se envíe, se exporte o se importe—, entregar para su transporte, transportar o hacer que se transporte, portear o hacer que alguien portee, o recibir para su envío, su transporte, su porte o su exportación»[16] cualquier ave o parte de esta. Las sanciones y penas son duras: multas de hasta 15.000 dólares y penas de hasta dos años de prisión. Corresponde al Departamento del Interior elaborar las regulaciones que determinen qué aves entran dentro del ámbito de vigencia de la ley.

Un primer aspecto bastante obvio de esta ley —que se relaciona con ciertos vacíos de otras leyes— es que se limita a las «aves migratorias» y, por consiguiente, excluye a los pollos, los patos y la mayoría de las otras aves de caza y comestibles, todas ellas cazadas, criadas y sacrificadas para la alimentación humana. Además, se circunscribe explícitamente a «las especies aviares autóctonas de Estados Unidos o sus territorios».[17] Este enunciado prácticamente carente de sentido —pues es muy poca la información de que disponemos acerca de la población aviar de América del Norte en la prehistoria, y, en cualquier caso, Estados Unidos no existía en aquel entonces— deja muchísimo margen al Departamento del Interior para incluir o excluir.

Hay también otros puntos débiles en el texto. La ley es fundamentalmente una norma contra la caza en general (y contra la furtiva en particular). Nada dice sobre la protección de las vidas y las capacidades de las aves más allá de eso. Cabría pensar que la destrucción de los hábitats y la degradación medioambiental son formas no menos efectivas de matar muchos pájaros (como el caso de Jean-Pierre nos recuerda). Y lo cierto es que los tribunales se han amparado a veces en las disposiciones de esa ley para prohibir ciertas actividades causantes de daños medioambientales. En 1980, el tribunal del circuito federal del Distrito de Columbia argumentó que la prohibición de matar aves «por cualquier vía o forma» da a entender que también matarlas por la vía de la destrucción de sus hábitats está prohibido por la ley.[18] En 1999, un tribunal federal de distrito llegó a la misma conclusión en un caso sobre una compañía eléctrica que no había instalado en sus redes de transporte eléctrico unos dispositivos muy baratos para impedir la muerte de aves por electrocución. La ley, según sentenció el tribunal, no se limitaba a prohibir la caza y el furtivismo. Tampoco era relevante el hecho de que la empresa no actuara de mala fe contra las aves, porque, para los magistrados, la MBTA es una ley de atribución estricta de responsabilidades.[19] Sin embargo, otras instancias judiciales no han compartido esa opinión. En 1997, el tribunal federal del Octavo Circuito, en un caso sobre las muertes de aves provocadas por los maderistas con la tala y recogida de troncos (y la consiguiente destrucción de los hábitats aviares provocados por tal actividad), declaró que interpretar que la ley prohibía la destrucción de hábitats era «estirar el alcance de esta norma de 1918 mucho más allá de lo razonable».[20] En otro caso relacionado, el Noveno Circuito llegó a una conclusión similar.[21]

Por otra parte, la autoridad otorgada por la ley al Departamento del Interior ha hecho que su ámbito de vigencia se expandiera y se contrajera con cada nueva administración presidencial, en algunos casos de manera bastante drástica. Antes de la llegada de Trump a la presidencia, el Departamento del Interior consideraba que matar aves accidentalmente por vertidos tóxicos a las aguas era ilegal según la ley.[22] La administración Trump dio un radical giro de timón y limitó el alcance de la norma a la caza y al furtivismo.[23]

Cada una de estas leyes presenta importantes vacíos y defectos, pero, pese a sus deficiencias, la legislación federal y estatal actualmente disponible ofrece una sorprendente cantidad de protección... para algunos animales, al menos.

DOS CUESTIONES JURÍDICAS FUNDAMENTALES: LA LEGITIMACIÓN PROCESAL DE LOS ANIMALES Y LOS DEBERES FIDUCIARIOS

Todas las leyes existentes presentan, sin embargo, un gran problema: rara vez se hacen cumplir de forma efectiva y tampoco existe ningún mecanismo para que los ciudadanos concienciados con el tema puedan intervenir y exigir su aplicación y cumplimiento. Y es aquí donde llegamos a una de las cuestiones jurídicas más críticas para todos a quienes nos preocupa la protección de los animales: el problema de la legitimación procesal.

Por «legitimación procesal» entendemos el derecho a acudir a la Justicia como parte legalmente capacitada para interponer una demanda. Normalmente, tal legitimación se le reconoce a alguien que haya sufrido un perjuicio o lesión determinados, pero no a los terceros que se puedan considerar partes interesadas. Este es un requisito muy sensato, en general, pues evita mucha litigación que sería potencialmente entorpecedora. Consideremos dos destacados ejemplos tomados de estos últimos años en los que se negó tal legitimación procesal. En *Hollingsworth v. Perry*, un litigio surgido en torno al matrimonio homosexual en California, el Tribunal Supremo federal sentenció que los ciudadanos particulares que habían tratado inicialmente de prohibir ese tipo de uniones promoviendo el plebiscito sobre la llamada «Proposición 8» carecían de legitimación procesal para recurrir después de que la prohibición fuese declarada inconstitucional por el tribunal de apelaciones y de que el estado de California se hubiese negado a defender la nueva legislación enmendada por el resultado de aquella consulta popular.[24] Estos ciudadanos privados, según el fallo del alto tribunal, no habían sufrido la clase de perjuicio particular directo del que se deriva automáticamente tal legitimación. En 2000, en el caso *Elk Grove Unified School District v. Newdow*, Michael Newdow, actuando en nombre de su hija menor de edad, denunció el uso de las palabras «bajo Dios» en la recitación ritual del Juramento de Lealtad que se hacía al inicio de las clases todos los días en el colegio, pues entendía que aquello era una vulneración de la aconfesionalidad del Estado consagrada en la Constitución estadounidense.[25] Aunque Newdow tenía un argumento muy sólido, el Tribunal Supremo —probablemente reticente a manifestarse sobre una cuestión tan controvertida— decidió que él, por su condición de progenitor que había perdido la custodia de su hija tras su divorcio, no tenía legitimación procesal para impulsar aquella causa. Dicho de otro modo, ni siquiera su interés como padre ni el peso de sus argumentos lo cualificaban para presentarse ante la Justicia. Vemos, pues, que la barrera de entrada que fijan los propios tribunales es ciertamente alta.

Pese a ello, puesto que los animales no pueden acudir directamente a un juzgado, y dado que las iniciativas de sus aliados más concienciados tienden a fracasar por falta de la mencionada legitimación procesal (como les ocurrió a los conservacionistas en *Lujan v. Defenders of Wildlife* y a otros aliados humanos de los animales en casos de los que hablaré en breve), se hace precisa la creación de una vía de acceso a los tribunales para los animales, pues, si no, sus intereses seguirán sin estar protegidos.[26]

La única solución de verdad a este problema es reconocerles legitimación procesal para que puedan presentarse ante la Justicia como demandantes de pleno derecho, actuando a través de un representante fiduciario debidamente nombrado como tal. La persona que sufre un perjuicio no es necesariamente la que comparece ante el tribunal. Los menores, por ejemplo, pueden actuar representados por sus padres, y las personas con discapacidades cognitivas pueden hacerlo por medio de un tutor debidamente designado o de un «colaborador», por emplear el término preferido en el movimiento de las personas con discapacidades. Si Newdow hubiese tenido aún la custodia de su hija, habría contado con la legitimación procesal necesaria para presentar su caso y reclamar la protección de la Justicia frente a la presunta lesión de los intereses de su pequeña.

El problema, sin embargo, es que los animales nunca han tenido reconocida tal legitimación en el derecho federal estadounidense. Un tribunal de la India sí se la reconoció a los animales circenses con el argumento de que son «personas» dentro del ámbito del artículo 21 de la Constitución de aquel país, que prohíbe privar de la vida o de la libertad sin el debido proceso legal. En el fallo, se podía leer lo siguiente:

> Aunque no sean *Homo sapiens*, son también seres con derecho a tener una existencia digna y a recibir un trato humano sin crueldad ni torturas. [...] Por consiguiente, no solo es un deber fundamental nuestro el mostrar compasión por nuestros amigos animales, sino también el reconocer y proteger sus derechos. [...] Si los humanos tienen unos derechos fundamentales, ¿por qué no los animales?[27]

También Colombia reconoce legitimación procesal a los animales, tal como comento en mi conclusión de este libro. Y el Congreso estadounidense bien podría reconocérsela en virtud del artículo tercero de la Constitución si así decidiera hacerlo: no existe ninguna barrera constitucional a una medida así, según sostiene Cass Sunstein, todo un experto en este campo (y no conozco a ningún jurisconsulto que discrepe).[28] Aun así, hasta el momento, Estados Unidos ha optado por una ruta diferente: una que niega a los animales legitimación procesal directa, pero se la reconoce a los seres humanos para acudir a la Justicia en nombre de los animales, aunque solo en un reducido ámbito de casos.

Una posible ruta hacia la litigación humana en los tribunales en representación de los animales podría haber sido la de la «legitimación procesal informativa»: el derecho a obtener información esencial. Parece bastante verosímil suponer que las personas preocupadas por la situación de los animales tienen derecho a informarse sobre el trato que estos reciben. Pero ni la AWA ni la MMPA reconocen expresamente a los seres humanos tal legitimación procesal informativa y, a falta de una disposición explícita que las faculte para ello, las personas concienciadas o preocupadas tienen que recurrir a la Ley (federal) de Procedimientos Administrativos, que también niega esta clase de legitimación a las organizaciones humanas que buscan informarse sobre el bienestar animal, según la interpretación que hizo la Justicia federal en la sentencia del caso *Animal Legal Defense Fund, Inc. v. Espy*.[29] De hecho, hasta el momento, el historial de los intentos de invalidación de las llamadas leyes y normativas *ag-gag* que, amparándose curiosamente en la protección de la libertad de expresión, prohíben de forma expresa a terceras personas la adquisición de información sobre el trato a los animales en el sector de las granjas industriales, ha sido bastante desigual, como veremos más adelante.

El otro canal por el que es posible que los humanos adquieran esa clase de legitimación procesal es en condición de observadores concienciados de un maltrato.[30] Muchas personas han tratado una y otra vez de que se les reconozca dicha legitimación, pero, bajo la legislación existente, solo pueden adquirirla si cumplen dos condiciones: (1) la lesión que denuncien debe ser «estética» (no por razones éticas o compasivas), y (2) debe ser muy directa. Si los demandantes se interesan por la defensa del bienestar animal solamente por principios, se considera evidente que no poseen legitimación para demandar, según quedó claramente establecido en la sentencia del caso *Lujan*.[31] Si presentan unos planes definidos para el estudio de una especie amenazada y pueden demostrar que la conducta que denuncian reduce el número de tales criaturas disponible para su estudio, también es muy probable que se les reconozca legitimación procesal.[32] Pero si la especie no está en peligro de extinción y los litigantes humanos son simples observadores concienciados, deben demostrar que tienen una preocupación o un interés «estético», y que es muy directo e inmediato. Marc Jurnove, empleado y voluntario de varias organizaciones de protección del bienestar animal, interpuso una demanda contra el Parque-Granja de Fauna Salvaje y Zoo Infantil de Long Island por lo que consideraba que era el trato inhumano que allí se dispensaba a los animales.[33] (Nótese que ese trato es muy probablemente ilegal de por sí según la legislación del estado de Nueva York, pero nadie estaba haciendo cumplir la ley.) Lo que Jurnove alegó para tener una posibilidad de victoria en el caso fue que él era un visitante habitual del zoo y que allí había visto lesionado su «interés estético en observar a los animales viviendo en condiciones dignas».[34] Su preocupación ética como activista por el bienestar animal no le sirvió para nada. Solo se le concedió legitimación procesal porque el perjuicio era muy particular, sus visitas eran frecuentes y la lesión era estética. Y no sin que tal decisión causara antes una fuerte división interna del tribunal, ya que, según los magistrados, el causante del maltrato era el zoo, y no el Gobierno del estado (que era contra quien Jurnove presentaba la demanda).

Al final, pues, vemos que la situación se ha descontrolado bastante. La base de la preocupación debería ser el daño que se inflige al animal, no el interés estético (o siquiera ético) de Jurnove. Los intereses humanos son caprichosos y, en el fondo, irrelevantes para este caso. Lo que importa es la lesión que sufre el animal. Imagínense si la ley penal se basara en las reacciones estéticas (o siquiera éticas) de los testigos, en vez de en los daños causados a la verdadera víctima. La ley se convertiría entonces en algo sumamente impredecible, en rehén de las preferencias de la mayoría. Tampoco la frecuencia de las visitas de Jurnove tiene significación real alguna más allá de una relativa importancia indiciaria por cualificarlo como testigo reiterado de la mala conducta. El observador humano ha presenciado un delito, pero él no es la víctima. Los animales no están protegidos por la ley para que puedan seguir maravillándonos con su belleza o procurándonos una satisfacción moral con su presencia. La legislación vigente los protege a ellos por sí mismos. Si no se hace cumplir la ley, resulta obvio que los animales son víctimas de una mala praxis gubernamental y que se les debería reconocer legitimación procesal —a través de fiduciarios humanos como, tal vez, Jurnove— para demandar a la administración y exigirle que la aplique.

Un cambio legislativo como ese ya fue sugerido y defendido en 1972 por el juez Douglas, del Tribunal Supremo, en su opinión discrepante de la sentencia del caso *Sierra Club v. Morton*.[35] La legitimación procesal, escribió, debería ampliarse para incluir también la protección a aquellos «miembros no hablantes del grupo ecológico» que, por ello mismo, no pueden defender sus propios intereses.[36] (A fin de cuentas, aunque él no lo escribiera allí, ya les reconocemos esa legitimación a los niños menores de edad y a las personas con discapacidades cognitivas graves.) El juez Douglas señaló que el principal impedimento a esa ampliación provenía de los propios organismos federales, «tristemente controlados por poderosos intereses que los manipulan».[37] E imaginaba que, algún día, «habrá garantías para que todas las formas de vida representadas [en el medio ambiente] puedan presentarse ante la Justicia, desde el pájaro carpintero norteamericano hasta el coyote y el oso, pasando por los lémures o incluso las truchas de los arroyos».[38] Si al referirse a «todas las formas de vida» el juez Douglas quiso decir que habría que hacer extensiva la legitimación procesal a más seres que los animales sintientes, me temo que tendría que disentir de él, pero, en cualquier caso, los ejemplos mencionados en el texto de su voto eran todos del reino animal.

Como las opiniones discrepantes del pasado se convierten a veces en mayoritarias en el futuro, aquel voto podría augurar cierto progreso en este terreno. También en su sentencia del caso *Cetacean Community v. Bush*,[39] un intento fallido de frenar el programa de sonar de la Armada estadounidense previo a la —esta vez sí exitosa— demanda del caso *NRDC v. Pritzker*, el tribunal federal del Noveno Circuito, aunque no reconoció legitimación procesal a las organizaciones demandantes, sí recordó que «nada en el artículo tercero de la Constitución circunscribe explícitamente a los humanos la capacidad de litigar ante la Justicia federal».[40] Los magistrados citaban en aquella sentencia otra anterior, del propio Noveno Circuito, en la que el tribunal había opinado que la palila, un ave hawaiana, «tiene estatus legal y derecho para acudir a un tribunal federal como demandante».[41] Dejaron claro, eso sí, que aquella declaración era «considerativa», es decir, que no pertenecía a la parte vinculante de la sentencia; pero tales argumentos considerativos pueden allanar el camino para posteriores fallos. Y, de hecho, en la sentencia de *NRDC v. Pritzker*, el tribunal del Noveno Circuito expuso un largo análisis de la cuestión de la legitimación procesal, y, aunque no se la reconoció a las ballenas en sí, interpretó los intereses y los perjuicios de NRDC en el sentido amplio y generoso que se echaba a faltar en la sentencia del caso *Cetacean Community*.

La legitimación procesal de los animales sería fácil y directa si el Congreso actuase para que así fuera. No hay ninguna barrera constitucional que impida reconocerles tal legitimación conforme al artículo tercero, pero, si el poder legislativo federal no actúa, no es imposible que la jurisprudencia nos conduzca progresivamente hacia tal reconocimiento.

Ahora bien, si los animales tuviesen legitimación procesal, ¿quién los representaría? A lo largo del libro, he defendido —en coincidencia con Christine Korsgaard— que todos los seres humanos tenemos la obligación colectiva de proteger los derechos de los animales. Sin embargo, el método actual para ejercer ese deber —que obliga a un gran esfuerzo de los voluntarios (en organizaciones o a título individual) para ser aceptados por la Justicia como representantes de los animales— es demasiado desorganizado y aleatorio, y debe sustituirse por un sistema más ordenado. En el caso de los animales de compañía, ya he sugerido la intervención de organismos gubernamentales análogos a los que actualmente protegen a la infancia frente al maltrato y el abandono. En otros muchos casos, una ley ya ha delegado el cumplimiento de ese deber en departamentos federales concretos, como el de Agricultura o el del Interior. Pero este enfoque ha resultado insuficiente para frenar muchas de las malas conductas que todavía se observan en este terreno (motivo por el que diversas organizaciones sin ánimo de lucro continúan esforzándose con ahínco y por múltiples vías para que se les reconozca legitimación procesal para instar al cumplimiento de esas normas por la vía judicial).

¿Qué sería mejor? Podemos trabajar con una idea tomada de un área jurídica bien conocida como es la del derecho fiduciario.[42] Un fiduciario es alguien que tiene la obligación legal de promover los intereses de un beneficiario. (Ejemplos típicos de esta figura son los tutores, los fideicomisarios o los curadores.) Normalmente, la necesidad de regular legalmente estas figuras nace del hecho de que el fiduciario goza de una posición de ventaja respecto al beneficiario, y de que este no está en muy buena situación para vigilar las actividades de aquel.[43] La labor del fiduciario no consiste únicamente en no perjudicar los intereses del beneficiario, sino también en favorecerlos de forma activa, conforme a los deseos y preferencias de este. Pero siempre se corre el riesgo de que el fiduciario acabe promoviendo sus propios intereses.

De ahí que la ley imponga a los fiduciarios dos grandes deberes: el deber del cuidado y el deber de lealtad. El deber del cuidado implica «tomar las decisiones que más favorezcan el cuidado, la educación, la salud, las finanzas y el bienestar del beneficiario, siempre con la vista puesta en la promoción de la autonomía de este. Esto significa que el fiduciario debe intentar en la medida de lo posible incluir al beneficiario en el proceso de toma de decisiones y debe familiarizarse con los valores y los intereses de este».[44] El deber de lealtad, por su parte, implica estar alerta para que el fiduciario no incurra en autocontratación ni actúe en provecho propio indebido a costa de los intereses del beneficiario, y muchos estados han adoptado requerimientos de supervisión y control diversos para garantizar que los fiduciarios cumplan con esa obligación.

Eso es exactamente lo que se necesita para cada tipo de animal. Y ese procedimiento encajaría particularmente bien con el enfoque de las capacidades: el objeto del derecho fiduciario va más allá de evitarle dolor o daños al beneficiario, pues busca también promover activamente los intereses de este en un sentido amplio. En el caso de los animales de compañía, el compañero humano es siempre el fiduciario de primer nivel, pero lo que propongo es que el Gobierno supervise muy activamente esa relación y ponga especial atención en prevenir el abandono y la negligencia potenciales. En otros casos, el Gobierno debería delegar en un organismo público especializado la función de fiduciario de ciertos tipos específicos de animales. Se supone que correspondería entonces al fiduciario defender activamente los intereses de esas criaturas: así, si el Departamento federal de Agricultura no actúa ante un daño que se está produciendo, el organismo designado podría intervenir en su lugar y hacer un seguimiento del problema en cuestión. En el caso de los animales salvajes, el fiduciario no podría quedarse de brazos cruzados si estuvieran padeciendo cualquiera de los posibles daños que pueden sufrir (deterioro de su hábitat, furtivismo, enfermedades), sino que debería intervenir en defensa de los intereses de esas criaturas.

Sin una reforma de la legislación vigente, ese sistema carecerá de efectividad. Ahora bien, si los animales tuvieran legitimación procesal, un fiduciario podría estar legitimado a su vez para acudir a la Justicia en nombre de los animales beneficiarios suyos.

El derecho ha sabido encontrar mecanismos y recursos en lo que a los intereses humanos se refiere. Esas buenas ideas se han ido aplicando a lo largo del tiempo para proteger a las personas vulnerables. No hay ningún motivo por el que —convenientemente adaptadas— no puedan aplicarse también para proteger a los animales.

Examinemos a continuación tres problemas que ejemplifican y ponen muy de relieve los vacíos existentes en el actual sistema de protecciones legales. El primero, el problema de las fábricas de cachorros, nos enseña la dificultad de hacer cumplir la Ley de Bienestar Animal (AWA) cuando el Departamento de Agricultura federal no pone suficiente empeño en ello, y pone de manifiesto, a su vez, el ingenio y la iniciativa que han demostrado algunas administraciones e instancias locales para resolverlo. El segundo, el problema de la regulación del sector de las granjas industriales, nos muestra qué se puede hacer cuando no existe regulación federal alguna, así como la feroz resistencia con la que topan todas esas iniciativas de solución. El tercero, el de los diversos daños causados a las ballenas y a otros mamíferos marinos, es indicativo tanto de lo alentadoras como de lo débiles que son las actuales regulaciones internacionales.

LAS FÁBRICAS DE CACHORROS

Las fábricas de cachorros son criaderos comerciales de perros en grandes cantidades para venderlos, al poco de haber nacido, a las tiendas de animales, donde los consumidores suelen comprarlos convencidos de que están adquiriendo perritos procedentes de criadores de calidad. La Humane Society, una organización estadounidense que aboga por el trato humanitario a los animales, ha seguido de cerca la situación de estos criaderos durante años y publica un informe anual sobre los «cien más horribles» con el propósito de documentar la naturaleza y la magnitud del problema.[45] A muchos de esos perros se les proporciona una nutrición de baja calidad y, en no pocos casos, muy poca agua. La atención veterinaria tiende a ser nula (o totalmente insuficiente) y suelen sufrir infecciones, parásitos y otros problemas de salud. En las fábricas de cachorros, los perros tienen, por lo general, muy poco espacio para moverse y acostumbran a estar encerrados en jaulas, en condiciones antihigiénicas que propician enfermedades. Están, además, poco resguardados del calor y del frío.

Muchas de estas condiciones constituyen una infracción flagrante de lo que prescribe la AWA. El Departamento de Agricultura de Estados Unidos estuvo tres años —de 2017 a 2020— sin emitir los preceptivos informes sobre su vigilancia del cumplimiento de esa ley, y, de hecho, sus apremios y conminaciones a criadores concretos disminuyeron en un 90% durante ese periodo. Algunos de sus inspectores denunciaron que sus superiores los estaban disuadiendo deliberadamente de realizar su trabajo.[46] En febrero de 2020, a instancias del Congreso, el Departamento de Agricultura se vio obligado a restablecer en línea la información sobre las actuaciones que había llevado a cabo para hacer cumplir la ley. En 2019, la Humane Society ganó una demanda para obligar al Departamento a publicar datos completos para los ciudadanos siempre que se le solicitara hacerlo. Su informe de 2020 ya contiene información exhaustiva sobre criaderos en cada estado.

El problema de las fábricas de cachorros es de alcance nacional en cuanto a la venta al público de esos animales —pues en todos los estados de la Unión hay tiendas que comercializan (o, hasta hace bien poco, comercializaban) perros procedentes de esos problemáticos criaderos—, pero no lo es en cuanto a sus puntos de origen. De hecho, Misuri es su zona cero, pues allí se ubican treinta de esas turbias instalaciones de cría. Lo siguen Ohio (con nueve), Kansas y Wisconsin (con ocho cada uno) y Georgia (con siete). (Hay que tener en cuenta que estas cifras no son del todo fiables, ya que algunos estados dificultan la investigación local de la situación.) En Misuri —que lleva ocho años encabezando la lista de estados con más establecimientos contabilizados entre los «cien más horribles»—, las organizaciones de defensa del trato humanitario de los animales luchan desde hace ya tiempo en el órgano legislativo estatal y en los tribunales por conseguir una regulación efectiva contra los malos criadores, pero, por el momento, sus iniciativas se cuentan por fracasos. En 2010, se consiguió la aprobación en referéndum de una Ley para la Prevención de la Crueldad de las Fábricas de Cachorros, secundada por la Humane Society, la ASPCA y otras organizaciones, con la oposición furibunda de la agroindustria y las asociaciones de criadores, además de la Asociación Nacional del Rifle (NRA) y, por extraño que parezca, hasta del Colegio de Veterinarios de Misuri. Conforme a la regulación anterior, era legal tener a un perro confinado de manera permanente en una jaula solo quince centímetros más larga que su cuerpo, expuesto a los elementos y sin atención veterinaria. La nueva ley obligaba a que se le procurara una alimentación y una higiene adecuadas, así como jaulas algo más grandes, cuidado veterinario y protección frente a temperaturas extremas. A los dos meses de su aprobación, ya se habían introducido cinco propuestas de ley para revocar o enmendar la nueva legislación. El gobernador Jay Nixon terminó firmando una ley muy diluida en 2011. Este texto revisado suprimía la obligación de procurar a los animales un mínimo de ejercicio en espacios exteriores y abría la posibilidad de que fuera el departamento de agricultura del propio estado el que fijara los tamaños reglamentarios de las jaulas.[47]

Aun así, Misuri todavía conserva un sistema de vigilancia del cumplimiento de los preceptos de la ley del que otros estados carecen; es precisamente ese sistema el que, de vez en cuando, decreta la clausura de los negocios que más flagrantemente infringen esa legislación.[48]

En vista de que la regulación del problema en su origen no es muy fiable, un gran número de estados, municipios y condados de todo el país están tratando de regularlo en los puntos de venta. La estrategia por la que optan la mayoría es la de obligar a las tiendas de animales a vender solamente perros rescatados, procedentes de perreras o protectoras certificadas. Fijémonos en cómo el gobierno local de mi propia ciudad está intentando aplicar esta estrategia. En 2014, el ayuntamiento de Chicago aprobó una ordenanza que exige que todas las tiendas de animales obtengan sus ejemplares para la venta de algún centro de control animal, centro público de cría y adiestramiento, o «sociedad de promoción del trato humanitario u organización de rescate animal de carácter privado, benéfico y sin ánimo de lucro».[49] Un objetivo añadido de la norma era incrementar el porcentaje de salidas vivas de los refugios o protectoras sobre el total de salidas (en el que se incluye también a los animales que allí fallecen por eutanasia), que, de hecho, aumentó desde el 62% en 2016 hasta el 92% en 2019. Las tiendas de animales iniciaron de inmediato una campaña en contra de aquella regulación, pues suponía aislarlas de lo que para ellas estaba siendo un negocio muy rentable. Algunas de las voces críticas con la ordenanza se quejaron de que esta vulneraba la Constitución federal y la de Illinois, pero el tribunal federal del Séptimo Circuito desestimó esas acusaciones al considerarlas carentes de fundamento legal.[50]

Entretanto, salió a la luz que, por un defecto en la redacción de la norma, los dueños de las tiendas habían encontrado un resquicio legal por el que eludir sus preceptos: los criadores de las fábricas de cachorros solo tenían que constituir una corporación sin ánimo de lucro «fantasma» y canalizar todos los perros que enviasen hacia Chicago a través de esa entidad pantalla. Una revelación del *Chicago Tribune* mostró que dos de aquellos criaderos, J.A.K.'s Puppies y Lonewolf Kennels (el primero en Iowa y el segundo en Misuri), habían fundado sendas corporaciones sin ánimo de lucro —meras compañías fantasma para sus respectivas fábricas de cachorros— con los engañosos nombres de Hobo K-9 Rescue y Dog Mother Rescue Society. Más de un millar de perros se habían vendido en Chicago procedentes de esas dos organizaciones. Curiosamente, los dos estados de origen reaccionaron a aquella revelación periodística de maneras diametralmente opuestas: Misuri no hizo nada; Iowa terminó sancionando al criadero (y a otras fábricas de cachorros del estado) con una multa colectiva de 600.000 dólares.[51]

Mientras, en Chicago, el edil Brian Hopkins introdujo una enmienda en la ordenanza: ahora las tiendas de animales están obligadas a abastecerse de ejemplares procedentes de organizaciones protectoras que no tengan vínculos con ningún criadero o empresa con ánimo de lucro, así como a no cobrar a los clientes más que unos gastos razonables en concepto de gestión de la adopción, lo que elimina el incentivo de vender canes caros por su presunta pureza de raza. Tras no poco debate al respecto, esta enmienda se aprobó finalmente el 12 de abril de 2021.[52] Una extraña peculiaridad de ese proceso que nos demuestra hasta qué punto sigue siendo fuerte y poderoso el vínculo entre las fábricas de cachorros y las tiendas minoristas fue el hecho de que el concejal Raymond Lopez, que había apoyado la ordenanza original, se opuso a la enmienda después de que —según se averiguó más tarde— hubiera aceptado una contribución para su campaña electoral de parte de un dueño de tiendas de animales. Lo cierto, de todos modos, es que a Lopez no le faltaba razón cuando se opuso a la exclusión que en la enmienda se hacía de la llamada «cría por la puerta de atrás» como concesión al American Kennel Club. Hopkins había defendido esa exclusión con el argumento de que las personas enamoradas de las razas caninas nunca criarían a sus perros bajo condiciones de crueldad; Lopez contrapuso a eso que muchos de los canes que acababan yendo a parar a refugios eran especímenes de razas superseleccionadas procedentes precisamente de tales criadores. También argumentó algo que yo misma he argumentado aquí, en el capítulo 9: el maltrato del que son objeto esos perros no radica solamente en las inmundas condiciones reinantes en las fábricas de cachorros, sino también en el cúmulo de enfermedades al que son proclives por culpa de la cría endogámica selectiva que se practica en esos criaderos. Y los peores en ese sentido son los aficionados que se montan sus propios «criaderos en el patio de casa»: ellos son los que más caso omiso suelen hacer del cribado genético.[53]

Todas estas idas y venidas nos muestran lo difícil que es avanzar en la solución de este problema por el lado de los puntos de venta. No solo es difícil regularlos, sino que toda reglamentación queda intrínsecamente limitada por el alcance local de las diversas jurisdicciones. Un residente en Chicago que quiera tener un perro de una fábrica de cachorros (tal vez porque ignore las malas condiciones imperantes en esos criaderos y solo esté buscando un lindo perrito, en vez de un can adulto procedente de perrera) no tiene más que desplazarse hacia las localidades de las afueras, donde la regulación sobre el tema es irregular, en el mejor de los casos (en muchos municipios y condados, no existe más que un conjunto fragmentario de reglas al respecto).

Todo este tema podría solucionarse si hubiese una más esforzada vigilancia federal del cumplimiento de la AWA, o si se aprobase una nueva ley federal sobre este problema en particular. Los estados podrán hacer relativamente poco mientras haya alguno de ellos dispuesto a auspiciar estos negocios de cría industrial y mientras continúen existiendo muchas tiendas de animales con afán de lucro. Mientras tanto, una infinidad de perros jóvenes seguirán sin tener la oportunidad de desarrollar y ejercer sus capacidades.

LAS GRANJAS INDUSTRIALES (Y LAS NORMATIVAS *AG-GAG*)

En los capítulos 1, 7 y 9, he mencionado algunos de los abusos que comete el sector de las granjas industriales con los animales que en ellas se crían sin la protección de leyes federales como la AWA, la ESA y la MBTA. Son animales que también están excluidos del amparo que dispensan las leyes anticrueldad de treinta y siete estados de la Unión. Pero no acaba ahí la cosa: hasta tal punto ha tenido éxito la campaña de la agroindustria para blindarse frente a potenciales críticas que muchos estados han aprobado leyes llamadas *ag-gag*, pues penalizan la actividad de los informantes que tratan de llamar la atención pública sobre esos abusos.[54] (Pensemos que las fotografías y las grabaciones de vídeo obtenidas de incógnito han sido muy eficaces hasta la fecha para revelar abusos y para despertar la indignación ciudadana.)

La ley o norma *ag-gag* típica castiga penalmente las grabaciones encubiertas en unas instalaciones agropecuarias; algunas hacen extensiva esa prohibición a las obtenidas sin permiso en otros tipos de empresas. En la actualidad, seis estados tienen leyes *ag-gag* en vigor: Alabama, Arkansas, Iowa, Misuri, Montana y Dakota del Norte (aunque hay demandas pendientes de resolución en Iowa y en Arkansas, y dos leyes anteriores del primero de esos estados ya fueron declaradas inconstitucionales por los tribunales). En otros cinco estados —Carolina del Norte, Kansas, Utah, Wyoming y Idaho—, la legislación de ese tipo ya ha sido derogada por violar derechos constitucionales protegidos por la Primera Enmienda. En los legislativos de dieciocho estados, se introdujeron proposiciones de leyes *ag-gag* que fueron finalmente rechazadas en votación por los legisladores: Maine, Nuevo Hampshire,

Vermont, Nueva York, Nueva Jersey, Pensilvania, Florida, Tennessee, Kentucky, Indiana, Illinois, Minesota, Nebraska, Colorado, Nuevo México, Arizona, California y Washington. En el resto, esta batalla aún no ha tenido lugar.

Esta lucha pone de relieve la importancia enorme que tienen las organizaciones sin ánimo de lucro que operan en el ámbito judicial y que libran las batallas jurídicas sobre esta cuestión en todo Estados Unidos. Mientras, no dejan de aparecer nuevas informaciones —que se pueden consultar fácilmente en los sitios web de las mencionadas organizaciones y en libros sobre el tema (entre los que destaca el impresionantemente revelador *Every Twelve Seconds: Industrial Slaughter and the Politics of Sight* [«Cada doce segundos: La matanza industrial y la política de la visibilidad»], de Timothy Pachirat)—[55] que introducen al lector en la vida oculta de los mataderos y le permiten ser testigo de las actividades cotidianas que se desarrollan en ellos desde el punto de vista de alguno de sus trabajadores. (Pachirat realizó una investigación encubierta infiltrándose como empleado en unas instalaciones de sacrificio de ganado cuyo nombre no llega a revelar.) Quien quiera averiguar qué abusos comete esta industria (tan impaciente siempre por ocultarlos) puede acceder a buena información al respecto gracias al trabajo de tan valerosos denunciantes.

La legislación federal contribuye muy poco a la lucha contra ese tipo de maltrato. Aparte del hecho de que todos los animales de granja quedaron excluidos del ámbito de la AWA, otras leyes más específicas, como la Ley de los Métodos Compasivos de Sacrificio o la Ley de las Veinticuatro Horas, que regulan cómo debe tratarse a los animales durante su transporte, excluyen al ganado aviar, pese a que el 95 % de los animales que se crían para la alimentación humana en Estados Unidos son aves de corral.

Y en cuanto a otros niveles administrativos y legislativos, no tan amplios como el federal, ¿qué tal lo están haciendo los estados en este terreno? En ese ámbito, nos encontramos con un problema muy parecido al que ya hemos visto para el caso de las fábricas de cachorros: aquellos estados donde se cometen la mayoría de los abusos son los que no hacen nada al respecto, mientras que aquellos otros donde se han aprobado buenas leyes coinciden, por lo general, con los que ya registraban menos casos de abuso animal en granjas (si bien la cría de pollos no está tan concentrada geográficamente como la de cerdos o la de ganado vacuno). Entre los abusos ilegalizados por algunos estados, se cuentan el uso de jaulas de gestación (ilegales en diez de ellos), la utilización de jaulas de confinamiento de terneros (prohibida en nueve) y el empleo de jaulas de confinamiento de gallinas (ilegalizado en ocho). California y Massachusetts son reguladores especialmente activos. Pero los estados que regulan no son los grandes productores, por lo que sus reglamentaciones de los puntos de origen no tienen un impacto muy relevante.

De ahí que, como en el caso del problema de las fábricas de cachorros, los estados hayan adoptado también estrategias de control en los puntos de venta, como la prohibición (en California y en la ciudad de Nueva York) de la comercialización de *foie gras* fabricado a partir de la alimentación forzada de patos y ocas, o de carne de ternera y de cerdo procedente de animales criados en jaulas de confinamiento (en California y en Massachusetts), o de huevos de gallinas confinadas de alguna de las formas consideradas ilegales por las leyes estatales (en siete estados). Al mismo tiempo, otros estados han maniobrado en el sentido contrario. Iowa, el mayor productor de huevos del país y uno de sus principales suministradores de carne de cerdo, ha introducido exclusiones específicas en sus leyes anticrueldad relativas a ciertas prácticas relacionadas con los animales de granja. Con ello, se persiguen algunos abusos, pero solo los muy extremos: por ejemplo, un caso en el que los trabajadores de una granja porcina golpeaban a los cerdos con barras metálicas y los mortificaban enganchándoles pinzas de la ropa en la cara. Iowa también ha aprobado una ley que obliga a todas las tiendas de comestibles que participen en un programa federal de subvención de huevos de gallinas camperas a ofrecer también huevos de gallinas inmovilizadas en jaulas de confinamiento.

Las estrategias centradas en los puntos de venta tienen menos probabilidades de lograr avances rápidos porque, a diferencia de lo que ocurre cuando se regulan las tiendas de animales, suponen una carga económica adicional para los consumidores. Y las estrategias que actúan sobre el punto de origen están abocadas al fracaso —al menos, de momento— en los estados que son grandes productores cárnicos.

Mientras tanto, en Europa se han logrado muchos más progresos, al parecer, porque la UE no está tan sometida al control del sector de las granjas industriales como lo están los legisladores federales estadounidenses. El Convenio Europeo de Protección de los Animales en Explotaciones Ganaderas, que entró en vigor en 1976, contiene una amplia lista de protecciones para los animales de granja y ordena la creación de un sistema de supervisión.[56] El Convenio se complementa, además, por una serie de regulaciones específicas para las distintas especies, que incluyen la obligación de que los locales de estabulación de los cerdos sean lo bastante espaciosos como para que estos puedan realizar sus «actividades [naturales] de investigación y manipulación».[57] Tanto los pollos criados para carne como las gallinas ponedoras cuentan también con protecciones legales bastante sólidas. Otra directiva —esta para los terneros— reconoce la naturaleza social de estos animales y obliga a alojarlos en grupo a partir de las ocho semanas de edad. En resumen, Europa sí está avanzando por la senda del respeto de las capacidades animales.

Y si la legislación comunitaria es muy protectora de por sí, algunos países (como Austria y Suecia, por ejemplo) han ido aún más lejos en la protección de los cerdos y los pollos.[58]

Llegados a este punto, tal vez los lectores estadounidenses interesados por el bienestar animal se sientan un poco desanimados. De lo que estamos hablando en esta sección es de unos animales muy inteligentes y complejos que, de entrada y desde el punto de vista que he adoptado en este libro, ni siquiera deberían criarse para el consumo alimentario humano. Pero si ni siquiera estas reformas graduales dirigidas a que se les dispense un trato más humano son efectivas, ¿cómo podemos esperar que los objetivos dibujados en este libro se lleguen a cumplir algún día? Hay que reconocerlo: Estados Unidos es un país en el que es difícil esperar que eso ocurra, dado el enorme poder que la industria cárnica tiene sobre nuestra vida política. Aun así, los progresos alcanzados a través de la acción legal y la judicial, sobre todo contra las leyes *ag-gag*, son ciertamente impresionantes. Y cuanta más información sale a la luz, más cambia realmente el sentir ciudadano sobre el tema. La nueva popularidad de los sustitutos cárnicos elaborados a partir de ingredientes vegetales, y la posibilidad de que se fabrique carne sintética, pueden representar un verdadero punto de inflexión a nivel mundial.

EL FUTURO PARA LAS BALLENAS: LA DEBILIDAD DE LA LEGISLACIÓN INTERNACIONAL[59]

Durante siglos, ha habido dos maneras aparentemente contradictorias de ver a las ballenas, pues si, por un lado, eran consideradas unos animales asombrosos y hermosos, al mismo tiempo, también eran vistas como grandes oportunidades de negocio para los humanos. En las grandes obras literarias, vemos ejemplos de ambas perspectivas. D. H. Lawrence, muy crítico en muchos sentidos con el capitalismo industrial, adoptó el primero de los dos mencionados puntos de vista en su poema «¡Ballenas, no lloréis!» (1909):

Dicen que el mar es frío, pero el mar contiene
la sangre más caliente de todas, y la más brava, la más vigorizadora.

Todas las ballenas de los inmensos abismos calurosas y sin descanso
bucean bajo los icebergs.
Las ballenas francas, los cachalotes, las martillo, las asesinas
¡ahí van, sopla que sopla, echando su bravo aliento caliente fuera
del mar!

Veamos, en comparación, el siguiente extracto de *The History of Nantucket* (1835), de Obed Macy:

> En el año 1690 unas personas estaban en un alto, observando a las ballenas que echaban chorros y jugaban unas con otras, cuando alguien observó: «Allí —dijo, señalando al mar— hay unos pastos verdes donde los nietos de nuestros hijos irán a buscar el pan».

Herman Melville, que cita ese pasaje de Macy entre los muchos extractos con los que comienza *Moby Dick*, bascula entre ambos puntos de vista: acepta acríticamente la industria ballenera, pero, al mismo tiempo, recalca las impresionantes características de su presa. Como pronto veremos, el derecho internacional contemporáneo también se encuentra dividido entre ambas orientaciones, con una facción que trata de poner fin a la crueldad letal que sufren las ballenas, y otra que no busca más que preservar las «poblaciones» de estos cetáceos para su futura explotación.

La caza de ballenas, que ha sido el único foco de las iniciativas supranacionales en este terreno hasta la fecha, solo constituye una pequeña parte del daño causado a esos animales en aguas internacionales. Por ejemplo, el sonido es la forma de comunicación más importante de unas ballenas con otras, y la perturbación de su entorno sónico altera toda su forma de vida en múltiples aspectos, como bien concluyó el tribunal en su sentencia del caso *NRDC v. Pritzker*. Pero hay muchas más alteraciones de ese tipo que las causadas por la Armada estadounidense. Estados Unidos no es el único país que utiliza el sonar. El sector del transporte naval también genera muchísimo ruido en todas las aguas del planeta. Y las industrias gasística y petrolera ocasionan perturbaciones sónicas no solo por el estruendo que producen las plataformas petrolíferas que perforan el suelo en busca de petróleo submarino, sino también por las operaciones cartográficas que llevan a cabo cuando prospectan esos fondos en busca de crudo. Para cartografiar los contornos del suelo oceánico, esas compañías utilizan cañones que disparan cargas explosivas de aire comprimido orientadas hacia lo más profundo del mar, y lo hacen a intervalos regulares y prácticamente por todo el mundo. El merecidamente laureado documental de 2016 *Sonic Sea*, dirigido por Daniel Hinerfeld y Michelle Dougherty,[60] es un excelente estudio de la técnica y los efectos de esas perturbaciones. Estos estallidos sónicos pueden incluso causar lesiones cerebrales a las ballenas, cuando no la muerte. Por lo tanto, el hecho de que ni siquiera se haya valorado la posibilidad de regular globalmente la práctica de las perturbaciones sónicas demuestra lo cohibido que todavía es el derecho internacional en este terreno y lo poco que aún aspira a lograr en él.

¿Qué tiene de malo la caza de ballenas? Según los términos expuestos en el presente libro, la respuesta es evidente: pone un fin prematuro a las vidas de estos complejos animales sintientes y los usa como objetos de los que los humanos pueden extraer carne, aceite y otros productos utilizables. Pero eso es lo que tiene de malo también el poner fin a la vida de la mayoría de los animales a los que se mata para la alimentación humana, tal como expliqué en el capítulo 7. Bien podría añadirse en este caso que la industria ballenera es cruel: el arponeo inflige una muerte lenta y larga que, en ocasiones, se hace más dolorosa si cabe porque se acompaña de un apaleamiento del animal. Las nuevas tecnologías han cambiado un poco las cosas: ahora a muchas ballenas se las captura usando un arpón granada que incorpora una cabeza explosiva que detona en el interior del animal, lo que acorta el periodo de agonía. Aun así, es una muerte terrible. Pero, después de todo, la mayoría de los animales a los que se mata para el consumo alimentario humano tienen una mala muerte que remata una mala vida, y, cuando menos, la ballena es libre hasta ese momento, por lo que le va mucho mejor en ese sentido que a la mayoría de las vacas, los cerdos y los pollos. Así que, antes de proceder a una crítica de los métodos actuales, es importante aclarar que la caza de ballenas no entraña ningún mal que no esté ya de entrada en esas otras prácticas tan comunes. Es, pues, un ejercicio de hipocresía que países como Estados Unidos, con poca actividad ballenera, protesten por la pesca de ballenas realizada por flotas de otras naciones cuando, al mismo tiempo, mira para otro lado ante las atroces prácticas que se llevan a cabo en su propio suelo a diario. Por desgracia, esta (justificada) acusación de hipocresía también tiende a ser usada como excusa para retrasar las iniciativas dirigidas a proteger las ballenas en el derecho internacional.

Otra cuestión que conviene aclarar es la naturaleza del mal contra el que se busca protección legal. Sobre esto, se han formado dos frentes. Para uno de ellos (que, básicamente, es la misma facción que quiere usar a las ballenas como medios para los fines humanos), el único mal que hay que impedir es la extinción de una o más especies de ballenas, pues eso significaría el fin de (una parte de) una lucrativa industria. Esta facción suele hablar de «poblaciones de ballenas», como si el animal individual no importase. Para el otro frente (y para mí), el mal estriba en las innecesarias y crueles muertes de ballenas individuales. Las especies importan porque la continuación de su reproducción y de su diversidad suele ser un factor esencial para la salud y el florecimiento de los ejemplares individuales (entre otras cosas, por ejemplo, para su interacción social).

Dentro de la jurisdicción federal estadounidense, las ballenas encuentran un amparo razonablemente bueno. La MMPA protege a los especímenes individuales prohibiendo no solo su matanza, sino también que los «hostiguen», y la sentencia del caso *Pritzker* pone de manifiesto lo protectores que los tribunales pueden llegar a ser, incluso frente a poderosos intereses militares. A las orcas no siempre se las ha protegido del «hostigamiento», tal como demuestran las desgraciadas prácticas denunciadas en el documental *Blackfish*, pero las cosas ya han cambiado, al menos en California, gracias a la Ley para el Bienestar y la Protección de las Orcas. Estos animales prosperan, mientras tanto, en la naturaleza, en las aguas costeras estadounidenses, sobre todo, en las de las islas San Juan, en el estado de Washington.

Eso no significa que Estados Unidos no cace ballenas. La caza de belugas, supervisada por el Comité de las Ballenas Beluga de Alaska, mata a unos tres centenares de ejemplares cada año. Dos grupos indígenas cazan también a algunas especies en peligro de extinción a pesar de las protestas de las organizaciones de defensa de los derechos de los animales: la ballena franca es objeto de una caza «de subsistencia» por parte de nueve comunidades indígenas de Alaska, y los makah del estado de Washington han reanudado la caza de la ballena gris. Ambas actividades balleneras se justifican desde esas comunidades apelando a sus derechos culturales (como ya comenté en el capítulo 8).

En aguas internacionales, sin embargo, toda la pesca ballenera (incluida la realizada por barcos o empresas estadounidenses) está regulada por un tratado que se firmó en 1946, la Convención Internacional para la Regulación de la Caza de Ballenas (CIRCB), por la que se constituyó también un organismo supervisor, la Comisión Ballenera Internacional (CBI).[61]

Los países que suscribieron la CIRCB no lo hicieron tanto por poner fin a la matanza de ballenas como por controlarla para que su pesca resultara sostenible. Acudieron a la mesa de negociación motivados por los datos que demostraban que se estaban diezmando las «poblaciones de ballenas». En el preámbulo de la Convención, Dean Acheson, el entonces secretario de Estado estadounidense, describió las ballenas como seres que estaban «bajo la tutela de todo el mundo» y como un «recurso común». Esa palabra, «recurso», deja bien a las claras que a las ballenas se las considera en ese documento como objetos destinados al uso humano. Y, de hecho, cuando se redactó la convención, a nadie se le pasó por la cabeza prohibir la pesca ballenera comercial por completo, ya que lo que se buscaba era establecer un sistema de cuotas para cada nación firmante. Dos formas de caza de ballenas quedaron explícitamente autorizadas fuera de las cuotas anunciadas: la practicada por pueblos aborígenes y la que tuviera «finalidades científicas». Y tanto entonces como ahora, si una nación no está de acuerdo con alguna disposición concreta del tratado, puede seguir siendo miembro de la CBI y autoexcluirse del cumplimiento de la disposición en cuestión. Además, cualquier modificación del texto requiere de la ratificación expresa de, al menos, tres cuartas partes de los países signatarios.

Con todas esas condiciones de por medio, estaba claro que todo apuntaba desde un principio hacia el estancamiento, por mucho que el secretario estadounidense del Interior, C. Girard Davidson, proclamase que el tratado auguraba «un futuro más pacífico y feliz para la humanidad». (Nótese que nada se decía de la felicidad futura de las ballenas.) Muchas naciones siguieron dedicándose a la actividad ballenera sin aflojar el ritmo y sin necesidad siquiera de optar por el mecanismo de autoexclusión parcial del tratado: Rusia, Japón y Noruega, entre otras, ni siquiera se incorporaron a la CBI para empezar.

Al principio, pues, se autorizó la pesca comercial de ballenas moderada por un sistema de cuotas y minuciosos procedimientos supervisores. No fue hasta 1982 cuando por fin entró en vigor una moratoria total de la caza comercial de ballenas. En aquel momento, se pensaba que sería temporal hasta que se recuperaran las poblaciones, pero lo cierto es que todavía se mantiene vigente, ya que no hay acuerdo entre países sobre si hoy se dan las circunstancias que justificarían la reanudación de la actividad ballenera. Este desacuerdo no ha hecho más que exacerbarse en los últimos tiempos: algunos miembros de la CBI han evolucionado progresivamente hacia un punto de vista más propio de la defensa de los derechos de los animales y plantean ahora una objeción ética general a la pesca ballenera, mientras que otros miembros están ansiosos por retomar la caza comercial. Los mecanismos para garantizar el cumplimiento de los artículos de la Convención siempre han sido bastante débiles, ya que el tratado atribuye a cada país las competencias para imponer disciplina a sus propios nacionales. Y Noruega e Islandia simplemente se han autoexcluido de la moratoria y permiten la pesca comercial legal de ballenas.

Otros países, entretanto, tratan de sacar tajada de las excepciones contempladas en el tratado. Considerémoslas una por una. La finalidad de la excepción científica era contribuir a que se conociera mejor la biología de las ballenas. Del mismo modo que los estudiantes de medicina adquieren conocimientos diseccionando cadáveres, se creía que también los biólogos necesitarían cuerpos muertos de ballenas para saber más sobre estas especies. El problema era que, si bien no hace falta matar a seres humanos con esos mencionados fines de aprendizaje médico porque ya hay suficientes cadáveres de personas que fallecen de muerte natural, la gran mayoría de las ballenas que mueren en la naturaleza sin intervención humana se hunden hacia el fondo marino, y las pocas que perecen varadas en las costas podrían no ser representativas de sus respectivas especies. Por eso, argumentaron algunas naciones, habría que matar a algunas para poder investigarlas bien.

Pero aunque tales argumentos de defensa de una finalidad científica se hubiesen formulado de buena fe, lo cierto es que nuestro mundo ha cambiado mucho desde entonces. Las nuevas tecnologías han hecho posible estudiar a las ballenas de cerca en las propias profundidades del océano sin matarlas: es lo que hacen habitualmente Hal Whitehead y Luke Rendell, por ejemplo, empleando equipos tanto de inmersión en aguas profundas como, sobre todo, de fotografía para ese tipo de entornos. Esos nuevos equipos no exploran el interior de los organismos de las ballenas, pero igual que un buen médico puede combinar lo que ya sabemos sobre la anatomía humana con un examen clínico de un paciente para obtener de ello un resultado preciso, también el científico que estudia las ballenas puede conseguir algo parecido. La idea misma de que debemos matar para saber nunca ha sido aceptada para ninguna otra especie animal, pero es que ahora, además, ya es posible avanzar en ese terreno por medio de otros métodos.

Las invocaciones de la finalidad científica, sobre todo las planteadas por Japón, no han logrado convencer al resto de la comunidad internacional. En marzo de 2014, el Tribunal Internacional de Justicia (TIJ) dictaminó que el programa japonés de pesca científica de ballenas en el Antártico —conocido como JARPA II— no se podía justificar sobre la base del derecho internacional, ya que no cumplía con las condiciones de calidad mínimas exigibles a un programa científico. La demanda había sido presentada por Australia, con Nueva Zelanda como parte interviniente.[62] El tribunal señaló los insuficientes hallazgos científicos y estudios revisados por pares producidos por aquel programa. De hecho, para muchas organizaciones ecologistas, toda aquella práctica no había sido más que un ejercicio de pesca ballenera comercial disfrazada, y cuesta no estar de acuerdo con ellas.

Aun así, Japón no se rindió, y anunció que «rediseñaría» el programa y ha contado para ello con el respaldo del Instituto de Investigaciones Cetáceas (ICR, por sus siglas inglesas), una ONG nipona que asegura ser una institución investigadora independiente, aunque vende los «subproductos» resultantes de la disección de las ballenas como alimentos canalizados por los circuitos comerciales habituales. (Resulta significativo que, en la sentencia del caso de Sea Shepherd, a la que me referiré en breve, ese instituto japonés haya sido descrito por el tribunal federal del Noveno Circuito estadounidense de un modo muy directo —y no pretendidamente beligerante— como un grupo de «investigadores nipones que llevan a cabo labores de caza letal de ballenas en el océano Antártico».)

El fallo del Tribunal Internacional fue cauto. No entró a considerar si las ballenas tienen un derecho a la vida y determinó que la finalidad de la CIRCB era hallar un equilibrio entre la conservación y la explotación sostenible. Tampoco planteó una objeción de conjunto a la idea de conceder permisos especiales para la investigación científica; solo dijo que aquel programa investigador japonés no daba la talla para ser considerado como tal. Tras 2014, Japón redujo el número de ballenas capturadas en el Antártico, pero prosiguió con la práctica. En 2015, el país asiático presentó un nuevo plan para la caza «científica» de ballenas y esquivó una nueva demanda ante el Tribunal Internacional de Justicia modificando su propia declaración opcional sobre la jurisdicción del TIJ a fin de exceptuar de esta todas las disputas relativas a los animales marinos vivos.

La cuestión ha perdido ya toda relevancia, porque Japón, frustrado ante la creciente oposición a la que se estaba enfrentando en la cada vez más conservacionista CBI, abandonó la Comisión en diciembre de 2018 y reanudó por su cuenta la caza ballenera comercial en 2019, aunque no en aguas del Antártico. En 2020, el ICR asegura que, en sus investigaciones, ya solo emplea métodos no letales.[63] Al parecer, pues, admite por fin que, para sus labores científicas genuinas, no necesita matar a ninguna ballena. En definitiva, una vez reactivada la pesca comercial de ballenas a la vista de todos, ya no hacen falta disfraces con los que disimularla.

¿Qué se puede (y qué se debería) hacer? Poco puede esperarse actualmente de la CBI, un organismo débil y cada vez más dividido por conflictos internos al que, además, muchas naciones fuertes ignoran olímpicamente. La resistencia de algunas organizaciones de acción ecologista extrema también ha fracasado. Especial notoriedad ha tenido, por ejemplo, la actividad de la

Sea Shepherd Conservation Society («Sociedad Conservacionista Pastor del Mar»), una organización que defiende que las ballenas tienen un derecho inherente a la vida. Para luchar por la causa de estos cetáceos, Sea Shepherd ha tratado de interceptar en reiteradas ocasiones las actividades balleneras japonesas en el Antártico, pero sus acciones suelen ser muy agresivas y en ellas se utilizan métodos que muchos grupos ecologistas condenan (y con razón, en mi opinión). Por ejemplo, los activistas de Sea Shepherd arrojan botellas llenas de ácido butírico contra los tripulantes de los buques balleneros con el objetivo de obstruirles la visión. La organización y su fundador, Paul Watson, sostienen que ese es el único modo efectivo de bloquear la actividad ballenera, porque la protesta por sí sola no ha sido eficaz, como tampoco lo ha sido el derecho internacional. Pero esa táctica se ha vuelto contra ellos en el plano judicial. El ICR demandó a Sea Shepherd en virtud de la Ley (federal) de Responsabilidad Civil de los Extranjeros (que se aprobó en su día para que cualquier persona pudiera querellarse en los tribunales estadounidenses contra los piratas del mar) y pidió un requerimiento judicial contra el grupo ecologista alegando que sus acciones eran constitutivas de piratería. Un tribunal federal de distrito falló a favor de Sea Shepherd sobre la base de que el ICR no había demostrado que las acciones de su organización fuesen piratería, aunque no dejó pasar la oportunidad de expresar su desaprobación de las tácticas empleadas por esta. Ahora bien, la sentencia se recurrió ante el tribunal federal del Noveno Circuito, que revocó el dictamen de la instancia inferior.[64] La opinión del voto mayoritario del tribunal fue redactada por el juez Alex Kozinski poco antes de su repentina retirada de la judicatura y su pública caída en desgracia.[65] El líder de Sea Shepherd, Paul Watson, ordenó poner fin a las agresivas tácticas del grupo en 2017 alegando como motivo las recientes leyes antiterroristas aprobadas en Japón.

En definitiva, nadie ha puesto realmente fin legal (ni extralegal) a la pesca ballenera «científica», pero, en estos momentos, esa es una pantalla ficticia innecesaria, pues las naciones que así lo han deseado han retomado la caza ballenera comercial. La CBI se ha revelado totalmente impotente para frenar nada en ese sentido (un problema con el que estará familiarizado cualquiera que conozca un poco la historia de la defensa de los derechos humanos desde la perspectiva del derecho internacional).

¿Y la otra excepción recogida en la Convención, la de la pesca ballenera de subsistencia (o PBS)? En el capítulo 8, puse en entredicho los argumentos con los que los makah y los inuits defienden que la caza de ballenas es necesaria para su supervivencia cultural. Puedo añadir aquí, además, que no todos los pueblos indígenas están de acuerdo con esos argumentos. Los maoríes han manifestado ante la CBI el gran respeto que sienten por las ballenas y su intención de distanciarse de toda práctica letal para estas.[66]

Tampoco parece resistir un escrutinio riguroso el argumento de que la carne de ballena es necesaria para satisfacer ciertas necesidades nutricionales. La CBI alude al «comercio de subproductos de las capturas de subsistencia».[67] Como es obvio, que se comercie con derivados de las ballenas significa que se ha generado un excedente más allá de las necesidades nutricionales inmediatas. Y entre ese excedente se incluye habitualmente la carne: la de ballena acaba en los platos de restaurantes para turistas en Groenlandia, por ejemplo. A la objeción de que, si se vende carne de ballena en restaurantes, difícilmente puede considerarse esta esencial para la supervivencia del pueblo inuit, el Gobierno groenlandés respondió que, «con respecto a los restaurantes, no controlaba quién podía consumir productos concretos dentro de Groenlandia y no veía problema en que los turistas comieran carne de ballena en restaurantes. [...] El valor nutricional de los alimentos locales es superior —y también mejor desde el punto de vista medioambiental— que el de los productos importados desde más al oeste por vía aérea, con los problemas de salud asociados que eso puede comportar».[68] Ahora bien, la preferencia por los alimentos locales por una cuestión de salud (y dejando a un lado que existen serios problemas de salud ligados, precisamente, al consumo de carne de ballena) es una cosa completamente distinta del hecho de que una determinada comida sea necesaria por razones de supervivencia. Allí donde el hambre aguda sea un problema, este hecho debe abordarse con una política pública lógica y sensata de carácter mucho más general. Y lo cierto es que Dinamarca ya lo ha hecho: el pueblo inuit de Groenlandia (que representa casi el 90% de los habitantes de la isla) goza en realidad de muy buena salud, gracias, en buena medida, a las generosas subvenciones que ese territorio recibe de su metrópoli danesa.

La CBI demuestra su debilidad cada vez que cede ante «no argumentos» tan vacíos como esos. Pero, pese a la gravedad de la situación actual, creo francamente que los mamíferos marinos tienen ante sí un futuro mejor. Son muchas las organizaciones internacionales y nacionales que están defendiendo su causa. Son muchos los avances que se han hecho a nivel estatal y subestatal. Son muchos los documentales de calidad —como *Blackfish* y *Sonic Sea*— que han alertado a la población de la delicadísima situación en la que se encuentran las ballenas y los delfines. Son muchos los libros excelentes que se están escribiendo sobre la belleza de las ballenas y sus graves problemas en estos momentos.[69] Son muchos los observadores de ballenas que han trasladado su propio sentimiento de admiración por esos cetáceos a las sedes judiciales y parlamentarias. Son muchos los talentosos abogados y estudiantes de derecho que, movidos por los muchos objetivos que aún quedan pendientes, están introduciéndose en este campo profesional. La admiración, la compasión y la indignación crecen a nuestro alrededor. Queda aún mucho por hacer. El derecho internacional es débil y, por el momento, debemos abordar estos problemas desde la legislación nacional y subnacional (como ocurre también con los derechos humanos), y a través también de un movimiento reivindicativo de acción global. Pero estoy tranquila, porque sé que la humanidad está comenzando a actuar como es debido.

EL DERECHO SOMOS TODOS

Tal como he mostrado en este capítulo, los sistemas jurídicos del mundo se hallan aún en un estado bastante primitivo en lo que a las vidas de los animales concierne. Los derechos, según he comentado, entrañan unas leyes que los materialicen: si no leyes reales, sí la posibilidad de que las haya en el futuro. Muchos de los avances logrados en diversos países han sido en el nivel local o regional, e incluso en el nacional; en Estados Unidos, también, aunque de forma desigual, porque aquí no se protege todavía a los animales criados en la industria cárnica. Además, el problema de la ausencia de legitimación procesal impide un progreso real en la situación del conjunto de los animales, porque las leyes estadounidenses siguen sin tratarlos como sujetos plenos a ojos de la Justicia y no los legitiman para acudir como tales a un tribunal (representados por un agente legal cualificado). Para reconocerles esa legitimación procesal, bastaría una votación favorable en el Congreso, pero todos sabemos lo lejana en el tiempo que está todavía una aprobación así. Mientras tanto, en la esfera internacional, la causa de los animales parece muy incierta, ya que incluso los organismos existentes están paralizados por el conflicto interno y parecen impotentes para frenar las deserciones.

¿Qué se puede hacer? En todos estos casos, el remedio pasa inevitablemente por que la conciencia de la humanidad evolucione y ayude a generar soluciones. Para constatar que esto puede ocurrir solo tenemos que fijarnos en el ejemplo del progreso de las mujeres, que, hasta no hace mucho, eran tratadas en todo el mundo —y por la ley— como objetos o propiedades para uso de los hombres y bajo el control de estos. Una mujer casada carecía de agencia jurídica independiente: no podía acudir a los tribunales ni gestionar sus propias finanzas. Pero, sobre todo, a las mujeres no se les reconocía arte ni parte para decidir el futuro de la legislación, ya que no podían votar. En 1893, Nueva Zelanda se convirtió en la primera nación en aprobar el sufragio femenino.[70] En 2015, Arabia Saudí ha sido la última en hacerlo. Gracias al valeroso esfuerzo de muchas y de muchos, las mujeres han logrado mejorar progresivamente la legislación sobre las agresiones y el acoso sexuales, y han podido acceder a las universidades, a los parlamentos y al mundo laboral. Es una historia que todavía dista mucho de haber llegado a su fin, pero que, tras milenios de estancamiento, ha podido evolucionar muchísimo merced a una verdadera explosión de energía en todo el mundo.

Lo mismo puede suceder con los derechos de los animales. De hecho, ha empezado ya a ocurrir. El futuro que Jeremy Bentham había predicho con tanto convencimiento ha tardado mucho en llegar, pero ya se acerca y estará a nuestro alcance si hacemos lo posible. Los obstáculos son idénticos a los que hubo que superar en el caso de las mujeres: la codicia y la soberbia. Por soberbia, me refiero a esa convicción del grupo dominante de que está por encima de todo, y de que el grupo subordinado no es del todo real.[71] Dante describe la soberbia como unas figuras curvadas sobre sí mismas, como argollas, lo que les impide mirar hacia fuera y ver el mundo o los rostros de las otras personas. Durante milenios, buena parte de la humanidad ha actuado justamente así, mirando solamente a los seres humanos sin fijarse más allá, sin mirar —de verdad— a los otros seres sintientes con los que compartimos este pequeño y frágil planeta. Ahora las cosas han cambiado, aunque solo de forma parcial y desigual. Hay más observación, más admiración y, en relación con ello, más compasión e indignación en lo que hemos hecho y estamos haciendo.

El futuro somos nosotros. ¿Abriremos los ojos realmente? ¿Extenderemos una mano de amistad a las criaturas con las que compartimos animalidad? ¿Y obraremos la complicada gesta de cambiar nuestros modos de vida y nuestras leyes e instituciones? No lo sé, pero está todo en nuestras manos. Es una labor para la que hacen falta personas de muchos tipos: científicos que trabajen con dedicación y entrega para describir las aptitudes de los animales y sus complejas formas de vida; activistas que dediquen de manera altruista sus vidas a la causa de especies cuyo lenguaje la mayoría de las personas ni siquiera tratan de entender (o a las que incluso califican de «bestias estúpidas»); legisladores y jueces que tomen decisiones tan buenas como, en no pocos casos, impopulares; abogados que interpongan demandas contra los maltratadores, una tras otra; profesores y padres que eduquen a los niños para que sepan mirar el mundo con una admiración firme y constante. Incluso el mercado tiene su papel en este esfuerzo colectivo: si la carne sintética no tuviera el potencial de ser rentable, no habría gente apostando tan fuerte por crearla y comercializarla.

Y creo que el filósofo también tiene una función que desempeñar en toda esta labor. Por eso he escrito este libro.

CONCLUSIÓN

«Los animales sufren serias dificultades en todo el planeta. Los humanos dominamos nuestro mundo por doquier: por tierra, por mar y por aire. Ningún animal no humano escapa al dominio impuesto por nuestra especie. La mayor parte del tiempo, ese dominio inflige a los animales daños indebidos, ya sea mediante la bárbara crueldad de la industria cárnica, ya sea mediante la caza furtiva y la deportiva, la destrucción de hábitats, la contaminación del aire y los mares, o mediante la desatención a los animales de compañía a los que la gente tanto cariño asegura profesar.»

Así empecé estas páginas y así estamos en el momento actual. Este libro no ha cambiado por sí solo la terrible situación de los animales, de la que todos somos colectivamente responsables. Pero espero que su contenido sí haya contribuido a suscitar o a reforzar las tres emociones de las que hablé en el primer capítulo: la admiración ante la complejidad y la diversidad de las vidas de los animales; la compasión por lo que, con desgraciada frecuencia, tienen que soportar esas vidas en el mundo bajo dominación humana en el que vivimos; y una indignación productiva, orientada hacia el futuro (una «ira-transición», por usar mi terminología), hacia la búsqueda de un modo de corregir la situación.

No obstante, este libro no pretende únicamente despertar esas emociones e instar a que emprendamos una acción productiva. Se trata también de un libro de teoría filosófica, dedicado a describir un enfoque que pueda guiar esos esfuerzos y mostrar que tal aproximación es mejor que otras teorías que se están aplicando actualmente en este terreno. La lucha por mejorar la suerte de los animales y por subsanar los abusos precisa de muchas cosas: activismo valiente; labor jurídica entregada e ingeniosa; organizaciones dedicadas a las vidas animales, con militantes comprometidos; donaciones a esas organizaciones; investigaciones científicas creativas y rigurosas; iniciativas para comunicar la belleza, las asombrosas capacidades y las dificultades actuales de los animales a un público masivo a través del periodismo, el cine y el arte visual. Todos los lectores de este libro pueden encontrar su propio papel en este esfuerzo colectivo en función de las situaciones y las capacidades de cada uno. Incluso en el seno de la filosofía, son muchos y muy diferentes los proyectos que pueden realizar aportaciones valiosas: estudios sobre la naturaleza de la mente, o sobre la percepción y la sintiencia, o sobre la estructura de las emociones... Estos y otros proyectos hacen contribuciones muy concretas al mejor conocimiento y comprensión de las vidas de los animales.

Pero la lucha necesita también una teoría filosófico-política en la que enmarcarse. Las teorías orientan los esfuerzos de las personas; destacan algunas cosas y minimizan otras; instan al derecho a encaminar sus esfuerzos por unos derroteros en vez de por otros. Y ocurre también (demasiado a menudo) que las teorías defectuosas orientan mal: ignoran cuestiones de suma importancia y hacen que centremos en exceso nuestro interés en un grupo demasiado limitado o distorsionado de aspectos. La teoría procura a los abogados y a los políticos una lente a través de la que observar el mundo y, muchas veces, puede inducirlos a ignorar cosas importantes que las personas advertimos muy claramente en nuestras vidas cotidianas. Cuando eso ocurre, la necesidad de la teoría se hace mucho mayor, porque lo que se requiere entonces ya no es una teoría más, sino una «contrateoría»: una que, mediante argumentos convincentes, muestre los defectos de las malas teorías y proponga un sustituto de estas (un sustituto que, en muchos casos, servirá para rescatar esas percepciones diarias de la gente de la desatención de la que estaban siendo objeto y de la inefectividad a la que se las estaba condenando).

Las teorías que han guiado a la humanidad hasta el momento a la hora de enfocar la cuestión de las vidas animales han tenido aspectos prometedores, pero también otros más toscos o distorsionadores. Yo diría que, en el fondo, con una simple revisión de sus respectivos postulados, las tres teorías cuyos defectos he repasado aquí podrían admitir principios políticos basados en el enfoque de las capacidades. El enfoque kantiano de Korsgaard podría poner mayor énfasis en su propia (y profunda) idea de que los animales son fines en sí mismos y restárselo a sus postulados sobre la excepcionalidad moral humana, que son una distracción que nos alejaría de la formación de un consenso político sobre principios. Por su parte, los utilitaristas podrían trabajar sobre las sutiles reflexiones incluidas en la teoría de Mill, más que sobre la visión de Bentham, más reduccionista. Incluso el antropocéntrico enfoque del «fuerte parecido con nosotros» puede formar parte del «consenso entrecruzado» si resta relevancia a la similitud con los humanos como fuente de principios legales y políticos, e incorpora la admiración y el respeto a la diferencia. Hay motivos para pensar que una teoría de ese tipo podría evolucionar justamente en esa dirección, dado que se trata de un enfoque inspirado inicialmente en las ideas cristianas sobre la naturaleza como creación divina, y sobre el ser humano como administrador («mayordomo») responsable de esa naturaleza, más que como su arrogante dominador. De hecho, en fecha reciente, cuando un grupo de científicos expertos en delfines pidió al más sensible exponente filosófico actual del enfoque del «fuerte parecido con nosotros», Thomas White, que escribiera para ellos un artículo sobre ética, este les recomendó como mejor modelo orientador en ese terreno no su antigua teoría antropocéntrica, sino... ¡el enfoque de las capacidades![1]

El enfoque de las capacidades puede responder mejor que esas otras teorías a los hechos que hoy conocemos sobre las vidas de los animales; es decir, a la asombrosa diversidad de aptitudes y actividades de los animales, o a sus capacidades para establecer valores y formar redes sociales, para el aprendizaje cultural o para la amistad y el amor. Si Jeremy Bentham se encontrase cara a cara con la ballena Hal, o con la perra Lupa, o con la Emperatriz de Blandings (y no olvidemos que Bentham estaba muy encariñado de un cerdo criado al aire libre que solía acompañarle en sus paseos),[2] alguien como él, persona de gran sensibilidad e inteligencia, probablemente apreciaría todos esos aspectos de las vidas de esas criaturas. El problema es que en su teoría «oficial» no tienen cabida muchas de las cosas que un amigo de los animales concienciado sobre la situación de estos puede ver hoy. El EC está construido sobre la idea de que debemos fijarnos bien en lo que cada vida animal contiene y valora, y debemos proteger (sin reduccionismos) los elementos más importantes de todo ese diverso conjunto de aspiraciones vitales. Ya he mostrado hasta qué punto el EC es una buena guía práctica de nuestro pensamiento cuando nos preguntamos si los zoos son aceptables, o cuando elaboramos leyes y políticas tanto sobre los animales salvajes como sobre los de compañía, o cuando afrontamos los puntos débiles del derecho internacional a la hora de proteger a los mamíferos marinos del hostigamiento humano, o cuando tratamos de explicar qué tienen de horrible las actuales granjas industriales, o cuando tratamos de concretar el daño que causan las fábricas de cachorros. Estos son solo ejemplos, pero existen innumerables problemas y cuestiones más en los que un enfoque específico según la especie, orientado a las formas de vida, puede ayudarnos mucho a imaginar un mundo más justo.

Los políticos y los académicos suelen hablar de la «justicia global» como un objetivo que deberíamos perseguir. El problema es que, con demasiada frecuencia, sus iniciativas y proyectos no son verdaderamente «globales», ya que lo que suelen entender como tal es la justicia para todos los seres humanos con independencia del lugar en el que vivan. Ese, sin duda, es ya de por sí un ideal muy noble al que deberíamos aspirar. Pero, mientras tanto, no debemos olvidar que una justicia genuinamente global será aquella que asuma también la responsabilidad de proteger los derechos de todas las criaturas sintientes, vivan donde vivan: en la tierra, en el mar o en el aire. Y que debe ser realmente «justicia», es decir, orientada —como ya he dicho— a suprimir las barreras que impiden que las criaturas sintientes se esfuercen por alcanzar los fines a los que aspiran.

La nuestra es la era de un gran despertar: el despertar de la conciencia de nuestro parentesco con un mundo de asombrosas criaturas inteligentes y de nuestra responsabilización real por nuestro modo de tratarlas. El enfoque de las capacidades es el mejor aliado teórico de todos los humanos concienciados que trabajan por ese despertar y por esa responsabilización. Tenemos la responsabilidad colectiva de reivindicar los derechos de los animales y, por fin, estamos empezando a afrontarla, pero necesitamos una teoría adecuada que nos guíe. Creo que ahora tenemos una y, aunque sin duda presenta aún múltiples defectos, estos serán subsanables con un buen trabajo futuro.

La tarea que tenemos por delante puede parecer abrumadora. Son tantas las cosas malas que ocurren, es tanto el sufrimiento, es tanto el conato animal (la aspiración de libertad de movimiento, de buena salud y de vida social) frustrado... Son tantas las personas que ganan dinero con esa frustración y con ese sufrimiento... Y los animales se encuentran en una posición tan terriblemente débil en el mundo actual, y sus aliados entre los humanos parecen a menudo tan debilitados también (frente al poder de la industria cárnica, o frente a la astucia de los cazadores furtivos, o frente al interminable torrente de basura plástica, o frente a la polución sónica causada por las «bombas de aire comprimido» submarinas detonadas por la industria petrolera)... Aun así, creo que la nuestra es una era de grandes esperanzas para el futuro de los animales.

Pensemos un momento en la esperanza.[3] Tener esperanza no es algo que dependa de las probabilidades. Si tenemos un pariente enfermo, podemos tener esperanza por él aunque no tenga un buen pronóstico; y podemos tener miedo (lo opuesto a la esperanza), aunque el pronóstico parezca bueno. Una emoción y la otra representan ángulos de visión diferentes, modos distintos de ver un futuro incierto que no controlamos. Y ambas emociones difieren también en cuanto a los esfuerzos que inspiran. El miedo inmoviliza a las personas y, a menudo, las vuelve indecisas. La esperanza las anima y les da alas. Es como ver el vaso medio lleno en vez de medio vacío, pero el caso es que el ángulo de visión tiene una inmensa importancia práctica. Por eso dijo Immanuel Kant que todos tenemos el deber de cultivar la esperanza en nuestro interior, una esperanza que nos sostenga en nuestros afanes prácticos. Y creo que Kant tenía razón. Todos debemos ser personas esperanzadas si creemos que nuestros esfuerzos son importantes y que, de hecho, forman parte de nuestra responsabilidad colectiva.

Podemos cultivar la esperanza simplemente impulsándola con nuestra admiración y nuestro amor. Pero también tenemos razones concretas para tener esperanza en este momento particular. Muchas personas saben ahora mucho más sobre animales, los ven (de cerca, en el cine o en la televisión) o se preocupan por ellos y los cuidan del modo correcto (no basándose en una fantasía narcisista). Esta revolución en nuestra concienciación ha producido ya novedades y cambios políticos muy concretos.

- Ahí está la reciente restauración del conjunto de protecciones de las aves vigentes bajo la Ley del Tratado de Aves Migratorias de 1918 que se derogaron durante el anterior mandato presidencial en Estados Unidos.[4] Hoy vuelve a ser ilegal la muerte accidental de aves resultante de la actividad industrial.
- Ahí está el proyecto de una Ley de Bienestar Animal de gran envergadura presentado en la Cámara de los Lores británica, que se basa en los recientes trabajos científicos sobre la sintiencia y la emoción animales, y que hará que el Gobierno de ese país tenga que considerar cómo afectan todas y cada una de sus políticas —y no solo las directamente relacionadas con animales— al bienestar de todas las criaturas sintientes.[5] Este proyecto de ley terminará concretándose en un conjunto de leyes más específicas y parece contar con un amplio apoyo parlamentario.
- Ahí está la extraordinaria sentencia del tribunal federal estadounidense del Distrito Sur de Ohio, de 20 de octubre de 2021, que reconoce a los hipopótamos el estatus de personas desde un punto de vista legal, conforme a una ley federal que autoriza a las «personas que sean partes interesadas» a solicitar permiso para prestar declaraciones que se puedan usar en un proceso judicial extranjero (es la primera vez que un tribunal estadounidense reconoce ese estatus de persona a un animal). Los hipopótamos en cuestión, que Pablo Escobar llevó a Colombia, se han vuelto tan numerosos en aquel país que el Gobierno ideó un plan para matar un gran número de ellos. Como la ley colombiana sí reco-

noce legitimación procesal a los animales, los hipopótamos son la parte demandante en un proceso judicial con el que sus representantes piden detener esa matanza, y varios expertos estadounidenses han solicitado que se les tome declaración para aportarla a la causa. Así que, siguiendo una ruta bastante peculiar, y sin cambiar las ideas —mucho más restrictivas— que en nuestro país rigen a propósito de la legitimación procesal, un tribunal estadounidense ha llegado a una trascendental conclusión en un trascendental dictamen.[6] (No sienta precedente, porque se basa en la decisión de la ley colombiana de reconocer legitimación procesal a los hipopótamos, pero sí sugiere por dónde pueden ir los tiros a partir de ahora, sin olvidar que el propio concepto —más inclusivo— de legitimación procesal en el derecho colombiano es también un buen motivo para el optimismo.)[7]
- Ahí está la aprobación de la Ley de Edificios Seguros para las Aves por parte del legislativo del estado de Illinois en julio de 2021. Esta norma, firmada por el gobernador Pritzker, obligará a partir de ahora al uso de técnicas de construcción benignas para las aves en la edificación (o en las reformas) de inmuebles que sean propiedad del estado de Illinois. También requerirá que, siempre que sea posible, la iluminación exterior de los edificios esté adecuadamente cubierta para proteger a la fauna silvestre.[8] La construcción privada (en nuestra universidad, por ejemplo) también está empezando a seguir las directrices establecidas en esa ley.

Estas y otras muchas novedades políticas concretas ponen de manifiesto que el cambio es posible, y muestran también que ese cambio depende de todos nosotros: este tipo de modificaciones son políticas y frágiles. Dependen de la participación de una ciudadanía concienciada que se implique en el proceso político, que es una de las vías por las que todos nosotros podemos (y debemos) ejercer nuestra responsabilidad colectiva.

Ahora bien, por esta misma razón, y dada la inestabilidad de la política, esas novedades también pueden parecer logros terriblemente frágiles, más que motivos para la esperanza. Ya he dicho que la esperanza es un sentimiento que no requiere de motivos. No obstante, siempre que necesitemos coraje con el que alimentarlo, será de más ayuda fijar nuestro pensamiento en ejemplos de progreso que en los de retroceso (aun cuando ciertas noticias terribles, como el reciente vertido de petróleo frente a las costas de California, que ya ha matado a un sinfín de criaturas marinas,[9] también pueden inspirar indignación e inducirnos a la acción política). Como ejemplo sólido de un cambio positivo que difícilmente se va a revertir, pensemos en el éxito comercial extraordinario, casi increíble, de los productos hechos con «carne» vegetal, a los que pronto seguirá la opción adicional de la carne cultivada en laboratorio (que será, esa sí, «real», aunque sin necesidad de matar a animal alguno) comercializada por la empresa estadounidense Eat Just, cuya venta al público ya se ha aprobado en Singapur y que, en breve, sin duda también se aprobará en el resto del mundo.[10] Si algo obstaculiza el cambio, es el dinero que mucha gente gana con la explotación animal. Pero ahora también se puede ganar dinero con empresas e iniciativas que hacen mucho bien. Estos cambios y novedades evidencian que los amigos de los animales pueden apuntarse cada vez más victorias sin penosas luchas y sacrificios, simplemente gracias a que la gente está interesada en dietas más sanas y a que cada vez son más las personas que, si se les da a elegir, optan por la justicia.

A cada lector se le ocurrirán ejemplos parecidos de cosas que se pueden hacer (y que se están haciendo), muchas de ellas mencionadas ya en este libro. Pensar en ellas facilita la esperanza y renueva nuestro ánimo mientras nos esforzamos por materializar nuestras aspiraciones. Pues, en definitiva, a nuestro particular modo todos somos animales y nos esforzamos por lograr los objetivos que valoramos, y todos vemos a menudo frustrado ese esfuerzo. Pero no siempre; sobre todo, no cuando podemos unirnos para alcanzar nuestras metas compartidas.

Espero que los lectores de este libro se sientan motivados —cada uno a su muy diferente modo— para optar por la justicia y convertirse en amantes de la vida animal: desde la admiración, desde la compasión, desde la indignación... y desde la esperanza.

AGRADECIMIENTOS

Este libro se ha desarrollado a lo largo de varios años, así que son muchas las personas a las que tengo que dar las gracias. Ante todo, le estoy muy profundamente agradecida a mi hija, ya fallecida, Rachel Nussbaum Wichert (1972-2019), una abogada que trabajaba como especialista en derecho político y administrativo para la organización Friends of Animals en su División de Fauna Salvaje en Denver, con una labor centrada particularmente en los mamíferos marinos. Ya he hablado de sus aportaciones en la introducción del libro y estas son visibles a lo largo y ancho de este trabajo. A través de Rachel, pude conocer también a las personas que trabajan en Friends of Animals, y de ellas (y de su inspiradora labor en el terreno jurídico) he aprendido muchísimo. Mi deuda con ellos, pues, es grande y, en especial, con Michael Harris, director de la División de Fauna Salvaje, y con Priscilla Feral, directora de la organización en su conjunto. El marido de Rachel, Gerd, continúa enamorado de las orcas y de otros cetáceos, y le doy las gracias por el cariñoso apoyo que ha prestado a este proyecto.

Durante la preparación del libro, he tenido la gran fortuna de contar con ayudantes de investigación de un gran talento y una muy elevada atención por los detalles, contribuidores todos ellos en muy buena medida al resultado final. Su contribución ha sido mayor incluso de la que suelen hacer de por sí mis ayudantes en cualquiera de los libros que escribo, ya que este ha requerido de una gran labor de investigación y de aprendizaje. Los cito por orden cronológico: Matthew Guillod, Jared Mayer, Tony Leyh, Claudia Hogg-Blake y Cameron Steckbeck. En las fases finales del trabajo, presenté un borrador en un seminario de posgrado con doce maravillosos estudiantes, algunos de derecho y otros de filosofía, y sus comentarios fueron tan valiosos que no puedo menos que mencionarlos a todos por sus nombres y apellidos: Franchesca Alamo, Michael Buchanan, Spencer Caro, Ben Conroy, Kristen De Man, Benjamin Elmore, Micah Gibson, Jack Johanning, Psi Simon, Cameron Steckbeck, Nico Thompson-Lleras y Andres Vodanovic.

Como siempre, las rigurosas críticas de mis colegas de la Facultad de Derecho de la Universidad de Chicago, tanto en nuestros «Talleres de Trabajos en Elaboración» como en comentarios por escrito a varios de los capítulos, han representado una contribución inmensa para el resultado del libro, y estoy especialmente agradecida a Lee Fennell, Brian Leiter, Saul Levmore y Richard McAdams. También expuse borradores tempranos en talleres de las facultades de derecho de las universidades de Nueva York y de Yale, y di una charla relacionada en el Congreso de Estudiantes de Posgrado de Ciencia Política de Harvard, y fue mucho lo que aprendí en todas esas ocasiones. Me siento particularmente en deuda con Sam Scheffler, Jeremy Waldron, Thomas Nagel, Priya Menon y Doug Kysar.

Stuart Roberts, mi editor en Simon & Schuster, se ha portado fantásticamente bien conmigo y no ha dejado de enviarme comentarios de suma utilidad a lo largo de todo el proceso.

BIBLIOGRAFÍA

ACKERMAN, Jennifer (2016): *The Genius of Birds*, Nueva York, Penguin (trad. cast.: *El ingenio de los pájaros*, Barcelona, Ariel, 2017).

— (2020): *The Bird Way: A New Look at How Birds Talk, Work, Play, Parent, and Think*, Nueva York, Penguin (trad. cast.: *La conducta de los pájaros: Una mirada a sus comportamientos más intrigantes*, Barcelona, Ariel, 2021).

AGUIRRE, Jessica Camille (2019): «Australia Is Deadly Serious about Killing Millions of Cats», *New York Times*, 25 de abril.

AKHTAR, Aysha (2015): «The Flaws and Human Harms of Animal Experimentation», *Cambridge Quarterly of Healthcare Ethics*, 24, 4, págs. 407-419.

ALTER, Robert (2004): *The Five Books of Moses: A Translation with Commentary*, Nueva York, W. W. Norton.

AMERICAN Anti-Vivisection Society v. United States Department of Agriculture, 946 F.3d 615, Circuito del D. C., 2020.

AMOS, Jonathan (2015): «Knut Polar Bear Death Riddle Solved». BBC News, 27 de agosto.

ANGIER, Natalie (2021): «What Has Four Legs, a Trunk and a Behavioral Database?», *New York Times*, 4 de junio.

ANIMAL Legal Defense Fund (2021): «Animals Recognized as Legal Persons for the First Time in U.S. Court», 20 de octubre, <https://aldf.org/article/animals-recognized-as-legal-persons-for-the-first-time-in-u-s-court>.

ANIMAL Legal Defense Fund v. Espy, 23 F.3d 496, Circuito del D. C., 1994.

ANIMAL Legal Defense Fund v. Glickman, 154 F.3d 426, Circuito del D. C., 1998.

ASSOCIATED Press (2020): «Iowa AG: Groups Involved in Puppy-Laundering Ring to Disband», 25 de marzo, <https://apnews.com/article/8f5dada41cb7a4afc25403d4c93365f5>.

BALCOMBE, Jonathan (2016): *What a Fish Knows: The Inner Lives of Our Underwater Cousins*, Nueva York, Scientific American/Farrar, Straus and Giroux (trad. cast.: *El ingenio de los peces*, Barcelona, Ariel, 2018).

Batson, C. Daniel (2011): *Altruism in Humans*, Nueva York, Oxford University Press.

Beam, Christopher (2009): «Get This Rat a Lawyer!», *Slate*, 14 de septiembre.

Beauchamp, Tom L., y David DeGrazia (2020): *Principles of Animal Research Ethics*, Nueva York, Oxford University Press.

Bekoff, Marc (2008): *The Emotional Lives of Animals: A Leading Scientist Explores Animal Joy, Sorrow, and Empathy—and Why They Matter*, San Francisco, New World Library (trad. cast.: *La vida emocional de los animales: Un destacado científico explora la alegría, el dolor y la empatía de los animales y el por qué importan*, Barcelona, Altarriba, 2008).

Bendik-Keymer, Jeremy (2017): «The Reasonableness of Wonder», *Journal of Human Development and Capabilities*, 18, 3, págs. 337-355.

— (2021a): «Beneficial Relations between Species and the Moral Responsibility of Wondering», *Environmental Politics*, 30, <https://doi.org/10.1080/09644016.2020.1868818>.

— (2021b): «The Other Species Capability and the Power of Wonder», *Journal of Human Development and Capabilities*, 22, 1, págs. 154-179, <https://doi.org/10.1080/19452829.2020.1869191>.

Benhabib, Seyla (1995): «Cultural Complexity, Moral Independence, and the Global Dialogical Community», en Martha C. Nussbaum y Jonathan Glover (eds.), *Women, Culture and Development*, Oxford (Inglaterra), Oxford University Press.

Bentham, Jeremy (1780): *An Introduction to the Principles of Morals and Legislation*, reedición de 1948, Nueva York, Hafner (trad. cast.: *Introducción a los principios de la moral y la legislación, 1781*, Barcelona, Marbot, 2015).

— (2013): *Not Paul, but Jesus*, Project Gutenberg, <https://www.gutenberg.org/ebooks/42984> (trad. cast.: «No Pablo, sino Jesús», en *Sobre el homoerotismo: Tres ensayos inéditos*, Pamplona, Laetoli, 2021).

Berger, Karen (2020): «Snorkeling and Diving with Dolphins in Eilat, Israel», *BucketTripper*, 25 de febrero, <https://www.buckettripper.com/snorkeling-and-diving-with-dolphins-in-eilat-israel>.

Bever, Lindsey (2019): «A Trail Runner Survived a Life-or-Death "Wrestling Match" with a Mountain Lion. Here's His Story», *Washington Post*, 15 de febrero.

BirdLife International (2017): «10 Amazing Birds That Have Gone Extinct», 24 de enero, <https://www.birdlife.org/news/2017/01/24/10-amazing-birds-have-gone-extinct>.

Botkin, Daniel B. (1996): «Adjusting Law to Nature's Discordant Harmonies», *Duke Environmental Law & Policy Forum*, 7, págs. 25-38.

Bradshaw, Karen (2020): *Wildlife as Property Owners: A New Conception of Animal Rights*, Chicago, University of Chicago Press.

Braithwaite, Victoria (2010): *Do Fish Feel Pain?*, Nueva York, Oxford University Press.

Brink, David O. (2013): *Mill's Progressive Principles*, Oxford (Inglaterra), Clarendon Press.

Brulliard, Karin (2018): «A Judge Just Raised Deep Questions about Chimpanzees' Legal Rights», *Washington Post*, 9 de mayo.

Brulliard, Karin, y William Wan (2019): «Caged Raccoons Drooled in 100-Degree Heat. But Federal Enforcement Has Faded», *Washington Post*, 22 de agosto.

Burgess-Jackson, Keith (1998): «Doing Right by Our Animal Companions», *The Journal of Ethics*, 2, págs. 159-185.

Burkert, Walter (1966): «Greek Tragedy and Sacrificial Ritual», *Greek, Roman and Byzantine Studies*, 7, págs. 87-121.

Campos Boralevi, Lea (1984): *Bentham and the Oppressed*, Berlín, Walter de Gruyter.

Carrington, Damian (2020): «No-Kill, Lab-Grown Meat to Go on Sale for First Time», *Guardian*, 1 de diciembre.

Cetacean Community v. Bush, 386 F.3d. 1169, 9.º Circuito, 2004.

Chicago Zoological Society (2021): «Media Statement: Update on Amur Tiger's Second Surgery at Brookfield Zoo», 1 de febrero, <https://www.czs.org/Chicago-Zoological-Society/About/Press-room/2021-Press-Releases/Update-on-Amur-Tiger's-Second-Surgery-at-Brookfield>.

Código Municipal de Chicago, § 4-384-015 (ordenanza), 2014.

Colb, Sherry F. (2013): *Mind If I Order the Cheeseburger?: And Other Questions People Ask Vegans*, Nueva York, Lantern.

Cole, David (2014): «Our Nudge in Chief», *The Atlantic*, mayo.

Comay del Junco, Elena (2020): «Aristotle's Cosmological Ethics», tesis doctoral, Chicago (Illinois), Universidad de Chicago.

Community of Hippopotamuses Living in the Magdalena River v. Ministerio de Ambiente y Desarrollo Sostenible, 1:21MC00023, Distrito Sur de Ohio, 2021.

Connor, Michael (2021): «Progress, Change and Opportunity: Managing Wild Horses on the Public Lands», The Hill, 12 de marzo.

Consejo Nuffield de Bioética (2005): *The Ethics of Research Involving Animals*, <https://www.nuffieldbioethics.org/assets/pdfs/The-ethics-of-research-involving-animals-full-report.pdf>.

Cowperthwaite, Gabriela (dir.) (2013): *Blackfish*, CNN Films.

Crawley, William (2006): «Peter Singer Defends Animal Experimentation», BBC, 26 de noviembre.

Damasio, Antonio (1994): *Descartes' Error: Emotion, Reason and the Human Brain*, Nueva York, G. P. Putnam's Sons (trad. cast.: *El error de Descartes: La emoción, la razón y el cerebro humano*, Barcelona, Andrés Bello, 1996).

D'Amato, Anthony, y Sudhir K. Chopra (1991): «Whales: Their Emerging Right to Life», *The American Journal of International Law*, 85, 1, págs. 21-62.

Dawkins, Marian Stamp (2012): *Why Animals Matter: Animal Consciousness, Animal Welfare, and Human Well-Being*, Nueva York, Oxford University Press.

De Lazari-Radek, Katarzyna, y Peter Singer (2014): *The Point of View of the Universe: Sidgwick and Contemporary Ethics*, Nueva York, Oxford University Press.

Delon, Nicolas (2021): «Animal Capabilities and Freedom in the City», *Journal of Human Development and Capabilities*, 22, 1, págs. 131-153, <https://doi.org/10.1080/19452829.2020.1869190>.

Devlin, Patrick (1959): *The Enforcement of Morals*, Oxford (Inglaterra), Oxford University Press (trad. cast.: *La imposición de la moral*, Madrid, Dykinson, 2010).

De Waal, Frans (1989): *Peacemaking among Primates*, Cambridge (Massachusetts), Harvard University Press.

— (1996): *Good Natured: The Origins of Right and Wrong in Humans and Other Animals*, Cambridge (Massachusetts), Harvard University Press (trad. cast.: *Bien natural: Los orígenes del bien y del mal en los humanos y otros animales*, Barcelona, Herder, 1997).

— (2006): *Primates and Philosophers: How Morality Evolved*, Princeton (Nueva Jersey), Princeton University Press (trad. cast.: *Primates y filósofos: La evolución de la moral del simio al hombre*, Barcelona, Paidós, 2007).

— (2019): *Mama's Last Hug: Animal Emotions and What They Tell Us about Ourselves*, Nueva York, W. W. Norton (trad. cast.: *El último abrazo: Las emociones de los animales y lo que nos cuentan de nosotros*, Barcelona, Tusquets, 2019).

Dickens, Charles (1854): *Hard Times*, reedición de 2021, Project Gutenberg, <https://www.gutenberg.org/ebooks/786> (trad. cast.: *Tiempos difíciles*, Madrid, Cátedra, 1992).

Directiva 2008/120/CE del Consejo Europeo, de 18 de diciembre de 2008, relativa a las normas mínimas para la protección de cerdos.

Donaldson, Sue, y Will Kymlicka (2011): *Zoopolis: A Political Theory of Animal Rights*, Oxford (Inglaterra), Oxford University Press (trad. cast.: *Zoópolis: Una revolución animalista*, Madrid, Errata Naturae, 2018).

Dorsey, Kurkpatrick (2014): *Whales and Nations: Environmental Diplomacy on the High Seas*, Seattle, University of Washington Press.

Dworkin, Gerald (1988): *The Theory and Practice of Autonomy*, Cambridge (Inglaterra), Cambridge University Press.

Elk Grove Unified School District v. Newdow, 542 U.S.1, 2004.

Elster, Jon (1983): *Sour Grapes: Studies in the Subversion of Rationality*, Cambridge (Inglaterra), Cambridge University Press (trad. cast.: *Uvas amargas: Sobre la subversión de la racionalidad*, Barcelona, Península, 1988).

Emery, Nathan (2016): *Bird Brain: An Exploration of Avian Intelligence*, Princeton (Nueva Jersey), Princeton University Press (trad. cast.: *A vuelo de pájaro: La extraordinaria inteligencia de las aves*, Barcelona, Promopress, 2017).

Favre, David (2000): «Equitable Self-Ownership for Animals», *Duke Law Journal*, 50, págs. 473-502.

— (2010): «Living Property: A New Status for Animals within the Legal System», *Marquette Law Review*, 93, págs. 1021-1070.

Feingold, Lindsey (2019): «Big Cities, Bright Lights and up to 1 Billion Bird Collisions», NPR, 7 de abril.

Fischer, John Martin (1993): *The Metaphysics of Death*, Palo Alto (California), Stanford University Press.

— (2019): *Death, Immortality, and Meaning in Life*, Nueva York, Oxford University Press.

Fitzmaurice, Malgosia (2015): *Whaling and International Law*, Cambridge (Inglaterra), Cambridge University Press.

— (2017): «International Convention for the Regulation of Whaling», United Nations Audiovisual Library of International Law, <https://legal.un.org/avl/pdf/ha/icrw/icrw_e.pdf>.

Francione, Gary L. (2008): *Animals as Persons: Essays on the Abolition of Animal Exploitation*, Nueva York, Columbia University Press.

Francione, Gary L., y Anna Charlton (2015): *Animal Rights: The Abolitionist Approach*, Nueva York, Exempla (trad. cast.: *Derechos animales: El enfoque abolicionista*, Nueva York, Exempla, 2018).

Friedman, Lisa (2021): «Trump Administration, in Parting Gift to Industry, Reverses Bird Protections», *New York Times*, 5 de enero.

Friedman, Lisa, y Catrin Einhorn (2021): «Biden Administration Restores Bird Protections, Repealing Trump Rule», *New York Times*, 29 de septiembre.

Fujise, Dr. Yoshihiro (2020): «Foreword», en *Technical Reports of the Institute of Cetacean Research* (*TERPEP-ICR*), 4, diciembre, Tokio, Instituto de Investigaciones Cetáceas (Institute of Cetacean Research, ICR).

Furley, David (1986): «Nothing to Us?», en Malcom Schofield y Gisela Striker (eds.), *The Norms of Nature*, Cambridge (Inglaterra), Cambridge University Press (trad. cast.: «¿Nada para nosotros?», en *Las normas de la naturaleza: Estudios de ética helenística*, Buenos Aires, Manantial, 1993, págs. 84-100).

Giggs, Rebecca (2020): *Fathoms: The World in the Whale*, Nueva York, Simon & Schuster.

Gillespie, Alexander (2005): *Whaling Diplomacy: Defining Issues in International Environmental Law*, Northampton (Massachusetts), Edward Elgar.

Godfrey-Smith, Peter (2016): *Other Minds: The Octopus, the Sea, and the Deep*

Origins of Consciousness, Nueva York, Farrar, Straus and Giroux (trad. cast.: *Otras mentes: El pulpo, el mar y los orígenes profundos de la consciencia*, Barcelona, Taurus, 2017).

GORDON, Yvonne (2020): «A Fun-Loving Dolphin Disappears into the Deep, and Ireland Fears the Worst», *Washington Post*, 23 de octubre.

GOWDY, Barbara (1999): *The White Bone*, Nueva York, HarperCollins (trad. cast.: *El tesoro blanco*, Madrid, Maeva, 2000).

HARE, Richard M. (1999): «Why I Am Only a Demi-Vegetarian», en Dale Jamieson (ed.), *Singer and His Critics*, Hoboken (Nueva Jersey), Wiley-Blackwell.

HARRIS, Michael Ray (2021): «What Happy Deserves: Elephants Have Rights Too, at Least They Should», *New York Daily News*, 30 de agosto.

HARVEY, Fiona (2021), «Animals to Be Formally Recognised as Sentient Beings in UK Law», *Guardian*, 12 de mayo.

HASAN, Zoya, Aziz Z. Huq, Martha C. Nussbaum y Vidhu Verma (eds.) (2018): *The Empire of Disgust: Prejudice, Discrimination, and Policy in India and the U.S.*, Nueva York, Oxford University Press.

HEGEDUS, Chris, y D. A. Pennebaker (dirs.) (2016): *Unlocking the Cage*, Pennebaker Hegedus Films y HBO Documentary Films.

HINERFELD, Daniel, y Michelle Dougherty (dirs.) (2016): *Sonic Sea*, Imaginary Forces.

HOLLAND, Breena, y Amy Linch (2017): «Cultural Killing and Human-Animal Capability Conflict», *Journal of Human Development and Capabilities*, 18, 3, junio, págs. 322-336.

HOLLINGSWORTH v. Perry, 570 U.S. 693, 2013.

HOLMAN, Gregory J. (2020): «Missouri Tops "Horrible Hundred" Puppy Mill Report Again, but Has More Enforcement than Some States», *Springfield News-Leader*, 11 de mayo.

HORWITZ, Joshua (2015): *War of the Whales: A True Story*, reedición, Nueva York, Simon & Schuster.

HUMANE Society of the United States v. Babbitt, 46 F.3d 93, Circuito del D. C., 1995.

INSTITUTE of Cetacean Research v. Sea Shepherd Conservation Society, 725 F.3d 940, 9.° Circuito, 2013.

JAMES, Henry (1897), *What Maisie Knew*, reedición de 2021, Project Gutenberg, <https://www.gutenberg.org/ebooks/7118> (trad. cast.: *Lo que Maisie sabía*, Barcelona, Seix Barral, 1971).

JAPAN Whaling Association v. American Cetacean Society, 478 U.S. 221, 1986.

KAHAN, Dan M., y Tracey L. Meares (2014): «When Rights Are Wrong», *Boston Review*, 5 de agosto.

KANT, Immanuel (1785): *Groundwork of the Metaphysics of Morals*, trad. inglesa de Mary Gregor y Jens Timmermann, 2.ª ed. de 2012, Cambridge (Inglaterra),

Cambridge University Press (trad. cast: *Fundamentación para una metafísica de las costumbres*, Madrid, Alianza, 2002).

— (1788): *Critique of Practical Reason*, trad. inglesa de Mary Gregor, 2.ª ed. de 1955, Cambridge (Inglaterra), Cambridge University Press (trad. cast.: *Crítica de la razón práctica*, Madrid, Alianza, 2000).

— (1798): *Anthropology from a Pragmatic Point of View*, trad. inglesa de Mary Gregor, ed. de 1974, La Haya, Martinus Nijhoff (trad. cast.: *Antropología en sentido pragmático*, Madrid, Alianza, 1991).

Karpinski, Stanislaw, y otros (1999): «Systemic Signaling and Acclimation in Response to Excess Excitation Energy in Arabidopsis», *Science*, 284, 5.414, 23 de abril, págs. 654-657.

Katz, Jon (2004): *The New Work of Dogs: Tending to Life, Love, and Family*, Nueva York, Random House.

Kitcher, Philip (2015): «Experimental Animals», *Philosophy & Public Affairs*, 43, 4, otoño, págs. 287-311.

Kittay, Eva (1999): *Love's Labor: Essays on Women, Equality, and Dependency*, Nueva York, Routledge.

Korsgaard, Christine (1981): «The Standpoint of Practical Reason», tesis doctoral, Cambridge (Massachusetts), Universidad de Harvard.

— (1996a): *Creating the Kingdom of Ends*, Nueva York, Cambridge University Press (trad. cast.: *La creación del reino de los fines*, Ciudad de México, Universidad Nacional Autónoma de México, 2011).

— (1996b): *The Sources of Normativity*, Cambridge (Inglaterra), Cambridge University Press (trad. cast.: *Las fuentes de la normatividad*, Ciudad de México, Universidad Nacional Autónoma de México, 2000).

— (2004): «Fellow Creatures: Kantian Ethics and Our Duties to Animals», en Grethe B. Peterson (ed.), *Tanner Lectures on Human Values*, 25/26, Salt Lake City, University of Utah Press.

— (2006): «Morality and the Distinctiveness of Human Action», en De Waal, *Primates and Philosophers: How Morality Evolved*, ed. de Stephen Macedo y Josiah Ober, Princeton (Nueva Jersey), Princeton University Press (trad. cast.: «La moralidad y la singularidad de la acción humana», en De Waal, *Primates y filósofos: La evolución de la moral del simio al hombre*, Barcelona, Paidós, 2007, págs. 131-153).

— (2013): «Kantian Ethics, Animals, and the Law», *Oxford Journal of Legal Studies*, 33, 4, invierno, págs. 629-648.

— (2018a): «The Claims of Animals and the Needs of Strangers: Two Cases of Imperfect Right», *Journal of Practical Ethics*, 6, 1, julio, págs. 19-51.

— (2018b): *Fellow Creatures: Our Obligations to the Other Animals*, Nueva York, Oxford University Press.

KRAUT, Richard H. (2010): «What Is Intrinsic Goodness?», *Classical Philology*, 105, 4, 1 de octubre, págs. 450-462.

LAZARUS, Richard (1991): *Emotion and Adaptation*, Nueva York, Oxford University Press.

LEAR, Jonathan (2008): *Radical Hope: Ethics in the Face of Cultural Devastation*, Cambridge (Massachusetts), Harvard University Press.

LEE, Ascha, (2021): «UChicago Animal Rights Philosopher Fights for Bronx Zoo Elephant's Freedom», WBBM, 30 de agosto.

LEE, Jadran (2003): «Bentham on Animals», tesis doctoral, Chicago (Illinois), Universidad de Chicago.

LEONARD, Pat (2020): «Study: Air Pollution Laws Aimed at Human Health Also Help Birds», *Cornell Chronicle*, 24 de noviembre.

LEVENSON, Eric (2021): «What We Know so Far about the California Oil Spill», CNN, 5 de octubre.

LEY de Bienestar Animal (AWA), 7 U.S.C. § 2131 *et seq.*, 1966.

LEY de Especies en Peligro de Extinción (ESA), 16 U.S.C. § 1531 *et seq.*, 1973.

LEY de los Caballos y Burros en Libertad (WFHBA), 16 U.S.C. § 1331 *et seq.*, 1971.

LEY del Tratado de Aves Migratorias (MBTA), 16 U.S.C. § 703 *et seq.*, 1918.

LEY de Protección de los Mamíferos Marinos (MMPA), 16 U.S.C. § 1361 *et seq.*, 1972.

LINCH, Amy (2021): «Friendship in Captivity? Plato's Lysis as a Guide to Interspecies Justice», *Journal of Human Development and Capabilities*, 22, 1, págs. 108-130, <https://doi.org/10.1080/19452829.2020.1865289>.

«LIST of Migratory Birds», 50 C.F.R. 10.13, 2000, <https://www.govinfo.gov/app/details/CFR-2000-title50-vol1/CFR-2000-title50-vol1-sec10-13>.

LUJAN v. Defenders of Wildlife, 504 U.S. 555, 1992.

LUPO, Lisa (2019): «Rodent Fertility Control: What It Is and Why It's Important», Pest Control Technology, 12 de abril.

MAESTRIPIERI, Dario, y Jill M. Mateo (eds.) (2009): *Maternal Effects in Mammals*, Chicago, University of Chicago Press.

MARITAIN, Jacques (1951): *Man and the State*, Chicago, University of Chicago Press (trad. cast.: *El hombre y el Estado*, Madrid, Encuentro, 1983).

MAYER, Jared B. (2020): «Memorandum to Martha C. Nussbaum», 17 de noviembre.

MCMAHAN, Jeff (2002): *The Ethics of Killing: Problems at the Margins of Life*, Nueva York, Oxford University Press.

— (2010): «The Meat Eaters», *New York Times*, 19 de septiembre.

MILL, John Stuart (1963): *The Collected Works of John Stuart Mill*, ed. de J. M. Robson, Toronto, University of Toronto Press.

MOSS, Cynthia (1988): *Elephant Memories: Thirteen Years in the Life of an Elephant*

Family, Chicago, University of Chicago Press (trad. cast.: *Los elefantes*, Barcelona, Plaza & Janés, 1992).

NAGEL, Thomas (1979): *Mortal Questions*, Cambridge (Inglaterra), Cambridge University Press (trad. cast.: *La muerte en cuestión: Ensayos sobre la vida humana*, Ciudad de México, Fondo de Cultura Económica, 1981).

NAIR v. Union of India, Tribunal Superior de Kerala, n.º 155/1999, junio de 2000.

NARAYAN, Uma (1997): *Dislocating Cultures: Identities, Traditions, and Third-World Feminism*, Nueva York, Routledge.

NATIONAL Research Council (2013): *Workforce Needs in Veterinary Medicine*, Washington (D. C.), National Academies Press.

NATURAL Resources Defense Council, Inc. v. Pritzker, 828 F.3d 1125, 9.º Circuito, 2016.

NEWTON County Wildlife Association v. United States Forest Service, 113 F.3d 110, 8.º Circuito, 1997.

NINEMSN (2017): «Berlin Zoo's Baby Polar Bear Must Die: Activists», 21 de marzo, <https://web.archive.org/web/20070701010523/http://news.ninemsn.com.au/article.aspx?id=255770>.

NORTH Slope Borough v. Andrus, 486 F.Supp. 332, Circuito del D. C., 1980.

NOZICK, Robert (1974): *Anarchy, State, and Utopia*, Nueva York, Basic Books (trad. cast.: *Anarquía, Estado y utopía*, Ciudad de México, Fondo de Cultura Económica, 1988).

NUSSBAUM, Martha C. (1978): *Aristotle's De Motu Animalium*, Princeton (Nueva Jersey), Princeton University Press.

— (1986): *The Fragility of Goodness: Luck and Ethics in Greek Tragedy and Philosophy*, Cambridge (Inglaterra), Cambridge University Press (trad. cast.: *La fragilidad del bien: Fortuna y ética en la tragedia y la filosofía griega*, Madrid, Visor, 1995).

— (1994): *The Therapy of Desire: Theory and Practice in Hellenistic Ethics*, Princeton (Nueva Jersey), Princeton University Press (trad. cast.: *La terapia del deseo: Teoría y práctica en la ética helenística*, Barcelona, Paidós, 2003).

— (1996): *Poetic Justice: The Literary Imagination and Public Life*, Boston, Beacon Press (trad. cast.: *Justicia poética: La imaginación literaria y la vida pública*, Barcelona, Andrés Bello, 1997).

— (2000a): «The Costs of Tragedy: Some Moral Limits of Cost-Benefit Analysis», en Matthew D. Adler y Eric A. Posner (eds.), *Cost-Benefit Analysis: Legal, Economic and Philosophical Perspectives*, Chicago, University of Chicago Press.

— (2000b): *Women and Human Development: The Capabilities Approach*, Nueva York, Cambridge University Press (trad. cast.: *Las mujeres y el desarrollo humano: El enfoque de las capacidades*, Barcelona, Herder, 2002).

— (2001): *Upheavals of Thought: The Intelligence of Emotions*, Nueva York, Cambridge University Press (trad. cast.: *Paisajes del pensamiento: La inteligencia de las emociones*, Barcelona, Paidós, 2008).

— (2004a): *Hiding from Humanity: Disgust, Shame, and the Law*, Princeton (Nueva Jersey), Princeton University Press (trad. cast.: *El ocultamiento de lo humano: Repugnancia, vergüenza y ley*, Buenos Aires, Katz, 2006).

— (2004b): «Mill between Bentham and Aristotle», *Daedalus*, págs. 60-68, reeditado en 2005 en Lulgino Bruni y Pier Luigi Porta (eds.), *Economics and Happiness*, Oxford (Inglaterra), Oxford University Press, págs. 170-183.

— (2006): *Frontiers of Justice: Disability, Nationality, Species Membership*, Cambridge (Massachusetts), Harvard University Press (trad. cast.: *Las fronteras de la justicia: Consideraciones sobre la exclusión*, Barcelona, Paidós, 2007).

— (2008): «Human Dignity and Political Entitlements», en *Human Dignity and Bioethics: Essays Commissioned by the President's Council on Bioethics*, Washington (D. C.), Consejo Presidencial sobre Bioética (President's Council on Bioethics), págs. 351-380.

— (2010a): *From Disgust to Humanity: Sexual Orientation and Constitutional Law*, Nueva York, Oxford University Press.

— (2010b): «Mill's Feminism: Liberal, Radical, and Queer», en Georgios Varouxakis y Paul Kelly (eds.), *John Stuart Mill: Thought and Influence*, Londres, Routledge.

— (2010c): «Response to Kraut», *Classical Philology*, 105, 4, págs. 463-470.

— (2011): «Perfectionist Liberalism and Political Liberalism», *Philosophy and Public Affairs*, 39, 1, invierno, págs. 3-45.

— (2012): *Creating Capabilities: The Human Development Approach*, Cambridge (Massachusetts), Harvard University Press (trad. cast.: *Crear capacidades: Propuesta para el desarrollo humano*, Barcelona, Paidós, 2012).

— (2013): «The Damage of Death: Incomplete Arguments and False Consolations», en James S. Taylor (ed.), *The Metaphysics and Ethics of Death*, Nueva York, Oxford University Press.

— (2016a): *Anger and Forgiveness: Resentment, Generosity, Justice*, Nueva York, Oxford University Press (trad. cast.: *La ira y el perdón: Resentimiento, generosidad y justicia*, Ciudad de México, Fondo de Cultura Económica, 2018).

— (2016b): «Aspiration and the Capabilities List», *Journal of Human Development and Capabilities*, 17, págs. 1-8.

— (2018a): *The Monarchy of Fear: A Philosopher Looks at Our Political Crisis*, Nueva York, Simon & Schuster (trad. cast.: *La monarquía del miedo: Una mirada filosófica a la crisis política actual*, Barcelona, Paidós, 2019).

— (2018b): «Why Freedom of Speech Is an Important Right and Why Animals Should Have It», *Denver Law Review*, 95, 4, enero, págs. 843-855.

— (2019): «Preface: Amartya Sen and the HDCA», *Journal of Human Development and Capabilities*, 20, 2, abril, págs. 124-126.

— (2021): *Citadels of Pride: Sexual Abuse, Accountability, and Reconciliation*, Nueva York, W. W. Norton (trad. cast.: *Ciudadelas de la soberbia: Agresión sexual, responsabilización y reconciliación*, Barcelona, Paidós, 2022).

Nussbaum, Martha C., y Hilary Putnam (1992): «Changing Aristotle's Mind», en Martha C. Nussbaum y Amélie Oksenberg Rorty (eds.), *Essays on Aristotle's De Anima*, Oxford (Inglaterra), Clarendon Press.

Nussbaum (Wichert), Rachel, y Martha C. Nussbaum (2017a): «Legal Protection for Whales: Capabilities, Entitlements, and Culture», en Luis Cordeiro Rodrigues y Les Mitchell (eds.), *Animals, Race, and Multiculturalism*, Cham (Suiza), Palgrave Macmillan.

— (2017b): «Scientific Whaling? The Scientific Research Exception and the Future of the International Whaling Commission», *Journal of Human Development and Capabilities*, 18, 3, octubre, págs. 356-369.

— (2019): «The Legal Status of Whales and Dolphins: From Bentham to the Capabilities Approach», en Lori Keleher y Stacy J. Kosko (eds.), *Agency and Democracy in Development Ethics*, Cambridge (Inglaterra), Cambridge University Press, págs. 259-288.

— (2021): «Can There Be Friendship between Human Beings and Wild Animals?», *Journal of Human Development and Capabilities*, 22, 1, enero, págs. 87-107.

Nuwer, Rachel (2019): «This Songbird Is Nearly Extinct in the Wild. An International Treaty Could Help Save It—But Won't», *New York Times*, 15 de marzo.

Orlans, Barbara F., Tom L. Beauchamp, Rebecca Dresser, David B. Morton y John P. Gluck (1998): *The Human Use of Animals: Case Studies in Ethical Choice*, Nueva York, Oxford University Press.

Osborne, Emily (2021): «New Law Will Protect Illinois Birds from Deadly Building Collisions», Audubon Great Lakes, 29 de julio.

Pachirat, Timothy (2011): *Every Twelve Seconds: Industrial Slaughter and the Politics of Sight*, New Haven (Connecticut), Yale University Press.

Palila v. Hawaii Department of Land and Natural Resources, 639 F.2d 495, 9.° Circuito, 1981.

Part Pet Shop v. City of Chicago, 872 F.3d 495, 7.° Circuito, 2017.

Pepperberg, Irene (1999): *The Alex Studies: Cognitive and Communicative Abilities of Grey Parrots*, Cambridge (Massachusetts), Harvard University Press.

— (2008): *Alex & Me*, Nueva York, HarperCollins.

Piscopo, Susan (2004): «Injuries Associated with Steeplechase Racing», *The Horse*, 1 de agosto, <https://thehorse.com/16147/injuries-associated-with-steeplechase-racing>.

Pitcher, George (1995): *The Dogs Who Came to Stay*, Nueva York, Dutton.

Platt, John R. (2021): «I Know Why the Caged Songbird Goes Extinct», *The Revelator*, 3 de marzo.

Poole, Joyce (1997): *Coming of Age with Elephants: A Memoir*, Nueva York, Hyperion.

Poole, Joyce, y otros (2021): «The Elephant Ethogram», Elephant Voices, mayo, <https://www.elephantvoices.org/elephant-ethogram.html>.

Rawls, John (1986): *Political Liberalism*, ed. ampliada, Nueva York, Columbia University Press (trad. cast.: *Liberalismo político*, Ciudad de México, Fondo de Cultura Económica, 1995).

«Regulations Governing Take of Migratory Birds», 50 C.F.R. 10, 2021, <https://www.govinfo.gov/app/details/FR-2021-01-07/2021-00054>.

Renkl, Margaret (2021): «Think Twice before Helping That Baby Bird You Found», *New York Times*, 7 de junio.

Rollin, Bernard (1995): *Farm Animal Welfare: Social, Bioethical, and Research Issues*, Ames, Iowa State University Press.

— (2018): «"We Always Hurt the Things We Love"—Unnoticed Abuse of Companion Animals», *Animals*, 8, 18 de septiembre, pág. 157.

Rose, James D., y otros (2013): «Can Fish Really Feel Pain?», *Fish and Fisheries*, 15, 1, enero, págs. 97-133.

Rott, Nathan (2021): «Biden Moves to Make It Illegal (Again) to Accidentally Kill Migratory Birds», NPR, 9 de marzo.

Rowan, Andrew (2015): «Ending the Use of Animals in Toxicity Studies and Risk Evaluation», *Cambridge Quarterly of Healthcare Ethics*, 24, 4, octubre, págs. 448-458.

Russell, W. M. S., y R. L. Burch (2012): «Guidelines for Ethical Conduct in the Care and Use of Nonhuman Animals in Research», Comité sobre Investigación con Animales y Ética de la Asociación Estadounidense de Psicología, 24 de febrero.

Safina, Carl (2015): *Beyond Words: What Animals Think and Feel*, Nueva York, Picador (trad. cast.: *Mentes maravillosas: Lo que piensan y sienten los animales*, Barcelona, Galaxia Gutenberg, 2017).

— (2020): *Becoming Wild: How Animal Cultures Raise Families, Create Beauty, and Achieve Peace*, Nueva York, Henry Holt (trad. cast.: *Aprender a ser salvajes: Cómo las culturas animales crían familias, crean belleza y consiguen la paz*, Barcelona, Galaxia Gutenberg, 2021).

Samuels, Gabriel (2016): «Chimpanzees Have Rights, Says Argentine Judge as She Orders Cecilia be Released from Zoo», *The Independent*, 7 de noviembre.

Schneewind, Jerome B. (1998): *The Invention of Autonomy: A History of Modern Moral Philosophy*, Nueva York, Cambridge University Press (trad. cast.: *La invención de la autonomía: Una historia de la filosofía moral moderna*, Ciudad de México, Fondo de Cultura Económica, 2010).

Schultz, Bart (2004): *Henry Sidgwick: Eye of the Universe: An Intellectual Biography*, Nueva York, Cambridge University Press.

Scott, Elizabeth S., y Ben Chen (2019): «Fiduciary Principles in Family Law», en Evan J. Criddle, Paul B. Miller y Robert H. Sitkoff (eds.), *Oxford Handbook of Fiduciary Law*, Nueva York, Oxford University Press.

Scruton, Roger (1999): *On Hunting: A Short Polemic*, Londres, Vintage UK.

Scully, Matthew (2002): *Dominion: The Power of Man, the Suffering of Animals, and the Call to Mercy*, Nueva York, St. Martin's Press.

Seattle Audubon Society v. Evans, 952 F.2d 297, 9.º Circuito, 1991.

Sen, Amartya (1983): *Poverty and Famines: An Essay on Entitlement and Deprivation*, reedición, Nueva York, Oxford University Press.

— (1996): «Fertility and Coercion», *The University of Chicago Law Review*, 63, 3, págs. 1.035-1.061.

— (2009): *The Idea of Justice*, Cambridge (Massachusetts), Harvard University Press (trad. cast.: *La idea de la justicia*, Madrid, Taurus, 2009).

Shah, Sonia (2019): «Indian High Court Recognizes Animals as Legal Entities», *Nonhuman Rights Blog*, 10 de julio, <https://www.nonhumanrights.org/blog/punjab-haryana-animal-rights>.

Shapiro, Paul (2007): «Pork Industry Should Phase Out Gestation Crates», *Globe Gazette*, 10 de enero.

Sidgwick, Henry (1907): *The Methods of Ethics*, Londres, Macmillan; reimpresión de la 7.ª edición (1981), Indianápolis, Hackett.

Siebert, Charles (2019a): «The Swazi 17», *New York Times Magazine*, 14 de julio.

— (2019b): «They Called It a "Rescue". But Are Elephants Really Better Off?», *New York Times*, 9 de julio.

Sierra Club v. Morton, 405 U.S. 727, 1972.

Singer, Peter (1975): *Animal Liberation: A New Ethics for Our Treatment of Animals*, Nueva York, HarperCollins (trad. cast.: *Liberación animal*, Madrid, Trotta, 1999).

— (2011): *Practical Ethics*, Cambridge (Inglaterra), Cambridge University Press (trad. cast.: *Ética práctica*, Madrid, Akal, 2021 [trad. de la 3.ª ed. inglesa, de 2011]).

Smuts, Barbara (2001): «Encounters with Animal Minds», *Journal of Consciousness Studies*, 8, 5-7, págs. 293-309.

Sorabji, Richard (1995): *Animal Minds and Human Morals: The Origins of the Western Debate*, Ithaca (Nueva York), Cornell University Press.

Spielman, Fran (2021): «Aldermen Vote to Close Loophole in Chicago's Puppy Mill Ordinance», *Chicago Sun-Times*, 12 de abril.

Stevens, Blair (2020): «Even Years After Blackfish, SeaWorld Still Has Orcas», 8forty, 10 de junio, <https://8forty.ca/2020/06/10/even-years-after-blackfish-seaworld-still-has-orcas>.

SUNSTEIN, Cass R. (1999): «Standing for Animals», Public Law and Legal Theory, Working Paper n.º 06, Facultad de Derecho de la Universidad de Chicago.

— (2000): «Standing for Animals (With Notes on Animal Rights) A Tribute to Kenneth L. Karst», *UCLA Law Review*, 47, págs. 1.333-1.368.

SWANSON, Sady (2019): «Survival Story: Colorado Runner's "Worst Fears Confirmed" When Mountain Lion Attacked», *Coloradoan*, 14 de febrero.

SWIFT, Jonathan (1726): *Gulliver's Travels*, 5.ª ed. (2005), Oxford (Inglaterra), Oxford University Press (trad. cast.: *Los viajes de Gulliver*, Madrid, Cátedra, 1992).

THORPE, William (1956): *Learning and Instinct in Animals*, Cambridge (Massachusetts), Harvard University Press.

TOWNLEY, Cynthia (2011): «Animals as Friends», *Between the Species*, 13, 10, págs. 45-59.

TYE, Michael (2016): «Are Insects Sentient? Commentary on Klein & Barron on Insect Experience», *Animal Sentience*, 9, 5.

— (2017): *Tense Bees and Shell-Shocked Crabs: Are Animals Conscious?*, Nueva York, Oxford University Press.

UL Haq, Mahbub (1990): *Human Development Report 1990*, Nueva York, Programa de las Naciones Unidas para el Desarrollo.

UNITED States v. Moon Lake Electric Association, 45 F.Supp.2d. 1070, Distrito de Colorado, 1999.

VAN Doren, Benjamin M., y otros (2017): «High-Intensity Urban Light Installation Dramatically Alters Nocturnal Bird Migration», *PNAS*, 114, 42, 2 de octubre, págs. 11.175-11.180.

VICTOR, Daniel (2019): «Dead Whale Found with 88 Pounds of Plastic inside Body in the Philippines», *New York Times*, 18 de marzo.

WALZER, Michael (1973): «Political Action and the Problem of Dirty Hands», *Philosophy and Public Affairs*, 2, 2, págs. 160-180.

WATKINS, Frances, y Sam Truelove (2021): «Fungie the Dolphin "Spotted Off Irish Coast" Six Months after Vanishing from Home», *Mirror*, 11 de abril.

WHALING in the Antarctic (Australia v. Japan: New Zealand intervening), Tribunal Internacional, 2014, <https://www.icj-cij.org/en/case/148>.

WHITE, Thomas (2007): *In Defense of Dolphins: The New Moral Frontier*, Hoboken (Nueva Jersey), Wiley-Blackwell.

— (2015): «Whales, Dolphins and Ethics: A Primer», en Denise L. Herzing y Christine M. Johnson (eds.), *Dolphin Communication & Cognition: Past, Present, Future*, Cambridge (Massachusetts), MIT Press.

WHITEHEAD, Hal, y Luke Rendell (2015): *The Cultural Lives of Whales and Dolphins*, Chicago, University of Chicago Press.

WILLIAMS, Bernard (1983): *Problems of the Self*, Cambridge (Inglaterra), Cambridge University Press (trad. cast.: *Problemas del yo*, Ciudad de México, Instituto de Investigaciones Filosóficas y Programa de Maestría y Doctorado en Filosofía, UNAM, 2.ª ed., 2013).

WISE, Steven M. (2000): *Rattling the Cage: Toward Legal Rights for Animals*, Nueva York, Perseus (trad. cast.: *Sacudiendo la jaula: Hacia los derechos de los animales*, Valencia, Tirant lo Blanch, 2.ª ed., 2018).

WODEHOUSE, P. G. (1935): «Pig-Hoo-o-o-o-ey!», en *Blandings Castle*, ed. de 2008, Londres, Penguin (trad. cast.: «Pig-hoo-o-o-o-ey», en *El castillo de Blandings*, Barcelona, Versal, 1990).

— (1952): *Pigs Have Wings*, ed. de 2008, Nueva York, Random House.

WOLFF, Jonathan, y Avner de-Shalit (2007): *Disadvantage*, Nueva York, Oxford University Press.

WORLD Animal Protection (2020): *World Animal Protection Index 2020*, <https://api.worldanimalprotection.org>.

ZAMIR, Tzachi (2007): *Ethics and the Beast: A Speciesist Argument for Animal Liberation*, Princeton (Nueva Jersey), Princeton University Press.

NOTAS

Introducción

1. A lo largo de este libro, seguiré por lo general la práctica —habitual entre los animalistas— de emplear el término «animales» para referirme a los «animales no humanos», aunque, de vez en cuando (véase la tercera frase de esta misma introducción), recordaré a los lectores que eso no es más que una manera abreviada de expresarse. Las personas somos animales también, pero añadir «no humanos» en todas partes resultaría farragoso y confío en que el sentido en que uso la palabra esté claro en todo momento.
2. Véase el informe sobre biodiversidad del Fondo Mundial para la Naturaleza (WWF), <https://wwf.panda.org/discover/our_focus/biodiversity/biodiversity>. Puedes consultarlo en español en <https://wwfes.awsassets.panda.org/downloads/descarga_informe_planeta_vivo_2022.pdf>.
3. Según un estudio del Animal Welfare Institute, basado en las clasificaciones usadas en la Ley (federal estadounidense) de Especies en Peligro de Extinción, donde se proporciona una lista completa de las especies actualmente catalogadas como en peligro o amenazadas, <https://awionline.org/content/list-endangered-species>.
4. Platt (2021).
5. BirdLife International (2017), <https://www.birdlife.org/news/2017/01/24/10-amazing-birds-have-gone-extinct>.
6. Nuwer (2019).
7. Véase Godfrey-Smith (2016), págs. 68-69 y 73-74.
8. Poole (1997).
9. Este es un comportamiento que se ha documentado en numerosas ocasiones, pero, para una descripción especialmente buena del mismo, véase Moss (1988).
10. Un caso tristemente famoso fue el de un grupo de elefantes de Suazilandia, que fueron transportados ilegalmente por vía aérea hasta Estados Unidos. Lo describo con más detalle en el capítulo 10.

11. Whitehead y Rendell (2015).
12. Véase Victor (2019). La ballena de la que se hablaba en esa noticia no era una jorobada, sino un zifio de Cuvier. No obstante, a las ballenas jorobadas también las afecta muy seriamente el problema de la ingestión de plásticos, como a casi todas las especies de ballena.
13. Wodehouse ([1935] 2008), págs. 60-86.
14. Shapiro (2007).
15. Véase un análisis más a fondo en el capítulo 12.
16. Véase Rollin (1995), un estudio fundamental sobre este tema.
17. Pueden verse fotos en Leonard (2020).
18. Pueden oírlo en el sitio web del Laboratorio de Ornitología de Cornell, <https://www.allaboutbirds.org/guide/House_Finch/sounds>.
19. Pitcher (1995). En el capítulo 11 de este libro, me extiendo un poco más sobre el caso de Lupa y de sus amigos humanos.
20. Tomo esos artículos como base en los capítulos 3, 11 y 12. Mi hija y yo presentamos cuatro de ellos en los encuentros anuales de la Asociación de Desarrollo Humano y Capacidades (HDCA), una organización internacional de investigadores —principalmente, economistas y filósofos— dedicados al estudio de la pobreza y la desigualdad globales, de la que el premio nobel Amartya Sen y yo misma somos los dos presidentes fundadores.
21. Es el enfoque que utiliza la organización Friends of Animals, en la que trabajaba Rachel. Su jefe, Michael Harris, publicó recientemente un artículo de opinión al respecto para terciar en el caso de un elefante en cautividad sometido a privaciones. Véase Harris (2021). También yo intervine en ese caso, a propósito del que redacté un informe de *amicus curiae* y aparecí en un programa informativo local. Véase Lee (2021).

Capítulo 1. Brutalidad y negligencia

1. La idea original para este argumento se la debo a Christine Korsgaard, cuya defensa de esta idea (kantiana en esencia) analizo más adelante. Este es un punto en el que ella y yo estamos totalmente de acuerdo.
2. Véase la sentencia del caso *Natural Resources Defense Council v. Pritzker*, 828 F.3d 1125, 9.° Circuito, 2016.
3. En muchos lugares de trabajo e incluso centros turísticos se han eliminado los plásticos de un solo uso y se han sustituido por latas reciclables o por surtidores de agua con la que cada persona se llena su propia botella traída de casa.
4. Un pensador muy destacado en el tema de la admiración es Jeremy Bendik-

Keymer. Tres representativas publicaciones recientes suyas son: Bendik-Keymer (2017); Bendik-Keymer (2021a); Bendik-Keymer (2021b). Véase también su sitio web: <https://sites.google.com/case.edu/bendikkeymer>.

5. Aristóteles, *Partes de los animales*, I.5.
6. Véase Nussbaum (2001, cap. 1).
7. Véase el capítulo dedicado a «La fantasía» en Nussbaum (1996).
8. Véase una conclusión similar en Nussbaum (2006, cap. 6).
9. Véase Nussbaum (2001, cap. 6).
10. Véase Nussbaum (1978), libro basado en mi tesis doctoral.
11. Batson (2011).
12. Véase Nussbaum (2016a). Véase también una versión más breve de ese mismo argumento en Nussbaum (2018a).

Capítulo 2. La *scala naturae* y el enfoque del «fuerte parecido con nosotros»

1. Nussbaum (2006).
2. *Nair v. Union of India*, Tribunal Superior de Kerala, n.º 155/1999, junio de 2000.
3. Sorabji (1995).
4. Véase la tesis doctoral que sobre este tema ha escrito Comay del Junco (2020).
5. Nussbaum (1978).
6. Hay corrientes disidentes en ambas confesiones y, de hecho, existe una variante del *kaddish*, o rezo fúnebre judío, que incluye una plegaria por los animales muertos.
7. Véase, por ejemplo, Kraut (2010, págs. 250 y 256). Kraut se vale de ese abismo para justificar que se puedan realizar experimentos médicos con animales, pero no así con humanos. Véase también mi réplica a Kraut en Nussbaum (2010c, págs. 463 y 467).
8. Sexto Empírico, *Esbozos pirrónicos*.
9. Véanse Plutarco, *Vida de Pompeyo*, LII.4; Plinio el Viejo, *Historia natural*, VIII.7.20.
10. Sorabji (1993), que cita a Plinio.
11. *Ibid.*, pág. 124, n. 21 (donde se cita a Plinio). Véase también Séneca, *Sobre la brevedad de la vida*, 13, y Dion Casio, XXXIX.38, quien escribió que los elefantes alzaron sus trompas como si estuvieran implorando al cielo que vengara aquella injusticia.
12. Sorabji (1993, págs. 124-125), que cita a Cicerón, *Epístolas familiares*, VII.1.
13. Véase White (2007, págs. 219-220).

14. En Génesis 7, se dan en realidad dos versiones diferentes: en la primera, se introducen en el arca siete parejas de cada uno de los animales «puros» y de cada tipo de ave, pero solo una pareja de los animales «impuros»; la tradición posterior interpretó que, con esa diferencia en número, se podía sacrificar ejemplares de los primeros. En la segunda versión, justo a continuación de la primera, solo se menciona una pareja para cada tipo de animal, puro o impuro, y de ave.
15. Génesis 9, 12; Alter (2004).
16. Génesis 1, 26-28 (y versículos 29 y 30).
17. Scully (2002).
18. Scruton (1999).
19. Este juicio de fama nacional enfrentó a dos de los abogados más famosos del país: el activista liberal progresista Clarence Darrow y el expolítico y tres veces candidato presidencial perdedor William Jennings Bryan. Contra el maestro de escuela acusado, John T. Scopes, pesaba el cargo de haber enseñado la evolución contraviniendo la ley de su estado. El país centró la atención en aquel proceso, en el que parecían enfrentarse religión contra evolución. Terminó siendo conocido como el «Juicio del Mono», por la muy comentada tesis evolucionista que supuestamente afirmaba que los humanos provenimos de «animales de orden inferior». Al final, Scopes fue condenado, pero solo a pagar una multa de cien dólares. La multa se retiró posteriormente debido a un tecnicismo legal, pero los intentos de que la Ley Butler fuese declarada inconstitucional por vulnerar la libertad de expresión y la separación Iglesia-Estado protegidas en la carta magna estadounidense fracasaron una y otra vez... hasta 1968, cuando otra norma parecida (en este caso, del estado de Arkansas) fue derogada por el Tribunal Supremo federal, que la consideró contraria a la prohibición de instituir una religión oficial (o de dar preferencia a una religión sobre las otras) recogida en la Primera Enmienda de la Constitución. El Proceso Scopes fue teatralizado en la memorable obra de 1955 *Heredarás el viento*, de Jerome Lawrence y Robert E. Lee, que, a su vez, sería llevada al cine en una película homónima de 1960 (aunque titulada en España *La herencia del viento*) protagonizada por Fredric March, en el papel de Bryan, y por Spencer Tracy, en el de Darrow.
20. Otros activistas que trabajan con primates (como Jane Goodall, por ejemplo) parecen compartir este mismo punto de vista.
21. Wise (2000).
22. *Unlocking the Cage* (2016).
23. Wise (2000).
24. *Unlocking the Cage* (2016).
25. *Ibid.*
26. *Ibid.*

27. Véanse, en general, Schneewind (1998), donde se recoge la historia de la idea de autonomía en la filosofía occidental, y Dworkin (1988), donde se expone la principal definición filosófica de autonomía entendida como priorización de unos deseos de orden superior.
28. Wise (2000); *Unlocking the Cage* (2016).
29. *Unlocking the Cage* (2016).
30. *Ibid.*
31. *Ibid.*
32. *Ibid.*
33. *Ibid.*
34. *Unlocking the Cage* (2016); Wise (2000).
35. *Unlocking the Cage* (2016).
36. *Ibid.*
37. Véase Whitehead y Rendell (2015, págs. 120-121).
38. Swift ([1726] 2005, págs. 135-184).
39. Véase, en general, Nussbaum (2004a).
40. Véase, en general, *ibid.*
41. Véase *ibid.* Véase, en general, Nussbaum (2010a). Véase también Hasan, Huq, Nussbaum y Verma (2018).
42. *Unlocking the Cage* (2016).
43. Véase Whitehead y Rendell (2015).
44. Véase De Waal (1996).
45. *Unlocking the Cage* (2016).
46. Véase De Waal (1996).
47. Brulliard (2018).
48. White (2007).
49. La «prueba del espejo» es un test de la capacidad de un animal para reconocer su propia imagen en el reflejo que proyecta en un espejo. Se hace pintándole una marca oscura en una parte de la cabeza que solo puede verse si la detecta en su propio reflejo especular, además de una marca falsa, que el animal siente pero que no es visible en el espejo. El comportamiento que el animal muestra a continuación —en concreto, si se rasca la cabeza para retirarse la marca oscura— evidenciará si se la ha visto reflejada en el espejo y la ha identificado como adherida a su propia cabeza, y si, por tanto, no ha sido la sensación táctil (de la otra marca) la que lo ha inducido a rascarse ahí. Esta prueba está íntimamente conectada con otros test del yo, aunque hay quienes discuten si esta última es una condición necesaria de la autoconciencia, o solo constituye una condición suficiente.
50. Wise no habla mucho de las emociones, aunque sí llama la atención sobre un llamativo ejemplo de respuesta emocional empática apropiada. White, por el

contrario, sí dice mucho sobre las capacidades emocionales humanas y de los delfines, así como sobre la base neural de las mismas y su variedad.

51. White no pone un énfasis teórico en este último elemento, pero muchos de sus ejemplos parecen presuponerlo. No está del todo claro si este trato «apropiado» a las otras «personas» debería ser una condición necesaria de la personalidad inteligente para White, quien no deja de recalcar que, por lo general, los humanos (las «personas» por antonomasia) no reconocen a los delfines, y quien también pone el foco en la agresividad humana hacia otros seres humanos, muy diferente de la conducta no agresiva de los delfines.
52. White (2007, pág. 47).
53. *Ibid.*, págs. 166-167.
54. *Ibid.*, pág. 8n.
55. *Ibid.*
56. *Ibid.*, pág. 176.
57. A lo largo de su libro, White va fusionando varios sentidos distintos del concepto de «individualismo»: en una de esas acepciones, el «individualismo» significa que todas y cada una de las criaturas cuentan y que son seres dotados de dignidad que han de ser tratados como fines en sí mismos y no como cosas ni como propiedades. Conforme a ese sentido del término, tanto los delfines como los humanos somos individuos, y también lo son (así lo pienso yo) todos los demás animales sintientes. Un segundo sentido de «individualismo» es el de autosuficiencia solitaria: la criatura puede funcionar perfectamente sin otras. Ese es el aspecto en el que White asegura que existe una gran diferencia entre delfines y humanos: ellos están profundamente integrados en su grupo social, mientras que nosotros somos unos solitarios. Pero yo creo que esa es una afirmación errónea. Por último, White emplea también el concepto de «individualismo» con el significado de «egoísmo» y viene a decir que los seres humanos somos personalmente más egoístas que los delfines, para quienes el grupo tiene una importancia crucial. Esa es una tesis interesante, pero difícil de contrastar. White aporta pruebas de que los delfines son muy poco agresivos en comparación con los humanos, y de que, al parecer, nunca lo son hasta extremos letales. Pero ¿es eso realmente altruismo y control de las tendencias egoístas? Es difícil decirlo. En cualquier caso, y en la medida en que el egoísmo sea un elemento central de la vida humana, White debería o bien revisar sus criterios para atribuir la condición de persona (y suprimir de ellos el «reconocer a otras "personas" y tratarlas de manera apropiada» como condición necesaria), o bien mostrarse más escéptico en cuanto a si los seres humanos somos realmente personas.
58. White (2007, pág. 182).
59. *Ibid.*, págs. 188-200.

Capítulo 3. Los utilitaristas

1. Singer (1975).
2. Sabido es, también, que Bentham dejó sin justificar ese paso del «es» al «debería ser».
3. Bentham ([1780] 1948).
4. *Ibid.*, págs. 310-311.
5. *Ibid.*
6. *Ibid.*
7. *Ibid.*
8. Sobre las fuentes de estas y otras anécdotas, véase Campos Boralevi (1984, pág. 166).
9. Véase la tesis doctoral que sobre este tema escribió Lee (2003).
10. Véase el libro electrónico gratuito, Bentham (2013), <https://www.gutenberg.org/ebooks/42984>.
11. Korsgaard (2021, pág. 159, donde cita a Singer).
12. Sobre las preferencias adaptativas, véase Elster (1983). Amartya Sen ha desarrollado este concepto en numerosos artículos; las referencias fundamentales aparecen en Nussbaum (2000b, cap. 2).
13. Nozick (1974, págs. 42-45). El deseo de estar activos es la razón en la que Nozick hace más énfasis (en su *Anarquía, Estado y sociedad*) para estar en contra de que nos enchufemos a tal máquina. En versiones posteriores del libro, también ha hecho hincapié en la importancia de mantenernos en contacto con la realidad y no vivir en un mundo de ensueños.
14. Obviamente, siempre se podría inventar un placer especial y llamarlo el «placer de agencia»; algo así parece que hizo Mill. Pero, a menos que dicho placer se considere diferente de otros en un sentido cualitativo (y no solo cuantitativo), será difícil que capte la idea intuitiva que encierra el propio ejemplo. Así lo supo entender Mill y, por eso, su enfoque es inmune a mi crítica sobre este punto en concreto.
15. Sidgwick ([1907] 1981).
16. Sobre la vida y las actividades políticas de Sidgwick, véase Schultz (2004).
17. Véase De Lazari-Radek y Singer (2014).
18. Por ejemplo, ha dado una compleja respuesta a la crítica planteada por Korsgaard al argumento de que las criaturas vivas son meros «recipientes» de placer y dolor. Véase en Korsgaard (2018b, pág. 159) la reivindicación que Singer hace de esa tesis del «recipiente», que también formula de un modo más conciso en otro texto (al parecer, en respuesta a la crítica de Korsgaard): «[E]s posible que la muerte de animales no conscientes de sí mismos [...] no esté mal en

ciertas circunstancias: cuando se mata sin dolor a animales que llevan una vida placentera, su muerte no hace que otros animales sufran, y la muerte de un animal hace que sea posible reemplazarlo por otro que, de no ser así, no habría vivido». Singer (2011, pág. 108). Deberíamos señalar que Singer cree que la mayoría de los animales carecen de «conciencia de sí mismos».

19. Singer (1975).
20. Singer (2011, pág. 101).
21. En *The Point of View of the Universe*, De Lazari-Radek y Singer sí hacen alusión a otro aspecto del escenario imaginado por Nozick (2014, pág. 257). La visión objetiva del placer que ambos autores adoptan en ese libro hace que Singer sea más vulnerable a potenciales críticas planteadas desde los argumentos de Nozick, pero lo que él viene a decir es que nuestra preferencia por estar en contacto con la realidad es el resultado de un sesgo de *statu quo*.
22. Él atribuye ese cambio de posicionamiento a los argumentos de Sidgwick y ha desarrollado aún más ese nuevo enfoque en el libro que escribió en colaboración con De Lazari-Radek. Es un cambio que aleja a Singer de los utilitaristas económicos (con quienes estaba aliado en un principio), ya que estos conciben el bienestar en términos de satisfacción de preferencias. Pero es también un cambio que apenas afecta a sus tesis sobre el trato a los animales, ni a las críticas formuladas a tales tesis.
23. El University College de Londres comenzó a ofrecer programas de estudios y becas para ateos a partir de 1826, pero aún tuvo que esperar a 1836 para que se le otorgara reconocimiento legal como *college* dentro de la Universidad de Londres, una fecha que seguramente fue ya demasiado tardía para un autodidacta (sin estudios formales) como Mill, que ya había empezado a trabajar como empleado en la Compañía Británica de las Indias Orientales en 1823 y que permaneció en plantilla hasta 1858.
24. Véanse Nussbaum ([2004] 2005) y Nussbaum (2010b). Un buen análisis general de Mill con cuyas interpretaciones estoy bastante de acuerdo es el de Brink (2013).
25. Mill (1963, vol. 16, pág. 1.414).
26. Mill (1963, vol. 10, pág. 223).
27. *Ibid.*

Capítulo 4. El enfoque kantiano de Christine Korsgaard

1. Kant dejó en su obra algunos comentarios racistas cuestionables que ya han sido debidamente criticados.

2. Kant leyó a los estoicos (en latín, pues no sabía griego) y la influencia de estos en su obra es evidente. Bentham no prestó particular atención a la historia de la filosofía, y Mill llegó a acusarlo por ello de ser incapaz de «iluminarse con otras mentes».
3. Kant ([1798] 1974, 8:27).
4. Es probable que J. S. Mill, muy aficionado a la filosofía germana, sí conociera la obra de Kant y, de hecho, parece evitar muchos de los errores cometidos por este y por Bentham (véanse los caps. 3 y 5).
5. Korsgaard (2004).
6. Korsgaard (2018b).
7. Korsgaard (1981). John Rawls fue el presidente de su comité de tesis y yo fui su lectora segunda.
8. Kant dio muestras de no tener un conocimiento detallado de Aristóteles, y ni siquiera las someras referencias que hizo a la obra del estagirita se pueden considerar correctas.
9. Kant ([1788] 1955); *Akad.*, pág. 5:161.
10. Kant ([1798] 1974, 8:27).
11. Kant ([1785] 2012).
12. Korsgaard (1996a).
13. *Akad.*, pág. 4:429.
14. El cuarto ejemplo de Kant, la prohibición del suicidio, ha sido siempre muy controvertido entre los propios kantianos, y algunas de las figuras más eximias de esta corriente filosófica han invocado el muy kantiano concepto de autonomía para defender el suicidio con asistencia médica.
15. Ni que decir tiene que esto es algo que está ocurriendo ahora mismo con hijos e hijas de inmigrantes, y que ya ha provocado la indignación generalizada de la opinión pública.
16. Véase Korsgaard (2018b, pág. 99), que cita una sección más larga de ese mismo texto. Es evidente que ese pasaje es el origen del título del libro que ella escribió.
17. Ciertamente, parece existir una correlación clara entre el trato cruel a los animales y la mala conducta con los otros seres humanos, pero cuesta determinar si la relación es causal o si ambos no son más que aspectos relacionados de una misma psicología perversa.
18. Véase Korsgaard (2018b, págs. 99-101, donde se hace referencia a las *Lecturas de ética* de Kant).
19. *Ibid.*, págs. 100-101.
20. *Ibid.*, pág. 103 (donde se cita de las *Lecciones de ética* de Kant).
21. *Fellow Creatures* está dedicado a los gatos de Korsgaard.
22. Korsgaard respondería a esto que me fío demasiado de las intuiciones, que es lo mismo de lo que acusa a los aristotélicos en Korsgaard (1996b).

23. Korsgaard (2018b, pág. 27).
24. *Ibid.*, pág. 31.
25. *Ibid.*, pág. 14.
26. *Ibid.*, pág. 145.
27. *Ibid.*, pág. 77.
28. *Ibid.*, pág. 139.
29. *Ibid.*, pág. 146.
30. *Ibid.*, pág. 237.
31. *Ibid.*, pág. 43.
32. *Ibid.*, pág. 40.
33. *Ibid.*, pág. 48.
34. *Ibid.*, pág. 47.
35. *Ibid.*, págs. 48-50.
36. *Ibid.*, pág. 50.
37. Las muertes de elefantes en las vías de los ferrocarriles indios, donde los trenes rara vez respetan los límites de velocidad establecidos, son una tragedia tristemente habitual —como una sencilla búsqueda por internet nos revelará—, y los grupos de hembras adultas suelen reaccionar interponiéndose como escudos para proteger a las crías, aunque sea a un coste mortal para ellas. Véase De Waal (1996), donde se analiza el autosacrificio en elefantes.
38. Un comportamiento observado en un safari en Botsuana en 2012.
39. Véanse De Waal (1996); De Waal (2006).
40. Véanse De Waal (1989); De Waal (1996); De Waal (2006).
41. Maestripieri y Mateo (2009).
42. Whitehead y Rendell (2015).
43. Safina (2020).
44. Korsgaard (2006).
45. Véase Smuts (2001). Véase también De Waal (2019).

Capítulo 5. El enfoque de las capacidades

1. Ya hice extensivo el EC a los animales en el capítulo 6 de Nussbaum (2006). En este capítulo (y posteriores) se expone el enfoque de una manera similar a la de aquel libro, aunque en mucho mayor detalle.
2. También conocido como el «enfoque del desarrollo humano», aunque, por razones obvias, yo ya he dejado de usar esa denominación y estoy tratando de convencer a otros para que dejen de utilizarla también. Véanse mis comentarios en Nussbaum (2019).

3. He desarrollado mi versión del EC en tres libros: Nussbaum (2000b), Nussbaum (2006) y Nussbaum (2012). El último de ellos contiene además una extensa bibliografía de otras publicaciones relevantes sobre este tema tanto mías como de Sen. Puesto que se trata de la obra de numerosos teóricos, y no solo mía, yo misma empleo el subtítulo «desarrollo humano», aunque no me guste demasiado.
4. Véase su web, <https://hd-ca.org>.
5. Ul Haq (1990).
6. Nussbaum (2000b, cap. 2).
7. Véase el libro electrónico gratuito en Dickens ([1854] 2021, cap. 9), <https://www.gutenberg.org/ebooks/786>.
8. Tal como explico en Nussbaum (2012), las capacidades internas se corresponden con las «capacidades» según estas se entienden en el enfoque del capital humano. Así puede verse, por ejemplo, en los trabajos de James Heckman (que se comentan en un apéndice de ese libro mío anterior).
9. Wolf y De-Shalit (2007).
10. En sentido estricto, deberían haberlas llamado «capacidad fértil», pero la aliteración resultaba demasiado tentadora.
11. Este es mi enfoque particular, no el de Sen. Él emplea el concepto de capacidades a efectos comparativos solamente.
12. Véanse Nussbaum (2012) y Nussbaum (2008).
13. Nussbaum (2000b, cap. 2).
14. Rawls (1986). Rawls deja claro que el consenso entrecruzado puede tardar un tiempo en alcanzarse, pero ofrece también una convincente explicación de cómo las personas pueden terminar avanzando hacia él con el paso del tiempo.
15. Este ejemplo lo dio el filósofo francés Jacques Maritain, uno de los redactores de la Declaración Universal de Derechos Humanos, al describir cómo los diversos artífices del histórico documento, procedentes de Egipto, China y otros países y tradiciones, trataron de encontrar un lenguaje ético que suscitara el consenso. Véase Maritain (1951, cap. 4).
16. Véase más al respecto en Nussbaum (2011).
17. Muchas personas interesadas por las tipologías filosóficas (y pido aquí a quienes no lo estén que se salten esta nota) me preguntan si mi versión del EC es deontológica o consecuencialista, es decir, si reconoce como central un conjunto de deberes éticos o si, más bien, aspira —al más puro estilo del utilitarismo— a generar un buen conjunto de consecuencias. Dado que estas, más que sutiles posiciones filosóficas, son clasificaciones típicas de manual universitario, a nadie deberá extrañar que mi respuesta a esa pregunta sea compleja. El enfoque contiene un fuerte componente deontológico, pues viene a decir que la promoción

del umbral suficiente que se especifique para cada una de las capacidades es un *deber* de los países si no quieren que se les acuse de no procurar una mínima justicia para sus habitantes; además, también los individuos están éticamente obligados a tratar de hacer efectiva esa justicia. No obstante, las capacidades son igualmente un conjunto de fines interrelacionados en un sentido muy parecido a como en la vida humana las personas aspiran a conseguir unos fines entrelazados. Las personas somos criaturas teleológicas (orientadas a fines) y las capacidades están concebidas como bases para que los individuos puedan aspirar eficazmente a la modalidad de vida floreciente que seleccionen para sí mismos. (En cierto sentido, la actividad en sí de las personas es el fin, y las capacidades no son más que bases para ello; pero, en términos políticos, el fin o el objetivo es procurar las capacidades: lo que venga después dependerá ya de las elecciones propias de las personas.) El consecuencialismo adopta a veces la forma de promoción de un estado estático: la satisfacción o el placer, por ejemplo. Yo ya he criticado ese tipo de consecuencialismo. Pero existen otras variedades de consecuencialismo que sí ven las actividades (o la oportunidad de realizarlas) como fines intrínsecamente valiosos. Tal como sugerí en el capítulo 3, se diría que el utilitarismo de John Stuart Mill era una de ellas. Mill hizo hincapié también en la pluralidad de los fines, en que estos diferían en calidad y no solo en cantidad. E incluyó el respeto por la dignidad como una de las marcas distintivas importantes de un conjunto de fines adecuado. Mill concibió su utilitarismo como una doctrina política (y personal) comprehensiva que debía reemplazar a otros conjuntos de creencias comprehensivas (las religiosas, en particular). Y esa es una gran diferencia entre mi EC y las tesis de Mill. Aun así, en otros aspectos, mi teoría y la suya son similares. También Amartya Sen ha insistido en reiteradas ocasiones en afirmar que el consecuencialismo puede tener fines plurales, cualitativamente distintos entre sí.

18. En la literatura especializada en los derechos de las personas con discapacidades se prefiere este término por ser más connotador de una actividad conjunta que la palabra «tutor».
19. Poole y otros (2021), <https://www.elephantvoices.org/elephant-ethogram.html>. Véase también: Angier (2021).
20. Véase Nussbaum (2018b).
21. Sen (1983).
22. Véase Smuts (2001).
23. Véase Gordon (2020). Una organización de bienestar animal ha informado recientemente de un posible avistamiento de Fungie: véase Watkins y Truelove (2021).
24. Puede verse la relación entre ambos conceptos en Nussbaum (2012).

25. Así lo hice, por ejemplo, con el informe de *amicus curiae* que mencioné en la introducción y que presenté en nombre del elefante Happy. Wise, aun siendo plenamente conocedor de mis diferencias con su enfoque, me invitó a colaborar con aquel informe y a destacar en él los postulados del EC. Y sobre la reciente adhesión de Thomas White al EC, véase la conclusión.
26. Véase también Korsgaard (2018b, págs. 191-214).
27. Véase *ibid.*, págs. 204-206.
28. Korsgaard (2018a); Korsgaard (2013).
29. Korsgaard formula esta misma idea valiéndose de una distinción fuerte entre instinto y voluntad que ya he rebatido, aunque acepto su argumento de base.
30. Bradshaw (2020).
31. *Natural Resources Defense Council, Inc. v. Pritzker*, 828 F.3d 1125, 9.º Circuito, 2016.
32. Véase *ibid.*, pág. 1.142. Para el contexto general del caso, véase Horowitz (2015), donde se describe en detalle el mencionado programa de sonar.
33. Ley de Protección de los Mamíferos Marinos (MMPA), 16 U.S.C. § 1361 *et seq.*, 1972. En el capítulo 12, se describe esta ley en mayor profundidad.
34. *Pritzker*, 828 F.3d, pág. 1142.
35. *Ibid.*, págs. 1130-1131.
36. El juez Gould practicó derecho en Seattle durante veinticinco años antes de ser nominado para la judicatura por el presidente Clinton. También ha sido profesor adjunto de la Facultad de Derecho de la Universidad de Washington (también en Seattle), un centro cuyo currículo incluye una amplia gama de asignaturas relevantes para la cuestión animal, como «Derecho costero» o «Derecho del mar». Rachel Nussbaum recibió allí una formación de primera en derecho animal, lo que la preparó muy bien para su posterior trayectoria como defensora de los animales salvajes.

Capítulo 6. La sintiencia y el conato

1. Aristóteles, *Movimiento de los animales*, cap. 7, 701a33-36.
2. Como cabría imaginar, los filósofos defienden diversas posiciones; la que aquí expongo es una muy habitual que es, además, la que yo encuentro más convincente.
3. Tye (2017, págs. 67-68).
4. Véase el libro electrónico gratuito en James ([1897] 2021, prefacio), <https://www.gutenberg.org/ebooks/7118>.
5. Un buen ejemplo de ello es Gowdy (1999), un retrato de las vidas de los elefantes desde el propio punto de vista de un elefante. Es lingüístico, por supues-

to, pero está basado en los extraordinarios conocimientos de la autora sobre las investigaciones realizadas para entender mejor cómo viven y piensan estos animales.

6. Tye (2017, págs. 86-88).
7. Véase también Tye (2016).
8. Nussbaum (1978, cap. 7).
9. Balcombe (2016, pág. 72).
10. Wodehouse ([1952] 2008, pág. 248).
11. Nussbaum (1978, cap. 7).
12. Dawkins (2012, pág. 92); véase también Tye (2017, pág. 85).
13. Hilary Putnam y yo usamos un ejemplo similar para ilustrar el argumento aristotélico de que las explicaciones a nivel formal son muchas veces preferibles —como tales explicaciones— a aquellas que tratan de acudir al nivel último de la materia. Véase Nussbaum y Rorty (1992).
14. Véase Balcombe (2016, pág. 72).
15. Algunos animalistas usan en inglés la palabra *fishes* como plural antinormativo de *fish* («pez» o «peces»), pues entienden que emplear *fish* como plural implica desindividuar a estas criaturas. No parece que tengan razón desde el punto de vista lingüístico, pues, a fin de cuentas, la lengua inglesa contiene varios de esos plurales irregulares. Ahí está, por ejemplo, el caso de *sheep* («oveja» u «ovejas»), y no sé de nadie que piense que usar *sheep* para el plural implique negarles la condición de individuo a cada una de las ovejas así englobadas.
16. Rose y otros (2013).
17. Braithwaite (2010).
18. *Ibid.*, cap. 3; véase también Balcombe (2016, págs. 78-80).
19. Braithwaite (2010, págs. 103-104).
20. *Ibid.*, pág. 104.
21. De Waal (2019). Otros estudios importantes sobre las emociones animales son los de Bekoff (2008) y Safina (2015).
22. Lazarus (1991). Véase Nussbaum (2001, cap. 2).
23. De Waal (2019, pág. 205).
24. Damasio (1994). Analizo sus hallazgos y los de unos cuantos neurocientíficos y psicólogos cognitivos más en Nussbaum (2001, cap. 2).
25. Damasio (1994, cap. 15).
26. *Ibid.*
27. *Ibid.*, pág. 36.
28. *Ibid.*, págs. 44-45.
29. Véase *ibid.*, págs. 46-51, donde Elliot es sometido a una batería de test de toma de decisiones que solo requieren análisis, pero no una decisión personal, y ve-

mos que la supera muy bien. Sabía generar abundantes opciones de actuación. «Y aun después de todo esto —le confesó Elliot a Damasio—, todavía no sabría qué hacer.»

30. Nussbaum (1978, cap. 7).
31. Tye (2017, cap. 9).
32. Braithwaite (2010, págs. 92-94). Esta investigadora describe unos experimentos complejos en los que los peces, enfrentados a varias opciones sobre cómo colocarse en relación con unos rivales potenciales, claramente recurren a ese patrón de pensamiento.
33. Véanse Balcombe (2016, págs. 25-39); Tye (2017, pág. 114). Véase también, en general, Tye (2017, cap. 6).
34. Braithwaite (2010, pág. 113).
35. La taxonomía precisa es más compleja: los dos grupos principales son los osteíctios (los peces óseos), de los que los teleósteos son con diferencia el subgrupo más numeroso, y los condrictios (los peces cartilaginosos), de los que los elasmobranquios son el mayor subgrupo; un tercer gran grupo sería el que comprendería los peces sin mandíbula (los agnatos).
36. Tye (2017, pág. 102).
37. *Ibid.*, pág. 103.
38. Ackerman (2016, pág. 55, donde se cita a Harvey Karten).
39. Emery (2016, pág. 8).
40. *Ibid.*
41. *Ibid.*, pág. 11 (donde se cita a Thorpe [1956]).
42. Ackerman (2016, pág. 58, donde se resumen las investigaciones de Erich Jarvis).
43. *Ibid.*, cap. 3 (donde se resumen esas investigaciones).
44. Pepperberg (2008).
45. Ackerman (2016, pág. 40); Ackerman (2016, cap. 5); Emery (2016, págs. 77-87 y 174-175).
46. Ackerman (2016, cap. 4), y véase también en Emery (2016, pág. 77) una impresionante fotografía de una construcción realizada por un pergolero.
47. Según experimentos descritos por Tye (2017, págs. 127-128), cuando a los polluelos se les incomodaba soplándoles aire para que se les erizaran las plumas, las madres exhibían signos físicos de estrés y comenzaban a cloquear para tranquilizar a sus crías. Muchos experimentos han mostrado que los córvidos y los loros son capaces de adoptar la perspectiva de otra ave, muchas veces para engañarla. En otros experimentos, se ha evidenciado que los cuervos responden a las muestras juguetonas y de alegría de otro cuervo sintiendo ellos mismos placer y jugando; también reaccionan negativamente a la tristeza de otros:

véanse Ackerman (2020, pág. 162) y también Emery (2016, págs. 158-159), quien detecta indicios de empatía en ciertas conductas de consuelo observadas tras una pelea. Véase también en Safina (2015) y Safina (2020) una explicación extensa de las capacidades de los loros.

48. Ackerman (2016, cap. 7) resume las investigaciones al respecto.
49. Tye (2017, págs. 131-133).
50. Godfrey-Smith (2016); Braithwaite (2010, págs. 122 y 134).
51. Godfrey-Smith (2016, pág. 9).
52. Braithwaite (2010, pág. 122).
53. Véase *ibid.*, págs. 122-129. Se han realizado experimentos de ese tipo con gambas. Véase también Tye (2017, págs. 156-158).
54. Véanse Tye (2016) y Tye (2017, págs. 141-156).
55. Tye (2017, pág. 144).
56. *Ibid.*, pág. 188.
57. Véase «Jagadish Chandra Bose» en <https://www.famousscientists.org/jagadish-chandra-bose>.
58. Véanse referencias al respecto en Tye (2017, pág. 189).
59. Véase *ibid.*, pág. 189. Véase también Karpinski y otros (1999, pág. 657).
60. Tye (2017, pág. 189).

Capítulo 7. La muerte como daño

1. Ya analicé este argumento epicúreo en Nussbaum (1994, cap. 6, donde citaba la *Carta a Meneceo*, de Epicuro) y, posteriormente, y desde un punto de vista modificado en parte, en Nussbaum (2013).
2. Véase Nagel (1979, págs. 1-10). John Martin Fischer formuló y desarrolló ejemplos parecidos en algunos artículos suyos de especial trascendencia a los que repliqué de forma dialógica en Nussbaum (2013), donde pueden hallarse referencias completas de los mencionados artículos de Fischer. También fue el editor de un valioso volumen colectivo (Fischer [1993]). El más reciente resumen de su postura al respecto figura en Fischer (2019).
3. Fischer imagina un ejemplo de este tipo.
4. Furley (1986); McMahan (2002).
5. Véase más sobre estos falsos proveedores de consuelo en Nussbaum (2013).
6. Véase «The Makropulos Case: Reflections on the Tedium of Immortality», en Williams (1983, págs. 82-100).
7. Véase Nussbaum (1994).
8. De hecho, Bentham solo aceptaba que matar animales sea válido cuando sirve

a fines humanos importantes, y rechazaba las matanzas «gratuitas», como pueden ser las que se hacen por diversión o placer. Él pensaba que comer animales es permisible siempre que las prácticas relacionadas sean compasivas, y nunca renunció a comer carne (a diferencia de muchos contemporáneos suyos, que sí rechazaban su consumo).

9. Aunque véanse mis matices respecto a Singer en el capítulo 3.
10. Lupo (2019).
11. Hare (1999, cap. 11). Publicado originalmente en los *Essays on Bioethics* de Hare, aunque la réplica de Singer solo se incluye en el volumen editado por Jamieson (que es el que se cita en la referencia del artículo de Hare recogida en la bibliografía final del presente libro).
12. Véase Balcombe (2016).
13. Para una defensa de una dieta vegana pura, véase Colb (2013).

Capítulo 8. Los dilemas trágicos y cómo trascenderlos

1. La maldición hereditaria que pesa sobre esa casa real (y que es la causa del dilema) no era culpa del rey, pero tampoco los griegos pensaban que lo fuera. Los dilemas trágicos tienen una presencia prominente en otras culturas del mundo; así, por ejemplo, en la epopeya india del *Mahabharata*, que relata una guerra civil.
2. Véase Nussbaum (2000a). El ejemplo de Agamenón fue usado por Bernard Williams en su trascendental artículo «La consistencia ética», incluido en Williams (1983). Véase también Nussbaum (1986, cap. 2). En cuanto a la modelación lógica de estos dilemas, hay quienes abogan por abandonar el principio de que «no haya obligación ética si no existe la posibilidad práctica», mientras que Williams propone rechazar el razonamiento de que si «yo debería hacer A» y «yo debería hacer B», la conclusión sea que «yo debería hacer A y B».
3. Véase un relevante tratamiento de esta cuestión en Walzer (1973).
4. Crawley (2006).
5. Las «tres erres» tienen su origen en Russell y Burch (2012).
6. Consejo Nuffield sobre Bioética (2005), <https://www.nuffieldbioethics.org/assets/pdfs/The-ethics-of-research-involving-animals-full-report.pdf>.
7. Incluso en Beauchamp y DeGrazia (2020), por ejemplo.
8. Akhtar (2015).
9. *Ibid.*; Rowan (2015).
10. Véase Kitcher (2015).
11. Beauchamp y DeGrazia (2020). Este valioso libro incluye evaluaciones críticas

de los principios propuestos por Beauchamp y DeGrazia por parte de un amplio elenco de científicos y especialistas en ética.

12. *Ibid.*, pág. 15.
13. *Ibid.*, pág. 66.
14. En el Guaranteed Rate Field (estadio de los White Sox de Chicago) se ofrecen hamburguesas y chile vegetarianos; en el Coors Field (en Denver), se ofrecen pizza, hamburguesas y perritos vegetarianos.
15. En esta sección, tomo como base, sobre todo, dos artículos: Holland y Linch (2017), y Nussbaum (Wichert) y Nussbaum (2017a).
16. Holland y Linch (2017, pág. 322).
17. *Ibid.*
18. Estos dos casos están tomados de Holland y Linch (2017), que proporcionan fuentes adicionales para quienes quieran conocerlos más a fondo.
19. Véase un análisis completo de este caso en Nussbaum (Wichert) y Nussbaum (2017a), donde se hace referencia a diversas fuentes de esta controversia. La frase citada (la de la exención) está extraída en realidad de una ley precedente, de 1931, pero en la actual Convención (1946) se expresa de manera muy similar.
20. Véase Whitehead y Rendell (2015, cap. 2), donde se investigan todas las posturas enfrentadas más destacadas en esta polémica.
21. Véase Narayan (1997).
22. Véase Benhabib (1995, págs. 235-255).
23. Sería una idea comparable con la que defienden los teóricos políticos comunitaristas Dan M. Kahan y Tracey L. Meares, que abogan por suspender los derechos recogidos en la Cuarta Enmienda de la Constitución estadounidense (los que protegen contra los registros domiciliarios y los arrestos sin orden judicial) cuando la comunidad afroamericana local (es decir, quienesquiera que se presenten en una reunión que se convoque a tal efecto) vote a favor de tal suspensión: véase Kahan y Meares (2014).
24. Scully (2002, págs. 175-176).
25. *Ibid.*
26. *Ibid.*
27. Véase Nussbaum (2000b, cap. 1).
28. Devlin (1959).
29. D'Amato y Chopra (1991, pág. 59).
30. Holland y Linch (2017, págs. 322-336).
31. Lear (2008).
32. Véase Burkert (1966).
33. Una de las óperas recientes más exitosas es *Moby-Dick*, de Jake Heggie, toda una

demostración de hasta qué punto nuestros medios actuales permiten la representación escénica de la brutalidad contra las ballenas.

34. Véase Connor (2021).
35. Véase Delon (2021).
36. Véase Bever (2019).
37. Véase Swanson (2019).
38. Una organización que está promoviendo una solución compleja de este tipo es GroupElephant, que trabaja tanto con elefantes como con rinocerontes en África, y que, al mismo tiempo, colabora también con las poblaciones humanas de las localidades rurales. Véase <groupelephant.com>.
39. Sen (1996).

Capítulo 9. Los animales que conviven con nosotros

1. Calculado a partir de la encuesta «2019-20 National Pet Owners Survey», realizada por la American Pet Products Association (Asociación Estadounidense de Productos para Mascotas).
2. Véase Rollin (2018). Esa cifra era de solo el 56% en 1988.
3. Aunque hablamos de una ficción poética, las relaciones entre animales y humanos que se describen en ella fueron, al parecer, bastante comunes en el mundo griego.
4. Homero, *Odisea*, canto 17, versos 290-327.
5. Véase, en general, el canto 17 de la *Odisea* de Homero.
6. Véase Rollin (2018). Volveré a hablar de este artículo más adelante. Véase también Katz (2004).
7. Donaldson y Kymlicka (2011).
8. Podemos encontrar un trascendental trabajo sobre la dependencia asimétrica en Kittay (1999).
9. Francione (2008); Francione y Charlton (2015). Pueden encontrarse críticas a este enfoque en Donaldson y Kymlicka (2011) y en Zamir (2007).
10. Y, por supuesto, ninguna propiedad puede tener derechos de propietario. No deja de ser sorprendente, pues, que, bajo la legislación actual, los animales tengan reconocidos ciertos derechos de propiedad. Véase mi análisis previo del libro de Karen Bradshaw en el capítulo 5.
11. La palabra «colaborador» es de uso habitual en el movimiento de defensa de los derechos de las personas con discapacidades y también ha sido transferida al ámbito de las relaciones humano-animales gracias a la valiosa aportación de Donaldson y Kymlicka (2011, cap. 2).

12. Sunstein (2000, págs. 1.333, 1.342, 1.363-1.364 y 1.366).
13. Cole (2014).
14. Beam (2009).
15. Burgess-Jackson (1998).
16. Mi agradecimiento a Rory Hanlon por esta información.
17. Véase «Should the Tail Wag de Dog?», en Orlans y otros (1988, cap. 15, págs. 273-287).
18. En el siguiente enlace, podrán hallar un útil resumen de la situación de los perros y los gatos en refugios estadounidenses elaborado por la ASPCA: <https://www.aspca.org/animal-homelessness/shelter-intake-and-surrender/pet-statistics>.
19. Aguirre (2019).
20. Piscopo (2004), <https://thehorse.com/16147/injuries-associated-with-steeplechase-racing>.
21. Véase Donaldson y Kymlicka (2011, pág. 139).
22. *Ibid.*
23. *Ibid.*, pág. 136.
24. *Ibid.*
25. Véase *ibid.* (donde se habla de la organización Farm Sanctuary).

Capítulo 10. La «naturaleza salvaje» y la responsabilidad humana

1. Le enseñé un borrador de este capítulo a mi hija Rachel antes de su enfermedad final, cuando aún trabajaba en la sede de Friends of Animals en Denver como abogada especializada en derecho político y administrativo, y me dijo que estaba de acuerdo con mi enfoque, pero que otras muchas personas discreparían.
2. Esta sección coincide en bastantes puntos con otra de Nussbaum (2006, cap. 6), si bien aquí planteo el argumento en términos aún más contundentes.
3. Véase *ibid.* (analizando Botkin [1996]).
4. Véase Bradshaw (2020).
5. Véase Van Doren y otros (2017), por ejemplo.
6. Véase un análisis sobre esto en el capítulo 12.
7. Feingold (2019).
8. Véase, por ejemplo, Renkl (2021). Un buen ejemplo de una organización de mi propia ciudad que facilita ese tipo de consejos es Flint Creek Wildlife Rehabilitation, en <https://flintcreekwildlife.org>.
9. Chicago Zoological Society (2021), <https://www.czs.org/Chicago-Zoological-Society/About/Press-room/2021-Press-Releases/Update-on-Amur-Tiger%E2%80%99s-Second-Surgery-at-Brookfield>.

10. Véase «Veterinarians in Wildlife and Ecosystem Health», en National Research Council (2013, cap. 7).
11. Beauchamp y DeGrazia (2020).
12. Véase Siebert (2019a). Véase también Siebert (2019b).
13. Siebert (2019a, pág. 42).
14. *Ibid.*, págs. 26-33, 42 y 45. En aquel artículo, se mencionaban las propuestas de soluciones alternativas (y, estas sí, viables) para abordar el estrés medioambiental al que estaba sometida la manada, y también se dejaba claro que una organización conservacionista, GroupElephant, se había ofrecido a sufragar todos los gastos para trasladar a los elefantes a una reserva de fauna salvaje en Sudáfrica.
15. *Blackfish* (2013).
16. Véase un análisis del caso en Nussbaum (Wichert) y Nussbaum (2019).
17. Stevens (2020), <https://8forty.ca/2020/06/10/even-years-after-blackfish-seaworld-still-has-orcas>.
18. Véase Whitehead y Rendell (2015).
19. *Ibid.*
20. White (2007, págs. 198-215).
21. Berger (2020), <https://www.buckettripper.com/snorkeling-and-diving-with-dolphins-in-eilat-israel>.
22. Este es un ejemplo facilitado por el zoo del Bronx; no obstante, la fuente en línea ya no está localizable (o, al menos, yo no la he podido encontrar).
23. Véase, en general, <https://animals.sandiegozoo.org/animals/leopard>.
24. McMahan (2010). Dado el carácter breve y puramente especulativo de ese escrito, no parece justo atribuirle a McMahan una nueva teoría filosófica sobre el tema.
25. Como ejemplo excelente de una nueva investigación filosófica sobre estas cuestiones, véase Delon (2021).

Capítulo 11. Las capacidades de la amistad

1. Este capítulo está basado parcialmente en Nussbaum (Wichert) y Nussbaum (2021). Véanse también otros artículos de ese mismo simposio y, en concreto: Bendik-Keymer (2021b), Delon (2021) y Linch (2021).
2. Pitcher (1995, pág. 20).
3. Véase Smuts (2001).
4. Pitcher (1995).
5. Pitcher (1995, pág. 20).
6. *Ibid.*, pág. 32.

7. Pitcher nunca llega a mencionar la relación de ambos en el libro, en parte porque lo escribió en aquellos tiempos, pero en parte también porque su público objetivo eran las familias. De todos modos, en la vida real, nunca la ocultó.
8. Pitcher (1995, págs. 30-31).
9. *Ibid.*, págs. 160-161.
10. *Ibid.*, pág. 161.
11. *Ibid.*, pág. 162.
12. *Ibid.*, págs. 46-47.
13. *Ibid.*, pág. 53.
14. *Ibid.*
15. Smuts (2001).
16. *Ibid.*, pág. 295.
17. *Ibid.*
18. *Ibid.*
19. *Ibid.*, pág. 299.
20. *Ibid.*, pág. 300.
21. *Ibid.*, pág. 301.
22. Véase Poole (1996).
23. *Ibid.*, pág. 275.
24. *Ibid.*, pág. 270.
25. *Ibid.*, pág. 276. Tanto los machos como las hembras de elefante africano tienen esas secreciones.
26. *Ibid.*
27. Townley (2011).
28. Un caso destacado fue la película de 1951 *Bedtime for Bonzo*, en la que un profesor de psicología (interpretado por Ronald Reagan) trataba de enseñar moral humana a un chimpancé para demostrar la superioridad de los conocimientos adquiridos frente a la naturaleza innata. Al parecer, nadie relacionado con esa película se interesó en lo más mínimo por las verdaderas vidas morales que llevan los chimpancés en el contexto de su propio grupo.
29. Véase Whitehead y Rendell (2015).
30. Amos (2015).
31. Véase NimeMSN (2017), donde se resumen las opiniones de los activistas que se declararon contrarios a que el zoo adoptara a Knut, <https://web.archive.org/web/20070701010523/http://news.ninemsn.com.au/article.aspx?id=255770>.
32. De Waal (2019).
33. *Ibid.*, pág. 20.
34. *Ibid.*, pág. 13. Van Hooff, nacido en 1936, vive todavía.

35. Pepperberg (2008). Para un mayor detalle científico, véase Pepperberg (1999).
36. Véase Bekoff (2008).

Capítulo 12. El papel de las leyes

1. Véase Sen (2009). Mi réplica a Sen está recogida en Nussbaum (2016b).
2. Estoy en deuda con Sunstein (2000) por el contenido de esta sección. Las referencias de números de página corresponden a Sunstein (1999), un documento de trabajo (*working paper*) previo a ese libro.
3. Sunstein (1999, págs. 5-6).
4. Ley de Bienestar Animal (AWA), 7 U.S.C. § 1531 *et seq.*, 1966.
5. *Ibid.*
6. *Ibid.*
7. *Ibid.*
8. *Anti-Vivisection Society v. United States Department of Agriculture*, 946 F.3d 615, Circuito del D. C., 2020. En fecha reciente, el tribunal de apelaciones ha admitido a trámite el recurso de los demandantes y ha rechazado la moción del Departamento para desestimar el caso.
9. Ley de Especies en Peligro de Extinción (ESA), 16 U.S.C. § 1531 *et seq.*, 1973.
10. Ley de los Caballos y Burros en Libertad (WFHBA), 16 U.S.C. § 1331 *et seq.*, 1971.
11. *Ibid.*
12. Ley de Protección de los Mamíferos Marinos (MMPA), 16 U.S.C. § 703 *et seq.*, 1972.
13. *Ibid.*
14. *Ibid.*
15. Ley del Tratado de Aves Migratorias (MBTA), 16 U.S.C. § 703 *et seq.*, 1918.
16. *Ibid.*
17. Véase la lista actual de aves protegidas en «List of Migratory Birds», 50 C.F.R. 10.13, 2000, <https://www.govinfo.gov/app/details/CFR-2000-title50-vol1/CFR-2000-title50-vol1-sec10-13>.
18. *North Slope Borough v. Andrus*, 486 F.Supp. 332, págs. 361-362, Circuito del D. C., 1980.
19. *United States v. Moon Lake Elec. Association*, 45 F.Supp.2d. 1070, pág. 1.074, Distrito de Colorado, 1999. Posteriormente, otras compañías energéticas aceptaron firmar sentencias de conformidad para evitar ir a juicio por ese mismo tema.
20. *Newton County Wildlife Association v. United States*, 113 F.3d 110, pág. 115, 8.º Circuito, 1997.

21. *Seattle Audubon Soc. v. Evans*, 952 F.2d 297, pág. 302, 9.° Circuito, 1991.
22. Véanse Friedman (2021), y Friedman y Einhorn (2021).
23. Véase «Regulations Governing Take of Migratory Birds», 50 C.F.R. 10, 2021, <https://www.govinfo.gov/app/details/FR-2021-01-07/2021-00054>.
24. *Hollingsworth v. Perry*, 570 U.S. 693, 2013.
25. *Elk Grove Unified School District v. Newdow*, 542 U.S. 1, 2004.
26. *Lujan v. Defenders of Wildlife*, 504 U.S. 555, 1992.
27. *Nair v. Union of India*, Tribunal Superior de Kerala, n.° 155/1999, junio de 2000. Sobre otros casos posteriores que han llegado a la misma conclusión —incluida una sentencia del Tribunal Supremo de 2014—, véase Shah (2019), <https://www.nonhumanrights.org/blog/punjab-haryana-animal-rights>.
28. Sunstein (1999); Sunstein (2000).
29. *Animal Legal Defense Fund, Inc. v. Espy*, 23 F.3d 496, Circuito del D. C., 1994.
30. Omito la vía de los «perjuicios para la competencia», que Sunstein analiza brevemente, pero que no considera prometedora.
31. *Lujan v. Defenders of Wildlife*, 504 U.S. 555, 1992; *Sierra Club v. Morton*, 405 U.S. 727, 1972; *Humane Society of the United States v. Babbitt*, 46 F.3d 93, Circuito del D. C., 1995.
32. *Japan Whaling Association v. American Cetacean Society*, 478 U.S. 221, 1986.
33. *Animal Legal Defense Fund v. Glickman*, 154 F.3d 426, 1998.
34. *Ibid.*, pág. 429.
35. *Sierra Club v. Morton*, 405 U.S. 727, 1972.
36. *Ibid.*, pág. 752 (Douglas, voto discrepante).
37. *Ibid.*, pág. 745 (Douglas, voto discrepante).
38. *Ibid.*, pág. 752 (Douglas, voto discrepante).
39. *Cetacean Community v. Bush*, 386 F.3d. 1169, 9.° Circuito, 2004.
40. *Ibid.*, pág. 1.175.
41. *Palila v. Hawaii Department of Land and Natural Resources*, 639 F.2d 495, 9.° Circuito, 1981.
42. Estoy en deuda con Jared B. Mayer por esta idea. Cuando ya había redactado el capítulo, conocí los trabajos (relacionados con el tema) de David Favre en Favre (2000) y Favre (2010). La obra de Favre se ciñe al sistema jurídico vigente en estos momentos y solo reconoce derechos fiduciarios y cierto tipo de legitimación procesal a los animales que son propiedad de alguna persona. Por consiguiente, presupone —al menos, en aras de lograr progresos concretos— la permisibilidad de considerar que los animales sean «propiedades vivas», algo que, obviamente, yo niego. Además, en el fondo, esto solo ofrece una vía para el avance de la situación jurídica de una clase limitada de animales, como es, fundamentalmente, la de los animales de compañía. Aun así, el suyo es un muy

buen trabajo y no deja de ser interesante ver lo lejos que pueden llegar las protecciones efectivas a través de un enfoque asentado sobre la ley actual, con todos sus defectos.

43. Véase Scott y Chen (2019, págs. 227 y 229).
44. Mayer (2020).
45. Véase el más reciente en <https://www.humanesociety.org/sites/default/files/docs/2020-Horrible-Hundred.pdf>.
46. Brulliard y Wan (2019).
47. Véase SourceWatch, <https://www.sourcewatch.org/index.php/Missouri_puppy_mills>.
48. Holman (2020).
49. Código Municipal de Chicago, § 4-384-015, 2014.
50. *Part Pet Shop v. City of Chicago*, 872 F.3d 495, 7.º Circuito, 2017.
51. Associated Press (2020), <https://apnews.com/article/8f5dada41cb7a4afc25403d4c93365f5>.
52. Spielman (2021).
53. Véase PAWS, <https://www.paws.org/resources/puppy-mills>.
54. Véase un completo examen general de este problema, realizado por el Animal Legal Defense Fund (el Fondo para la Defensa Jurídica de los Animales), con un mapa en el que se muestra la situación actual en los diversos estados, en <https://aldf.org/issue/ag-gag>.
55. Pachirat (2011).
56. Véase el sitio web del Convenio Europeo: <https://ec.europa.eu/food/sites/food/files/animals/docs/aw_european_convention_protection_animals_en.pdf>.
57. Directiva 2008/120/CE del Consejo Europeo, de 18 de diciembre de 2008, relativa a las normas mínimas para la protección de cerdos.
58. Véase el «Índice de Protección Animal» (de 2020) de la organización World Animal Protection, en <https://api.worldanimalprotection.org>.
59. En esta sección, me he inspirado profusamente en tres artículos de los que fui coautora con la ya desaparecida Rachel Nussbaum Wichert. La mayor parte de los análisis y comentarios jurídicos sobre la Convención Internacional para la Regulación de la Caza de Ballenas son suyos. Los mencionados artículos contienen abundantes referencias a la literatura jurídica especializada que no he pretendido reproducir aquí. Véanse Nussbaum (Wichert) y Nussbaum (2017a); Nussbaum (Wichert) y Nussbaum (2017b); Nussbaum (Wichert) y Nussbaum (2019).
60. *Sonic Sea* (2016).
61. Véase un análisis completo del tratado y de su historia en Fitzmaurice (2017), <https://legal.un.org/avl/pdf/ha/icrw/icrw_e.pdf>. Véase también su libro Fitzmaurice (2015). Y véase asimismo Dorsey (2014).

62. *Whaling in the Antarctic (Australia v. Japan: New Zealand Intervening)*, Tribunal Internacional de Justicia, 2014, <https://www.icj-cij.org/en/case/148>.
63. Fujise (2020).
64. *Institute of Cetacean Research v. Sea Shepherd Conservation Society*, 725 F.3d 940, 9.° Circuito, 2013.
65. Véase en Nussbaum (2021) mi detallado relato de la dimisión de Kozinski a raíz de las alegaciones de acoso sexual a las que se enfrentaba.
66. Gillespie (2005, págs. 218-219, donde se citan las palabras del representante de Nueva Zelanda ante la CBI).
67. Véase <http://us.whales.org/issues/aboriginal-subsistence-whaling>.
68. *Ibid.*
69. Especial mención merece uno de Rebecca Giggs (2020). Con su escritura realista y pasional, Giggs defiende vigorosamente la idea de que las ballenas no solo son importantes por sí mismas, sino también como prueba de la hondura y la perspicacia de nuestra humanidad.
70. En aquel entonces, no obstante, Nueva Zelanda no era plenamente independiente de Gran Bretaña; también hubo otras provincias que estuvieron entre las primeras en conceder el derecho al voto a las mujeres.
71. Véase el capítulo que dedico a la soberbia en Nussbaum (2021).

Conclusión

1. Véase White (2015). Allí cita en concreto mi trabajo anterior en Nussbaum (2006).
2. Véanse en el capítulo 3 este y otros ejemplos del amor de Bentham por los animales.
3. Esta es una emoción que analizo con mayor detenimiento en el capítulo final de Nussbaum (2018a).
4. Rott (2021).
5. Harvey (2021).
6. Animal Legal Defense Fund (2021), <https://aldf.org/article/animals-recognized-as-legal-persons-for-the-first-time-in-u-s-court>. Véase la opinión del tribunal en *Community of Hippopotamuses Living in the Magdalena River v. Ministerio de Ambiente y Desarrollo Sostenible*, 1:21MC00023, Distrito Sur de Ohio, 2021.
7. Como he comentado en el capítulo 12, también los tribunales indios han reconocido legitimación procesal a los animales, que ya pueden acudir a la Justicia en calidad de «personas» desde el año 2000 (en Kerala) y desde 2014 (en el conjunto de la nación). Una jueza argentina dictaminó en 2016 que Cecilia,

una chimpancé que —en la misma sentencia— ordenó que fuese trasladada a un refugio en Brasil, era una persona con legitimación procesal: véase Samuels (2016). Y también a Kaavan, un elefante paquistaní que consiguió ser transferido a un refugio camboyano en 2020, se le reconoció estatus legal de «persona» y legitimación procesal. Su historia es el argumento del recién estrenado documental *Cher and the Loneliest Elephant*, donde se relata el papel que tuvieron la actriz Cher y varias organizaciones de defensa del bienestar animal en la liberación del animal. Según el Proyecto Derechos No Humanos (en comunicación por correo electrónico), estos (y las noticias llegadas de Colombia) son los únicos ejemplos hasta la fecha de reconocimiento legal de la condición de «personas» a unos animales.

8. Osborne (2021).
9. Levenson (2021).
10. Carrington (2020).

ÍNDICE ONOMÁSTICO Y DE MATERIAS